Kornelia van der Beek, Gregor van der Beek, Wilfried Boroch

Gesundheitsökonomie

Kornelia van der Beek, Gregor van der Beek,
Wilfried Boroch

Gesundheitsökonomie

Eine Einführung

2. überarbeitete und erweiterte Auflage

DE GRUYTER
OLDENBOURG

ISBN 978-3-486-76369-0
e-ISBN (PDF) 978-3-486-98944-1
e-ISBN (EPUB) 978-3-11-039783-3

Library of Congress Control Number: 2023940965

Bibliografische Information der Deutschen Nationalbibliothek
Die Deutsche Nationalbibliothek verzeichnet diese Publikation in der Deutschen Nationalbibliografie;
detaillierte bibliografische Daten sind im Internet über http://dnb.dnb.de abrufbar.

Einbandabbildung: simplehappyart/iStock/Getty Images Plus; Olga Naumova/iStock/Getty Images Plus;
Ponomariova_Maria/iStock/Getty Images Plus; Serhii Brovko/iStock/Getty Images Plus
Satz: Integra Software Services Pvt. Ltd.
Druck und Bindung: CPI books GmbH, Leck

www.degruyter.com

Vorwort zur zweiten Auflage

Die Neuauflage unseres Lehrbuches der Gesundheitsökonomie erscheint, nachdem das Thema Gesundheit angesichts der Coronakrise verstärkt in das öffentliche Bewusstsein gerückt wurde. Gesundheitspolitik ist in aller Munde, und wir sehen vor diesem Hintergrund die Notwendigkeit, diesen Diskurs nicht nur, aber auch, aus einer ökonomischen und speziell volkswirtschaftlichen Perspektive zu führen. Die Zeit der Veröffentlichung scheint also nolens volens durchaus angemessen, auch wenn seit der ersten Auflage mit mehr als einem Jahrzehnt vielleicht doch zu viel Zeit vergangen ist.

Bewährtes haben wir in dieser Neuauflage beibehalten, hierzu gehören die grundlegende Konzeption und Struktur des Buches. Nach wie vor richten wir uns nicht ausschließlich an die Studierenden und Lehrenden von wirtschaftswissenschaftlichen Studiengängen, sondern v. a. auch an Angehörige medizinischer Berufe, welche sich mit Gesundheitsökonomie beschäftigen wollen oder müssen. Zudem haben wir auch diesmal versucht, wann immer nötig und sinnvoll, unseren Argumenten eine volkswirtschaftstheoretische Fundierung zu geben, wobei wir bewusst einen „Theory-Light"-Zugang wählten, um die ökonomischen Argumente auch für Fachfremde intuitiv verständlich zu halten.

Natürlich war eine Aktualisierung von Fakten, Zahlen und institutionellen Gegebenheiten im Gesundheitswesen notwendig. Zudem wird auch ein vertiefter und umfänglicherer Blick in die Institutionen, die Steuerungsprozesse und die praktischen Regulierungen des Gesundheitssystems gegeben. Daher hat diese Neuauflage eine größere Ausgewogenheit von Theorie und Praxis der Gesundheitsökonomie.

Aufmerksamen Leserinnen und Lesern wird nicht entgehen, dass sich mit Blick auf Sprachstil, Duktus, Formulierungen oder auch in dem Bemühen um eine gendergerechte Sprache einzelne Passagen oder auch Kapitel dieses Buches durchaus unterscheiden. Diese Pluralität ist dem Umstand eines mehrköpfigen Autorenteams geschuldet. Auf einheitliche wissenschaftliche Standards des Textes haben wir natürlich geachtet, aber die genannte Pluralität ist durchaus Programm, gemäß eines – hier abgewandelten – rheinischen Mottos: „Jedde Jeck schrifft anders".

Allen, die zum Zustandekommen dieser Neuauflage beigetragen haben, sei herzlichst gedankt. Einige wurden schon im Vorwort zur ersten Auflage genannt, sie seien hier nicht nochmals erwähnt. Denen, die uns an der Fakultät Gesellschaft und Ökonomie der Hochschule Rhein-Waal und im Fachbereich Gesundheits- und Sozialmanagement der FOM Hochschule für Management und Oekonomie sowie im Team von Prof. Dr. Harald von Korflesch der Universität Koblenz unterstützt haben, sei gedankt.

Dank schulden wir auch Prof. Dr. Rüdiger Meierjürgen, Dr. Zunera Rana und Dr. Christoph Gwosć für fruchtbare Diskussionen und ihre fundierte Kritik. Frau Dr. Susanne Fricke danken wir für ihr sehr hilfreiches Lektorat. Eine große Unterstützung war uns auch die Medienabteilung der FOM Hochschule, hier insbesondere Frau Nina Zuchowski und ihre Kolleginnen.

https://doi.org/10.1515/9783486989441-202

Wie immer konnten wir uns auch bei diesem Projekt auf die Unterstützung unserer engsten Familie verlassen. Das ist nicht selbstverständlich, denn wir verbringen viel Zeit mit Ökonomie. Sie ist unsere Profession, oder auch mehr als das, aber sie ist eben nur ein Teil von uns.

Den Lesern und Leserinnen dieses Buches wünschen wir eine hilfreiche und ergiebige Lektüre. Für allgemeine Anmerkungen und Hinweise auf Mängel in der Darstellung oder mögliche sachliche Fehler sind wir offen und würden uns entsprechende Rückmeldungen (E-Mail: vanderbeek@uni-koblenz.de) wünschen.

Kleve, Koblenz und Rheinberg-Orsoy im September 2023
Kornelia van der Beek, Gregor van der Beek und Wilfried Boroch

Vorwort zur ersten Auflage

Seit mehreren Jahren haben wir an verschiedenen Hochschulen des In- und Auslandes gesundheitsökonomische Projekte und Lehrveranstaltungen durchgeführt. Auf der Grundlage dieser Zusammenarbeit entstand das Konzept für die vorliegende Einführung in die Gesundheitsökonomie.

Eine Besonderheit unseres Lehrbuches liegt darin, dass es sich nicht ausschließlich an die Studierenden und Hochschullehrer klassischer wirtschaftswissenschaftlicher Studiengänge richtet, sondern auch an Angehörige heilender, pflegender und anderer im medizinischen Bereich angesiedelter Berufe, welche ein Zusatzstudium bzw. eine Weiterbildung in Gesundheits-, Pflege- oder Krankenhausmanagement etc. anstreben und die in diesem Rahmen auch eine Veranstaltung in Gesundheitsökonomie belegen müssen. Die mittlerweile umfangreiche und durchaus inhaltlich beachtliche gesundheitsökonomische Literatur im deutschsprachigen Raum geht aber weitestgehend an den Bedürfnissen dieser Studierenden vorbei, wie wir in den Projekten und Lehrveranstaltungen mit solchen Studierenden feststellen mussten.

Mit diesem Buch versuchen wir diese Lücke zu schließen, indem es zunächst die fachfremden Studierenden mit der ökonomischen Denkweise vertraut macht – freilich immer orientiert an Beispielen aus dem Gesundheitsbereich – und erst darauf aufsetzend die Angebots-, Nachfrage- sowie Markt- und Staatsphänomene im Gesundheitsbereich analysiert. Für Fachstudierende der VWL und BWL können die ersten beiden hinführenden Kapitel in die volkswirtschaftlichen Kernkategorien übersprungen werden. Bei der Vorstellung des institutionellen Rahmens wurde meist auf die drei deutschsprachigen Länder Deutschland, Österreich und die Schweiz Bezug genommen, wobei ein Hauptgewicht auf dem deutschen System liegt; teilweise wurde eine international vergleichende Perspektive gewählt, die über den deutschsprachigen Raum hinausgeht.

Ziel dieses Buches ist, seine Leser zu befähigen, Sachverhalte im Gesundheitssektor unter ökonomischen Aspekten zu sehen, zu diskutieren und zu bewerten. Mit den medizinischen und ethischen Aspekten von Gesundheit sind die in diesem Bereich arbeitenden Menschen meist gut vertraut; das vorliegende Buch will dazu beitragen, dass sie die ökonomischen Aspekte neben den medizinischen und ethischen identifizieren, ohne Letztere zu vernachlässigen.

Viele haben zum Zustandekommen dieses Buches beigetragen, ihnen sei herzlich gedankt. Zuerst seien unsere Studierenden und Kursteilnehmer in Deutschland, Polen, Österreich, den USA und in Serbien genannt; ihnen schulden wir die Idee und viel Input für dieses Buch. Unter unseren Kollegen seien namentlich erwähnt: in Polen Prof. Dr. Piotr Błędowski, in Illinois Prof. Dr. Dick Arnold und Prof. Dr. Larry Neal, in Serbien Dr. Jelena Djukic MPH und in Deutschland in alter Verbundenheit unsere akademischen Lehrer: Prof. Dr. Klaus Tiepelmann, Prof. Dr. Dieter Cassel und Prof. Dr. Dr. Hans-Joachim Paffenholz, da sie unser Interesse an diesem Thema weckten. Den Mitarbeitern und Lektoren des Oldenbourg Verlags sei für ihre Geduld und Nachsicht gedankt.

https://doi.org/10.1515/9783486989441-203

Besondern Dank schulden wir dem Team der Universität in Koblenz; hier seien Claudia Jungbluth, Anne Marie Plaisant und Dorothée Zerwas genannt, bisweilen haben wir sie über Gebühr strapaziert. Eine Entschuldigung geht wieder einmal an unsere Kinder Nathanael, Theodora und Seraphina für unangemessene Gespräche der Eltern über die Uni bei Tisch, die sie nur mit „langweilig" kommentierten.

Koblenz im November 2010
Kornelia und Gregor van der Beek

Inhaltsverzeichnis

Abbildungsverzeichnis

https://doi.org/10.1515/9783486989441-205

Übersichtenverzeichnis

https://doi.org/10.1515/9783486989441-206

Abkürzungsverzeichnis

ACO	Accountable Care Organisation
aDRG	ausgegliederte diagnosebezogene Fallgruppen (Diagnosis Related Groups)
AGnES	Arztentlastende, gemeindenahe E-Health-gestützte, systemische Intervention
AMNOG	Arzneimittelmarktneuordnungsgesetz
AOK	Allgemeine Ortskrankenkasse
APP	Application (Applikation)
Aufl.	Auflage
AWMF	Arbeitsgemeinschaften der Wissenschaftlichen Medizinischen Fachgesellschaften e. V.
BAG	Bundesamt für Gesundheit
BAK	Bundesärztekammer
BAS	Bundesamt für Soziale Sicherung
BIP	Bruttoinlandsprodukt
BKK	Betriebskrankenkassen
BMG	Bundesministerium für Gesundheit
BMSGPK	Bundesministerium für Soziales, Gesundheit, Pflege und Konsumentenschutz (Österreich)
BMWK	Bundesministerium für Wirtschaft und Klimaschutz
BSP	Bruttosozialprodukt
Bsp.	Beispiel
BWL	Betriebswirtschaftslehre
bzw.	beziehungsweise
c. p.	ceteris paribus (unter sonst gleichen Bedingungen)
ca.	circa
CM	Case Mix (Fallmix)
CMI	Case Mix Index (Fallmixindex)
Covid-19	Coronavirus Disease 2019 (Coronavirus-Krankheit-2019)
d. h.	das heißt
DKG	Deutsche Krankenhausgesellschaft
DMP	Disease Management Programme (strukturierte Behandlungsprogramme)
Dr.	Doktor
DRG	Diagnosis Related Groups (diagnosebezogene Fallgruppen)
E-Bike	Electric Bike (Elektorad)
EBM	Einheitlicher Bewertungsmaßstab
eGK	Elektronische Gesundheitskarte
EGV	Extrabudgetäre Gesamtvergütung
E-Health	Electronic Health
EK	Ersatzkassen
ePA	Elektronische Patientenakte
et al.	et alii (und andere)
etc.	et cetera (und die übrigen)
EU	Europäische Union
EuGH	Europäischer Gerichtshof
G-BA	Gemeinsamer Bundesausschuss
ggf.	gegebenenfalls
GI	Gesundheitsökonomische Inputs
GKV	Gesetzliche Krankenversicherung
GKV-GMG	GKV-Modernisierungsgesetz

https://doi.org/10.1515/9783486989441-207

GKV-GRG	GKV-Gesundheitsreformgesetz
GKV-GSG	GKV-Gesundheitsstrukturgesetz
GKV-VSG	GKV-Versorgungsstärkungsgesetz
GKV-WSG	GKV-Wettbewerbsstärkungsgesetz
GmbH	Gesellschaft mit beschränkter Haftung
GOÄ	Gebührenordnung für Ärzte
GSG	Gesundheitsstrukturgesetz
GZ	Gesundheitszustand
HiAP	Health in all Policies (Gesundheit in allen Politikfeldern)
HMO	Health Maintenance Organisation (private Sonderform eines bestimmten Krankenversicherungs- und Versorgungsmodells)
Hrsg.	Herausgeber
HVM	Honorarverteilungsmaßstab
HZV	Hausarztzentrierte Versorgung (auch „Hausärztevertrag" genannt)
i. d. R	in der Regel
ICD-10	International Classification of Diseases 10 (Internationale Klassifizierung der Krankheiten 10. Revision)
IGeL	Individuelle Gesundheitsleistungen
IKK	Innungskrankenkassen
IT	Informationstechnologie
IPA	Independent Practice Association
IV	Integrierte Versorgung
KBV	Kassenärztliche Bundesvereinigung
KNA	Kosten-Nutzen-Analyse
KNWA	Kosten-Nutzwert-Analyse
KV	Kassenärztliche Vereinigung
KWA	Kosten-Wirksamkeits-Analyse
MCO	Managed Care Organisation
MGV	Morbiditätsbedingte Gesamtvergütung
Mio.	Millionen
mmHg	Millimeter Quecksilbersäule (Maßeinheit zur Angabe des statischen Drucks, z. B. des Blutdrucks)
Morbi-RSA	Morbiditätsorientierter Risikostrukturausgleich
Mrd.	Milliarden
MVZ	Medizinisches Versorgungszentrum
MwSt	Mehrwertsteuer
NHS	National Health System (Nationaler Gesundheitsdienst)
NRW	Nordrhein-Westfalen
OECD	Organisation for Economic Co-operation and Development (Organisation für wirtschaftliche Zusammenarbeit und Entwicklung)
OP	Operation
PKV	Private Krankenversicherung
PKV-Verband	Verband der Privaten Krankenversicherung
PPO	Preferred Provider Organizations
POS	Point Of Service
Prof.	Professor
QALY	Quality-Adjusted Life Year (qualitätsadjustiertes Lebensjahr)
Reha	Rehabilitation
RSA	Risikostrukturausgleich

S.	Seite
SGB V	Sozialgesetzbuch, Fünftes Buch, Gesetzliche Krankenversicherung
SVR	Sachverständigenrat
u. a.	unter anderem
u. U.	unter Umständen
US	United States (Vereinigte Staaten)
USA	United States of America (Vereinigte Staaten von Amerika)
usw.	und so weiter
v. a.	vor allem
VERAH	VersorgungsassistentIn in der Hausarztpraxis
VWL	Volkswirtschaftslehre
WHO	World Health Organization (Weltgesundheitsorganisation)
www	World Wide Web
z. B.	zum Beispiel

1 Hinführung in die Welt der Ökonomie

„Ökonomie, Volkswirtschaftslehre, Wirtschaftswissenschaften?" – Studierende, die zum ersten Mal mit diesem Fach konfrontiert werden, haben meist keine genaue Vorstellung davon, was sie inhaltlich eigentlich erwartet. Oft trifft man auf eine spontane Ablehnung dieses Faches, da mit „Wirtschaft" oder „wirtschaften" negative Assoziationen verbunden sind: „Im Augenblick sieht es mit der Wirtschaft nicht so gut aus", „Erfolgreiches Wirtschaften geht immer auf Kosten der kleinen Leute", „Manchesterkapitalismus", „Wirtschaft hat immer mit trockenen Zahlen zu tun". Außerdem scheinen Ökonomen und Ökonominnen von vielen Dingen und Menschen ein sehr unmenschliches Bild zu haben, wie z. B. der Begriff „Humankapital" belegt. Eigentlich beschäftigt man sich nicht so gerne mit diesem Fach, vor allem, wenn man in pflegenden und heilenden Berufen tätig ist. Gerade hier scheint eine sogenannte Ökonomisierung gesundheitlichen und humanitären Zielen entgegenzustehen.

1.1 Ökonomie ist Teil des Alltags

Diese Aversion gegen die Beschäftigung mit der Ökonomie – also mit Wirtschaftsthemen – ist jedoch im Grunde genommen verwunderlich. Betrachtet man nämlich den Alltag jedes Einzelnen, so sind alle Menschen permanent mit Fragen des richtigen Haushaltens oder Wirtschaftens befasst. Alle treffen jeden Tag mehrfach Entscheidungen, die ökonomisch von Bedeutung sind:

- Morgens frühstücken sie Brötchen, die beim Bäcker um die Ecke produziert wurden, oder Brot, welches im Supermarkt gekauft und in einer Fabrik hergestellt wurde. Sie trinken Kaffee aus Brasilien, Orangensaft aus Orangen, sonnengereift in Kalifornien, Milch aus Rheinland-Pfalz und essen deutsche Butter aus Norddeutschland. Sie konsumieren eine Palette von Gütern, die an den verschiedensten Orten der Welt produziert werden und in Tausenden von Haushalten auf den Tisch gelangen. Irgendjemand hat irgendwann einmal entschieden, diese Güter zu produzieren und auf den Markt zu bringen, ohne dass ihm zuvor jemand anders gesagt hat, dass ausgerechnet diese Dinge auch wirklich konsumiert werden.
- Dann fahren sie mit dem Auto zur Arbeit und ärgern sich zwischendurch über die hohen Benzinpreise, deren Zustandekommen – abgesehen von der viel zu hohen Steuer – eher undurchsichtig ist. An ihrem Arbeitsplatz produzieren sie etwas oder erbringen eine Dienstleistung, für die sie entlohnt werden; gleichzeitig sind sie über ihren Arbeitgeber bei den gesetzlichen Kranken-, Arbeitslosen- und Rentenversicherungen versichert – ob sie wollen oder nicht. Der Staat hat für sie entschieden, dass sie Teil all dieser Systeme sind.
- Nachmittags haben sie einen Termin bei ihrer Bank, bei der sie für den geplanten Bau ihres Hauses einen Kredit aufnehmen wollen. Sie informieren sich über Zinsen,

https://doi.org/10.1515/9783486989441-001

Konditionen, Laufzeiten etc. Abends überprüfen sie dann noch ihr Aktiendepot und treffen Entscheidungen über den Kauf oder Verkauf ihrer Wertpapiere. Und wenn sie die Wirtschaftsnachrichten hören, haben sie zwar eine vage Vorstellung davon, wie all diese Informationen zustande kommen, aber ein Gefühl der Unsicherheit, ob sie wirklich alles durchschaut haben, bleibt trotzdem.

An einem einzigen Tag waren sie Teilnehmer oder Mitspieler auf vielen verschiedenen Märkten; sie waren am Gütermarkt, Arbeitsmarkt und Kapitalmarkt aktiv. Sie haben konsumiert und produziert, und grundsätzlich haben sie die Freiheit, dies jeweils zu tun oder zu lassen. Gleichzeitig sind sie auch Teil von sozialen Sicherungssystemen, z. B. des deutschen Krankenversicherungssystems, und diese Systeme können ihrerseits wiederum erhebliche wirtschaftliche Implikationen auslösen.

Ohne sich darüber umfassend Gedanken zu machen, verbringen alle Einwohner eines Landes einen Großteil ihrer Zeit in einem ökonomischen System und dessen Subsystemen, oder anders ausgedrückt: Wir bewegen uns permanent auf den verschiedensten Märkten und treffen ökonomisch relevante Entscheidungen – ohne dies zu hinterfragen. Wie sich noch zeigen wird, gilt dies gerade auch im Gesundheitsbereich.

1.2 Womit beschäftigt sich die Ökonomie?

Um einen ersten Einblick in die Welt der Ökonomie zu bekommen, ist es wichtig zu wissen, womit sie sich genau beschäftigt, und vielleicht auch, womit gerade nicht. Oft werden die Betriebswirtschaftslehre (BWL) und die Volkswirtschaftslehre (VWL) in einem Atemzug genannt. Das ist jedoch nicht korrekt, wie die Abbildung 1.1 veranschaulicht. So vermittelt die Betriebswirtschaftslehre Grundlagen, die konkret in einem Unternehmen gebraucht werden, wie Personalwesen, Steuerlehre, Controlling, Management, Finanzierung etc. Anders die Volkswirtschaftslehre. Sie befasst sich mit gesamtwirtschaftlichen Phänomenen wie Wachstum, Konjunktur oder Beschäftigung (Makroökonomie) und mit dem wirtschaftlichen Verhalten der einzelnen Wirtschaftsakteure, insbesondere von Haushalten und Unternehmen (Mikroökonomie). Hinzu kommen einzelne Fachdisziplinen und Politikfelder wie Umweltökonomie, Entwicklungsökonomie oder Gesundheitsökonomie etc., die mit dem ökonomischen Instrumentarium eingehend analysiert werden, um daraus politische Schlussfolgerungen zu ziehen.

Ökonomie

Betriebswirtschaftslehre	Volkswirtschaftslehre
Rechnungswesen und Controlling	Konjunktur und Wachstum
Finanzierung	Finanzwissenschaft
Personalwesen	Wirtschaftspolitik
Logistik	Geldtheorie und -politik
Marketing	Wettbewerbstheorie und -politik
Kosten- und Leistungsrechnung	Umweltökonomie
Produktion	Entwicklungsökonomie
Organisation	Gesundheitsökonomie

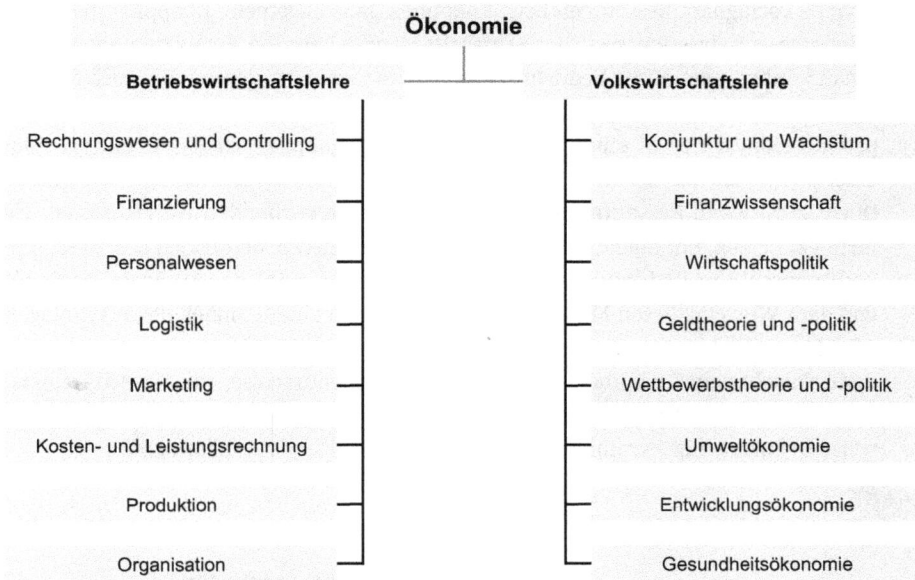

Abbildung 1.1: Felder der Ökonomie (Quelle: Standarddarstellung, unter Verwendung z. B. von Welfens, P.J.J., 2013, S. 63 und Straub, T., 2020, S. 14).

In diesem Buch geht es primär um volkswirtschaftliche Aspekte im Gesundheitssektor. Bevor wir uns aber konkret mit diesem Politikfeld beschäftigen, sollten wir uns zunächst noch fragen, was das ökonomische Instrumentarium ausmacht bzw. was die ökonomische Betrachtungsweise bedeutet. Ganz allgemein beschäftigt sich die Volkswirtschaftslehre mit der Beschreibung und Analyse von Märkten. Konkreter formuliert: Die Ökonomie beschreibt und analysiert,

- wie die Beteiligten einer Wirtschaft zu ihrer Bedürfnisbefriedigung die knappen verfügbaren Ressourcen, auch Produktionsmittel genannt, verwenden und somit Güter und Dienstleistungen produzieren (diese Verwendung von Ressourcen zur Produktion nennt man in der Ökonomie auch Allokation) und
- wie diese Güter und Dienstleistungen unter den Angehörigen einer Gesellschaft verteilt werden (Ökonomen und Ökonominnen nennen diese Verteilung der Produktion auch Distribution).

Hier sind nun bereits einige zentrale wirtschaftswissenschaftliche Begriffe gefallen, die einer tieferen Erklärung bedürfen:

- Beteiligte einer Wirtschaft, genauer gesagt, einer Volkswirtschaft: Die Beteiligten einer Volkswirtschaft sind Millionen von Haushalten, Unternehmen, der Staat, Interessenvertretungen und das Ausland. All diese Akteure treffen tagtäglich Entscheidungen, die für die Wirtschaft als Ganzes relevant sind.

– Knappe verfügbare Ressourcen bzw. Knappheit ganz allgemein: Knappheit bedeutet, salopp gesagt, dass wir nicht im Schlaraffenland leben. Die Beteiligten einer Wirtschaft können unendliche Bedürfnisse haben. Im Gegensatz dazu sind jedoch die vorhandenen Ressourcen (z. B. Energie, Arbeitskraft, Maschinen, Boden, Wasser) und produzierten Güter in einer Wirtschaft knapp. Knappheit ist das Grundproblem einer jeden Volkswirtschaft und der zentrale Betrachtungsgegenstand der Ökonomie. Doch selbst wenn Ressourcen in unendlicher Menge vorhanden wären, hätten wir nicht genug Zeit, um unendlich viele Güter zu produzieren, denn auch Zeit ist knapp.

– Bedürfnisse: Ein Bedürfnis wird definiert als ein Gefühl des Mangels, begleitet von dem Wunsch, diesen Mangel zu beseitigen. Nach einem Modell des Psychologen Abraham Maslow unterscheidet man grundsätzlich zwischen verschiedenen Bedürfnisebenen: Grundbedürfnisse, Sicherheitsbedürfnisse, soziale Bedürfnisse, Wertschätzungsbedürfnisse und Entwicklungsbedürfnisse. Diese werden üblicherweise in Form einer Pyramide dargestellt, wie die folgende Abbildung 1.2 zeigt.

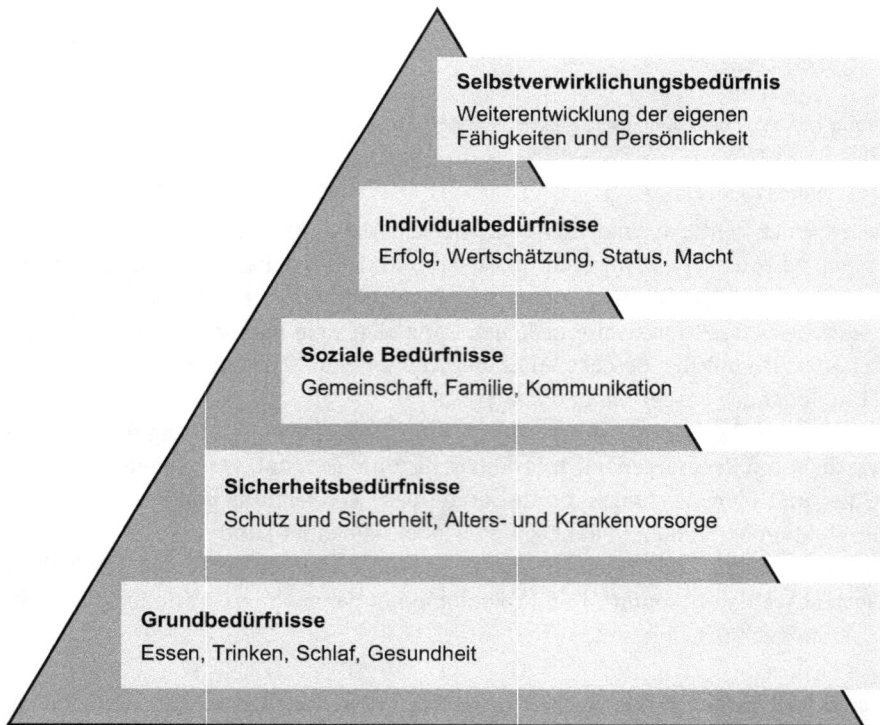

Abbildung 1.2: Bedürfnispyramide nach Maslow (Quelle: Standarddarstellung, unter Verwendung von Maslow, A.H., 1945).

Lässt sich das Bedürfnis durch ein konkretes Gut ausdrücken, dann nennt man diese Konkretisierung des Bedürfnisses „Bedarf". Wird dieser Bedarf letztendlich mit den entsprechenden Mitteln (Geld oder andere Transaktionsmittel) gedeckt und das entsprechende Gut erworben, dann spricht man von der „tatsächlichen Nachfrage" nach einem Gut. Die folgende Abbildung 1.3 verdeutlicht dies nochmals. Die Ökonomie beschäftigt sich in diesem Zusammenhang primär mit der tatsächlichen Nachfrage.

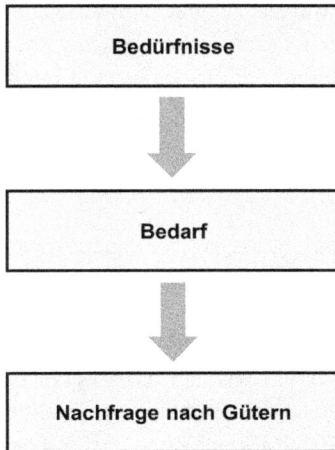

Abbildung 1.3: Herleitung der tatsächlichen Nachfrage (Quelle: Standarddarstellung, unter Verwendung von Maslow, A.H., 1945).

Betrachtet man das Verhältnis von Bedürfnissen und vorhandenen Ressourcen, dann werden in der Ökonomie folgende plausible Annahmen getroffen:
- Individuen haben höchst unterschiedliche Bedürfnisse.
- Verglichen mit den vorhandenen (knappen, also beschränkten) Ressourcen, sind die Bedürfnisse der Individuen unbegrenzt.
- Da Ressourcen unterschiedlich verwendet werden können, lassen sich damit auch unterschiedliche Bedürfnisse befriedigen.

Das, was von den Individuen nachgefragt wird, sind konkret die mit den tatsächlich vorhandenen Ressourcen hergestellten Güter. In der Ökonomie werden Güter in unterschiedlichster Weise kategorisiert. Eine grundlegende Art einer solchen Kategorisierung orientiert sich an den folgenden drei Kriterien: materieller Gehalt, Dauerhaftigkeit und primärer Verwendungszweck.
- Materieller Gehalt: Hier wird zwischen Sachgütern und Dienstleistungen unterschieden. Beispielsweise ist ein Medikament ein Sachgut bzw. ein Produkt und eine Behandlung in der Arztpraxis eine Dienstleistung. Gesundheitsgüter können

also hinsichtlich ihres materiellen Gehalts in Gesundheitsdienstleistungen und in Gesundheitsprodukte eingeteilt werden (siehe auch Kapitel 2.2).

- Dauerhaftigkeit: Hier wird zwischen dauerhaften und nicht dauerhaften Gütern unterschieden. Beispielsweise ist ein Medikament ein nicht dauerhaftes Gut, weil es beim Konsum sofort verbraucht wird. Ein Rollstuhl hingegen ist ein dauerhaftes Gut, weil er beim Konsum nicht sofort verbraucht wird, sondern über einen längeren Zeitraum benutzt werden kann.
- Primärer Verwendungszweck: Unter diesem Aspekt unterscheidet man zwischen Konsum- und Produktionsgütern. Produktionsgüter werden eingesetzt, um Konsumgüter zu produzieren. Klassische Produktionsgüter sind Maschinen und Energie, aber auch immaterielle Güter wie Forschung und Entwicklung (dies wäre eine Produktionsdienstleistung). Unsere täglichen Gebrauchsgegenstände sind hingegen meist Konsumgüter (E-Bikes, Autos, Kaffeemaschinen, Vitamintabletten usw.).

Von zentraler Bedeutung ist auch der Begriff der Allokation, der so viel bedeutet wie „Verwendung der knappen Ressourcen". Aufgrund der Knappheit der Ressourcen können prinzipiell nicht alle Bedarfe erfüllt und somit auch nicht alle Bedürfnisse befriedigt werden. Daher stellt sich die Frage, wie diese knappen Ressourcen so eingesetzt werden können, dass die dringlichsten Bedarfe erfüllt werden. Dabei geht es grundsätzlich nicht um die unter sozialen und ethischen Gesichtspunkten ermittelten Bedarfe, sondern um die durch die einzelnen Haushalte und Unternehmen artikulierten Bedarfe, welche in einem marktwirtschaftlichen Gesellschaftssystem durch eine kaufkräftige Nachfrage zum Ausdruck kommen.

Dieses Allokationsverfahren – also die Allokation entsprechend Angebot und Nachfrage über den Markt – ist in den meisten westlichen Industrienationen das vorherrschende Prinzip. Ein anderes bekanntes Allokationsverfahren, welches jahrzehntelang in den sozialistischen Ländern dominierte, ist die Allokation über den Staat: Der Staat ermittelt die Bedarfe, lenkt die Produktion anschließend so, dass genau diese Bedarfe auch befriedigt werden können, und verteilt dann die Güter entsprechend. Bei diesem Prinzip bestimmt somit letztlich der Staat, wer jeweils was produziert und konsumiert und in welchem Umfang. Dieses Allokationsverfahren galt in den ehemals sozialistischen Ländern für den gesamten Wirtschaftsbereich, kann aber auch in marktwirtschaftlich organisierten Wirtschaftssystemen in einzelnen Märkten zur Anwendung kommen. So findet im deutschen Gesundheitswesen die Allokation nicht immer über Märkte statt, wie wir noch sehen werden.

Distribution heißt „Verteilung der Güter auf die Wirtschaftsakteure" im Sinne von „Wie bekommen die Akteure einer Wirtschaft die dort produzierten Güter und Dienstleistungen?". Hier unterscheidet man insbesondere zwei Distributionswege: Güter können entweder durch eine kaufkräftige Nachfrage auf die Gesellschaftsmitglieder „verteilt" werden oder durch staatliche Zuweisung.

Nach der obigen groben Unterscheidung der BWL und VWL und der gerade erläuterten, sehr grundsätzlichen Definition von der Lehre der Ökonomie wird nun noch eine weitere wichtige Unterscheidung vorgestellt: die Einteilung in die Mikro-oder Makroökonomie.

Die Mikroökonomie beschäftigt sich mit dem Verhalten von einzelnen Individuen, Haushalten oder Unternehmungen. Ihre zentrale Fragestellung lautet: Wie treffen all diese einzelnen Wirtschaftseinheiten ihre Entscheidungen, und was bewirken sie bei anderen Wirtschaftseinheiten? Im Gegensatz dazu untersucht die Makroökonomie gesamtwirtschaftliche Phänomene auf aggregierter (zusammengefasster) Ebene. Hier lautet die zentrale Fragestellung: Was haben all die (mikroökonomischen) Einzelentscheidungen zusammengenommen für die gesamte Situation in der Wirtschaft bewirkt?

Dies sei anhand eines Fallbeispiels illustriert. Die Mikroökonomie fragt: Warum sparen die privaten Haushalte? Oder anders formuliert: Warum konsumieren die Haushalte nicht? Sie stellt z. B. fest: Die Haushalte sparen – und verzichten damit auf gegenwärtigen Konsum –, um sich in der Zukunft einen stetigen oder höheren Konsum leisten zu können. Eine unsichere Wirtschaftslage, beispielsweise infolge drohender Arbeitsplatzverluste, trägt dazu bei, dass die einzelnen Haushalte gegenwärtig auf Konsum verzichten und diesen auf einen späteren Zeitpunkt verlegen, um für die Überbrückung finanzieller Engpässe gewappnet zu sein. Für den einzelnen Haushalt ist bei einer unsicheren Wirtschaftslage die Strategie des Sparens durchaus rational und vernünftig.

Doch was passiert – so fragt man nun in der Makroökonomie –, wenn sich alle Haushalte so verhalten? Sie stellen also die Frage nach der „allgemeinen Sparquote". In unserem Fallbeispiel könnte die Makroökonomie zu dem Ergebnis gelangen, dass die Sparquote insgesamt relativ hoch ist (sie betrachtet alle Haushalte aggregiert) und somit der Konsum insgesamt relativ niedrig. Gesamtwirtschaftlich (oder anders ausgedrückt: auf aggregierter Ebene) resultiert daraus ein Nachfrageausfall, der bei den Unternehmen zu weniger Verkäufen und damit zu größeren Lagerbeständen führt.

Die Mikroökonomie fragt nun wiederum, wie die einzelnen Unternehmen in solch einer Situation reagieren. Für das einzelne Unternehmen ist eine rationale Reaktion, die Produktion einzuschränken. Hält der Nachfrageausfall länger an, so werden die Unternehmen über einen mittelfristigen Zeitraum auch weniger investieren und im schlimmsten Fall sogar Arbeitsplätze abbauen. Im Gegensatz zur Mikroökonomie interessiert sich die Makroökonomie auch hier wieder für die gesamtwirtschaftlichen Effekte, also z. B. für die Entwicklung des Bruttoinlandsproduktes und der Arbeitslosenquote. In dem dargestellten Fall ist wahrscheinlich das Bruttoninlandsprodukt rückläufig, während die Arbeitslosenquote steigt. Das könnte einen Konjunktureinbruch zur Folge haben.

Die unterschiedliche Perspektive von Mikroökonomie und Makroökonomie lassen sich noch anhand weiterer Beispiele verdeutlichen:
- Die Mikroökonomie beschäftigt sich mit den Entscheidungen einzelner Unternehmen. Wie viel produzieren die Unternehmen von einem bestimmten Produkt? Warum stellen sie dieses Produkt her? Die Makroökonomie beschäftigt sich in

diesem Zusammenhang mit der nationalen Gesamtproduktion, z. B. mit dem Bruttoinlandsprodukt oder dem Wachstum der Wirtschaft.

- Die Mikroökonomie geht der Frage nach, wie einzelne Güter- und Dienstleistungspreise zustande kommen. Die Makroökonomie betrachtet in diesem Zusammenhang das allgemeine Preisniveau, einschließlich der Konsumentenpreise, Produktionspreise und der möglichen Entstehung einer Inflation.
- Die Mikroökonomie beschäftigt sich mit der Verteilung der Einkommen und Vermögen, untersucht, wie Löhne zustande kommen und welche Auswirkungen Mindestlöhne haben. Die Makroökonomie betrachtet in diesem Zusammenhang das nationale Einkommen und Vermögen sowie die Gesamteinnahmen des Unternehmenssektors.
- Die Mikroökonomie befasst sich mit den Entscheidungen einzelner Unternehmen sowie mit der Frage, wie viele Arbeitskräfte eingestellt werden und wovon solche Entscheidungen abhängig sind. Die Makroökonomie beschäftigt sich in diesem Zusammenhang mit der Arbeitslosen- oder Beschäftigtenquote.

Die in Abbildung 1.1 aufgeführten einzelnen Politikfelder und Fachdisziplinen der Volkswirtschaftslehre wie Finanzwissenschaft, Wirtschaftspolitik etc. können also jeweils eine makroökonomische und eine mikroökonomische Perspektive einnehmen. Mikro- oder Makroökonomie wiederum liefern das Grundlagenwissen für die weitere Beschäftigung mit den Phänomenen des Wirtschaftens und sind daher unverzichtbarer Bestandteil eines jeden Wirtschaftsstudiums.

Dies gilt natürlich gleichermaßen für die Gesundheitsökonomie. In den folgenden Kapiteln dieses Buchs werden somit mikro- und makroökonomische Erklärungsansätze und Argumentationen herangezogen, um den Gesundheitssektor zu analysieren. Insgesamt liegt der Schwerpunkt allerdings auf der Mikroökonomie, insbesondere in den Kapiteln 3 bis 6.

1.3 Warum sollte man sich mit Ökonomie beschäftigen?

Eine mögliche Antwort auf diese einleitende Frage lautet: Grundkenntnisse in Ökonomie oder ein grundlegendes Verständnis von den Zusammenhängen der Wirtschaft und des Wirtschaftens sind hilfreich, um zu verstehen, wie die westlichen Industriegesellschaften funktionieren, um ihre Geschichte nachvollziehen zu können, und letztlich auch, um rationale wirtschaftspolitische Entscheidungen treffen zu können. Ökonomische Entscheidungen von Unternehmen oder Staaten oder auch solche der vielen einzelnen Haushalte haben oft weitreichende Folgen für einzelne Märkte, und diese können wiederum die Gesellschaft als Ganzes berühren. Ein historisches Beispiel mag dies verdeutlichen. Eine der drastischsten gesellschaftlichen Veränderungen war mit der industriellen Revolution vom Ende des 18. bis zum Anfang des 19. Jahrhunderts verbunden: Innerhalb weniger Jahrzehnte wandelte sich England von einer Agrarwirtschaft (Anfang des 18. Jahrhunderts arbeiteten zwei von drei Einwohner und Einwohnerinnen in der Landwirtschaft) zu einem Industriestaat. 1812 arbeitete nur noch ein Drittel der Menschen im Agrarsektor und im Jahre 1900 nur noch ein Zehntel. Durch die zunehmende Industrialisierung lösten sich die alten sozialen Strukturen auf und neue Gesellschaftsformen mussten gefunden werden. Viele Menschen strömten vom Land in die Städte, wo sie auf Arbeit hofften. Wenn wir einen solchen drastischen Wandel des Wirtschaftens analysieren, können wir daraus wichtige Erkenntnisse für aktuelle oder zukünftige Entwicklungen der heutigen Wirtschaft gewinnen.

Ökonomie zu studieren, hilft also zweitens dabei, ein Verständnis von den großen gesellschaftlichen und wirtschaftlichen Herausforderungen zu bekommen. Dies ist umso wichtiger, weil die nationalen Volkswirtschaften aufgrund verschiedenster Faktoren, z. B. Arbeitsteilung und Mobilität, immer stärker miteinander verwoben und voneinander abhängig sind. Für viele Güter sind die Märkte, auf denen sie angeboten und erworben werden, mittlerweile global. Diese Entwicklung kann man z. B. an den Börsen verfolgen, denn die deutsche Börse in Frankfurt folgt den Tendenzen auf den anderen nationalen und internationalen Börsenmärkten und bestimmt sie zugleich mit. Hinsichtlich der zunehmenden Globalisierung und der damit verbundenen Integration von Märkten werden Entscheidungen supranationaler Organisationen und Institutionen, wie etwa der EU, für einzelne Länder immer wichtiger. Aber auch andere Bereiche wie Gesundheit und Klima beinhalten globale Herausforderungen, die nicht an Grenzen halt machen. Das wurde uns während der Covid-19-Pandemie drastisch vor Augen geführt. So zeigte beispielsweise die Knappheit von Masken zu Beginn der Pandemie, dass das ökonomische Modell von Angebot und Nachfrage die Realität sehr genau widerspiegelt. Zugleich wurde daran sichtbar, wie stark Deutschland im Hinblick auf Gesundheitsgüter mit anderen Ländern verwoben ist. Ähnliches gilt für die Klimakrise. Denn aus ökonomischer Perspektive werden hier der Umwelt Kosten auferlegt, für die am Ende des Tages nicht der Verursacher aufkommt, sondern die Gesamtgesellschaft – ja sogar die Weltgemeinschaft. Diese Kosten jenen zuzurechnen, die dafür verantwortlich sind, wie das auf Märkten gemeinhin passiert oder zumindest passieren sollte, ist ein typisches ökonomisches Phänomen. Und auch die Digitalisierung kann, statt aus technischer Perspektive, alternativ auch aus ökonomischer Sicht betrachtet werden. Prozessverbesserungen und Senkungen der Kosten von Transaktionen sowie eine starke Innovationsdynamik, verbunden mit Wachstums- und Arbeitsmarkteffekten, sind nur einige schlagwortartige Beispiele dafür, wie die Digitalisierung die Wirtschaft beeinflusst und künftig zunehmend stärker beeinflussen wird. Dass es sich bei all diesen großen gesellschaftlichen Herausforderungen immer auch um ökonomische Phänomene handelt, erscheint selbstverständlich.

Der dritte Grund, der dafürspricht, sich wissenschaftlich mit Ökonomie zu beschäftigen, ist vielleicht der bedeutendste: Dabei lernt man, in ökonomischen Kategorien zu denken und sich somit auf eine neue Sichtweise der Dinge einzulassen, um dadurch Zusammenhänge zu erkennen und neue Erkenntnisse zu gewinnen. Insbesondere die

Mikroökonomie ist hilfreich, um die Welt etwas besser zu verstehen. Dies trifft nicht zuletzt auch auf den Gesundheitsbereich zu. In der Gesundheitsökonomie geht es nicht um „Rationierung", wie oft von Laien angenommen wird, sondern sie ist mit der speziellen ökonomischen Denkweise und den ökonomischen Instrumenten vielmehr in der Lage, neue Perspektiven zu vermitteln, die aus medizinischer oder ethischer Sicht nicht deutlich werden. Gerade diese Perspektiven sind oft von grundlegender Bedeutung zum Verständnis der Gesundheitsmärkte und können somit dazu beitragen, dass im Gesundheitsbereich bessere Entscheidungen getroffen werden. Und diese besseren Entscheidungen sind wiederum notwendig, um ein stabiles Gesundheitssystem bereitzustellen, das den aktuellen und zukünftigen gesellschaftlichen Herausforderungen gewachsen ist.

1.4 Denkweisen in der Ökonomie

Ökonomen und Ökonominnen legen ihrer Wissenschaft ein bestimmtes Menschenbild, den „Homo oeconomicus", zu Grunde. Der Homo oeconomicus soll dabei kein Abbild der Realität darstellen, sondern ist vielmehr eine Annahme, welche zunächst einmal aus rein analytischen Zwecken getroffen wird. Er ist ein Denkkonstrukt und v. a. durch zwei Merkmale gekennzeichnet: zum einen handelt er immer eigennützig, und zum anderen verfolgt er seine Ziele immer rational. Wenn er also eine ökonomische Entscheidung trifft, dann:
– sammelt er vorab alle relevanten Informationen,
– wägt er Kosten und Nutzen ab und
– entscheidet er sich immer für die Variante, die den größtmöglichen Nutzen bringt.

Damit verfolgt der Homo oeconomicus das ökonomische Prinzip, diejenige Variante zu wählen, mit der er auf der Grundlage seiner Informationen sein Ziel mit minimalen Kosten erreicht (Minimalprinzip) oder seinen Nutzen bei gegebenen Kosten maximiert (Maximalprinzip). Man sagt auch, er wählt eine effiziente Variante. Mit dem Homo oeconomicus lassen sich viele Verhaltensweisen von Individuen auf den unterschiedlichsten Märkten erklären und begreifen, die auf den ersten Blick vielleicht eher abwegig erscheinen.

Anreize

Das Konstrukt des „Homo oeconomicus" behauptet aber nicht, dass in der Ökonomie ausschließlich charakterlose, nur auf ihr eigenes Wohl bedachte, gewinnsüchtige Menschen vorzufinden sind. Vielmehr geht es von der Annahme aus, dass Menschen als Akteure im Wirtschaftsgeschehen rational konkreten Anreizsystemen folgen und ihr Verhalten nutzenmaximierend ausrichten. Auf eine Änderung der Anreize reagieren sie dann mit einer Änderung ihres Verhaltens, und auch dies wieder unter der

Prämisse der Nutzenmaximierung. Jedes Individuum trifft also als Homo oeconomicus Entscheidungen. Aber vor welchem Hintergrund kommen diese Entscheidungen zustande?

Permanente Alternativen

Der Alltag stellt uns permanent vor Alternativen, und wir haben gelernt, in diesen Alternativen zu denken. Um nur einige Beispiele zu nennen: Wollen wir konsumieren oder unser Geld sparen, mehr arbeiten oder mehr Freizeit haben, eine saubere Umwelt, dafür aber ein niedrigeres Einkommen? Wollen wir als Staatsbürger lieber mehr Sozialstaat oder mehr Verteidigung? Es gibt nichts „for free". Wenn wir etwas haben wollen, müssen wir etwas dafür geben. Dies kann Geld sein, oder wir müssen ein anderes Ziel aufgeben.

Opportunitätskosten

Hat man sich für eine Alternative entschieden oder erwägt man, ein Gut zu erwerben, dann wird eine sogenannte Kosten-Nutzen-Abwägung angestellt. Diese Abwägung enthält in der Regel nicht nur alle Kosten, die mit dem Erwerb des Gutes verbunden sind, sondern auch den entgangenen Nutzen, den ein anderes alternatives Gut gestiftet hätte. Dabei wird dieser entgangene Nutzen nicht nur rein monetär betrachtet, sondern es können auch immaterielle Bewertungen vorgenommen werden. In der Ökonomie spricht man dabei auch von Opportunitätskosten.

Grenzbetrachtungen

Wenn die Kosten und Nutzen für ein Gut erfasst sind und daraufhin verglichen werden, dann werden in der ökonomischen Betrachtung nicht die gesamten Kosten und Nutzen herangezogen, sondern die „zusätzlichen" Kosten und Nutzen. Diese zusätzlichen Kosten oder Nutzen nennt man auch Grenzkosten (zusätzliche Kosten) und Grenznutzen (zusätzliche Nutzen). Grenzkosten und -nutzen spielen vor allem auch bei Investitionsentscheidungen eine wichtige Rolle. Im Vorgriff auf spätere Anwendungen von Grenzbetrachtungen kann dies an einem Beispiel verdeutlicht werden.

Nehmen wir einmal an, dass eine Verkäuferin von frei verkäuflichen Gesundheitspräparaten an einem Tag 300 Packungen des entsprechenden Produktes verkauft und damit einen Gewinn von 450 € macht. Ihre Kosten für den Verkaufsstand betragen 100 €. Da ihre Präparate ein gutes Image haben, könnte sie am Tag 50 Packungen mehr verkaufen und einen Gewinn von 525 € erzielen. Dafür müsste sie aber eine zusätzliche Arbeitskraft einstellen, die sie pro Tag 100 € kosten würde. Der zusätzliche Nutzen – nämlich ein zusätzlicher Gewinn von 75 € – wird durch die zusätzlichen Kosten gänzlich aufgezehrt, ja der Gewinn verringert sich sogar. Der Vergleich der zusätzlichen Kosten (Grenzkosten) und zusätzlichen Nutzen (Grenznutzen) zeigt also, dass sie nicht expandieren sollte, auch wenn der Vergleich der Gesamtkosten und Gesamtnutzen einen höheren Gesamtnutzen (525 €) zeigt als Gesamtkosten (200 €).

1.5 Welche Methoden benutzt die Ökonomie?

Um zu einer sinnvollen Betrachtungsweise eines relevanten ökonomischen Phänomens zu gelangen, unterscheidet man in der ökonomischen Lehre zwei Arten von Aussagen, und zwar positive und normative Aussagen.

– Positive Aussagen: Um ein Phänomen besser zu verstehen, wird beschrieben, wie es sich in der Realität darstellt – also, wie die Welt ist. Positive Aussagen machen Aussagen zu Ursache-Wirkungs-Zusammenhängen. Die Feststellung, dass „mehr konsumiert und gespart wird, wenn die Steuern sinken", ist eine positive Aussage, die eine Ursache (Sinken der Steuer) und einen Wirkungszusammenhang (mehr Konsum und Ersparnis) darstellt. Positive Aussagen kann man empirisch auf ihre Gültigkeit überprüfen.

– Normative Aussagen: Bei normativen Aussagen wird eine Bewertung des ökonomischen Phänomens vorgenommen; es wird also hergeleitet, ob es gut oder schlecht ist. Normative Aussagen sind präskriptiv und beziehen sich darauf, wie die Welt sein sollte. Z. B. könnte man die normative Aussage machen, dass in einem Industrieland niemand ohne Arbeit sein sollte.

Normative Aussagen sollten immer auch eine Begründung für den jeweiligen Standpunkt enthalten. Um über die normative Aussage hinauszugehen und Empfehlungen zu geben, wie sich der gewünschte Zustand erreichen lässt, braucht man wiederum die positiven Aussagen, also Ursache- und Wirkungs-Zusammenhänge, denn daraus lässt sich ableiten, mit welchen Mitteln man den gewünschten Zustand herbeiführen könnte.

Wie kommen Ökonomen und Ökonominnen nun zu ihren normativen oder positiven Aussagen? Wie arbeiten sie praktisch? Eine idealtypische Vorgehensweise ist etwa die folgende, welche drei Schritte vorsieht:

– Schritt 1 – Beobachtung: Zunächst wird ein ökonomisches Phänomen beobachtet. Dazu werden Daten zusammengestellt, so dass eine qualitative und quantitative Beschreibung des Phänomens vorgenommen werden kann.

– Schritt 2 – Theoriebildung: In einem zweiten Schritt wird versucht, eine erklärende Theorie darüber aufzustellen, wie dieses Phänomen zustande kommt. Diese erklärende Theorie wird dann unter zu Hilfenahme von Daten und statistischen Methoden geprüft. Wird sie durch das Datenmaterial nicht bestätigt, dann wird sie verworfen und eine neue Theorie verfolgt. Wird sie hingegen bestätigt, dann wird sie meist weiterverfolgt. Auf ihrer Grundlage können dann auch Konzepte entworfen werden, welche die Wirtschaftspolitik verfolgen kann, um einen gewünschten Zustand zu erreichen. Auf der Basis solcher Theorieentwicklung werden also Prognosen für die Zukunft abgegeben und Politikberatung durchgeführt.

– Schritt 3 – Modellbildung: Um wirtschaftliche Zusammenhänge oder eine erste Theorie zu wirtschaftlichen Zusammenhängen darzustellen, arbeitet die Ökonomie oft mit Modellen. Ein Modell ist eine vereinfachte Abbildung der Realität, um die komplexe Realität besser zu verstehen – man fokussiert sich auf die wichtigsten, dominierenden Zusammenhänge und schließt weniger relevante Zusammenhänge aus. Ein ökonomisches Modell kann in Worten beschrieben, graphisch aufbereitet oder in einer mathematischen Formel verpackt werden. Eine wichtige Vereinfachung von Modellen besteht in der Annahme, dass sich nur die betrachteten Größen ändern, während alle anderen möglichen Einflussfaktoren unverändert bleiben. Ökonomen und Ökonominnen sprechen in diesem Zusammenhang von der Verwendung der Ceteris-Paribus–Klausel. Im letzten Abschnitt des hier vorliegenden ersten Kapitels wird ein Standardmodell vorgestellt, dessen sich die Ökonomie häufig bedient. Dieses Modell gibt einen vereinfachenden Einblick in den Wirtschaftskreislauf.

Im Rahmen der Modellbildung ist die Ökonomie oft auf Ereignisse in der Geschichte angewiesen. Laborexperimente sind kaum möglich, sogar fast gar nicht. Beispielsweise hat John M. Keynes, einer der berühmtesten Ökonomen der Vergangenheit, seine Theorie der antizyklischen Wirtschaftssteuerung vor dem Hintergrund der Weltwirtschaftskrise 1929–1933 und der Massenarbeitslosigkeit der 30er-Jahre aufgestellt. Ob und inwieweit solche Theorien dann auch auf andere ähnliche Situationen angewendet werden können, ist nur im speziellen historischen Einzelfall zu klären.

1.6 Ein erstes Modell: Das Kreislaufdiagramm einer Volkswirtschaft

Das folgende Modell ist eine schematische Darstellung der Basisaktivitäten in einer Volkswirtschaft. Angenommen, es gäbe in dieser Volkswirtschaft nur zwei Akteure: private Haushalte und Unternehmen. Abbildung 1.4 zeigt die Basiszusammenhänge dieser beiden Akteure. Der innere Strom (Pfeil) repräsentiert die realen Ströme (Güter-Output einerseits und Produktionsfaktoren-Input andererseits) und der äußere Strom (Pfeil) die monetären Ströme (Geldströme), d. h.:
– Die Haushalte kaufen Güter und Dienstleistungen und geben dafür Geld. Gleichzeitig verkaufen die Haushalte ihre Ressourcen (Produktionsfaktoren), nämlich Arbeit, Land und Kapital, und erhalten dafür Geld.
– Die Unternehmen auf der anderen Seite produzieren und verkaufen Güter und bekommen dafür Geld. Um produzieren zu können, beschäftigen und verwenden sie Produktionsfaktoren, welche sie wiederum von den Haushalten erhalten.

Unternehmen und Haushalte treffen sich also auf zwei verschiedenen Märkten: auf dem Markt für Güter und Leistungen, wo Unternehmungen ihre Waren verkaufen und Haushalte diese Waren kaufen, und auf dem Faktormarkt, wo Unternehmen Produktionsfaktoren kaufen und die Haushalte diese Produktionsfaktoren, also ihre Arbeitskraft, ihren Boden oder ihr Kapital, verkaufen.

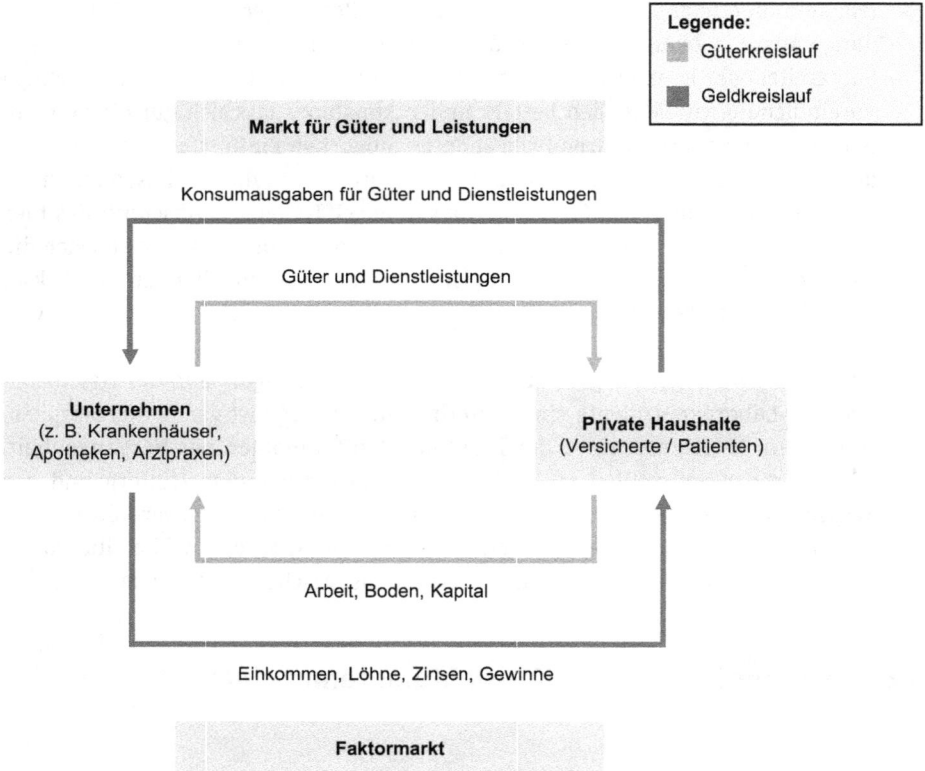

Legende:
Güterkreislauf
Geldkreislauf

Markt für Güter und Leistungen

Konsumausgaben für Güter und Dienstleistungen

Güter und Dienstleistungen

Unternehmen
(z. B. Krankenhäuser,
Apotheken, Arztpraxen)

Private Haushalte
(Versicherte / Patienten)

Arbeit, Boden, Kapital

Einkommen, Löhne, Zinsen, Gewinne

Faktormarkt

Abbildung 1.4: Kreislaufdiagramm einer Volkswirtschaft (Quelle: Standarddarstellung, in Anlehnung z. B. an Welfens, P.J.J., 2013, S. 303).

Der hier abgebildete Wirtschaftskreislauf ist sehr vereinfachend dargestellt und abstrahiert von zusätzlichen Akteuren – vor allem vom Staat und vom Ausland. Natürlich lassen sich diese beiden Akteure – und bei Bedarf auch weitere – jederzeit in ein solches Basismodell einbauen, je nachdem, welche Zusammenhänge analysiert werden sollen. Dabei ist zu beachten, dass die Zusammenhänge mit jedem dazukommenden Akteur einerseits realitätsnäher werden, andererseits jedoch komplizierter und auch unübersichtlicher. Ein solches Modell ist primär als didaktisches Hilfsmittel zu verstehen. In den weiteren Kapiteln dieses Buches werden wir uns immer wieder solcher Basismodelle für die Erklärung grundlegender Zusammenhänge im Gesundheitssektor bedienen.

1.7 Literatur zum Kapitel 1

Als Quellen für dieses Kapitel wurde primär die folgend aufgeführte Literatur genutzt, welche auch als vertiefende Lektüre empfohlen wird.

Einführungen in die Fragestellungen der Ökonomie und in ihre Methode und Vorgehensweise finden sich in:
- *Bofinger, P. (2019)*
- *Case, K.E./Fair, R.C./Oster, S.E. (2020)*
- *Gottheil, F.M. (2013)*
- *Mankiw, N.G./Taylor, M.P. (2021)*
- *Maslow, A.H. (1945)*
- *Straub, T., (2020)*
- *Varian, H.R. (2016)*
- *Welfens, P.J.J. (2013)*

Einen mehr institutionellen Einblick in die Fragestellungen der Volkswirtschaftslehre bietet:
- *Baßeler, U./Heinrich, J./Utecht, B. (2010)*

Vertiefende Einführungen in die verschiedenen Felder der Volkswirtschaftslehre finden sich in Vahlens Kompendium der Wirtschaftstheorie und Wirtschaftspolitik:
- *Apolte, T./Bender, D./Berg, H. (2012)*

Erste in diesem Kapitel verwendete Literatur zur Gesundheitsökonomie:
- *Folland, S./Goodman, A.C./Stano, M. (2017)*
- *Wernitz, M.H./Reinhold, Th./Sydow, H. (2022)*

2 Hinführung in die Welt der Gesundheitsökonomie

Nach der kurzen Einführung in das weite Feld der Ökonomie wird in diesem Kapitel die Anwendung des ökonomischen Instrumentariums auf den Gesundheitsbereich thematisiert. Die Gesundheit und das Gesundheitssystem beschäftigen uns alle, spätestens dann, wenn wir selbst oder ein uns nahestehender Mensch erkrankt. Diese besondere Bedeutung von Gesundheit heißt aber noch nicht, dass wir sie ökonomisch betrachten sollten oder können – im Gegenteil: Viele werden sich gegen eine solche Betrachtung wehren. Wie zu sehen sein wird, führt diese Ablehnung aber dazu, dass interessante Aspekte von Gesundheit ausgeblendet werden oder gar unentdeckt bleiben.

Können wir es beispielsweise auf dem Automarkt akzeptieren, dass nicht alle Bürger einen Ferrari erwerben und fahren können und auch auf Lebensmittelmärkten, dass nicht alle Bürger Luxusklasse-Produkte erwerben, sondern die finanzielle Situation eines Haushaltes nur den Einkauf bei den Discountern zulässt, so sieht dies bezüglich des Gesundheitssystems oft anders aus: Dass Menschen – vermeintlich oder tatsächlich – eine qualitativ schlechtere Versorgung erhalten oder vom Zugang zu bestimmten Leistungen ausgeschlossen werden könnten, weil sie nicht privat, sondern „nur" gesetzlich versichert sind oder weil sie sich keine Zusatzversicherung leisten können, ist für viele Mitglieder der Gesellschaft unerträglich und nicht hinnehmbar. Dies zeigt die immer wieder aufflammende Diskussion zur medizinischen Ungleichbehandlung von Kassen- und Privatpatienten.

2.1 Gesundheit als elementares Gut

Würde man prinzipiell die marktlichen Mechanismen in diesem Bereich akzeptieren, dann dürfte man auf den ersten Blick nichts dagegen einzuwenden haben, denn Privatpatienten bringen den Ärzten eine höhere Vergütung als Kassenpatienten; sie zahlen dem Arzt also einen höheren Preis für seine Leistung. Zum Beispiel regen wir uns beim Passagierflugverkehr auch nicht über die First-Class-Passagiere auf, haben sie doch oftmals den dreifachen oder vierfachen Preis für das Flugticket bezahlt. Aber die Akzeptanz dieser marktlichen Mechanismen ist für den Gesundheitsbereich sehr umstritten, nicht nur in Politik und Gesellschaft, sondern auch unter Fachökonomen. Jeder kennt normative Äußerungen und Kommentare wie: „Gesundheit ist das höchste Gut und um die Gesundheit zu erhalten darf nichts zu teuer sein", oder „Nichts ist ohne Gesundheit".

Viele sind höchst irritiert und vielleicht sogar emotional empört, wenn sie zum ersten Mal etwas von einem „statistischen Leben" hören, denn ist ein Leben nicht per se über alles zu stellen? Und wenn ein Leben messbar und evaluiert sein sollte, dann doch bitte schön nur mit „unendlich wertvoll". Dass die Verwendung solcher fachspezifischen Termini auf keinen Fall den Wert eines Lebens geringschätzen will,

https://doi.org/10.1515/9783486989441-002

sei an dieser Stelle bereits ausdrücklich erwähnt und wird im weiteren Verlaufe noch deutlich werden.

Im schroffen Gegensatz zu der genannten Bewertung als „unendlich wertvoll" steht zudem, dass fast alle Menschen tagtäglich Entscheidungen treffen, die ihre gegenwärtige und zukünftige Gesundheit negativ berühren und auch die Dauer ihres Lebens. Oftmals werden dabei Entscheidungen getroffen, mit denen erhebliche Gesundheitsrisiken verbunden sind, die aber wie selbstverständlich in Kauf genommen werden.

–   Jeder Raucher ist sich mittlerweile darüber bewusst, dass Rauchen beträchtliche negative gesundheitliche Folgen hat und damit die zukünftige Lebensqualität einschränken und sogar das Leben verkürzen kann. Trotzdem rauchen immer noch viel zu viele Menschen.
–   Seit Jahren zeigen Ärzte und Ernährungswissenschaftler die Folgewirkungen falscher Ernährung – besonders bei Kindern – auf. Dickleibigkeit wird zur Volkskrankheit. Trotzdem wird weiterhin falsch, insbesondere zu fett, zu süß und zu viel gegessen.
–   Viele Menschen wissen auch, dass bestimmte Sportarten enorme gesundheitliche (Verletzungs-)Risiken bergen (z. B. Ski fahren, Drachen fliegen, Base Jumping, Fußball spielen, Klettern). Trotzdem gewinnen diese Sportarten immer mehr an Popularität und haben unter gesunden Menschen großen Zulauf.

Solche Verhaltensweisen sind auf den ersten Blick irrational, und sie stehen offensichtlich im Gegensatz zu der genannten Bewertung von Gesundheit als „unendlich wertvoll". Trotzdem haben viele Menschen doch ein gewisses Verständnis und eine Menge guter Gründe für dieses „Fehlverhalten".

Ökonomen würden diese Fälle etwa folgendermaßen analysieren wollen: Jeder Mensch ist – wie wir schon wissen –, ein ökonomisch handelndes Individuum, ein Homo oeconomicus, und wenn dieses Individuum sich entschließt zu rauchen, dann schätzt es den heutigen Nutzen einer Zigarette höher ein als die wahrscheinlich damit verbundene zukünftige Einschränkung seiner Gesundheit; später wird gezeigt, dass der Ökonom hierbei von der „Minderschätzung zukünftiger Präferenzen" spricht. Weiterhin schätzt dieses Individuum gegenwärtig den Nutzen des Rauchens einer Zigarette höher ein als den Nutzen, den ihm ein anderes Gut, z. B. ein Teller Salat, stiften könnte. Es wurde bereits oben gezeigt, dass der Ökonom hier vom Opportunitätskostenkalkül spricht. Ganz analog lässt sich bei den beiden anderen genannten Beispielen, also ungesundem Essen und gefährlichen Sportarten, argumentieren.

Würde man nun in der ökonomischen Analyse weitergehen wollen und im normativen Sinne Empfehlungen geben, so wären zwei grundsätzliche Positionen möglich. Zum einen kann man das individuelle Fehlverhalten und die sich daraus ergebenden Schäden komplett dem Markt überlassen. Der Nachfrager nach Zigaretten, nach zu fettem Essen oder nach waghalsigem Fallschirmspringen ist Herr über seine eigenen Entscheidungen, er allein trifft sie und hat sie zu verantworten. Folgerichtig überlässt man aber dann auch in letzter Konsequenz die Finanzierung eventuell auftretender Gesundheitsschäden komplett dem Markt, er muss also selbst – der Ökonom würde in diesem Fall von eigenverantwortlich sprechen – für sie aufkommen. Dazu kann man verschiedene Szenarien unterscheiden:

- Der Raucher versichert sich nicht und muss eine eventuell auftretende Behandlung aus der eigenen Tasche finanzieren.
- Der Raucher versichert sich und muss höchstwahrscheinlich einen Aufschlag bei der Versicherung für das Risiko Rauchen zahlen.
- Versicherungen versichern das Risiko Rauchen prinzipiell nicht, sodass der Raucher kein adäquates Versicherungsangebot findet.

Statt die Lösung dem Versicherungsmarkt zu überlassen, könnte man alternativ eine staatliche Lösung anstreben und das Fehlverhalten auf diese Weise korrigieren. Für diese Korrektur müssen dann von Seiten der Gesundheitspolitik geeignete Mechanismen gefunden werden. Da der Homo oeconomicus immer eine Kosten-Nutzen-Abwägung vornimmt, würde eine auf das Rauchen bezogene Maßnahme darin bestehen, die Kosten für das persönliche Fehlverhalten oder für das schädliche Produkt so hoch anzusetzen, dass der Homo oeconomicus künftig darauf verzichtet. Zu diesem Zweck könnte der Staat dieses Produkt z. B. höher besteuern als andere Produkte, wie es in Bezug auf Zigaretten ja auch in den meisten europäischen Ländern der Fall ist. Er könnte solche Aktivitäten aber auch einfach gänzlich untersagen oder erschweren, indem er beispielsweise Rauchverbote für bestimmte Räumlichkeiten erlässt. Wenn der Staat das genannte Fehlverhalten korrigiert, ist der Nachfrager allerdings nicht mehr der Herr über seine eigenen Entscheidungen, er wird bevormundet; und wer würde sich schon gerne den Genuss einer ungesunden Portion Pommes Frites durch höhere Besteuerung oder generelles Pommes-Frites-Verbot vermiesen lassen?

Beschäftigt uns die Gesundheit und das Gesundheitssystem oftmals erst dann, wenn wir – wie in den gerade genannten Beispielen – von Krankheit direkt oder indirekt betroffen sind, so betrifft es uns doch noch in einer anderen Weise: durch die Finanzierung. In Deutschland beispielsweise – wie auch in vielen anderen Ländern Kontinentaleuropas – werden wir gezwungen, uns gegen das Risiko Krankheit zu versichern. Für die meisten Bürger stehen dafür die gesetzlichen Krankenversicherungen bereit. In Deutschland z. B. hat man auf die Höhe des Krankenversicherungsbeitrags und auf die dafür gewährten Gesundheitsleistungen keinen direkten Einfluss. Im Gegenteil, wir müssen den Beitragssatz für die gesetzliche Krankenversicherung (GKV) genauso hinnehmen wie alle anderen Beiträge des sozialen Sicherungssystems, also der Arbeitslosen-, Unfall-, Pflege- und Rentenversicherung. Offensichtlich greift der Staat also spürbar in die Entscheidungen der Nachfrager ein, wenn es um Gesundheitsgüter geht; hiervon wird in den folgenden Kapiteln noch häufig die Rede sein.

2.2 Gesundheit als Gut auf dem Gesundheitsmarkt

Gesundheitsgüter werden auf dem Gesundheitsmarkt bereitgestellt und gehandelt. Dabei stellt sich erstens die Frage: Was sind ökonomisch gesehen Gesundheitsgüter? Und zweitens: Was ist der Gesundheitsmarkt und welche (Teil-)Märkte lassen sich hier identifizieren?

Wenden wir uns zunächst der ersten Frage zu. Aus gesundheitsökonomischer Perspektive handelt es sich bei Gesundheit oder bei der Linderung und Beseitigung von Krankheit um ein Bedürfnis, die individuelle Lebensqualität zu verbessern, zu stabilisieren oder gar zu optimieren. Dieses Bedürfnis kann unter Zuhilfenahme von Marktgütern befriedigt werden. Wie wir bereits in Kapitel 1.2 festgestellt haben, kann es sich bei diesen Marktgütern zum einen um Gesundheitsdienstleistungen handeln, wie beispielsweise ärztliche, pflegerische oder auch ergotherapeutische Beratung und Unterstützung, zum andern um Gesundheitsprodukte bzw. sachliche Gesundheitsleistungen, zum Beispiel in Form von Rollstühlen, Prothesen, Arzneimitteln oder medizinisch-technischen Diagnostikverfahren und -geräten. Im Weiteren wollen wir die Gesundheitsdienstleistungen und Gesundheitsprodukte zusammenfassend als Gesundheitsgüter oder Gesundheitsleistungen betrachten. Beide Begriffe werden hier synonym verwendet, wobei wir schwerpunktmäßig mit dem Begriff Gesundheitsgut arbeiten.

Um den zweiten Fragekomplex zu beantworten, sei zunächst darauf hingewiesen, dass sich der Gesundheitsmarkt grundsätzlich in einen ersten und in einen zweiten Gesundheitsmarkt unterscheiden lässt. Letzterer bezeichnet alle privatfinanzierten Gesundheitsgüter. Nach allgemeinem Verständnis gehören dazu freiverkäufliche Arzneimittel, spezifische individuelle Gesundheitsleistungen, Fitness und Wellness sowie (Gesundheits-)Tourismus. Randständig werden zudem Ernährung und Wohnen dem zweiten Gesundheitsmarkt hinzugeordnet, denn eine ausgewogene, gesunde Ernährung oder ein wohldosiertes Wohnklima können ebenfalls zur Gesundheitserhaltung beitragen.

Der für die Gesundheitsökonomie relevante Markt ist jedoch der erste Gesundheitsmarkt. Dieser ist typischerweise dreigeteilt und umfasst in erster Linie alle Güter, die für die Krankenversorgung und Behandlung sowie Krankheitsvermeidung notwendig sind. Dreigeteilt bedeutet, dass das ökonomische Leistungs-Gegenleistungs-Prinzip, das sich auf normalen Märkten im Produzentenangebot und in der Konsumentennachfrage widerspiegelt, durch Hinzunahme einer dritten Akteursgruppe – damit sind die privaten und gesetzlichen Krankenversicherungen gemeint – erweitert wird. Entsprechend wird der erste Gesundheitsmarkt oft auch als Krankenversicherungsmarkt bezeichnet. Stehen dabei die privaten Krankenversicherungen im Fokus der gesundheitsökonomischen Analyse, so spricht man vom PKV-Markt (privater Krankenversicherungsmarkt) und umgekehrt vom GKV-Markt (gesetzlicher Krankenversicherungsmarkt), wenn die gesetzlichen Krankenversicherungen im Vordergrund stehen. Beide Märkte werden uns durchgehend begleiten, wobei der GKV-Markt aufgrund seiner Größe der dominante ist.

Abbildung 2.1 veranschaulicht nochmals die Dreiteilung des ersten Gesundheitsmarktes: Der Patient bezieht Leistungen vom Leistungserbringer, beispielsweise von einem ärztlichen oder stationären Gesundheitsdienstleister. Zugleich ist er jedoch auch Versicherter und erwirbt über seine Krankenversicherung einen Anspruch auf Leistungen zur Krankenbehandlung. Die Gestaltung der Beziehung zwischen Krankenversicherer und Leistungserbringer ist nun maßgeblich davon abhängig, unter welchem Regime der Gesundheitsmarkt geregelt wird. Sind es, wie in Deutschland, PKV und GKV, so lassen sich zwei Krankenversicherung-Leistungserbringer-Beziehungen unterscheiden:

– Im Fall der PKV besteht eine indirekte Beziehung zwischen den beiden Akteuren, denn der Patient tritt für die medizinische Leistungsinanspruchnahme in Vorliquidation und bezahlt sie direkt beim Leistungserbringer. Im Gegenzug erhält er eine Rechnung, die er dann bei seiner Versicherung einreicht, woraufhin diese ihm die Behandlungskosten im Rahmen der vertraglichen Vorgaben erstattet. Entsprechend ist in diesem Zusammenhang auch vom Kostenerstattungsprinzip die Rede.

– Im Fall der GKV gilt hingegen das Sachleistungsprinzip. Der Patient nimmt Leistungen zur Krankenbehandlung in Anspruch, ohne dafür vom Leistungserbringer eine Rechnung zu erhalten. Die Kosten werden nachträglich, also nach medizinischer Diagnose und Behandlung, von den Krankenkassen an die Leistungserbringer erstattet. Die Beziehung zwischen Krankenversicherung und Leistungserbringer ist demzufolge direkt und beruht auf Leistungsverträgen, die die Vergütung und medizinische Versorgung regeln.

Infolge der Dreiteilung des Gesundheitsmarktes lassen sich aus Marktsicht im Kern drei Teilmärkte zwischen den Krankenkassen, Versicherten bzw. Patienten und Leistungserbringern identifizieren. Mit erneutem Verweis auf Abbildung 2.1 sind das folgende:

– der Versicherungsmarkt, der durch einen Wettbewerb um Versicherte gekennzeichnet ist,

– der Leistungsmarkt, der durch einen Wettbewerb um (Leistungs-)Verträge gekennzeichnet ist, sowie

– der Behandlungsmarkt, der durch einen Wettbewerb um Patienten gekennzeichnet ist.

Wie bereits oben erwähnt, ist der Gesundheitsmarkt jeweils in Abhängigkeit vom nationalstaatlichen Regime mehr oder minder stark reguliert. Damit geht einher, dass die drei (Teil-)Märkte in unterschiedlichem Umfang wettbewerblich oder auch nichtwettbewerblich ausgeprägt sind. Dazu mehr im Kapitel 7, das Gesundheitssysteme im internationalen Vergleich betrachtet.

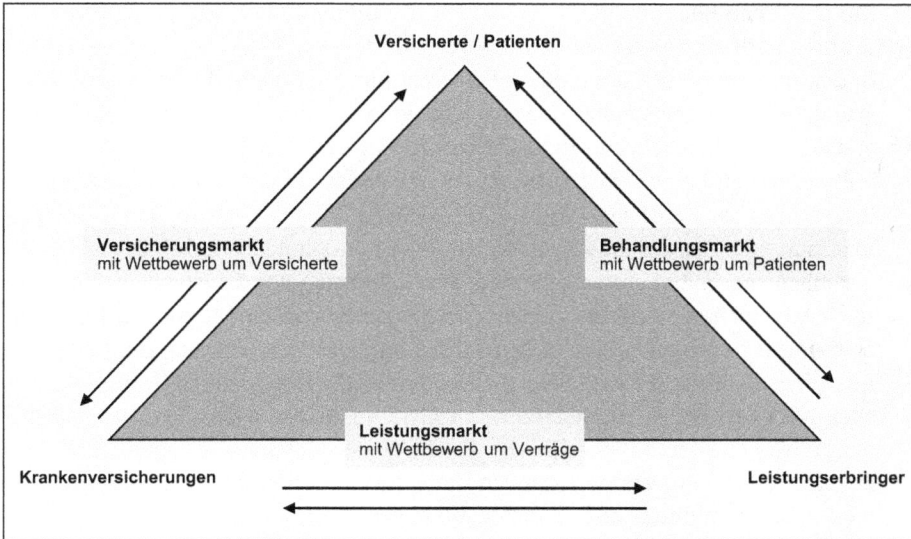

Abbildung 2.1: Gesundheits(teil-)märkte und Akteursbeziehungen im Überblick (Quelle: modifiziert nach Cassel, D./Wasem, J., 2014, S. 25).

2.3 Gesundheit als Wirtschaftsfaktor

Die Gesundheitsökonomie ist noch ein relativ junger Fachzweig der Wirtschaftswissenschaften. Ihr Ursprung liegt im Deutschland der 1970er Jahre, als dort zum ersten Mal von der „Kostenexplosion im Gesundheitswesen" die Rede war. Spätestens seit dieser Zeit ist der Gesundheitssektor allseits als wichtiger Wirtschaftsfaktor anerkannt.

Die bloßen Zahlen sprechen hier für sich. So lag 2021 die gesamtwirtschaftliche Wertschöpfung der Gesundheitswirtschaft – also des ersten Gesundheitsmarktes, der privaten Haushalte und weiterer öffentlicher Leistungsträger zusammengerechnet – bei knapp 470 Mrd. Euro. Das entspricht 13,1 Prozent des Bruttoinlandsproduktes (BIP). Dabei hatte der GKV-Markt, als Kernmarkt der Gesundheitswirtschaft, ein Volumen von circa 285 Mrd. Euro; sein Anteil am BIP betrug 7,9 Prozent.

Die Bedeutung des Gesundheitssektors als Wirtschaftsfaktor wird durch zwei weitere Faktoren unterstrichen. Erstens ist der Gesamtsektor in den letzten zehn Jahren mit einer durchschnittlichen jährlichen Wachstumsrate von 3,8 Prozent spürbar stärker gewachsen als das BIP, und zweitens ist er ein erheblicher Beschäftigungsmotor. So ist mittlerweile (Stand 2021) nahezu jeder siebte Erwerbstätige in Deutschland, das sind knapp 6,0 Millionen Menschen, in dieser Branche beschäftigt. Die Wachstumspotenziale der Gesundheitswirtschaft dürften sogar noch deutlich höher liegen, denn der Staat versucht seit vielen Jahren mit mehr oder minder großem Erfolg, die Ausgabenentwicklung des ersten Gesundheitsmarktes an die Entwicklung des BIP zu koppeln.

Die politische Einschätzung des Themas „Gesundheit als Wirtschaftsfaktor" hat sich argumentativ im Zeitverlauf deutlich verändert:

– In der Anfangszeit der Gesundheitsökonomie stand vor allem die Frage im Vordergrund, ob und gegebenenfalls inwieweit die gesellschaftlich finanzierten Kosten des ersten Gesundheitsmarktes die Wirtschaftskraft und Wettbewerbsfähigkeit einer Volkswirtschaft behindern. Das bezog sich seinerzeit zum einen auf die fiskalischen Belastungen der Haushalte – also auf die Senkung ihres verfügbaren Einkommens – und zum anderen auf die Abgabelasten der Unternehmen. Diesbezüglich wurden vor allem steigende Lohnnebenkosten, also die Kosten des Arbeitgebers, die er für seine Arbeitnehmer aufgrund der Krankenversicherungsbeiträge zusätzlich zum Arbeitsentgelt zu zahlen hat, als Gefahr für die Wirtschaftsentwicklung gebrandmarkt. Allerdings konnten für die letztere These bisher keine eindeutigen wissenschaftlichen Belege gefunden werden. Da sich zudem im Zeitraum von den späten 1990er Jahren bis Ende der 2010er Jahre der Anteil der Gesundheitsausgaben am BIP stabil bei circa 6 bis 7 Prozent eingependelt hatte, trat die Diskussion um eine Kostenexplosion im Gesundheitswesen zunehmend in den Hintergrund.

– Heutzutage werden durch die Gesundheitswissenschaften vor allem die positiven Effekte der Gesundheit für die Volkswirtschaft hervorgehoben, nach dem Motto: „Eine gesunde Gesellschaft ist auch eine leistungsfähige Gesellschaft." Oder gesundheitsökonomisch ausgedrückt: Menschen sind Produktionsfaktoren, und sind die Menschen gesund, so können sie ihren optimalen Beitrag zu Wohlstand und Wachstum einer Gesellschaft leisten. Wohlstand und ein möglichst verteilungsgerechtes, nachhaltiges wirtschaftliches Wachstum sind wiederum die besten Garanten, um die sozialen Verhältnisse einer Gesellschaft zu sichern und zu verbessern, denn es kann nur das verteilt werden, was die Wirtschaft bereitstellt.

Im Gesundheitsbereich gibt es folglich eine wechselseitige Verknüpfung zwischen Wirtschaft – Wohlstand – Gesundheit einerseits und Gesundheit – Wirtschaft – Wohlstand andererseits, so wie dies auch die Abbildung 2.2 veranschaulicht. Egal, von welcher Seite man Gesundheit nun betrachtet – am Ende ist sie immer auch ein wichtiger Wirtschaftsfaktor. Hierbei dürften infolge der demografischen Entwicklung in den nächsten Jahren Verteilungsfragen zunehmend an Relevanz gewinnen. Dazu gehört auch, dass insbesondere seit den 2020er Jahren die Gesundheitsausgaben erneut deutlich angezogen haben. Ob dies bereits eine Folge der demografischen Entwicklung oder vor allem der Covid-19-Pandemie ist, oder ob eine Kombination aus beiden Faktoren plus weiterer systemischer und politischer Fehlentwicklungen vorliegt, lässt sich derzeit nicht eindeutig bestimmen. Aller Voraussicht nach wird jedoch die Diskussion über die Wirtschaftlichkeit und Leistungsfähigkeit des Gesundheitssektors in naher Zukunft wieder an Fahrt gewinnen.

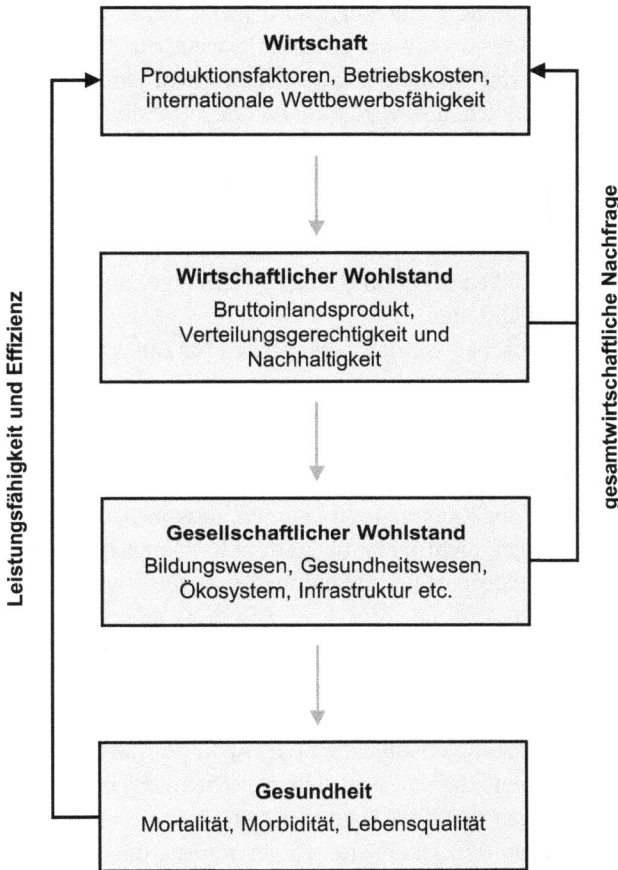

Abbildung 2.2: Gesundheit und Wirtschaft als interdependentes System (Quelle: eigene Darstellung).

2.4 Gesundheitsökonomie: Der Versuch einer Definition

Eine einheitliche und allgemein akzeptierte Definition von Gesundheitsökonomie gibt es bis heute nicht. Die Auffassungen sind zu verschieden und sollen hier nicht im Einzelnen diskutiert werden. In diesem Buch wird eine Definition gewählt, die die allgemeine Erklärung von Volkswirtschaftslehre auf den Gesundheitsbereich überträgt. Gesundheitsökonomie ist demzufolge die Beschreibung und Analyse des Gesundheitssektors und seiner Teilnehmer mit Hilfe des ökonomischen Instrumentariums.

Es geht in der Gesundheitsökonomie genau wie in der allgemeinen Volkswirtschaftslehre in erster Linie um den Grundtatbestand der „Knappheit von Gütern". Zwar ist unter ethischen und sozialpolitischen Gesichtspunkten oftmals der Wunsch vorhanden, „so viel Medizin und Behandlung wie möglich für jeden, der es nötig hat" bereitzuhalten, aber auch im Gesundheitswesen hat sich mittlerweile die Erkenntnis durchgesetzt, dass Gesundheitsgüter der Knappheit unterliegen. Nicht jede Behandlung ist für alle Bedürftigen sofort möglich, dies wird anhand der folgenden Beispiele deutlich:

- Besonders dringlich ist das Problem der Knappheit in der Transplantationsmedizin; leider gibt es in Deutschland nicht genügend Organspenden, um allen Leidenden zu helfen.
- Gerade hochspezialisierte Ärzte haben oft ein begrenztes Zeitbudget und müssen ihre Zeit zwischen den Patienten aufteilen.
- Zudem gibt es in etlichen europäischen Ländern Wartelisten für Operationen im Krankenhaus; nicht für jede nicht-lebensnotwendige Behandlung oder medizinische Spezialversorgung sind ausreichend Bettenkapazitäten vorhanden.

Mögen diese Beispiele auch dem Nicht-Ökonomen unmittelbar geläufig sein, so ist aus volkswirtschaftlicher Sicht mit Blick auf Knappheit zu betonen, dass jeder Euro, der im Gesundheitswesen ausgegeben wird, nicht mehr für andere Konsumzwecke oder für Bildung, Kindergärten oder arbeitsfördernde Maßnahmen usw. ausgegeben werden kann.

Greifen wir die Überlegungen aus Kapitel 1 auf, dann können wir zusammenfassend sagen: Gesundheitsökonomie beschäftigt sich mit der Beschreibung und Analyse von Gesundheitsmärkten. Konkreter noch, sie beschreibt und analysiert,

- wie die Beteiligten des Gesundheitssektors (Patienten, Ärzte, Apotheker, Heilmittelerbringer, Krankenhäuser, pharmazeutische und medizintechnische Unternehmen, gesetzliche und private Versicherungen sowie der Staat) zur Bedürfnisbefriedigung die nur knapp verfügbaren Ressourcen (Produktionsmittel) verwenden, um damit Gesundheitsleistungen im Gesundheitssektor zu produzieren (Allokation im Gesundheitssystem); und zudem
- wie diese Gesundheitsgüter auf die Kranken und Bedürftigen in der Gesellschaft bedarfsgerecht verteilt werden (Distribution im Gesundheitssystem).

Wenn man diese Definition zugrunde legt, so ist offensichtlich, dass auch in der Gesundheitsökonomie eine methodisch normative und eine positive Vorgehensweise – wie sie in Kapitel 1 vorgestellt wurde – unterschieden werden.

Die normative Vorgehensweise fragt danach, wie etwas sein sollte. Bezüglich des Gesundheitswesens ist es also ihr Oberziel, die Frage zu beantworten, wie die optimale Ausgestaltung eines Gesundheitssystems aussehen könnte, und zwar vor dem Hintergrund der erheblichen Besonderheiten und Marktversagensprobleme, die auf dem Gesundheitsmarkt existieren. Dabei wird diese Frage grundsätzlich auf alle Bereiche des Gesundheitswesens angewendet. Hier drei Beispiele:

- Wie sollen Krankenversicherungsverträge ausgestaltet werden? Zum Beispiel als gesetzliche Pflichtversicherung oder doch eher als freiwillige Versicherung? Wie

ist das zugrunde liegende Finanzierungssystem zu regeln, damit der Krankenversicherungsmarkt funktioniert?
–   Wie soll das Honorierungssystem im ambulanten und stationären Bereich ausgestaltet sein, damit keine Verschwendung stattfindet?
–   Welche Anreize muss man setzen, damit die Behandlungen und Diagnosen für die Patienten optimal geregelt sind?

Um diese normativen Fragen zu beantworten, muss natürlich klar sein, welche Organisationsstrukturen, welche Nachfrage nach Gesundheitsgütern und welches Angebot daran überhaupt vorliegen. Es ist also wichtig, die Ausgangslage auf dem Gesundheitsmarkt zu kennen und eine zunächst beschreibende ökonomische Analyse vorzunehmen. Die Analyse dessen, was bereits besteht, sowie der wahrscheinlichen Wirkungen unterschiedlicher Maßnahmen und institutioneller Ausgestaltungen ist die typisch positive Vorgehensweise in der Ökonomie. Neben der normativen Vorgehensweise ist also in der Gesundheitsökonomie zugleich eine methodisch positive erforderlich.

2.5 Gesundheitsökonomisches Programm

Ausgehend von der soeben vorgestellten Definition der Gesundheitsökonomie lässt sich als deren Programm die Analyse dreier unterschiedlicher Ebenen identifizieren. Demnach sind folgende Aspekte zu untersuchen:
–   die ordnungspolitischen Prinzipien des Gesundheitssystems,
–   die Allokation und Distribution von Gesundheitsleistungen und
–   die Steuerungsmethoden und institutionellen Arrangements im Gesundheitswesen.

Dieses gesundheitsökonomische Programm mit seinen drei Ebenen wird implizit die weitere Struktur des vorliegenden Buches bestimmen. Aus diesem Grund soll es hier kurz erläutert werden, um zu verdeutlichen, worum es in den ausstehenden Kapiteln gehen wird.

2.5.1 Prinzipien des Gesundheitssystems

Zunächst wird die grundlegende Frage problematisiert, nach welchen fundamentalen Prinzipien ein Gesundheitssystem insgesamt aufgebaut werden kann und soll. Dabei steht im Vordergrund, ob die Organisation des Gesundheitswesens – und somit auch die Allokation von Gesundheitsgütern – prinzipiell über den Markt oder über den Staat erfolgen soll. Es geht also um eine ordnungstheoretische Fragestellung. Wenn die gesellschaftlich-politische Ordnung als freiheitliche Demokratie und das ökonomische System entsprechend freiheitlich über dem Marktmechanismus organisiert sind, so ist es nahe liegend kritisch zu hinterfragen, warum in den meisten Industrienationen –

wie eben auch in Deutschland – das Gesundheitswesen ein Ausnahmebereich von diesen freiheitlich-marktwirtschaftlichen Grundsätzen ist.

Hierzu ist es erforderlich den Markt als Steuerungsinstrument näher kennenzulernen. Mit dieser Frage beschäftigt sich das Kapitel 3. Es beginnt mit dem einfachen ökonomischen Modell von Angebot und Nachfrage, das auf Konkurrenzmärkte allgemein angewendet wird. Grundsätzlich zeigt die Koordination der Wirtschaft über den Preis für alle beteiligten Akteure Vorteile. Allerdings wird darauf hingewiesen, dass die Wirkungszusammenhänge und Annahmen für dieses Modell auf einigen Märkten – so vor allem auf dem Gesundheitsmarkt – vielfach nicht gelten.

Das Gut Gesundheit weist zahlreiche Besonderheiten auf, die eine Verteilung von Gesundheitsgütern durch den Marktmechanismus stark behindern. Einige dieser Gründe werden im dritten Kapitel vorgestellt und kurz diskutiert. Der Ökonom spricht hier von der „Marktversagenstheorie" auf dem Gesundheitsmarkt.

2.5.2 Allokation und Distribution von Gesundheitsleistungen

Auf der nächsten Ebene geht es um die Allokation und Verteilung von Gesundheitsleistungen. In diesem Kontext werden wir uns der Nachfrage- und Angebotsseite zuwenden und darüber hinaus den Blick auf den Versicherungsmarkt richten. Diese drei Perspektiven werden in den Kapiteln 4, 5 und 6 diskutiert.

In Kapitel 4 wird zunächst gezeigt, wie die konkrete Nachfrage nach Gesundheitsgütern zustande kommt. Aufbauend auf dem Schema „Bedarf, Bedürfnis und Nachfrage" aus dem ersten Kapitel werden die wichtigsten Determinanten der Nachfrage herausgearbeitet.

Darüber hinaus spielen aber auch Preise im Gesundheitswesen – wie auf anderen Märkten – eine zentrale Rolle. Allerdings zahlen die Patienten ihre Behandlung nicht direkt, sondern in den meisten europäischen Ländern zahlt der Staat oder eine Versicherung für Gesundheitsgüter. Es ist zu problematisieren, welche Folgen es hat, dass der Preis für die Patienten subjektiv null ist, wenn die Krankenversicherung also die Kosten von Behandlungen übernimmt. Die Ausgestaltung der Krankenversicherung spielt zugleich eine wichtige Rolle bei der Regulierung der Nachfrage: So werden unterschiedliche Selbstbeteiligungsmodelle hinsichtlich ihrer Wirkung auf die Nachfrage aufgezeigt und diskutiert.

Da der Patient in der Regel nur ganz allgemein „eine Verbesserung oder zumindest Stabilisierung seines Gesundheitszustandes" nachfragen kann, ist er bezüglich der konkreten Behandlungsmethoden und eingesetzten Hilfsmittel, die er für die Gesundung braucht, auf den Arzt angewiesen. Aus diesem Grund ist auch die konkrete Nachfrage nach Gesundheitsgütern in einem hohen Maße von dem Mediziner abhängig. Der Arzt – der im Grunde ja Anbieter und nicht Nachfrager von Gesundheitsleistungen ist – spielt also bei der Nachfrage nach Gesundheitsgütern eine besondere Rolle. Hat er durch eine höhere Nachfrage einen Vorteil, so wird er diesen tendenziell ausnutzen. Auch dies wird nachfolgend noch ausführlicher zu thematisieren sein. Der Ökonom spricht hier von „anbieterinduzierter Nachfrage".

Kapitel 5 widmet sich dem „Angebot von Gesundheitsleistungen". Zunächst werden hierzu einige mikroökonomische Grundlagen eingeführt, die sehr vereinfachend auf die produktionstechnische Natur von Gesundheitsgütern abstellen. Im Anschluss daran beschäftigen wir uns erneut mit den Besonderheiten des Gutes Gesundheit, aber diesmal eben aus der Angebotsperspektive. So betrachten wir beispielsweise den Optionsgutcharakter von Gesundheitsleistungen, mit dem sich gesundheitsökonomisch begründen lässt, warum es sinnvoll sein kann, dass der Staat in bestimmten Gesundheitsbereichen wie dem Krankenhaussektor dafür sorgt, dass bestimmte Vorhaltekapazitäten vorzuhalten sind. Entsprechend dieser Besonderheiten unterliegt die Angebotsseite des Gesundheitssektors in den meisten Ländern der Welt einer mehr oder minder starken administrativen Steuerung. Auf welchen Ebenen diese Steuerung erfolgt, und welche Mittel generell eingesetzt werden können, um das Gesundheitsangebot möglichst effizient und zugleich bedarfsgerecht zu allozieren, ist eine weitere Frage, mit der wir uns auseinandersetzen werden. Ein abschließender Blick auf die einzelnen Marktformen, die im Gesundheitsbereich typischerweise anzutreffen sind, rundet Kapitel 5 schließlich ab.

In Kapitel 6 werden sodann die Nachfrage und das Angebot nach Krankenversicherungsschutz erläutert. Hier werden insbesondere die Probleme aufgegriffen, die sich auf diesem Markt ergeben, und gefragt, ob und wie sich eine gesetzliche Krankenversicherung ökonomisch begründen lässt oder ob sie nicht besser dem freien Markt überlassen werden sollte wie andere Versicherungen auch.

2.5.3 Steuerungsmethoden und institutionelle Arrangements

Auf der dritten Ebene beschäftigt sich die Gesundheitsökonomie zum einen mit konkreten Steuerungsmethoden und institutionellen Arrangements im Gesundheitswesen – hierauf wird in den Kapiteln 7, 8, 9 und 10 besonders eingegangen – und zum anderen mit den Kosten und Nutzen unterschiedlicher gesundheitspolitischer Maßnahmen. Dies wird ausführlich in Kapitel 11 erörtert.

Die schwerpunktmäßige Kombination verschiedener staatlicher und marktlich-privater Steuerungsinstrumente führt in unterschiedlichen Ländern auch jeweils zu unterschiedlichen Gesundheitssystemen. Einige Gesundheitssysteme, wie etwa das britische System, nutzen eher staatliche Steuerungsinstrumente, andere setzen auf eine eher marktliche Steuerung wie etwa die USA; Dritte wiederum – wie Deutschland oder Österreich – arbeiten mit einem intermediären Steuerungsmix. In Kapitel 7 werden verschiedene Gesundheitssysteme vorgestellt, und es wird herausgearbeitet, welche Vor- und Nachteile die Verwendung von unterschiedlichen Steuerungsinstrumenten in den Gesundheitssystemen hat.

In den Kapiteln 8 und 9 wenden wir uns konkret dem deutschen Gesundheitssystem zu. In diesem Rahmen stellt sich zentral die Frage, ob und inwieweit der von Ökonomen regelmäßig geforderte Wettbewerb als Steuerungsinstrument hier Platz gefunden hat. In Kapitel 8 wird diese Frage zunächst für die Krankenversicherung erörtert. Das deutsche Gesundheitswesen eignet sich in diesem Zusammenhang sehr gut als gesundheitspolitisches Beispiel, auch deshalb, weil es eine gesetzliche Komponente (GKV) und eine privatwirtschaftliche Komponente (PKV) besitzt, also organisatorisch durch zwei Vollversicherungssysteme repräsentiert wird.

Die Frage, wie Versorgungsplanung und -steuerung im deutschen Gesundheitswesen tatsächlich ausgestaltet und gesundheitsökonomisch zu bewerten sind, ist Thema des Kapitels 9. Unsere Gliederung folgt dabei der immer noch sehr starken sektoralen Trennung, die im hiesigen System existiert. Folglich konzentrieren wir uns auf die ambulant ärztliche Versorgung und die stationäre Versorgung; ergänzend wird der dritte ausgabenstarke Versorgungsbereich, der Arzneimittelsektor, betrachtet. Aus gesundheitsökonomischer Perspektive sind hier v. a. die Aspekte der Mengen- und Preissteuerung – also der Bedarfsplanung sowie der Vergütungsregelungen einschließlich möglicher Preiskontrollen – von besonderem Interesse. Dabei werden wir sehen, dass der medizinische Versorgungsbereich, entgegen der häufig vorgebrachten gesundheitspolitischen Forderung nach mehr Wettbewerb im Gesundheitswesen, im Kern weiterhin stark reguliert wird. So sind hier trotz mannigfacher Reformen nach wie vor an vielen Stellen verzerrende ökonomische Anreize sowie Über-, Unter- und Fehlversorgung vorzufinden. Unter gesundheitsökonomischem Aspekt wirft dies auch die Frage auf, welche alternativen Steuerungsinstrumente und -methoden für eine stärker wettbewerblich geprägte Versorgungssteuerung überhaupt vorstellbar sind.

In den letzten Jahrzehnten hat die Gesundheitsökonomie unter dem Begriff Managed Care verschiedene Ansätze zu einer effizienteren Gestaltung der Gesundheitsversorgung entwickelt, die teilweise auch praktisch angewendet wurden. Diese Entwicklung fand überwiegend in den USA statt. Wie der Begriff Managed Care schon ausdrückt, geht es dabei vor allem um die Anwendung von Managementprinzipien zur Kosten-, Wirtschaftlichkeits- sowie Qualitätssteuerung und -sicherung im Gesundheitssektor. Weitere besondere Merkmale sind die Aufhebung der Trennung von Leistungserstellung und -finanzierung sowie die Zulassung des freien und selektiven Kontrahierens zwischen Versicherungen und Leistungserstellern. Kapitel 10 wird konkrete Steuerungselemente von Managed Care vorstellen.

Die Evaluation von Gesundheitsleistungen ist Gegenstand des elften Kapitels. Sie hat im Zuge gesundheits- und versorgungspolitischer Fragestellungen zu den Themen Rationierung, Priorisierung und Wirtschaftlichkeit zunehmend an Bedeutung gewonnen. Die ökonomische Evaluation im Gesundheitswesen entspringt dem Bemühen, bei steigenden medizinischen Versorgungsansprüchen und Möglichkeiten und gleichzeitig knappen Budgets die Mittel effizient einzusetzen, also entweder mit gegebenen Mitteln einen größtmöglichen (Versorgungs-)Erfolg zu erlangen oder ein bestimmtes (Versorgungs-)Ziel mit möglichst geringem Mittelaufwand zu erreichen. Immer häufiger werden zu diesem

Zweck medizinische Maßnahmen evaluiert, um diejenigen Maßnahmen zu identifizieren, die den größtmöglichen Nutzen im Gesundheitswesen stiften. In Abhängigkeit von der Maßnahme werden verschiedene Kosten-Nutzen-Konzepte angewendet.

Manche Fragen, die für das Gesundheitswesen wichtig sind, lassen sich nicht eindeutig einer der genannten Ebenen zuordnen, sondern beziehen sich auf Querschnittsthemen, die alle drei Ebenen berühren. Das abschließende Kapitel 12 präsentiert solche übergreifenden Megathemen, die gleichzeitig einen Ausblick auf mögliche Entwicklungstendenzen vor dem Hintergrund wachsender Herausforderungen im Gesundheitswesen geben. Dabei sind insbesondere zu nennen:

– Die demographische Entwicklung, die einerseits mit ihrem wachsenden Anteil an Menschen im fortgeschrittenen Alter und einer damit einhergehenden veränderten Morbiditätsstruktur tendenziell zu einem höheren Finanzierungsbedarf beiträgt, andererseits aber auch die Verteilung der Finanzierungslasten zwischen Jung und Alt verändert.
– Die zunehmende medizinisch-technische Entwicklung, die zu immer mehr Behandlungsmöglichkeiten im Gesundheitswesen beiträgt, damit jedoch oftmals auch eine Erhöhung der Kosten bewirkt.
– Die Digitalisierung des Gesundheitswesens, die neue Versorgungs- und Kommunikationsprozesse bereitstellt und damit Druck auf die bestehenden Gesundheitsstrukturen ausübt. Mit ihr gehen große Chancen, aber auch einige Risiken einher.
– Die nationale und internationale Integration der Arbeits-, Finanz-, Kommunikations- und Versicherungsmärkte, die auch die entsprechenden Märkte im Gesundheitssektor berührt, sowie die allgemeine Tendenz zur Vernetzung von Märkten und Wirtschaftsräumen wie etwa derjenigen der EU.
– Die Entwicklung von Gesundheit als globalem Kollektivgut und Teilelement der Nachhaltigkeit, verbunden mit der gesundheitspolitischen Forderung einer überstaatlichen und übersektoralen Dominanz von Gesundheit und Umwelt im Vergleich zu allen übrigen wirtschaftlichen Fragestellungen.

Es sind nicht zuletzt diese Entwicklungen, die maßgeblich dazu beitragen werden, dass Fragestellungen auf allen drei Ebenen des gesundheitsökonomischen Programms Zukunfts- und zugleich Streitthemen bleiben.

2.6 Literatur zum Kapitel 2

Als Quellen für dieses Kapitel wurde primär die folgend aufgeführte Literatur genutzt, welche auch als vertiefende Lektüre empfohlen wird.

Einführungen in die Fragestellungen der Gesundheitsökonomie bieten:
– *Breyer, F./Zweifel, P./Kifmann, M.* (2012)
– *Cassel, D./Wasem, J.* (2014)

- *Folland, S./Goodman, A.C./Stano, M.* (2017)
- *Hajen, L./Paetow, H./Schumacher, H.* (2016)
- *Santerre, R. E./Neun, S.P.* (2012)
- *Schulenburg, M. F., Graf v.d./Greiner, W.* (2013)

Gesundheitsökonomische Aspekte im Rahmen der allgemeinen Sozialpolitik diskutieren z. B.:
- *Althammer, J./Lampert, H.* (2021)
- *Rosner, P.G.* (2005)

3 Anwendung des Marktmodells auf Gesundheitsgüter

Zwei elementare ökonomische Grundprobleme sollen in westlichen Demokratien und Marktwirtschaften auf freien Märkten gelöst werden. Diese sind:
- die Verwirklichung von Konsumentensouveränität und
- die Koordination von Produktions- und Konsumtionsverhalten.

Wie die Lösung dieser Probleme geschieht und ob diese Lösung befriedigende Ergebnisse zeigt, wird in der Volkswirtschaftslehre mit dem fundamentalen Marktmodell, das ein Modell von Angebot und Nachfrage ist, analysiert. Im Weiteren ist v. a. herauszuarbeiten, was die Anwendung dieses Modells auf Gesundheitsgüter bedeutet. Dazu sind zunächst das Marktmodell selbst und die genannten Grundprobleme zu beleuchten.

3.1 Konsumentensouveränität und Koordination

In westlichen Wirtschafts- und Gesellschaftssystemen hat jeder Bürger die Freiheit zu entscheiden, wie und mit welchen Gütern und Leistungen er seine Bedürfnisse befriedigen möchte. Dies bedeutet auch, dass er frei darüber bestimmt, wie er sein zur Verfügung stehendes Budget – oder die ihm zur Verfügung stehenden Transaktionsmittel – auf verschiedene Güter aufteilt. Oder einfacher ausgedrückt: Jeder hat innerhalb des bestehenden Rechtsrahmens die Freiheit zu entscheiden, was er kaufen will und was nicht. Dies ist eine elementare Annahme und ein normatives Postulat innerhalb der Volkswirtschaftslehre, von dem nur in sehr begründeten Ausnahmefällen abgerückt wird. Zwangskonsum sollte es in freiheitlichen Gesellschaften normalerweise nicht geben. Ökonomen nennen die beschriebene Freiheit Konsumentensouveränität.

Aber wie ist nun gewährleistet, dass bei Geltung der Konsumentensouveränität die nachgefragten Güter auch tatsächlich produziert werden? Wie lässt sich erreichen, dass die Konsumentenwünsche so gut und schnell wie möglich erfüllt werden? Damit ist das Problem der Koordination von Produktions- und Konsumtionsverhalten angesprochen. Dies ist ein Dreh- und Angelpunkt des Marktmodells, denn für das Gleichgewicht einer Volkswirtschaft ist es nicht nur wesentlich, dass Güter produziert werden, sondern auch und vor allem, dass solche Güter produziert werden, die tatsächlich gewollt werden. Wie lassen sich also die Wünsche und Bedürfnisse der Individuen in Einklang bringen mit den Produktionsvorhaben der Unternehmen?

Von welchem enormen Ausmaß diese Herausforderung ist, soll folgendes Beispiel verdeutlichen. Im Kern geht es darin um das im obigen Absatz bereits skizzierte Problem der Allokation – also: Wie sollen Ressourcen verwendet werden?

https://doi.org/10.1515/9783486989441-003

3.1.1 Komplexität des Allokationsproblems

Zur beispielhaften Illustration des Allokationsproblems wird hier ein sehr simples Modell verwendet. Dazu seien die folgenden stark vereinfachten Annahmen getroffen:
–   Es leben in einer Modellwelt nur drei Individuen.
–   Mit den vorhandenen Ressourcen können nur drei Gütereinheiten produziert werden.
–   Jedes der drei Individuen erhält eine produzierte Gütereinheit.
–   Es können nur zwei verschiedene Güter produziert werden, die in unserem Beispiel Penicillin und Brot sind.

Offensichtlich gibt es in dieser Modellwelt nun die vier folgenden Kombinationen, diese beiden Güter zu produzieren:

–   Kombination 1:   Penicillin   Penicillin   Penicillin
–   Kombination 2:   Penicillin   Penicillin   Brot
–   Kombination 3:   Penicillin   Brot   Brot
–   Kombination 4:   Brot   Brot   Brot

Dies sind die kompletten Produktionsmöglichkeiten in unserer Modellwelt. Aber welche dieser vier Kombinationen soll produziert werden? Es sollte diejenige sein, die die Bedürfnisse der Konsumenten am besten bedient. Aber welche Kombination dies ist, wissen wir nicht. Wir wissen also nicht, welches die optimale Allokation in unserer Modellwelt ist. In unserer Modellwelt mit nur drei Personen und zwei Güterarten, wobei jedes Individuum laut Definition nur ein Gut bekommt, wäre das Problem vielleicht noch zu bewältigen, indem man die Individuen einfach befragt, was sie denn haben möchten, um daraus das optimale Güterbündel herzuleiten. Aber dies stößt auf Grenzen, wie schon eine einfache Modifikation unserer Modellwelt zeigt.

Wenn nun die Möglichkeit dazukommt, ein drittes Gut zu produzieren, z. B. ein E-Bike, die Modellbedingungen aber ansonsten unverändert bleiben, also wieder drei Personen in dieser Welt leben etc., dann hat die Gesellschaft die folgenden Produktionskombinationen zur Auswahl:

–   Kombination 1:   Penicillin   Penicillin   Penicillin
–   Kombination 2:   Penicillin   Penicillin   Brot
–   Kombination 3:   Penicillin   Brot   Brot
–   Kombination 4:   Brot   Brot   Brot
–   Kombination 5:   Penicillin   Penicillin   E-Bike
–   Kombination 6:   Penicillin   E-Bike   E-Bike
–   Kombination 7:   E-Bike   E-Bike   E-Bike
–   Kombination 8:   Brot   Brot   E-Bike
–   Kombination 9:   Brot   E-Bike   E-Bike
–   Kombination 10:   Brot   E-Bike   Penicillin

Wir haben nun insgesamt zehn Möglichkeiten, um verschiedene Güterbündel zu produzieren. Sinn macht es jedoch nur, dasjenige Bündel zu produzieren, das auch tatsächlich nachgefragt wird, denn die in einer Wirtschaft vorhandenen Güter sind knapp, gemessen an den vorhandenen Bedürfnissen. Etwas zu produzieren, was nicht nachgefragt wird, ist Verschwendung. Welche Kombination gewählt werden sollte, ist also von den Wünschen der souveränen Konsumenten abhängig. Schon unter diesen Bedingungen wäre eine einfache Befragung der Konsumenten sehr aufwendig. Käme dann noch jemand auf die Idee, dass ein Dritter statt der Konsumenten diese Entscheidung treffen solle, beispielsweise der Staat, so ist klar, dass erstens die Bedingung der Konsumentensouveränität verletzt würde und zweitens die Gefahr einer Fehlentscheidung groß wäre. Denn woher soll der Staat mit Sicherheit wissen, was die Konsumenten tatsächlich wollen?

Es bedarf keiner näheren Erläuterung, dass sich das Problem der Kombinationsauswahl – also das Allokationsproblem – um ein Vielfaches verkompliziert, wenn wir realistischerweise viele Individuen, viele Güterarten etc. annehmen. Schließlich gibt es z. B. in Deutschland nicht drei, sondern mehr als 80.000.000 Personen und wiederum ein Vielfaches dessen an Produktionsfaktoren und Gütern.

3.1.2 Ein Beispiel: Welches Bündel von Medikamenten soll produziert werden?

Das Allokationsproblem lässt sich anhand der zugelassenen Medikamente in Deutschland verdeutlichen. Es sei restriktiv angenommen, dass es hierzulande keine anderen Güter zu produzieren gibt als Arzneimittel – solche restriktiven Annahmen sind ja in Modellen durchaus üblich. Statistischen Angaben zufolge sind in Deutschland knapp 105.000 (Stand: 2022) unterschiedliche Arzneimittel zugelassen, wobei jede Packungsgröße, Wirkstärke oder Darreichungsform als eigenständiges Medikament gezählt wird. Nehmen wir nun zusätzlich sehr restriktiv an, dass jeder der knapp 84 Millionen Einwohner Anspruch auf nur eines der zugelassenen Medikamente pro Jahr hat, so ergibt sich bereits daraus eine Anzahl von Kombinationen, die durch eine Befragung nicht mehr handhabbar ist.

Wie kann nun das optimale Bündel an Arzneimitteln gefunden werden? Es zeigt sich, dass das Allokationsproblem kein triviales ist, welches schon bei einer Produktgruppe sicher nicht durch einfaches Befragen der Konsumenten zu lösen ist. Vielmehr zieht es Koordinationsprobleme nach sich, die sich weiter spezifizieren lassen. Denn die Frage, welche Bedürfnisse befriedigt werden, wirft in der Folge weitere Fragen auf:
- Welche Güter(-arten) sollen letztendlich produziert werden?
- Wie viel davon soll produziert werden?
- Wie soll produziert werden?
- Für wen soll produziert werden? Oder anders formuliert: Wer erhält das Produktionsergebnis?

Eine gelungene Koordination setzt voraus, dass es ein funktionierendes Informations- sowie Sanktions- und Belohnungssystem gibt. Das Informationssystem muss die Wirtschaftssubjekte über Produktionsmöglichkeiten und Konsumwünsche aufklären und das Sanktions- und Belohnungssystem soll den Wirtschaftssubjekten einen Anreiz geben, entsprechend der jeweils zur Verfügung stehenden Informationen zu reagieren. Es stellt sich somit die Frage nach den grundsätzlichen Möglichkeiten der Koordination von Produktion und Bedürfnissen.

3.2 Grundlegende Koordinationssysteme

Prinzipiell unterscheidet man zwei idealtypische Ordnungsformen, um eine Wirtschaft mit ihren Abermillionen Unternehmen und privaten Haushalten zu organisieren und im oben genannten Sinne zu koordinieren. Dies ist auf der einen Seite die Vertikale Koordination als zentrale Planung und auf der anderen die Horizontale Koordination als dezentrale Planung. Ein weiteres prägendes Merkmal der zentralen Planung ist das Staatseigentum an Produktionsmitteln, während die dezentrale Planung überwiegend auf Privateigentum beruht.

3.2.1 Zentrale Planung

Heute weniger gebräuchlich ist die Vertikale Koordination als zentrale Planung, wie sie in den sozialistischen Ländern Mittel- und Osteuropas bis zu Beginn der 1990er Jahre praktiziert wurde. Eine zentrale Instanz, und hier konkret der Staat, dem wiederum mehrheitlich die Produktionsmittel gehören, bestimmt, wie viel von welchen Produkten produziert und somit angeboten wird. Damit wird indirekt auch vorgegeben, wie viel von welchen Produkten konsumiert wird. Solche Systeme werden auch Zentralverwaltungswirtschaften genannt; der bisweilen verwendete Ausdruck Planwirtschaft ist mehr als missverständlich, denn auch in Nicht-Zentralverwaltungswirtschaften wird geplant, eben nur nicht zentral, sondern dezentral.

3.2.2 Dezentrale Planung

Auf der anderen Seite kennt man als Organisations- und Koordinationsmechanismus die Horizontale Koordination als dezentrale Planung: hier entscheiden Unternehmen und Haushalte selbst über Konsum und Produktion. Ihre Produktions- und Konsumtionspläne werden durch den Preis gesteuert und sanktioniert – vorausgesetzt es herrscht funktionierender Wettbewerb. Die Koordination über den Preismechanismus findet mit Hilfe von Märkten statt und ist in den westlich orientierten Industrienationen heute die dominierende Koordinationsform. Solche Systeme werden auch Marktwirtschaften genannt.

3.2.3 Koordination in der sozialen Marktwirtschaft

In der Realität sind dezentrale und zentrale Planung und Koordination nicht immer stringent voneinander zu trennen, denn dafür sind die Abläufe und Beziehungen innerhalb von Wirtschaftssystemen zu komplex. Das bedeutet jedoch nicht, dass die beiden Koordinationsmechanismen im Sinne von Mixed-Systemen nebeneinander ablaufen. Vielmehr ist einer der Mechanismen prädominant, kann aber durch Elemente des anderen Systems partiell ergänzt werden. Dies trifft auch auf die hiesige soziale Marktwirtschaft zu. Sie entspricht einem System dezentraler Koordination auf Märkten, die in Abhängigkeit von konkreten Situationen und Bedingungen wie Machtmissbrauch, sozialpolitische Verwerfungen oder Marktversagen zu flankieren sind. Sie fordert einen starken Staat, der den Wettbewerb erhält und fördert, Kollektivgüter maßvoll bereitstellt und unterstützend dort eingreift, wo es zum Schutze der Schwächeren am Markt dienlich ist. Alte, kranke und ärmere Menschen genießen darin einen besonderen solidarischen Status. Das kommt in Deutschland durch die Sozialversicherungssysteme zum Ausdruck, zu denen auch die GKV gehört.

Die soziale Marktwirtschaft verbindet folglich freie Märkte mit dem sozialen Ausgleich, und zwar gemäß der sogenannten Irenischen Formel. Die dezentrale Koordination über den Preismechanismus und die zentrale Steuerung sozialer Aspekte sind darin nicht als zwei getrennte Elemente zu sehen, sondern bedingen einander, wobei zunächst immer zu prüfen ist, ob und inwieweit eine effiziente Marktlösung möglich ist. Sie ist unter den Bedingungen eines funktionsfähigen Wettbewerbs Voraussetzung dafür, die sozialen Verhältnisse in einer Gesellschaft sichern und verbessern zu können. Denn erst eine effiziente Allokation über Märkte, die eine Verschwendung von Ressourcen vermeidet, schafft den notwendigen staatlichen Spielraum, um hinreichend Sozialpolitik betreiben zu können – oder plakativer ausgedrückt: sie trägt dazu bei, dass eine Gesellschaft reich genug ist, um sozial proaktiv tätig zu werden.

Aber wie funktioniert nun dieser Markt? Und wie läuft der darauf einwirkende Preismechanismus ab? Worin liegen seine Vorteile? Und wenn er doch die überlegene Koordinationsform ist, warum sind dann so viele Bereiche in den westlichen Industrienationen dem Markt entzogen, wie z. B. das Gesundheitssystem? Im weiteren Verlauf dieses Kapitels werden wir den idealtypischen Markt, seine Wirkungsweise und Funktionen kennenlernen. Dieser idealtypische Markt dient als Referenzmodell für die weitere Diskussion der verschiedenen Gesundheitsmärkte.

3.3 Idealtypische Marktallokation

Grundsätzlich werden auf Märkten zwei Marktseiten unterschieden: Die Nachfrageseite und die Angebotsseite. Wir werden diese beiden Seiten exemplarisch und stark vereinfacht betrachten. Es wird also nicht von einem realen Markt in all seiner Komplexität ausgegangen, sondern es wird eine Reduktion auf die wesentlichen Grundelemente vorgenommen, von denen angenommen wird, dass sie ohne Friktionen funktionieren; es wird also von einem idealtypischen Markt ausgegangen. Der Kern dieser Überlegungen besteht darin, dass sich die Akteure als Homo oeconomicus verhalten, d. h. danach streben, ihren Nutzen (Nachfrager) oder ihren Gewinn (Anbieter) unter den geltenden Umfeldrestriktionen gemäß der ökonomischen Rationalität zu maximieren.

3.3.1 Marktnachfrage

Schauen wir zunächst auf das Verhalten der Nachfrager, das sind die Konsumenten oder Verbraucher einer Leistung. Als Beispiel diene der Markt für freiverkäufliche Vitamintabletten. Die dortigen Nachfrager haben einen bestimmten Bedarf an Vitamintabletten und entsprechend ihrer Budgets und abhängig vom Preis der Tabletten fragen sie eine bestimmte Menge nach. Die Intensität des Bedürfnisses der einzelnen Nachfrager wird dabei unterschiedlich sein: Manche schätzen Vitamintabletten mehr als andere – aus welchen Gründen auch immer – und sind daher willens, höhere – respektive niedrigere – Preise für eine Einheit, sagen wir z. B., eine Zehnerpackung, Vitamintabletten zu zahlen.

Man stelle sich nun vor, der Preis für Vitamintabletten sinke. Auch die Individuen mit einer relativ geringen Präferenz für Vitamintabletten haben nun vermehrt den Anreiz, solche nachzufragen. D. h., bei sinkendem Preis steigt die nachgefragte Menge an Vitamintabletten. Aber nicht nur, weil bei sinkendem Preis zusätzliche Nachfrager aktiviert werden, mag die nachgefragte Menge an Vitamintabletten steigen. Ein zweiter Grund ist, dass einige Nachfrager dann vielleicht weniger Obst essen werden, um ihren Vitaminbedarf zu decken, und stattdessen mehr Vitamintabletten konsumieren. Sie substituieren also natürliche durch künstlich erzeugte Vitamine. Umgekehrt werden sie, wenn die Vitamintabletten teurer werden, versuchen die Vitaminzufuhr anders zu bewerkstelligen und vielleicht mehr Gemüsesaft trinken und somit weniger Vitamintabletten nachfragen.

Damit ergibt sich bis hierhin:
- Steigt der Preis eines Gutes, dann sinkt normalerweise die nachgefragte Menge nach diesem Gut.
- Sinkt der Preis eines Gutes, dann steigt normalerweise die nachgefragte Menge nach diesem Gut.

Bei der Nachfrage liegt also ein inverser Zusammenhang zwischen Preis und Menge vor. Dieser wird gängigerweise durch ein Preis-Mengen-Diagramm dargestellt, wie es die folgende Abbildung 3.1 zeigt.

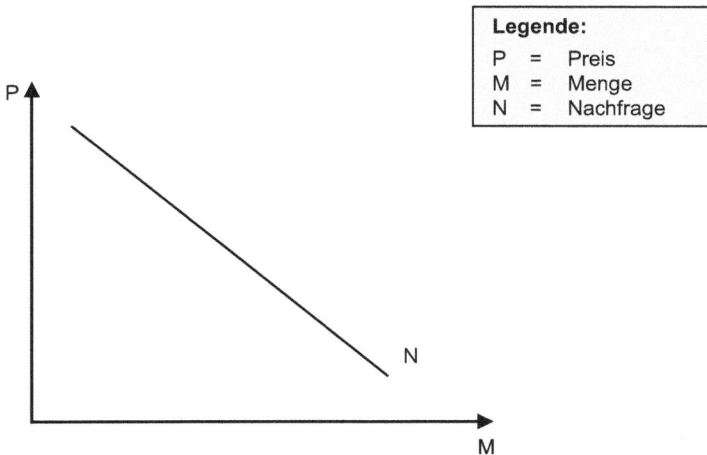

Abbildung 3.1: Nachfrage auf einem Wettbewerbsmarkt (Quelle: Standarddarstellung, in Anlehnung z. B. an Schumann, J./Meyer, U./Ströbele, W., 2011).

Der Preis ist auf der vertikalen Achse abgetragen und wird mit P abgekürzt. Die Menge – z. B. an Vitamintabletten, wie im obigen Beispiel dargelegt – ist mit M abgekürzt und auf der horizontalen Achse abgetragen. Es ergibt sich also eine fallende Kurve, welche hier rein zur Vereinfachung als Gerade eingezeichnet ist; demnach wird also von einem linearen Zusammenhang zwischen Preis und Menge ausgegangen. Dies ist die sogenannte Nachfragekurve.

3.3.2 Marktangebot

Wie ist aber das Verhalten der Anbieter? Welche Interessen haben die Anbieter? Und wie werden sie auf Preisveränderungen reagieren? Wie bereits gesagt, wird in ökonomischen Modellen unterstellt, dass sich Unternehmen – oder genauer Unternehmer – als Homo oeconomicus verhalten; sie versuchen also, ihren Gewinn zu maximieren.

Der Zusammenhang zwischen Preis und Menge ist bei den Anbietern genau umgekehrt verglichen mit den Nachfragern. Wenn der Preis von Vitamintabletten vergleichsweise hoch ist, dann werden sich immer mehr Unternehmen finden, die auf diesem Markt auftreten, um Vitamintabletten anzubieten, und auch bestehende Anbieter werden verstärkt Vitamintabletten auf den Markt bringen, denn durch den höheren Preis wird es lukrativer, diese anzubieten. Umgekehrt wird es bei einem niedrigen Preis unattraktiver sein, Vitamintabletten zu verkaufen. Einige Anbieter werden aus dem Markt ausscheiden, andere Unternehmen werden weniger Vitamintabletten produzieren und auf die Produktion anderer, lukrativerer (Gesundheits-) Güter ausweichen oder sich verkleinern.

Damit ergibt sich bis hierin für das Angebot:

– Steigt der Preis eines Gutes, dann steigt normalerweise die angebotene Menge dieses Gutes.

– Sinkt der Preis eines Gutes, dann sinkt normalerweise die angebotene Menge dieses Gutes.

Bei dem Angebot liegt also ein gleichgerichteter Zusammenhang zwischen Preis und Menge vor. Dieser wird ebenfalls gängigerweise durch ein Preis-Mengen-Diagramm dargestellt, wie es die folgende Abbildung 3.2 zeigt.

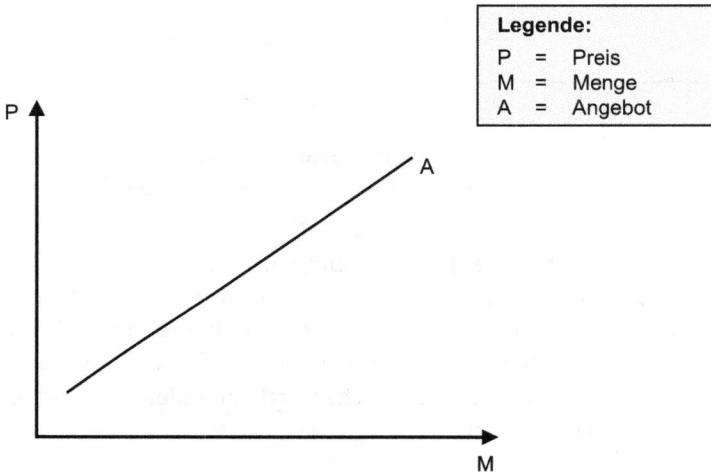

Abbildung 3.2: Angebot auf einem Wettbewerbsmarkt (Quelle: Standarddarstellung, in Anlehnung z. B. an Schumann, J./Meyer, U./Ströbele, W., 2011).

Wie schon in Abbildung 3.1 ist der Preis (P) wieder auf der vertikalen Achse und die Menge (M) ist wieder auf der horizontalen Achse abgetragen. Es ergibt sich also eine aufsteigende Kurve, die erneut nur zur Vereinfachung als Gerade eingezeichnet ist. Dies ist die sogenannte Angebotskurve.

3.3.3 Marktplätze: Das Zusammentreffen beider Marktseiten

Auf dem Markt treffen nun Angebot und Nachfrage zusammen. Dieses Zusammentreffen kann wieder mit einer Grafik verdeutlicht werden. In dieser werden die letzten beiden Grafiken zusammengeführt. Sie zeigt die Zusammenhänge zwischen Angebot, Nachfrage und Preisbildung in Form eines idealtypischen Marktmodells; siehe hierzu Abbildung 3.3.

Die fallende Kurve ist die bereits erläuterte Nachfragekurve. Sie stellt dar, welche Mengen des Gutes bei unterschiedlichen Preisen nachgefragt werden. Man kann auch

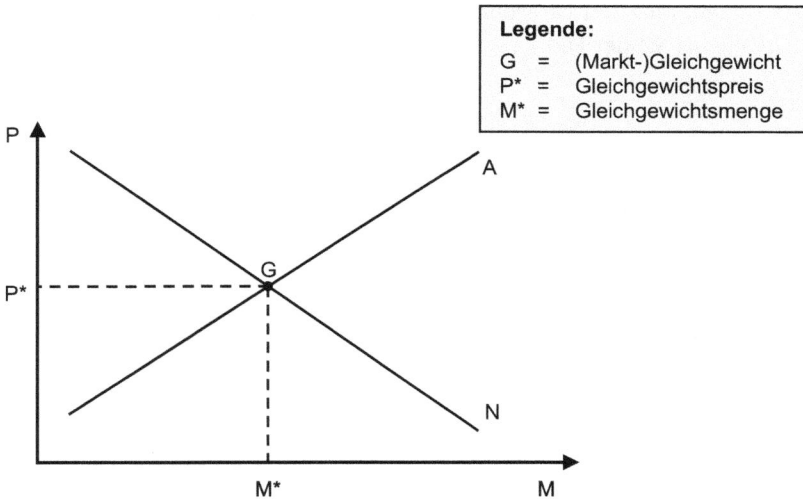

Abbildung 3.3: Zusammentreffen von Angebot und Nachfrage auf einem Wettbewerbsmarkt (Quelle: Standarddarstellung, in Anlehnung z. B. an Welfens, P.J.J., 2013, S. 45).

sagen, sie zeigt, welche Mengen die Nachfrager bei welchen Preisen nachzufragen planen, sie zeigt also den „Nachfragerplan". Die aufsteigende Kurve ist die bereits erläuterte Angebotskurve. Sie stellt dar, welche Mengen des Gutes bei unterschiedlichen Preisen angeboten werden. Man kann auch sagen, sie zeigt, welche Mengen die Anbieter bei welchen Preisen anzubieten planen, sie zeigt also den „Anbieterplan".

Die Kurven schneiden sich in einem Punkt, dem sogenannten Gleichgewichtspunkt G. In diesem Punkt stimmen die Pläne der Anbieter mit den Plänen der Nachfrager überein, denn bei dem sich marktseitig einstellenden Preis – und nur bei diesem Preis – sind die Mengen, welche die Anbieter anzubieten planen und welche die Nachfrager nachzufragen planen, identisch. Es ergibt sich also beim Preis P* die Menge M*: eine Situation, die für beide Marktseiten akzeptabel ist. Ökonomen sagen, der Markt befindet sich im Gleichgewicht bei der Gleichgewichtsmenge M* und dem Gleichgewichtspreis P*.

3.3.4 Stabilität des Marktgleichgewichts

Was geschieht, wenn der Preis höher oder niedriger ist als der Gleichgewichtspreis? Diese Situation repräsentiert ein Ungleichgewicht. Sie wird keinen Bestand haben: Denn bei einem Preis über dem Gleichgewichtspreis gibt es mehr Angebot als Nachfrage, z. B. nach Vitamintabletten, um bei dem obigen Beispiel zu bleiben. In diesem Fall liegt ein Angebotsüberschuss vor (Abbildung 3.4). Weil nun aber einige Anbieter ihre Vitamintabletten nicht am Markt absetzen können, werden sie die Preise senken, und zwar bis zu dem Punkt G, an dem alle Anbieter wieder einen Käufer für ihre Produkte finden, und dies ist erneut beim Gleichgewichtspreis P^* und bei der Geleichgewichtsmenge M^* der Fall.

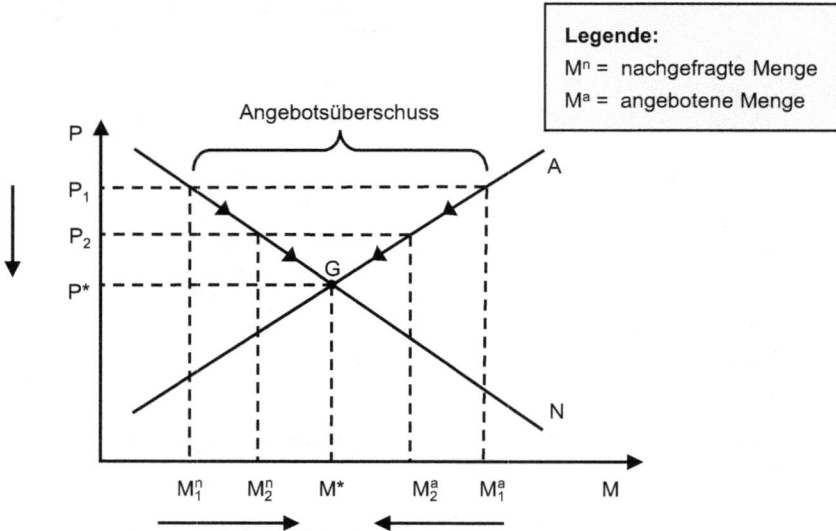

Abbildung 3.4: Angebotsüberschuss und Anpassungsprozess zum Marktgleichgewicht (Quelle: Standarddarstellung, in Anlehnung z. B. an Welfens, P.J.J., 2013, S. 45).

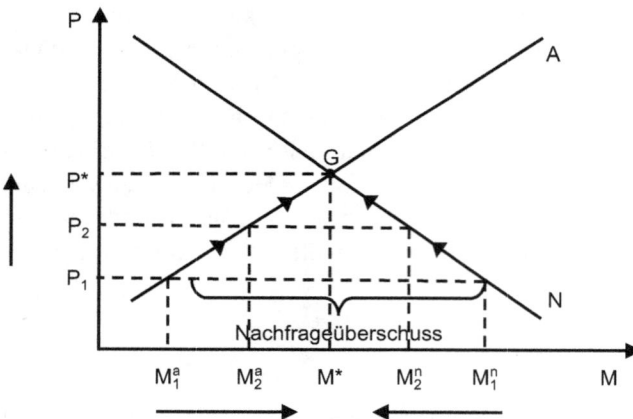

Abbildung 3.5: Nachfrageüberschuss und Anpassungsprozess zum Marktgleichgewicht (Quelle: Standarddarstellung, in Anlehnung z. B. an Welfens, P.J.J., 2013, S. 45).

Umgekehrtes geschieht, wenn der Preis niedriger ist als der Gleichgewichtspreis. Auch diese Situation ist nicht im Gleichgewicht, und auch sie wird keinen Bestand haben (Abbildung 3.5): Wenn der Preis unter dem Gleichgewichtspreis liegt, ist die

Nachfrage nach Vitamintabletten höher als das entsprechende Angebot (Nachfrageüberschuss). Bei diesem Preis werden also einige Nachfrager keine Vitamintabletten auf dem Markt finden können. Diese Nachfrager werden dann höhere Preise bieten, um doch noch in den Genuss der Tabletten zu gelangen, was wiederum zusätzliches Angebot auf den Markt lockt. Der Preis der Vitamintabletten wird also solange steigen, bis er wieder den Gleichgewichtspreis P* erreicht hat.

Dieser zum Gleichgewicht neigende Mechanismus stellt die „unsichtbare Hand" des Marktes dar. Er repräsentiert die optimale Allokation der Güter und Mittel bei funktionierendem Wettbewerb bzw. vollständiger Konkurrenz.

Das Marktgleichgewicht verändert sich jedoch, wenn sich die Bedingungen der Nachfrage oder das Angebot selbst verändern. Der Ökonom spricht in diesem Zusammenhang auch von exogenen Störungen oder einer von „außen" einwirkenden Marktbeeinflussung. So wurde bisher lediglich gezeigt, wie sich in Abhängigkeit von veränderten Preisen die nachgefragte Menge und die angebotene Menge verändern und wie sich beim Gleichgewichtspreis eine Gleichgewichtsmenge einstellt. Wir haben also Veränderungen bei sonst gleichbleibenden äußeren Bedingungen betrachtet, die sozusagen entlang der gegebenen Angebots- und Nachfragekurven stattfanden. Davon streng zu unterscheiden ist die Frage, wann sich die Nachfrage selbst oder das Angebot selbst verändern oder um es anhand der Grafik zu sagen: Bisher haben wir preisinduzierte Bewegungen auf der Nachfrage- bzw. auf der Angebotskurve beobachtet, welche – wie gesehen – durch nichts anderes als eine Preisveränderung hervorgerufen werden.

Nun sei gefragt, was zur Verschiebung der Angebots- bzw. Nachfragekurve führt, was also zu Veränderungen der Nachfrage und des Angebotes selbst beiträgt. Um diese Effekte zu analysieren, muss herausgearbeitet werden, was im Einzelnen bei einem gegebenen Preis zu einer Veränderung der nachgefragten bzw. angebotenen Menge führen kann.

3.4 Nachfrageveränderungen

Betrachten wir zunächst die Nachfrageveränderungen bzw. die Veränderung der Lage der Nachfragekurve wie in Abbildung 3.6 dargestellt. Grundsätzlich sind fünf Einflussfaktoren zu unterscheiden, die zu einer Verschiebung der Nachfragekurve führen:
- eine Einkommensveränderung,
- eine Veränderung der Vorlieben und des Geschmacks,
- eine saisonale Veränderung des Bedarfs,
- eine Veränderung des Preises anderer Güter und
- die Veränderung der Anzahl der Nachfrager.

Diese Faktoren seien nun im Einzelnen betrachtet.

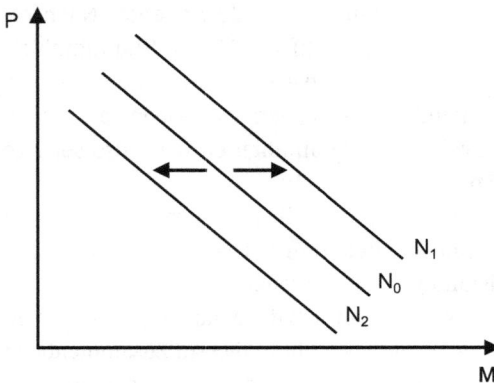

Abbildung 3.6: Verschiebung der Nachfragekurve (Quelle: Standarddarstellung, in Anlehnung z. B. an Schumann, J./Meyer, U./Ströbele, W., 2011, S. 228).

3.4.1 Einkommensveränderungen

Es sei stark vereinfachend angenommen, der Preis eines bestimmten Gutes – sagen wir einmal einer Rückenmassage, die auf dem freien Markt im Wellness-Center bereitgestellt wird – bleibe unverändert, aber das Einkommen eines Nachfragers nach solchen Massagen steige. Es könnte z. B. sein, dass der Arbeitgeber des Nachfragers sich generös zeigt oder dass dieser bei der nationalen Lotterie einen monatlichen Scheck über 1.000 € gewonnen hat, oder dass sein Einkommen sich aus anderen Gründen erhöht. Auf jeden Fall stehen ihm nun mehr finanzielle Mittel für den Konsum zur Verfügung als vorher. Demzufolge kann er seine Nachfrage ausweiten – also mit seinem höheren Einkommen die Zahl der konsumierten Rückenmassagen erhöhen – und zwar einfach deshalb, weil er sich nun häufiger eine solche Massage leisten kann.

Die Veränderung der Menge ist in diesem Fall jedoch nicht durch eine Preisveränderung induziert, daher findet keine Bewegung entlang der Nachfragekurve statt, sondern es verschiebt sich in diesem Fall die Kurve. Offensichtlich wird sie sich im Falle einer Einkommenserhöhung nach rechts oben verschieben (nach außen) und im Falle einer Einkommensreduzierung – etwa in Folge von Arbeitslosigkeit – nach links unten (nach innen) verschieben. Zusammenfassend ergibt sich also, dass eine Erhöhung des Einkommens zu einer Rechtsverschiebung und eine Verringerung des Einkommens zu einer Linksverschiebung der Nachfragekurve führen.

3.4.2 Veränderung der Vorlieben und des Geschmacks

Bei dem Fallbeispiel der Rückenmassage im Wellness-Center bleibend, wird sich die Menge der nachgefragten Massagen tendenziell erhöhen, wenn sich die Vorlieben für

Massagen erhöhen, und zwar auch dann, wenn der Preis unverändert bleibt. Ökonomen nennen dies meist nicht veränderte Vorlieben, sondern sie sprechen von einer Veränderung der Präferenzen. Diese Präferenzänderung mag durch den neuesten Modetrend induziert sein – auch alle Super-Models gehen ins Wellness-Center zur Rückenmassage –, oder durch neue wissenschaftliche Erkenntnisse, welche die therapeutische Wirkung der Rückenmassage nochmals bekräftigen. Natürlich wirkt es auch umgekehrt. Kommen Rückenmassagen aus der Mode, so wird sich die nachgefragte Menge für Massagen bei gegebenem Preis reduzieren. Fassen wir zusammen: Eine Intensivierung der Vorlieben für ein bestimmtes Gut führt zu einer Rechtsverschiebung der Nachfragekurve, während eine Reduzierung der Vorlieben zu einer Linksverschiebung führt.

3.4.3 Saisonale Veränderung des Bedarfs

Die Nachfrage kann sich jedoch nicht nur infolge von modischen oder sonstigen trendseitigen Aspekten verändern, die sich auf den individuellen Geschmack der Konsumenten beziehen, sondern auch aufgrund saisonaler Erforderlichkeiten und Möglichkeiten. Betrachten wir zur Illustration das Beispiel einer Erkältungswelle im Winter. Diese hat zur Folge, dass sich die Nachfrage nach Erkältungsmitteln saisonal erhöht. Zu jedem gegebenen Preis wird alsdann die Menge der nachgefragten Erkältungsmittel ausgeweitet; auch in diesem Fall verschiebt sich die Nachfragekurve nach rechts außen. Im Sommer dagegen kommt es zu einer Rückverlagerung der Kurve nach links innen.

3.4.4 Veränderung des Preises anderer Güter

Bei der Nachfrageverschiebung infolge der Veränderung des Preises anderer Güter sind grundsätzlich zwei Fälle zu unterscheiden, denn abhängig davon, um welches andere Gut es sich handelt, kann eine Preiserhöhung entweder zu einer Nachfrageerhöhung oder einer Nachfragereduktion des betrachteten Gutes führen. Analoges gilt für eine Preissenkung anderer Güter.

Zur Veranschaulichung sei wieder auf das Fallbeispiel der Rückenmassage im Wellness-Center zurückgegriffen. Angenommen, die Rückenbeschwerden, die Anlass für die Massage waren, könnten nicht nur durch die genannte Massage gelindert werden, sondern auch durch Rückengymnastik. Ökonomen sprechen in einem solchen Fall von „substitutiven Gütern", denn das Ziel, Rückenbeschwerden zu lindern, lässt sich entweder durch die Massage oder durch die Gymnastik erreichen. Die Gymnastik ist also durch eine Rückenmassage substituierbar, und vice versa.

Zudem sei angenommen, dass sich der Preis für eine Rückengymnastik reduziert, während der Preis für die Rückenmassage unverändert bleibt. In dieser Fallkonstellation wird die Nachfrage nach einer Rückenmassage abnehmen, da dann viele Kunden auf das, relativ betrachtet, billiger gewordene Gymnastiktraining ausweichen werden.

Ökonomen sprechen in diesem Zusammenhang davon, dass Individuen das eine Gut durch das andere substituieren. Rückenmassage und Gymnastik sind in diesem Fall also substitutive Güter. Damit lässt sich abstrahierend zusammenfassen: Fällt der Preis eines substitutiven Gutes (in unserem Beispiel der Gymnastik), so verschiebt sich die Nachfragekurve des hier betrachteten Gutes (Rückenmassage) nach innen (links unten), während sich bei einer Preiserhöhung des substitutiven Gutes die Nachfragekurve des hier betrachteten Gutes nach außen (rechts oben) verschiebt.

Umgekehrt verhält es sich jedoch bei Gütern, die grundsätzlich gemeinsam konsumiert werden. In diesem Fall spricht der Ökonom von komplementären Gütern. Es sei z. B. angenommen, dass bei einer Rückenmassage immer auch ein bestimmtes Massageöl verwendet wird, weil es die betroffenen Muskeln besonders gut entspannt. Rückenmassage und Massageöl sind demzufolge komplementäre Güter. Steigt nun der Preis des komplementären Gutes Massageöl, so wird nicht nur die nachgefragte Menge nach diesem Öl zurückgehen – dies wäre eine Bewegung auf der Nachfragekurve für Massageöl –, sondern auch die Nachfrage nach Rückenmassagen, was einer Linksverschiebung der betreffenden Nachfragekurve entspricht. Umgekehrt bewirkt eine Verbilligung des Massageöls, dass zugleich die Nachfrage nach Rückenmassagen steigt. Zusammenfassend ergibt sich: Eine Preissteigerung bei komplementären Gütern (hier: Massageöl) führt nicht nur zu einer Verringerung der Nachfrage nach dem betreffenden Gut selbst, sondern auch zu einer Nachfragereduktion beim Komplementärgut (hier: Rückenmassage). Das Gleiche gilt analog für eine Preissenkung.

3.4.5 Veränderung der Anzahl der Nachfrager

Unmittelbar einsichtig erscheint, dass die Nachfrage nach einem bestimmten Gut steigt, wenn beispielsweise die Bevölkerung wächst. Bezogen auf unser Fallbeispiel heißt das, dass die Erhöhung der Bevölkerungszahl bei jedem gegebenen Preis gleichzeitig auch zu einer Erhöhung der Nachfrage nach Massagen führt. Die Nachfragekurve verschiebt sich nach rechts außen. Und umgekehrt, wenn die Bevölkerung schrumpft. Die Nachfrage kann sich aber ebenso in einzelnen Sektoren einer Gesellschaft verändern. So kann die Zahl der alten Menschen demografiebedingt ansteigen, wodurch auch die Nachfrage nach Gesundheitsleistungen zunimmt, und vice versa.

3.5 Angebotsveränderungen

Ebenso lassen sich nun die Faktoren herausbilden, die zu einer Veränderung des Angebots führen (Abbildung 3.7). Dabei sind grundsätzlich vier Einflussfaktoren zu unterscheiden:
- eine technologische Innovation,
- eine Veränderung der Inputpreise bzw. Veränderung der Verfügbarkeit von Inputs,

– eine Veränderung der Anzahl der Anbieter und
– eine Veränderung der Rahmenbedingungen, z. B. Gesetzgebung.

Da die grundsätzlichen Überlegungen hierzu analog zur Veränderung der Nachfrage gelten, können wir uns nun etwas kürzer fassen. Als Fallbeispiel dient abermals das „Angebot an frei erwerblichen therapeutischen Massagen".

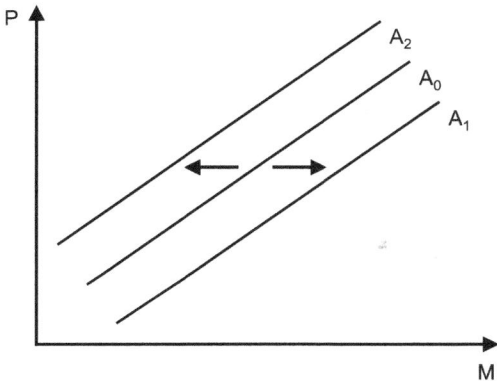

Abbildung 3.7: Verschiebung der Angebotskurve (Quelle: Standarddarstellung, in Anlehnung z. B. an Schumann, J./Meyer, U./Ströbele, W., 2011, S. 228).

3.5.1 Technologische Innovation

Gesundheitsmassagen sind Dienstleistungen, die im Allgemeinen als nur wenig technologieintensiv gelten. Stellen wir uns aber einmal vor, dass künftig therapeutische „Massageroboter" vermehrt diese Leistung übernehmen und bei zumindest gleicher Qualität schneller und im Durchschnitt auch kostengünstiger arbeiten als der Mensch. Von dieser innovativen, preisgünstigeren (Prozess-)Technologie wird dann mehr Leistung angeboten, auch wenn sie dabei die alten Methoden mehr oder minder stark verdrängt. Stellen wir uns weiterhin vor, dass die neue Technologie zusätzliche, qualitativ hochwertige Massagetherapien ermöglicht, die mit den traditionellen Techniken zuvor nicht umsetzbar waren. Der bestehende Markt für Gesundheitsmassagen wird also um ein gänzlich neues (Leistungs-)Angebot erweitert. In beiden Fällen wird die Menge an angebotenen Gesundheitsmassagen steigen. Abstrakter formuliert, heißt das: Technologische Innovationen auf dem jeweils betrachteten Produkt- und Leistungsmarkt erhöhen das Angebot. Die Angebotskurve verschiebt sich nach rechts außen.

3.5.2 Veränderung der Inputpreise und Verfügbarkeit von Inputs

Der wohl wichtigste Input der Dienstleistung Gesundheitsmassage – wie auch vieler anderer Gesundheitsangebote – ist der Faktor Arbeit, in unserem Fall konkret der Masseur. Dass sich das Angebot an Massagen verändert, wenn sich der Preis des Inputs Arbeit oder schlichtweg die Anzahl von Masseuren verändert, erscheint unmittelbar einsichtig. Gibt es beispielsweise infolge von Kapazitäts- oder Personalengpässen in einer Volkswirtschaft weniger Masseure – sinkt also die Verfügbarkeit dieses Faktors–, so wird auch ein Weniger an Massagen angeboten. Oder gesetzt den Fall, dass die Gehälter von Masseuren aufgrund von Tarifverhandlungen auf einem Niveau steigen, das oberhalb der allgemeinen Produktivitäts- und Lohnentwicklung liegt, so werden Massageeinrichtungen unter sonst gleichen Bedingungen weniger Masseure einstellen und damit auch weniger Massagen anbieten. Abstrakter formuliert, heißt das: Steigen die Preise für einen Input oder sinkt dessen Verfügbarkeit, so wird sich das Angebot tendenziell vermindern. Umgekehrt gilt hingegen: Fallen die Preise für Inputs oder erhöht sich deren Verfügbarkeit, so steigt das Angebot. Im ersten Fall verschiebt sich die Angebotskurve nach links, im zweiten nach rechts.

3.5.3 Veränderung der Anzahl der Anbieter

Die einfachste Fallkonstellation, die zu einer Veränderung des Angebotes führt, bezieht sich unmittelbar auf die Zahl der Anbieter, also der auf einem Markt operierenden Unternehmen. Siedeln sich beispielsweise in einer Stadt mehr Einrichtungen für Gesundheitsmassagen an, so steigt offensichtlich auch die Kapazität, diese Massagen anzubieten, und umgekehrt. Wiederum allgemeiner formuliert: Wenn unter sonst gleichen Bedingungen die Zahl der Anbieter zunimmt, so vergrößert sich immer auch das Angebot (Rechtsverschiebung der Angebotskurve) und umgekehrt: Wenn sich unter sonst gleichen Bedingungen die Zahl der Anbieter reduziert, so wird auch das Angebot knapper (Linksverschiebung der Angebotskurve).

3.5.4 Veränderung der rechtlichen Rahmenbedingungen

Kaum ein anderer Markt ist so stark reguliert wie der Gesundheitsbereich. Bisher sind wir davon ausgegangen, dass Massageleistungen im Gesundheitsbereich „freiverkäuflich" sind. In Wirklichkeit werden sie aber überwiegend aus medizinischen Gründen veranlasst und durch Ergotherapeuten bereitgestellt, die wiederum bestimmten rechtlichen Voraussetzungen unterliegen, um überhaupt ihre Leistungen gegenüber der GKV abrechnen zu können. Große Teile des Gesundheitswesens werden kapazitätsseitig gesteuert, wie wir an anderer Stelle noch sehen werden. Hierzu zählen beispielsweise auch die Krankenhäuser, deren Zahl von den Ländern im Rahmen der Bedarfsplanung festgelegt wird. Übertragen auf das Marktmodell, heißt das: Werden mehr Krankenhäuser in den Bedarfsplan aufgenommen, so steigt das Angebot an Krankenhausleistungen (Rechtsverschiebung der Angebotskurve) und umgekehrt (Linksverschiebung). Über vergleichbare Instrumente verfügen auch der Gesetzgeber und seine mittelbar regulierenden Institutionen. So haben sie die Möglichkeit, Ge- und Verbote zu veranlassen, Qualitäts- oder Qualifizierungsanforderungen je nach Bedarf zu verschärfen oder zu lockern oder die Zahl der künftig verfügbaren Ärzte und Ärztinnen zu kontrollieren, indem sie Zulassungsbeschränkungen wie den Numerus clausus für das Medizinstudium erlassen oder aufheben.

3.6 Elastizitäten

Ein weiteres wichtiges Konzept zum Verständnis von Angebot und Nachfrage ist das der Elastizität. Wir haben bereits gesehen, dass bei Veränderungen des Preises auch die angebotenen und nachgefragten Mengen variieren. Mit dem Konzept der Elastizität können wir nun nicht nur beschreiben, dass sich nachgefragte bzw. angebotene Mengen infolge von Preisänderungen entsprechend anpassen, sondern wir können darüber hinaus präzisieren, um wie viel sich diese Mengen bei einer spezifischen Preisanpassung verändern. Das hängt jeweils davon ab, wie sensibel Anbieter und Nachfrager auf Preisänderungen reagieren, und kann von Markt zu Markt und Produktart zu Produktart unterschiedlich sein. Ganz allgemein spricht man von der (Preis-)Elastizität.

Um die Elastizität zu beschreiben, wird der relativen Änderung der Menge (etwa eine X-prozentige Änderung der nachgefragten bzw. angebotenen Menge) eine relative Änderung des Preises gegenübergestellt (beispielsweise eine 1-prozentige Änderung des Preises). Die Elastizität gibt also in unserem Beispiel an, wie hoch die prozentuale Änderung der nachgefragten bzw. angebotenen Menge bei einer 1-prozentigen Änderung des Preises ist.

In formaler Hinsicht lässt sich das wie folgt darstellen:

$$E_p = \frac{\% \Delta Q}{\% \Delta P}$$

$\% \Delta Q$ meint die prozentuale Änderung der Menge und
$\% \Delta P$ meint die prozentuale Änderung des Preises.

Dabei kann die prozentuale Änderung von Q auch geschrieben werden als:

$$\frac{absolute\ Mengenänderung}{ursprüngliche\ Menge}$$

und die prozentuale Änderung des Preises kann auch geschrieben werden als

$$\frac{absolute\ Preisveränderung}{Ausgangspreis},$$

wodurch die empirische Erfassung von Elastizitäten unmittelbar möglich wird.

Ohne hier nähere Details zu präsentieren, lässt sich zusammenfassend feststellen, dass wir bei einem Elastizitätswert größer als 1 von preiselastischen und bei einem Elastizitätswert kleiner als 1 von preisunelastischen Nachfragereaktionen sprechen. In den Grafiken (a) und (b) der Abbildung 3.8 sind diese beiden Fälle durch eine flachere Steigung der Nachfragekurve (Elastizitätswert größer 1) und eine steilere Steigung der Nachfragekurve (Elastizitätswert kleiner 1) veranschaulicht. Den theoretischen Sonderfall, dass die relative Preis- und die relative Mengenänderung identisch ausfallen, nennt man isoelastische Preisreaktion. Auch in diesem Fall lohnt es sich, einen Blick auf die Abbildung 3.8 – hier Grafik (c) – zu werfen; ihr ist zu entnehmen, dass die Nachfragekurve nunmehr eine Steigung von 45 Grad hat und der Elastizitätswert gleich 1 ist.

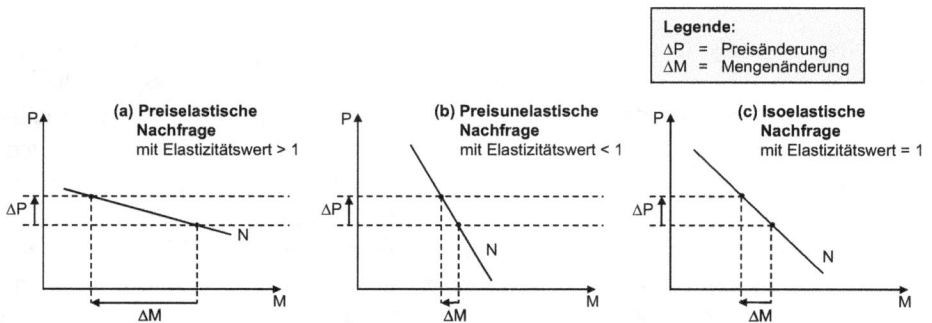

Abbildung 3.8: Elastizitäten (Quelle: Standarddarstellung, modifiziert nach Schumann, J./Meyer, U./ Ströbele, W., 2011, S. 74 ff.).

Mit dem Elastizitätenkonzept kann somit genauer beschrieben werden, wie sensibel Anbieter und Nachfrager auf Preisänderungen reagieren. Wie wir später noch näher sehen werden, ist dieser Zusammenhang insbesondere bei der Betrachtung von Gesundheitsmärkten bedeutsam, denn schwer erkrankte Menschen haben eine andere Preissensibilität in Bezug auf Gesundheitsgüter als leicht Erkrankte oder gar Gesunde. Und auch die institutionelle Abfederung der Behandlungskosten durch die Krankenversicherungen spielt bei der Preiselastizität von Nachfragern und Anbietern eine beachtliche Rolle. Aber davon, wie gesagt, später mehr.

Damit mag auch ein erster Blick auf die Funktionsweise von idealtypischen Märkten und Gleichgewichtspreisen genügen. Es stellt sich jedoch die Frage, unter welchen Bedingungen ein solcher idealer Markt funktioniert, und v. a. in welchen Segmenten des Gesundheitswesens ein solcher idealer Markt anzutreffen ist und wo eben nicht.

3.7 Voraussetzungen für das Funktionieren des Marktmodells

Das bis hierhin vorgestellte idealtypische Marktmodell funktioniert nur unter bestimmten Bedingungen. Einige davon seien hier exemplarisch genannt:

- An erster Stelle steht die bereits genannte Rationalitätsbedingung, der zufolge sich die Marktakteure als Homines oeconomici verhalten, d. h. alle Entscheidungen nach Kosten-Nutzen-Erwägungen ableiten und maximieren.
- Zugleich muss ein wettbewerblich offener Markt existieren, auf dem sowohl Nachfrager als auch Anbieter so zahlreich sind, dass ein einzelner Akteur den Preis nicht beeinflussen kann.
- Weiterhin müssen die Akteure unabhängig voneinander agieren; Nachfrager und Anbieter treffen ihre Entscheidungen jeweils autonom. Damit ist auch die Konsumentensouveränität sichergestellt.
- Die angebotenen Güter und Dienstleistungen sind alle vollkommen gleich; Ökonomen sprechen auch von homogenen Gütern. Dies hat zur Folge, dass keine Präferenz für einen bestimmten Nachfrager oder einen bestimmten Anbieter entsteht.
- Beide Marktseiten besitzen alle verfügbaren Informationen über alle entscheidungsrelevanten Faktoren wie Qualität und Preis.
- Das bedeutet zugleich auch eine vollkommene Information über die Zahlungsbereitschaft der Nachfrager und die Angebotspreise der Anbieter.
- Schließlich fallen Kosten und Nutzen nur bei den jeweiligen Käufern und Verkäufern eines Gutes an, nicht aber bei Dritten.

Wie stellt sich diese Situation nun auf dem Gesundheitsmarkt dar? Liegen dort die aufgezählten Bedingungen für das Funktionieren von Märkten vor? Um diese Fragen zu beantworten, sollten wir den Blick nochmals auf die Realwirtschaft im Allgemeinen richten. Aus dem alltäglichen Leben sind viele Märkte bekannt, auf denen die Voraussetzungen für das Funktionieren des Marktmodells verletzt werden. Trotzdem greift der Staat nicht überall ein. Grund dafür ist, dass die Verletzungen gravierend sein müssen, und zwar derart, dass es zu nicht wünschenswerten Marktergebnissen kommt. In diesem Zusammenhang spricht der Ökonom von Marktversagen. Dieses Marktversagen hat gerade für den Gesundheitsmarkt große Bedeutung. Denn er weist zum Teil so erhebliche Marktversagensphänomene auf, dass er in vielen Ländern, die sich grundsätzlich an der Marktwirtschaft orientieren, bewusst dem Marktmechanismus entzogen wird. Schon an dieser Stelle seien einige dieser Verletzungen der Voraussetzungen angedeutet. Im Laufe der weiteren Kapitel werden sie noch eingehender zu behandeln sein.

3.7.1 Informationsprobleme

Auf Gesundheitsmärkten bestehen erhebliche Informationsdefizite, vor allem sei die Konsumentensouveränität nicht gegeben, wird bisweilen kritisiert. Dies führe dazu, dass die sich unter der Bedingung mangelnder Konsumentensouveränität entfaltende Nachfrage ein unzureichendes Angebot hervorbringt. Dabei unterscheidet man verschiedene Argumentationslinien: die Unfähigkeit rationale Entscheidungen zu treffen, die Minderschätzung zukünftiger Bedürfnisse, die asymmetrische Informationsverteilung und anderes.

All diesen Informationsproblemen ist gemeinsam, dass ein funktionierender Markt nicht zustande kommt. Wie in späteren Kapiteln – insbesondere in Kapitel 6 – noch zu sehen sein wird, verdrängen im schlimmsten Fall die qualitativ schlechteren Anbieter die qualitativ guten Anbieter vom Markt, wodurch offensichtlich eine optimale Befriedigung der Nachfrage nicht erreicht werden kann. Das unterstreicht, dass Informationsasymmetrien zu Marktversagen führen können und dass dieses Argument im Gesundheitsbereich von besonderer Bedeutung ist.

3.7.2 Externalitäten

Zudem werden Gesundheitsgütern oft externe Effekte zugeschrieben. Externe Effekte liegen dann vor, wenn mit der Produktion oder dem Konsum eines Gutes Nachteile oder Vorteile für unbeteiligte Dritte verbunden sind. Im ersten Fall sprechen Ökonomen von negativen externen Effekten und im zweiten Fall von positiven. Das wohl prominenteste Beispiel für positive externe Effekte im Gesundheitsbereich ist der Impfschutz, und das nicht erst seit Covid-19: Wenn ein hoher Prozentsatz der Bevölkerung gegen eine epidemische Krankheit geimpft ist, so bietet dies offensichtlich auch Schutz für solche Individuen, die sich nicht impfen lassen wollten, und zwar einfach deshalb, weil das Ansteckungsrisiko durch die große Population der Geimpften insgesamt geringer wird. Treten solche Externalitäten auf, gibt es also Nutznießer, die nicht für ihren Nutzen zahlen. Die tatsächlich konsumierte Menge ist in diesem Fall zu gering und daher suboptimal – der Markt versagt. Beispiele für negative externe Effekte sind wiederum Strahlenbelastungen bei der Krankenbehandlung oder der gesteigerte Einsatz von Antibiotika im Krankenhaus, der dazu beiträgt, dass multiresistente Keime immer vielfältiger und zahlreicher werden. Auch in diesem Fall versagt der Markt, denn er produziert ein Zuviel an Menge, und dies ist ebenso suboptimal wie ein Zuwenig.

3.7.3 Kollektivgutcharakter

Gesundheitsgüter weisen jedoch nicht nur bisweilen Externalitäten auf, sondern haben mitunter auch Kollektivgutcharakter. Kollektivgüter – oftmals auch öffentliche Güter genannt – sind im Gegensatz zu privaten Gütern durch zwei Merkmale gekennzeichnet: erstens durch Nichtrivalität im Konsum und zweitens durch Nichtausschließbarkeit vom Konsum bei Bereitstellung. Ein Beispiel für ein Kollektivgut im Gesundheitswesen wäre eine Notfallambulanz. Ist diese erst einmal geschaffen, so steht sie jedem Notfall offen. Niemand, der sich in einer medizinischen Notlage befindet, kann von der ärztlichen Unterstützung ausgeschlossen werden, selbst dann nicht, wenn der Bedürftige nicht in der Lage ist, den Preis für die Notversorgung zu bezahlen. Zugleich liegt keine Rivalität im Konsum vor, denn das mit der Notfallambulanz bereitgestellte Gut „Hilfe im Notfall" wird von vielen Personen gleichzeitig konsumiert. Mit anderen Worten: Viele Bürger genießen zur gleichen Zeit die Sicherheit, die für sie mit der Notfallambulanz verbunden ist.

Im Gegensatz dazu sind private Güter sehr wohl durch Ausschluss und Rivalität im Konsum gekennzeichnet. Ein Beispiel für ein privates Gut sind Medikamente. Die für Patient A verabreichte Ration eines Medikaments gegen Fieber kann nicht gleichzeitig von Patient B eingenommen werden; der Konsum des Medikamentes rivalisiert also. Gleichzeitig kann einem Patienten das Medikament verweigert werden, etwa, weil er keine ärztliche Verschreibung vorweisen kann, oder – etwa bei freiverkäuflichen Fieberpräparaten –, weil der Betreffende schlicht nicht bereit ist, den Preis für das Arzneimittel zu bezahlen. Hier ist also ein Ausschluss möglich. Die Unterscheidung zwischen Kollektivgütern und privaten Gütern ist insofern wichtig, als sich nur für private Güter auch private Anbieter finden werden. Denn für private Unternehmen ist es schlicht unattraktiv, Güter zu produzieren, wenn diese von jedem und gemeinschaftlich konsumiert werden können – und zwar selbst dann, wenn dafür kein Preis bezahlt wird. Daher werden nur private Güter, nicht aber Kollektivgüter effizient auf privaten Märkten bereitgestellt. Anders ausgedrückt: Für die Bereitstellung und das Angebot von Kollektivgütern muss die öffentliche Hand Sorge tragen.

3.7.4 Optionsgutcharakter

Ein ähnliches Phänomen tritt bei sogenannten Optionsgütern auf. Das prominenteste Beispiel hier sind Krankenhausbetten: Auch wenn ein Individuum Krankenhausbetten aktuell nicht effektiv nachfragt – weil es nicht akut krank ist –, so wird es doch für die Vorhaltung von Krankenhausbetten sein, einfach für den Fall, dass es krank wird, um dann die „Option" zu haben, ein Krankenhausbett zu belegen. Da für solche Optionsgüter aber niemand als effektiver Nachfrager auftritt, kommt auch kein Angebot auf privaten Märkten zustande. Bei Optionsgütern liegt also ein Problem vor, weil ohne zahlungswillige Nachfrage kein adäquates bzw. bedarfsgerechtes Angebot zustande kommt. Diese weitere Form des Marktversagen ist auf den Gesundheitsmarkt besonders kritisch, weil der medizinische Notfall sofortiger Hilfe bedarf.

3.7.5 Meritorik und Verteilungsgerechtigkeit

Ein weiteres häufig genanntes Argument für Marktversagen im Gesundheitsbereich ist das der meritorischen Güter und der Verteilungsgerechtigkeit. Meritorische Güter seien von besonders wertvoller Art – so das Argument – und sie müssten daher über das Maß hinaus bereitgestellt werden, das durch eine marktliche Allokation zustande kommen würde. Obschon es theoretisch schwer herleitbar ist, welche Güter nun besonders wertvolle „meritorische" seien, so wird doch häufig angeführt, dass Gesundheitsgüter einen solchen Charakter hätten.

Damit verbunden ist auch der Aspekt der Verteilungsgerechtigkeit im Gesundheitssektor. Häufig wird angeführt, man könne die Allokation von Gesundheitsgütern nicht dem Markt überlassen, weil dann ärmere Bevölkerungsschichten nicht in den Genuss dieser Güter kämen. In der Tat scheint ein Konsens darüber zu bestehen, dass es unabhängig vom persönlichen Einkommen und Vermögen möglich sein sollte, Gesundheitsgüter zu konsumieren. Hier werden somit erneut bestimmte Formen des Marktversagens vermutet.

Unter Gerechtigkeitsgesichtspunkten kommt nun verstärkend hinzu, dass Armut und Gesundheit negativ korrelieren, was sich konkret darin zeigt, dass in benachteiligten sozialen Milieus Gesundheitsstörungen und Krankheiten tendenziell häufiger auftreten als in sozial bessergestellten Bevölkerungsgruppen. Dies ist unter anderem auch ein Ergebnis gesundheitsriskanter Verhaltensgewohnheiten wie Rauchen oder Alkoholkonsum. Entsprechend unterliegen Güter, die indirekt die Gesundheit gefährden, nach allgemeiner Auffassung einer Demeritorik.

Wie in den späteren Kapiteln noch an verschiedensten Stellen zu sehen sein wird, spielen diese und auch andere Formen des Marktversagens eine besondere Rolle und führen dazu, dass die Allokation von Gesundheitsgütern nicht vollständig dem Markt überlassen wird.

Wenn bis hierhin erläutert wurde, wie ein idealtypischer Markt funktioniert, und angedeutet wurde, wann der Markt u. U. versagt und wie dies im Zusammenhang mit Gesundheitsgütern anwendbar ist, so können nun in den folgenden beiden Kapiteln sowohl das Angebot an als auch die Nachfrage nach Gesundheitsgütern näher vorgestellt werden.

3.8 Literatur zum Kapitel 3

Als Quellen für dieses Kapitel wurde primär die folgend aufgeführte Literatur genutzt, welche auch als vertiefende Lektüre empfohlen wird.

Einführungen in die vorgestellten mikroökonomischen Grundlagen finden sich in:
- *Case, K.E./Fair, R.C./Oster, S.E. (2020)*
- *Mankiw, N.G./Taylor, M.P. (2021)*
- *Pindyck, R.S./Rubinfeld, D.L. (2018)*

Eine umfassende Einführung in die vorgestellten Aspekte des Marktversagens findet
sich in:
- *Fritsch, M. (2018)*

Überblicke hierzu finden sich in:
- *Beek van der, K. (2002)*
- *Blankart, C.B./Schnellenbach, J. (2023)*

4 Nachfrage nach Gesundheitsgütern

Der Umstand, dass es einen Markt für Gesundheit gibt, hat seinen Ausgangspunkt darin, dass Menschen krank werden und daher Diagnose und Behandlung nachfragen. Sie fragen also als Patientinnen und Patienten Gesundheitsgüter nach. Im ersten Kapitel wurde gezeigt, dass die Volkswirtschaftslehre Güter nach unterschiedlichen Kriterien einteilt. Die meisten Güter können nach der dort getroffenen Unterscheidung – materieller Gehalt, Dauerhaftigkeit und Verwendungszweck – charakterisiert werden. Wenn man jedoch vom Gut „Gesundheit" spricht, so ist die Charakterisierung anhand dieser Kriterien zwar hilfreich, aber nicht hinreichend, denn die Gesundheit ist in vielerlei Hinsicht ein besonderes Gut mit speziellen Aspekten, wie auch im vorhergehenden Kapitel betont wurde. Für die Nachfrage nach Gesundheitsgütern sind zwei weitere Charakteristika hervorzuheben:

- Im Vergleich zu den meisten anderen Gütern stiftet Gesundheit einen besonders hohen Nutzen: Jeder Mensch will sich wohl fühlen, gesund sein und ein möglichst langes Leben haben. Fragt man nach den Wünschen oder Zielen der Menschen ganz allgemein, dann steht die Gesundheit meist an erster Stelle auf der Wunschliste.
- Dies ist offensichtlich auch vor dem Hintergrund zu sehen, dass Gesundheit die Voraussetzung für viele andere Dinge im Leben ist, vor allem für den Einsatz auf dem Arbeitsmarkt. Somit ist Gesundheit zugleich auch ein Kapitalgut, also ein Gut, das in der Ökonomie zum Humankapital gehört. Zudem ist sie auch Voraussetzung dafür, die schönen Dinge im Leben zu genießen, also Freizeitaktivitäten zu unternehmen und Freude daran zu haben. Sie stellt also ein Gut dar, das zu sehr vielen Konsumgütern des täglichen Lebens komplementär ist.

Somit ist Gesundheit ein zentrales Gut, vielleicht das wichtigste Gut schlechthin, das von allen Individuen in einem hohen Maße nachgefragt wird. Allerdings wird nicht direkt „Gesundheit" an sich nachgefragt, sondern es können nur Güter oder Leistungen nachgefragt werden, die:

- die Gesundheit erhalten – also Güter der Prävention – oder
- die Abwesenheit von Gesundheit feststellen und spezifizieren – also Güter zur Diagnose – oder
- die Gesundheit wiederherstellen – also Güter zur Therapie.

All dies sind die sogenannten Gesundheitsgüter. Die Güter, welche von Krankenversicherungen bereitgestellt werden, zählen zunächst noch nicht dazu; die Nachfrage und das Angebot an Krankenversicherungen wird später noch im Kapitel 6 als gesonderter Markt zu betrachten sein.

Wie im vorliegenden Kapitel deutlich werden wird, hängt es von ganz unterschiedlichen Faktoren ab, wie viele Gesundheitsgüter ein Individuum nachfragt. Diese Faktoren genauer zu identifizieren, ist wichtig, da sich Nachfrage und Angebot im Hinblick auf

https://doi.org/10.1515/9783486989441-004

Gesundheitsgüter in den meisten Industrieländern nicht auf einem freien und unregulierten Markt treffen. Im Gegenteil: Die Allokation und Distribution von Gesundheitsgütern sind in den meisten Fällen dem Marktmechanismus entzogen und werden über staatliche oder staatsnahe Organisationen und Institutionen vorgenommen. Da diese staatlich bereitgestellten Gesundheitsgüter in der Regel von der Allgemeinheit über Steuern oder Beiträge finanziert werden, sollten sie der Allgemeinheit auch in angemessenem Umfang zur Verfügung stehen. Um dieses Ziel zu erreichen, ist es wichtig, zu identifizieren, welche Faktoren die Nachfrage bestimmen. Die folgenden drei Kategorien umfassen die wichtigsten Faktoren der Nachfrage nach Gesundheitsgütern. Hier sind zu nennen:

- der individuelle Gesundheitszustand,
- der Preis von Gesundheitsgütern auf einem Wettbewerbsmarkt bzw. bei Vorhandensein einer Versicherung, und
- die Nachfrage, die durch die Anbieter induziert wird.

Diese Faktoren sollen folgend näher beleuchtet werden.

4.1 Individueller Gesundheitszustand und Nachfrage

Der Gesundheitszustand ist wohl die wichtigste Determinante für die Nachfrage nach Gesundheitsgütern. Entsprechend dem individuellen Gesundheitszustand wird von den Individuen ein Bedarf festgestellt. Dabei ist es plausibel, dass der Bedarf und damit letztendlich auch die Nachfrage nach Gesundheitsgütern umso größer wird, je schlechter der Gesundheitszustand eines Individuums oder der Bevölkerung ist. Ein guter Gesundheitszustand kann somit diese Nachfrage verringern. Um einen guten Gesundheitszustand für eine Bevölkerung zu erreichen, müssen die Determinanten des Gesundheitszustandes bekannt sein, um gezielt darauf einwirken zu können.

Die Determinanten des Gesundheitszustands eines Individuums und diejenigen einer gesamten Bevölkerung sind sehr heterogen. In der Literatur werden diese Determinanten häufig ausführlich analysiert. Das ist auch naheliegend, denn sie sind nicht nur für die Nachfrage nach Gesundheitsleistungen von herausragender Bedeutung – das ist in diesem Kapitel noch zu diskutieren –, sondern beeinflussen angebotsseitig auch den Gesundheitsoutput, wie im folgenden Kapitel 5 noch zu zeigen sein wird. Oftmals werden die Determinanten des Gesundheitszustands in komplexen Übersichten dargestellt, in denen verschiedene strukturelle Ebenen und medizinische Einflussfaktoren miteinander verknüpft werden. Aus Gründen der Vereinfachung und Übersichtlichkeit werden wir hier im Weiteren mit einer tabellarischen Übersicht arbeiten. Als Hauptdeterminanten des Gesundheitszustands sind darin zu unterscheiden:

- demographische und sozioökonomische Determinanten,
- individuelle Determinanten,
- strukturelle Determinanten und
- medizinische Determinanten.

In jeder Kategorie gibt es Determinanten, die zum Teil von den Individuen selbst beeinflusst werden können; andere Determinanten können vom Staat oder der Gesellschaft beeinflusst werden, und wieder andere Determinanten können weder vom Individuum selbst noch staatlicherseits gesteuert werden. Es ist wichtig, solche Determinanten zu identifizieren, die vom Individuum oder vom Staat beeinflusst werden können, da nur sie einen Ansatzpunkt für gesundheitspolitische Maßnahmen bieten können. Übersicht 4.1 zeigt die Hauptdeterminanten des Gesundheitszustandes.

1. Demographische sozioökonomische Determinanten	2. Individuelle Determinanten	3. Strukturelle Determinanten	4. Medizinische Determinanten
– Alter – Geschlecht – ethnische Abstimmung – Familienstand – Familienstruktur – Einkommen – Ausbildung, Beruf, Status – Wohnsituation	– Erbfaktoren – Krankheitsgeschichte – Lebensstil – Bewegung – Ess- und Trinkgewohnheiten – Gesundheitsbewusstsein – eigene Wahrnehmung von Symptomen	– Arbeitsbedingungen – Lebensbedingungen – Umweltqualität – Bildungswesen – Versicherungsschutz – Zugang zur Gesundheitsversorgung	– Verfügbarkeit medizinischer Einrichtungen – Nutzung medizinischer Einrichtungen – medizinisches Wissen – Entwicklung medizinischer Technologie – Höhe und Struktur von Gesundheitsausgaben

Übersicht 4.1: Hauptdeterminanten des Mortalitäts- und Morbiditätsrisikos (Quelle: modifiziert nach Henke, K.D., 1992, S. 254).

Allerdings ist es kaum möglich, das relative Gewicht der einzelnen Einflussfaktoren auf die Gesundheit genau zu quantifizieren. Die qualitative Bedeutung einzelner Ursachen des Mortalitäts- und Morbiditätsrisikos kann aber Aufschluss über den gegenwärtigen und zukünftigen Gesundheitszustand von Individuen und der Bevölkerung geben und damit auch über das zukünftige Nachfrageverhalten. Einige wichtige Trends werden hier aufgeführt.

4.1.1 Demographische und sozioökonomische Determinanten

Unter den demographischen und sozioökonomischen Determinanten spielt das Alter eine besondere Rolle. Der Gesundheitszustand eines jeden Menschen wird mit zunehmendem Alter schlechter und somit steigen im Alter der Bedarf und die Nachfrage nach Gesundheitsgütern. Gesamtgesellschaftlich wird dies in den nächsten Jahrzehnten große

Probleme mit sich bringen, da in den meisten Industrieländern die Geburtenraten rückläufig sind und gleichzeitig die Lebenserwartung steigt. Dies bedeutet eine zunehmend alternde Bevölkerung, die auch einen erhöhten Bedarf an Gesundheitsleistungen hat.

Weiterhin gilt als gesichert, dass der Gesundheitszustand von Familien mit niedrigem Einkommen und geringer Berufsausbildung schlechter ist als derjenige von Familien mit hohem Einkommen und höherer Ausbildung. Auch diese Determinanten stellen gesellschaftliche Probleme dar, die zum Teil mit einer entsprechenden Politik abgemildert werden können.

4.1.2 Individuelle Determinanten

Individuelle Determinanten sind solche, die das Individuum qua Geburt mitbringt, also Erbfaktoren, und zudem auch solche, die es teilweise selbst beeinflussen kann. Staatlicherseits können diese Faktoren nur indirekt beeinflusst werden. Vor allem das allgemeine Gesundheitsbewusstsein trägt erheblich dazu bei, wie die einzelnen Individuen mit sich und ihrer Gesundheit umgehen und wie sich ihre Gesundheit und damit die Nachfrage nach Gesundheitsgütern nachhaltig entwickeln. Oftmals sind die Konsequenzen von schlechten Ess- und Trinkgewohnheiten, von Risikosportarten oder Rauchen durchaus bekannt, und trotzdem werden diese gesundheitsschädlichen Güter konsumiert.

4.1.3 Strukturelle Determinanten

Unter den strukturellen Determinanten spielt der Versicherungsschutz eine große Rolle. Er soll im nächsten Punkt eingehender besprochen werden, da er den durch die Nachfragenden wahrgenommenen Preis von Gesundheitsgütern beeinflusst. Auch die allgemeinen Arbeits-, Lebens- und Umweltbedingungen spielen eine große Rolle für den Gesundheitszustand der Menschen. Das wird drastisch sichtbar, wenn man die Industrienationen mit weniger entwickelten Ländern vergleicht: In Letzteren ist die Lebenserwartung meist wesentlich geringer als in den Industrienationen.

4.1.4 Medizinische Determinanten

Die medizinischen Determinanten beeinflussen die Nachfrage sozusagen über den Umweg der Angebotsseite. Mit zunehmendem medizinischem Wissen und neuen medizinisch-technologischen Entwicklungen werden immer mehr Möglichkeiten der Behandlung von Krankheiten geschaffen. Besteht die Möglichkeit einer neuartigen Behandlung, dann wird von allen, die von dieser neuen Behandlung eine Verbesserung ihres Gesundheitszustandes erwarten, ein Bedarf entwickelt und – soweit die finanziellen Möglichkeiten gegeben sind – auch eine Nachfrage entfaltet. Je höher das medizinische Wissen, die Verfügbarkeit und die Nutzung medizinischer Einrichtungen sind, umso höher ist in der Regel auch der Gesundheitszustand.

4.2 Nachfrage und Preis von Gesundheitsgütern

Wie auf allen Märkten spielt der Preis bei der Nachfrage nach Gesundheitsgütern eine erhebliche Rolle. Unter der Annahme, dass der Gesundheitssektor ein völlig unregulierter Markt ist, ist die Nachfrage eines Individuums nach Gesundheitsgütern – wie auf jedem anderen Wettbewerbsmarkt – abhängig vom Preis der Gesundheitsgüter selbst.

Im Hinblick auf die Nachfrage nach Gesundheitsgütern stehen zudem folgende Faktoren mit der Relevanz des Preises in Beziehung:
- das Einkommen der Nachfragenden,
- Zeitkosten und
- Preise von Substitutionsgütern.

Da sich Gesundheitsgüter unter diesem Aspekt nicht von anderen knappen Gütern unterscheiden, konnte diese Analyse bereits in Kapitel 3 durchgeführt werden – insofern sind die dort vorgestellten Instrumentarien auf einen Gesundheitsmarkt unter Wettbewerbsbedingungen übertragbar.

4.2.1 Elementare Wirkung des Preises auf die nachgefragte Menge

Ebenso wie für andere Güter besteht auch zwischen dem Preis von und der nachgefragten Menge nach Gesundheitsgütern ein inverser Zusammenhang. Die Intensität dieses Zusammenhangs lässt sich mit dem in Kapitel 3 bereits vorgestellten Konzept der Preiselastizität der Nachfrage erfassen. Anhand der Elastizität wird beschrieben, wie stark die nachgefragte Menge auf Veränderungen des Preises reagiert. Sie variiert in Abhängigkeit vom Gesundheitszustand eines Individuums.

Abbildung 4.1 zeigt verschiedene Nachfragekurven nach Gesundheitsgütern unter Wettbewerbsbedingungen. Dabei ist davon auszugehen, dass die Nachfrage umso unelastischer ist, je schlechter der Gesundheitszustand (GZ) der Nachfragenden ist. Gleichzeitig wird das Individuum mit dem schlechteren Gesundheitszustand bei gleichem Preis der Gesundheitsgüter mehr Gesundheitsleistungen nachfragen. Die geringere Elastizität der Individuen – man spricht auch von der starreren Nachfrage – mit schlechtem Gesundheitszustand erklärt sich daraus, dass solche Menschen stärker auf Gesundheitsleistungen angewiesen sind als tendenziell gesündere Menschen. Erstere benötigen also eine bestimmte Menge an diesen Leistungen, ganz unabhängig davon, wie hoch der Preis ist. Auch wenn sich der Preis erhöht, können sie die benötigte Menge nicht reduzieren und umgekehrt.

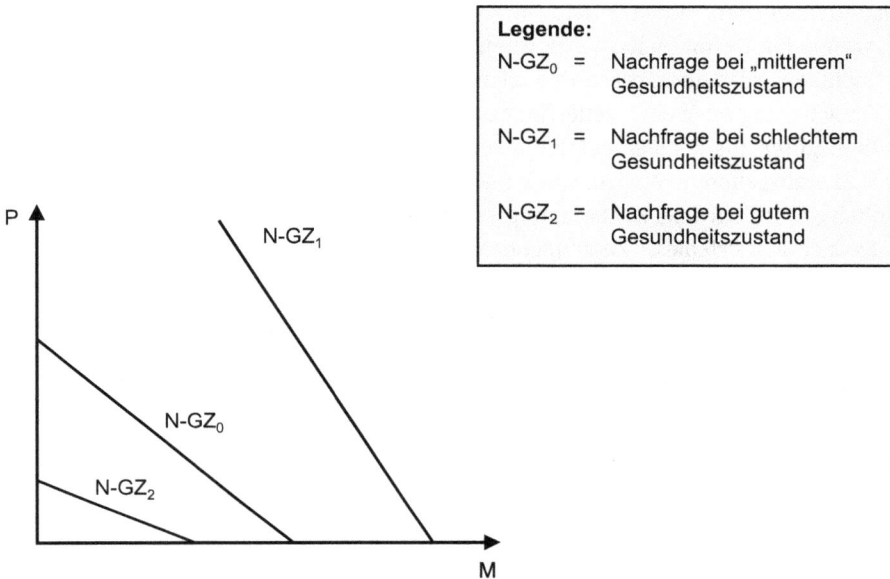

Abbildung 4.1: Nachfrage für unterschiedliche Gesundheitszustände (Quelle: eigene Darstellung, unter Verwendung von Phelps, C.E., 2018, S. 89).

In der Abbildung 4.1 äußert sich die geringer werdende Elastizität mit besserem Gesundheitszustand darin, dass die Nachfragekurve der Patienten mit dem schlechtesten Gesundheitszustand am steilsten ist – im Extremfall verläuft sie sogar senkrecht –, während diejenige für den mittleren Gesundheitszustand flacher und diejenige für die Patienten mit dem guten Gesundheitszustand am flachsten ist. Grafisch dargestellt, äußert sich der Umstand, dass Patienten mit schlechtem Gesundheitszustand mehr Gesundheitsgüter nachfragen, darin, dass die Nachfragekurve umso weiter rechts bzw. außen liegt, je schlechter der Gesundheitszustand ist, und folglich auch die horizontale Achse an unterschiedlichen Punkten von den Nachfragekurven geschnitten wird. Für den schlechtesten Gesundheitszustand liegt der Schnittpunkt am weitesten rechts – also bei der höchsten Menge –, und entsprechend liegen die Schnittpunkte bei dem mittleren und dem guten Gesundheitszustand weiter zum Ursprung hin. Bis hierhin wurden keine wirklichen Besonderheiten gegenüber normalen Märkten modelliert, sondern nur das aus Kapitel 3 bereits bekannte Marktmodell angewendet.

4.2.2 Preiswirkungen auf die Nachfrage bei Kostenübernahme durch Dritte

Die Annahme eines bestehenden und funktionierenden Wettbewerbs auf den Gesundheitsmärkten ist allerdings eher unrealistisch, denn wie später noch zu sehen sein wird – v. a. im Kapitel 7, in dem es um Gesundheitssysteme geht –, besteht in den meisten westlichen Industrieländern ein Versicherungszwang oder eine staatliche Versorgung mit Gesundheitsgütern. Unter der Annahme eines vollständigen Versicherungsschutzes, also der Übernahme aller Kosten für eine Krankenbehandlung durch die Versicherung oder eine steuerfinanzierte Bereitstellung, beträgt der Preis für Gesundheitsgüter aus der Perspektive der Nachfragenden gleich null. Wenn ein Preis von null wahrgenommen wird, spielt dieser keine Rolle, und die Nachfrage nach Gesundheitsgütern wird bis zur Sättigungsmenge ausgedehnt.

Exakter lässt sich dieser Zusammenhang wieder mit dem Begriff der Elastizität fassen. Ist die nachgefragte Menge immer gleich – und zwar liegt sie in diesem Fall bei der Menge, die der Sättigungsmenge entspricht –, so ist die Nachfrage bezüglich des Preises völlig unelastisch. Grafisch zeigt sich dies in einer vollkommen senkrechten Nachfragekurve. Abbildung 4.2 zeigt unterschiedliche Nachfragekurven bei vollem Versicherungsschutz.

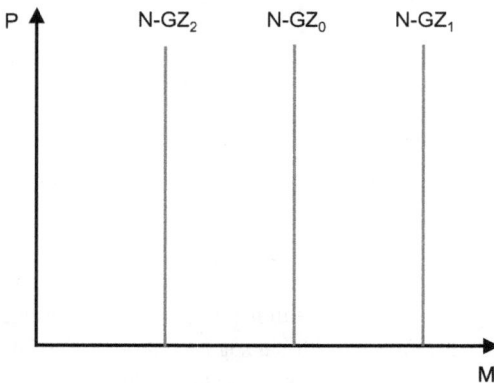

Abbildung 4.2: Nachfrage bei Kostenübernahme für unterschiedliche Gesundheitszustände (Quelle: eigene Darstellung, unter Verwendung von Phelps, C.E., 2018, S. 95).

Die Nachfrage ist nun wieder nur vom Gesundheitszustand der Nachfragenden abhängig und die nachgefragte Sättigungsmenge umso höher, je schlechter der Gesundheitszustand des Individuums ist. Die Schnittpunkte mit der horizontalen Achse sind somit hier identisch mit denen in Abbildung 4.1, nur die Steigungen der Nachfragekurven unterscheiden sich.

4.2.3 Moral Hazard in der Nachfrage bei Kostenübernahme durch Dritte

Allerdings birgt ein vollständiger Versicherungsschutz und damit verbunden ein Preis von null für Gesundheitsgüter aus der Perspektive der Nachfrager erhebliche Probleme für die Versicherung. Das wohl bedeutendste Problem ist das sogenannte Moral Hazard. In dem Kapitel, in dem es um den Markt für Krankenversicherungen geht, wird davon noch eingehender zu sprechen sein. Hier werden nur solche Aspekte angesprochen, die für das Nachfrageverhalten von Bedeutung sind.

Moral Hazard ist ein Phänomen, das oftmals bei vollständigem Versicherungs- schutz beobachtet wird, wenn die Nachfrage von den Individuen nicht nur bis zur Sättigungsmenge ausgedehnt wird, sondern noch darüber hinaus. Moral Hazard kann ins Deutsche übersetzt werden mit „Moralisches Risiko". Was darunter genau zu ver- stehen ist, soll hier kurz skizziert werden.

In einem Versicherungsverhältnis – und speziell auf dem Krankenversicherungs- markt – wird eine Versicherungsprämie vereinbart, für die Versicherungsnehmende eine Leistung erhalten, nämlich die Übernahme der Behandlungskosten, wie in Kapitel 6 noch zu sehen sein wird. Dieser Krankenversicherungsvertrag erstreckt sich in der Regel über einen längeren Zeitraum; beide Vertragsparteien – also Versicherungsnehmende und Krankenversicherungen – sind langfristig aneinander gebunden. Die Leistung der Versi- cherung ist an das Eintreten bestimmter Ereignisse gebunden, in der Krankenversi- cherung an das Eintreten des Krankheitsfalles. Moral Hazard oder die überzogene Inanspruchnahme von Gesundheitsgütern kann in diesem Vertragsverhältnis nun in verschiedenen Formen auftreten:

Das Individuum kann durch Prävention bzw. durch seine allgemeine Lebensweise seinen Gesundheitszustand beeinflussen, wie wir bei den Determinanten des Gesund- heitszustandes bereits gesehen haben. Durch einen Krankenversicherungsschutz, wel- cher die gesamten Krankheitskosten übernimmt, hat das Individuum weniger Anreiz, sich so zu verhalten, dass die Wahrscheinlichkeit, krank zu werden, minimiert wird. In der Tendenz wird es sein Verhalten so verändern, dass es Vorbeugungsmaßnahmen un- terlässt, in seiner Lebensweise nicht auf seine Gesundheit achtet, riskantere Aktivitäten unternimmt oder einfach auf Maßnahmen zur Vermeidung von Krankheit verzichtet.

Tritt der Krankheitsfall dann tatsächlich ein, so stehen am Anfang in der Regel weder die Behandlung noch die damit verbundenen Kosten eindeutig fest, da es teure und billige Behandlungsmethoden gibt. Da die Kosten für die Versicherten bei Vollversi- cherungsschutz aber in allen Fällen null betragen, haben sie keinen Anreiz, darauf zu achten, die kostengünstigste Behandlungsmethode zu bekommen. Im Gegenteil – oft wird die teurere Behandlung zugleich auch für die bessere gehalten (auch wenn dies medizinisch unbegründet ist), und die Patientinnen und Patienten werden einer teure- ren Behandlungsmethode somit zustimmen.

Es besteht also ein risikoerhöhendes oder ein mengenmäßig erhöhendes Moral- Hazard-Verhalten. Das Verhalten der Versicherten ist durchaus als rational zu bezeich- nen, da keine Anreize für ein kostenvermeidendes Verhalten existieren. Zudem haben die Patientinnen und Patienten in den meisten Fällen keine Information über die Kosten.

4.2.4 Reduktion der Nachfrage bei Moral Hazard

Das Phänomen Moral Hazard ist bereits mehrfach empirisch belegt worden. Studien, welche primär in den USA angefertigt wurden, zeigen, dass die Nachfrage der Versicher- ten bei vollem Versicherungsschutz bezüglich aller Nachfrageparameter (Arztkontakte, ambulante Ausgaben, Krankenhausaufenthalte etc.) höher ist als bei Einführung einer Selbstbeteiligung. Obschon diese Ergebnisse eindeutig waren, ist es in der Gesundheitsökonomie eine sehr umstrittene Frage, ob finanzielle Beteiligungen an den Krankheitskosten als Instrument zur Begrenzung der Nachfrage eingesetzt werden sollten. Als Instrumente zur Eindämmung des Moral Hazards werden folgende Formen diskutiert: Selbstbeteiligungen, Selbstbehalte, Beitragsrückerstattungen und festgelegtes Maximum. Diese Varianten sollen folgend näher vorgestellt werden.

- Selbstbeteiligungen: Bei den Selbstbeteiligungen zahlen die Patientinnen und Patienten für jede Behandlung einen vorher festgelegten Betrag. Selbstbeteiligungen wirken auf die Nachfrageelastizität ein, und zwar in der Weise, dass, je höher die Selbstbeteiligung der Versicherten ist, die Nachfrage desto elastischer wird. Außerdem hofft man durch Selbstbeteiligungen zu erreichen, dass die Patientinnen und Patienten aktiv am Heilungsprozess mitwirken, da sich eine Selbstbeteiligung für sie finanziell spürbar auf jede weitere Behandlung auswirkt. Ein Teil der Nachfrage lässt sich in der Tat auf die Unterlassung aktiver Mitwirkung zurückführen.
- Selbstbehalte: Zu Vertragsbeginn wird zwischen Versicherten und Versicherung ein Betrag vereinbart, bis zu dem die Versicherten in einem bestimmten Zeitraum – meist ein Jahr – ihre Arztkosten selbst tragen. Was darüber hinaus an Kosten anfällt, wird dann von der Versicherung übernommen. Zum Beispiel wird vereinbart, dass die Versicherten 1.000 € im Jahr selbst zahlen, alle weiteren Kosten zahlt die Versicherung. Selbstbehalte haben eine Steuerungsfunktion, die bis zu dem Betrag reicht, der als Selbstbehalt vereinbart wurde. Bis zu diesem Betrag spielt für die Nachfragenden der Preis eine Rolle. Liegen ihre Krankheitskosten jedoch über diesem Betrag, so werden sie ihre Nachfrage unter vollkommenem Versicherungsschutz entfalten, d. h., sie werden die Nachfrage mindestens bis zur Sättigungsgrenze ausdehnen. Dann besteht sogar eine erhöhte Gefahr von Moral-Hazard-Verhalten, da die Versicherten nun den Selbstbehalt durch eine überzogene Nachfrage „kompensieren" wollen. Selbstbehalte werden auch oft in der deutschen privaten Krankenversicherung vereinbart; in der Regel kann durch die Vereinbarung eines Selbstbehalts die Prämie für den Versicherungsschutz gesenkt werden.
- Beitragsrückerstattungen: Diese werden gewährt, wenn die Krankenversicherung in einem bestimmten Zeitraum nicht in Anspruch genommen wurde. Dadurch wird ein Anreiz gesetzt, den Eintritt des Schadensfalls zu vermeiden. Auch diese Regelung findet sich häufig in der deutschen privaten Krankenversicherung.
- Festgelegtes Maximum: Bei Vertragsbeginn wird ein festgelegtes Maximum zwischen Krankenversicherung und Versicherungsnehmenden vereinbart, so dass die Versicherung im Schadensfall die Krankheitskosten nur bis zu diesem festgelegten Betrag finanzieren muss. Kosten, die darüber hinaus entstehen, sind vom Versicherungsnehmenden selbst zu tragen. Das finanzielle Risiko eines solchen Vertrages ist für die Versicherungsnehmenden relativ groß, und in der Praxis wird das festgelegte Maximum eher auf einzelne Leistungen angewendet als auf alle Versicherungsleistungen.

Weiterhin gibt es aber auch Instrumente, die darauf hinwirken, den Schadensfall erst gar nicht eintreten zu lassen. Diese Instrumente zielen besonders auf Präventionsmaßnahmen ab; beispielsweise hängt in Deutschland die Übernahme der Kosten von Zahnersatz von vorausgegangenen regelmäßigen Zahnarztbesuchen ab.

4.3 Anbieterinduzierte Nachfrage

Die Diskussion des dritten Faktors, der die Nachfrage nach Gesundheitsgütern bestimmt, steht noch aus: die anbieterinduzierte Nachfrage. Zu ihrem Verständnis rufen wir uns nochmals die Analyse eines Wettbewerbsmarktes in Kapitel 3 ins Gedächtnis. Dort wurde dargestellt, wie sich Angebot und Nachfrage auf wettbewerblichen Märkten verhalten. Auf solchen funktionierenden Wettbewerbsmärkten gilt die implizite Annahme, dass das Marktangebot von den Anbietenden bestimmt wird und die Nachfrage von den Nachfragenden. Und in der Tat ist dies auf den allermeisten Märkten der Fall. Nehmen wir nun als Referenzsituation an, dass auch der Gesundheitsmarkt ein Wettbewerbsmarkt ist, so müssten sich Angebot und Nachfrage nach Gesundheitsleistungen genauso verhalten wie auf allen anderen Märkten.

4.3.1 Erhöhung der Arztdichte und Inanspruchnahme ärztlicher Leistungen

Zur Prüfung, ob Leistungsanbieter aus sich selbst heraus Nachfrage induzieren können, wird in der wissenschaftlichen Literatur in einem ersten Schritt oftmals der Zusammenhang zwischen einer Änderung der Arztzahlen und der Leistungsinanspruchnahme herangezogen. Abbildung 4.3 veranschaulicht den beschriebenen Sachverhalt.

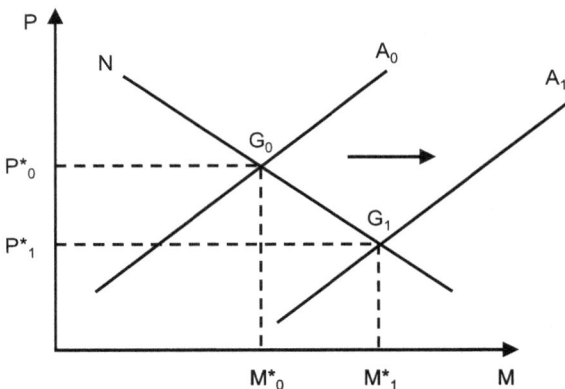

Abbildung 4.3: Erhöhung der Ärztedichte auf einem Wettbewerbsmarkt (Quelle: in Anlehnung an Breyer, F./Zweifel, P./Kifmann, M., 2012, S. 355).

Demnach wird sich in unserem Grundmodell die Angebotskurve nach rechts verschieben. Wie nicht anders zu erwarten war, führt die erhöhte Zahl der ärztlichen Anbietenden dazu, dass die bereitgestellten ärztlichen Leistungen von M_0^* auf M_1^* ausgeweitet werden und korrespondierend der Preis für die Arztbehandlung von P_0^* auf P_1^* sinkt.

Das Ausmaß der Mengenänderung ist unbestimmt und hängt von der Preiselastizität der Nachfrage ab. Wie im vorhergehenden Unterpunkt bereits festgestellt, ist die Nachfrage nach Gesundheitsgütern beim Vorliegen eines umfassenden Krankenversicherungsschutzes nicht preiselastisch, sondern im Gegenteil vollkommen preisunelastisch. Grafisch dargestellt, führt das dazu, dass sich die Nachfragekurve senkrecht aufrichtet und die Nachfrage bis zur Sättigungsmenge ausgedehnt wird. Unter sonst gleichen Bedingungen – also ceteris paribus – würde in einem solchen Fall eine Erhöhung der Zahl der Ärzte und Ärztinnen nur zu einer Preissenkung führen, während die Menge der bereitgestellten ärztlichen Leistung gleichbliebe: vorher wie nachher ist es die Sättigungsmenge, die nachgefragt wird. Diese Situation ist in Abbildung 4.4 illustriert: Die Verschiebung der Angebotskurve von A_0 auf A_1 führt dazu, dass ausschließlich der Preis von P_0^* auf P_1^* sinkt, während die Mengen M_0^* und M_1^* identisch bleiben.

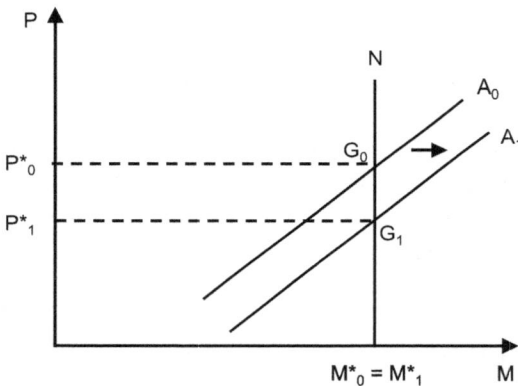

Abbildung 4.4: Erhöhung der Ärztedichte bei vollständiger Kostenübernahme (Quelle: in Anlehnung an Breyer, F./Zweifel, P./Kifmann, M., 2012, S. 357).

Bis hierhin sind ganz „normale" Preis-Mengen-Reaktionen beschrieben, wie sie bei jeder Ausweitung eines Angebots erfolgen. Auf freien Arztmärkten – also Märkten ohne administrierte Preisvorgaben – lässt sich in unterschiedlichen Ländern jedoch beobachten, dass mit der Ausweitung der Arztdichte häufig keine entsprechend korrespondierenden Preissenkungseffekte einhergehen. Vielmehr lassen sich nun zusätzliche Veränderungen auf der Nachfrageseite feststellen, d. h., die von den Patientinnen und Patienten nachfragte Leistungsmenge steigt in der beschriebenen Situation an. Grafisch äußert sich dies in einer Rechtsverschiebung der preisunelastischen Nachfragekurve, wie in Abbildung 4.5 dargestellt.

Die Gesamteffekte stellen sich nun wie folgt dar: Wie in der Abbildung 4.4 bereits gezeigt wurde, kommt es zunächst zu einer Verschiebung der Angebotskurve von A_0 auf A_1; der Preis sinkt von P_0^* auf P_1^*, und die Menge bleibt unverändert. Mit der darauf einsetzenden Verschiebung der Nachfragekurve von N_0 auf N_1 geht aber eine Erhöhung des Preises einher, und zwar tendenziell in die Richtung des ursprünglichen Preises P_0^*. Gleichzeitig zieht die Menge an und steigt auf M_2^*. Insgesamt hat sich in dem in Abbildung 4.5 dargelegten Fall die Menge erhöht, und gleichzeitig ist der Preis wieder auf das ursprüngliche Niveau gestiegen.

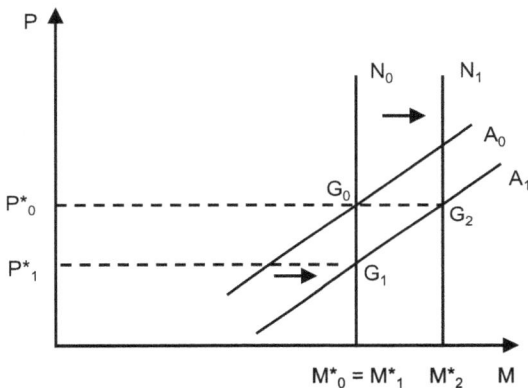

Abbildung 4.5: Anbieterinduzierte Nachfrage bei vollständiger Kostenübernahme (Quelle: in Anlehnung an Breyer, F./Zweifel, P./Kifmann, M., 2012, S. 357).

Dieses Phänomen nennt man anbieterinduzierte Nachfrage. Die Verschiebung der Nachfragekurve, die das geplante Volumen ärztlicher Leistungen bei alternativen Preisen wiedergibt, wird durch die Ärzte und Ärztinnen selbst angestoßen. Anders ausgedrückt: Der Leistungsanbieter beeinflusst in einem gewissen Umfang Menge und Struktur der Nachfrage. Er kann also selbst eine zusätzliche Nachfrage induzieren. Warum ist das so? Einen Erklärungsansatz dazu stellt die Prinzipal-Agent-Theorie bereit.

4.3.2 Delegation von Entscheidungen im Prinzipal-Agent-Verhältnis

Der Schlüssel zur Erklärung der anbieterinduzierten Nachfrage liegt in der speziellen Beziehung zwischen Anbietenden und Nachfragenden sowie den Besonderheiten von Gesundheitsgütern. Im Allgemeinen suchen Patientinnen und Patienten ihre Ärzte und Ärztinnen auf, um von ihnen eine diagnostische oder therapeutische Hilfestellung zu einer Befindlichkeitsstörung zu erhalten. Erkrankte entscheiden also, ob sie eine Arztpraxis besuchen oder nicht. Ärzte und Ärztinnen wiederum stellen eine

Diagnose und leiten eine Behandlung ein. Da Patientinnen und Patienten in der Regel keine ausreichenden medizinischen Kenntnisse besitzen, entscheiden Ärzte und Ärztinnen über die gegenwärtige Behandlung und geben Empfehlungen dazu, welche therapeutischen Maßnahmen einzuleiten sind. Wenn Patientinnen und Patienten den Ärzten und Ärztinnen vertrauen, werden sie sich an diese Empfehlung halten. Die zur Behandlung notwendigen Gesundheitsgüter werden also nicht von Patientinnen und Patienten selbst nachgefragt, sondern Ärzte und Ärztinnen – also die Anbietenden – bestimmen bzw. determinieren sie in gewissem Umfang. Diese Situation allein wäre unkritisch, wenn sich Ärzte und Ärztinnen als perfekter „Sachwalter" der Patientinnen und Patienten verhalten würde.

Abstrakter formuliert, gibt es eine Prinzipal-Agenten-Beziehung: Der Prinzipal – hier Patientinnen und Patienten – beauftragt den Agenten – hier Ärzte und Ärztinnen –, für sie eine Leistung – hier eine Diagnose und Behandlung – durchzuführen. Mit diesem Auftrag sind viele Entscheidungen verbunden. Der Prinzipal delegiert diese Entscheidungen an einen Agenten, weil er weiß, dass dieser für die zu bewältigende Aufgabe besser qualifiziert und informiert ist als er selbst. Eine solche Prinzipal-Agenten-Beziehung kann die grundsätzlich nicht nur im Gesundheitswesen vorkommen, sondern auch in vielen anderen Bereichen, etwa zwischen Anwälten und ihren Mandanten oder Politikern und ihren Wählern. Typisch für eine derartige Beziehung ist das Bestehen einer Informationsasymmetrie. Der Prinzipal bringt dem Agenten sein Vertrauen entgegen und hofft, dass der Agent vollkommen in seinem Sinne handelt, d. h., dass er quasi so handelt, wie der Prinzipal selbst handeln würde, hätte er das Wissen und die Informationen, über die der Agent verfügt. Damit ist der Prinzipal vom Goodwill des Agenten abhängig.

Unterstellt man nun, dieser Logik folgend, dass sich Ärzte und Ärztinnen als Agenten ökonomisch verhalten, also neben dem Ziel, Patientinnen und Patienten zu heilen, zusätzlich das ökonomische Ziel verfolgen, ihr Einkommen zu maximieren, dann sieht die Situation wie folgt aus: Ärzte und Ärztinnen bieten nicht nur so viele Gesundheitsleistungen an, wie Patientinnen und Patienten selbst nachfragen würden, sondern legen eine höhere Menge fest, um ihr Einkommen zu verbessern. Sie induzieren also zusätzliche Leistungen, d. h., die Versorgung der Patientinnen und Patienten geht über das notwendige und ggf. sinnvolle Maß hinaus. Es kommt tendenziell zu einer Überversorgung. Folgende Faktoren begünstigen diese spezifische Versorgungssituation:

- die Unkenntnis der Patientinnen und Patienten,
- eine relativ große Unsicherheit über die Wirkung einer Therapie und
- die Gewissheit, die Patientinnen und Patienten nicht direkt finanziell zu belasten

Nach diesem Erklärungsansatz veralten sich Ärzte und Ärztinnen also eben nicht wie der perfekte Sachwalter der Patientinnen und Patienten. Vielmehr verhalten sie sich als Homo oeconomicus vollkommen rational, wenn sie ihr eigenes Ziel der Einkommenserzielung verfolgen. Das lässt wiederum die Nachfrage nach Gesundheitsgütern zusätzlich ansteigen.

In verschiedenen empirischen Studien gibt es Hinweise darauf, dass im Gesundheitsbereich genau dieses Anbieterverhalten praktiziert wird. Üblicherweise wird es dabei unmittelbar mit dem ärztlichen Verhalten in Verbindung gebracht, kann aber auch auf alle anderen Leistungsanbieter übertragen werden, die sonst noch auf diesem Gebiet tätig sind, wie beispielsweise Krankenhäuser, Apotheken oder die Bereitstellenden von Hilfs- und Heilmitteln etc. Aufgabe von Gesundheitsökonomie und -politik ist es nun, Lösungsansätze zu finden, die für die Leistungserbringenden Anreize setzen, sich so zu verhalten, wie perfekte Sachwalter der Patientinnen und Patienten. Dabei spielen die Honorierungs- oder Organisationsformen eine große Rolle. Sie werden in späteren Kapiteln noch ausführlicher betrachtet.

4.4 Komplexität und quantitative Bedeutung

Es hat sich gezeigt, dass die Nachfrage nach Gesundheitsgütern komplexer ist als die nach den meisten anderen Gütern. Meist ist die Nachfrage eher unelastisch, den Preis für die Inanspruchnahme zahlen meist nicht die Nachfrager selbst, und wie bei kaum einem anderen Gut kann die Angebotsseite im Gesundheitssektor die Nachfrage bestimmen. Es wurde ebenfalls deutlich, dass all dies Effekte hat, welche die Nachfrageentscheidung auf diesem Markt im Vergleich zu einer nach idealisierten Marktbedingungen getroffenen Entscheidung verzerren.

Dabei gibt die Bevölkerung im deutschsprachigen Raum direkt oder indirekt mehr als 10 Prozent des Einkommens für Gesundheitsgüter aus, wie im vorhergehenden Kapitel bereits angedeutet wurde. Quantitativ ist die hier vorgestellte Nachfrage also volkswirtschaftlich durchaus von Bedeutung.

4.5 Literatur zum Kapitel 4

Als Quellen für dieses Kapitel wurde primär die folgend aufgeführte Literatur genutzt, welche auch als vertiefende Lektüre empfohlen wird.

Einführungen in die mikroökonomischen Aspekte der Nachfrage bieten:
- *Case, K.E./Fair, R.C./Oster, S.E. (2020)*
- *Folland, S./Goodman, A.C./Stano, M. (2017)*
- *Phelps, Ch. E. (2018)*
- *Pindyck, R.S./Rubinfeld, D.L. (2018)*
- *Santerre, R.E./Neun, S.P. (2012)*
- *Welfens, P.J.J. (2013)*

Einführungen in die Besonderheiten der Gesundheitsnachfrage bieten:
- *Amelung, V./Cornelius, F.* (2007)
- *Beek van der, K.* (2002)
- *Breyer, F./Zweifel, P./Kifmann, M.* (2012)
- *Fleßa, St./Greiner, W.* (2013)
- *Henke, K. D.* (1992)
- *Schulenburg, J.-M. Graf v. d./Greiner, W.* (2013)

5 Angebot von Gesundheitsgütern

Auch in Bezug auf das Angebot von Gesundheitsgütern sind zunächst einige modelltheoretische Grundlagen zu erläutern, bevor wir auf die besonderen Allokations- und Steuerungserfordernisse der Angebotsseite des Gesundheitsbereichs eingehen können. Diese modelltheoretischen Grundlagen betreffen die volkswirtschaftlichen Aspekte der Produktion von Gesundheit mittels Gesundheitsgütern bzw. Gesundheitsleistungen. Letztere umfassen – wie wir bereits eingangs des Kapitels 2 definiert haben – dienstleistungsbezogene Gesundheitsleistungen wie die medizinische oder pflegerische Versorgung oder auch sachliche Gesundheitsprodukte wie Arznei- und Hilfsmittel.

Bereits im Vorkapitel wurde jedoch argumentiert, dass der Gesundheitszustand von unterschiedlichen Determinanten abhängt. Gesundheitswissenschaftlich ist unbestritten, dass weder der individuelle noch der gesellschaftliche Gesundheitszustand allein durch den produktiven Einsatz der hier definierten Gesundheitsgüter bestimmt wird. Vielmehr wird er multifaktoriell beeinflusst. Zu den entsprechenden Faktoren zählen unter anderem soziale und gesamtwirtschaftliche Aspekte wie Bildung, Beschäftigung, Versicherungsschutz, gesellschaftlicher Wohlstand und Armut oder Umweltfaktoren wie Hygienebedingungen, Wohnverhältnisse und Arbeitsbedingungen sowie die bloße Luft- und Wasserqualität in einer Region. Schließlich gehört auch das persönliche oder kulturelle Gesundheitsverhalten dazu. Letzteres lässt sich exemplarisch in ostasiatischen Ländern wie China beobachten, wo sich ältere Menschen täglich zu leichtem Sport und Bewegungsaktivitäten in Parks, Freizeiteinrichtungen oder auf sonstigen öffentlichen Plätzen treffen. Auch wenn hierzu keine abschließenden validen Einschätzungen vorliegen, kommt dem Faktor medizinische Infrastruktur in der Regel doch nur ein gewisser Anteil des Einflusses am gesamtgesellschaftlichen Gesundheitsoutput zu.

Wenn wir uns im Weiteren auf die produktionstheoretische Betrachtung des Gesundheitsangebots fokussieren, dann muss stets mitbedacht werden, dass die gesamtgesellschaftliche Gesundheitsproduktion immer mehr umfasst als nur die klassischen Gesundheitsgüter. Auch sollte aus mikroökonomischer Perspektive berücksichtigt werden, dass die klassische Produktionstheorie der Dimension Qualität, d. h. in unserem Kontext, der Güte des medizinischen Produktionsprozesses, beim Einsatz der Produktionsfaktoren allenfalls eine Nebenrolle – im Sinne einer Nebenbedingung – einräumt. Diese Dimension besitzt jedoch im Hinblick auf das medizinische Output eine besonders hohe Relevanz. Denken wir beispielsweise nur daran, dass Patienten durch medizinische Fehlinterventionen irreversibel geschädigt werden können.

Wenn wir uns hier also trotzdem zunächst rein quantitativ auf Gesundheitsgüter und deren Einsatz konzentrieren, dann erstens deshalb, weil sich die Gesundheitsökonomie im Kern mit den zentralen Institutionen und Märkten des Gesundheitswesens und den sich dort abspielenden Allokations- und Distributionsprozessen befasst, und zweitens, weil wir ein erstes grundlegendes Verständnis für die Anwendung des

https://doi.org/10.1515/9783486989441-005

ökonomischen Instrumentariums auf produktionstechnische Fragestellungen entwickeln wollen. In diesem Sinne werden wir uns in diesem Kapitel
- zunächst mit den produktionstechnischen Grundlagen des Angebots von Gesundheitsgütern beschäftigen, anschließend
- ihre produzenten- und gutspezifischen Besonderheiten reflektieren sowie
- Grundzüge ihrer Angebotssteuerung auf unterschiedlichen Ebenen betrachten.

Diese Punkte sollen fortfolgend näher beleuchtet werden. Ein abschließender Blick auf die im Gesundheitsbereich typischen und weniger häufig auftretenden Marktformen hilft uns dabei, den Gesundheitsmarkt wettbewerblich differenziert einzuordnen.

5.1 Produktionstheoretische Grundlagen des Angebots von Gesundheitsgütern

Die produktionstheoretische Betrachtung beginnt mit der simplen Tatsache, dass ein Angebot an Gesundheitsleistungen, wie z. B. die Diagnose und Therapierung eines entzündeten Blinddarms oder die einer fiebrigen Erkältung, von Gesundheitseinrichtungen wie z. B. Arztpraxen oder Krankenhäusern produziert werden muss – oder anders ausgedrückt: Ein Angebot von Gesundheitsgütern setzt dessen Produktion voraus. Daher ist es sinnvoll, sich zuerst einige grundlegende Facetten der Produktion dieser Güter anzusehen. Die Produktion kann dabei, vereinfacht gesprochen, als Einsatz und Kombination von Inputs zur Erstellung des Outputs aufgefasst werden. Ökonomen beschreiben diesen Zusammenhang zwischen Inputs und (gesundheitsökonomischem) Output oft mit Hilfe von sogenannten Produktionsfunktionen. Die Abbildungen 5.1 und 5.2 zeigen jeweils eine solche stark vereinfachte Produktionsfunktion. Um es an dieser Stelle nochmals zu betonen: Stark vereinfacht meint, dass hier rein mengenmäßig vorgegangen und von qualitativen Aspekten einer guten medizinischen Versorgung abstrahiert wird, genauso wie von Aspekten der Über- oder Fehlversorgung. Zu diesem Zweck müssten komplexere Produktionsfunktionen eingeführt werden als die hier behandelten klassischen.

5.1.1 Gesamtproduktionsfunktion Gesundheit

Auf der vertikalen Achse der Abbildung 5.1 sei das Endergebnis der Produktion von Gesundheitsgütern, der Gesundheitszustand (GZ) einer Gesellschaft oder, genauer formuliert, die absolute Höhe des Gesundheitszustandes abgetragen. Wie wir wissen, ist der Gesundheitszustand von mannigfaltigen Faktoren abhängig; hier sei jedoch – wie in der Gesundheitsökonomie durchaus üblich – unter Verwendung der sogenannten Ceteris-paribus-Klausel darauf abgestellt, dass dieser Gesundheitszustand von der Menge der eingesetzten Gesundheitsinputs abhängig ist, wie z. B. der Anzahl der behandelnden Ärzte und des pflegenden Personals, der geplanten Krankenhausbetten, der eingesetzten Medizintechnik, der verordneten Medikationen etc. Die Inputs sind auf der horizontalen Achse abgetragen.

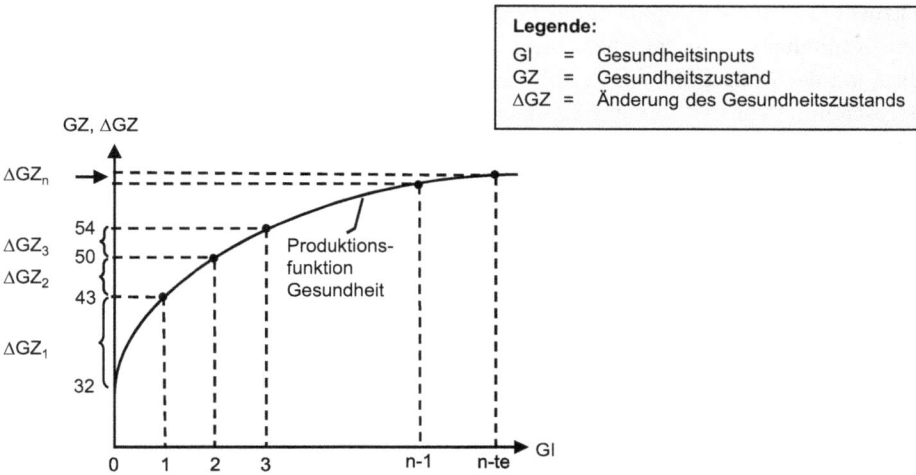

Abbildung 5.1: Gesamtproduktionsfunktion Gesundheit (Quelle: modifiziert nach Folland, S./Goodman, A.C./Stano, M., 2017, S. 139).

Noch wenig überraschend, zeigt sich nun, dass die Menge der eingesetzten Inputs und der Gesundheitszustand positiv miteinander korrelieren: Ein Mehr an Gesundheitsinputs führt zu einer Verbesserung des Gesundheitszustandes. Auffällig ist jedoch, dass die Intensität dieses gleichgerichteten Zusammenhangs variiert. Während bei einem relativ schlechten Gesundheitszustand ein Mehr an Input eine vergleichsweise starke Verbesserung des Gesundheitszustandes bewirkt, erzielt die gleiche Vermehrung des Inputs nur eine relativ geringe Verbesserung des Gesundheitszustandes, wenn dieser schon vergleichsweise solide ist, wie die Zahlenbeispiele in der Abbildung 5.1 illustrieren.

Dieser Umstand führt in der Produktionskurve des gesamtgesellschaftlichen Gesundheitszustandes zu dem typischen positiven, aber abflachenden Verlauf: Während der Gesamtgesundheitszustand einer Gesellschaft also bei vermehrtem Einsatz von Gesundheitsinputs steigt, nimmt die zusätzliche bzw. relative Verbesserung des Gesundheitszustandes, die durch den Einsatz einer weiteren Einheit Gesundheitsinput bewirkt wird, ab.

5.1.2 Grenzproduktionsfunktion Gesundheit

Der im vorherigen Unterkapitel zuletzt skizzierte Zusammenhang wird in der Abbildung 5.2 durch die sogenannte Grenzproduktionsfunktion illustriert. Dort ist auf der horizontalen Achse wiederum die Menge der eingesetzten Gesundheitsinputs abgetragen, auf der Ordinate findet sich jetzt hingegen nicht der Gesamtgesundheitszustand, sondern die durch eine Variation des Inputs hervorgerufene Veränderung des Gesundheitszustandes. In mikroökonomischer Diktion würde man vom Grenzeffekt zusätzlicher Gesundheitsinputs auf den Gesundheitszustand oder der Grenzproduktivität der Gesundheitsinputs sprechen. Diese Grenzproduktivität sinkt, und zwar korrespondiert mit der Abflachung der in Abbildung 5.1 dargestellten Kurve. Der Kurvenverlauf, der sich nunmehr in Abbildung 5.2 neu ergibt, spiegelt wider, dass Gesundheitsinputs – wie andere Inputs auch – einen zwar positiven, aber abnehmenden Grenzeffekt haben. Demnach wird der erste Input zunächst in jenen Bereich gelenkt, der die höchste Gesundheitswertschöpfung – gemessen an der Verbesserung des Gesundheitszustands – bewirkt, der zweite in dem zweithöchsten Wertschöpfungsbereich usw.

Dieser Zusammenhang entspricht durchaus unserer Alltagserfahrung: In einer Situation, in der die gesundheitliche Lage höchst bedenklich ist – beispielsweise bei einer hohen Säuglings- und Müttersterblichkeit in einem Entwicklungsland – führt eine Aufstockung der Inputs, etwa in Form von zehn zusätzlichen Gynäkologen und 100 zusätzlichen Krankenhausbetten, zu einer stärkeren Reduktion von Mütter- und Kindersterblichkeit als die gleiche Erhöhung der Ärzte und Krankenhausbetten in einem Industrieland, in dem das Niveau der Kinder- und Müttersterblichkeit bereits gering ist. Oder stark vereinfacht ausgedrückt: Ein zusätzlicher Gynäkologe in Zentralafrika wird voraussichtlich mehr Mütter- und Säuglingsleben retten als ein zusätzlicher Gynäkologe im deutschsprachigen Raum Mitteleuropas.

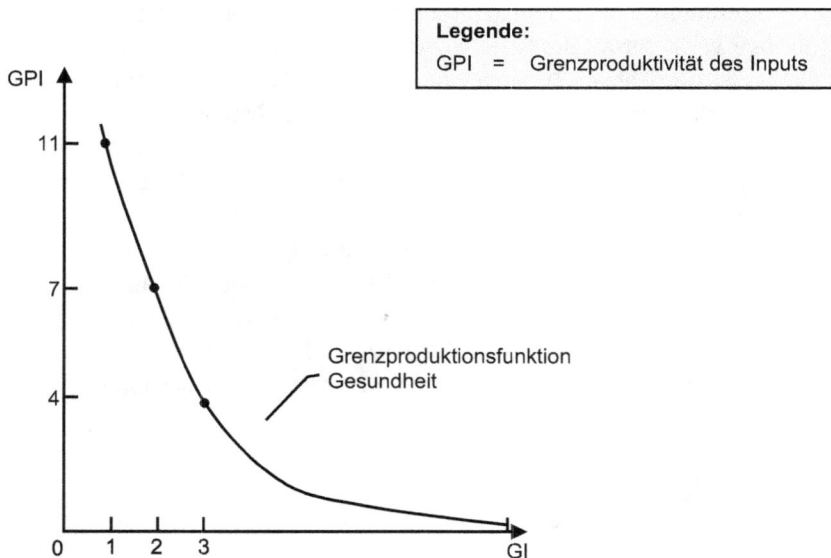

Abbildung 5.2: Grenzproduktionsfunktion Gesundheit (Quelle: modifiziert nach Folland, S./Goodman, A.C./Stano, M., 2017, S. 139).

5.1.3 Kombination der (Gesundheits-)Inputs

Bei der Darstellung der Produktionsfunktionen in den Abbildungen 5.1 und 5.2 wurde vereinfachend davon ausgegangen, dass die Inputs en bloc variiert werden. In unserem zur Illustration genannten Beispiel waren es zehn zusätzliche Gynäkologen und 100 zusätzliche Krankenhausbetten. Dabei wurde davon abstrahiert, dass ein bestimmtes Outputniveau – hier ein bestimmter gesamtgesellschaftlicher Gesundheitszustand – unter Umständen auch mit unterschiedlichen Kombinationen von verschiedenen Inputs erzielt werden kann.

Ob und bis zu welchem Grad ein bestimmtes Outputniveau – sagen wir z. B. durch die Reduzierung von Infektionen im Nachgang chirurgischer Eingriffe – mit unterschiedlichen Kombinationen von Inputs – sagen wir z. B. durch intensivere Gabe von Medikamenten oder durch weitergehende Hygienemaßnahmen – herstellbar ist, stellt eine weitere Frage dar, die sich mit Hilfe von Produktionsfunktionen analysieren lässt. Das veranschaulichen die Abbildungen 5.3 und 5.4.

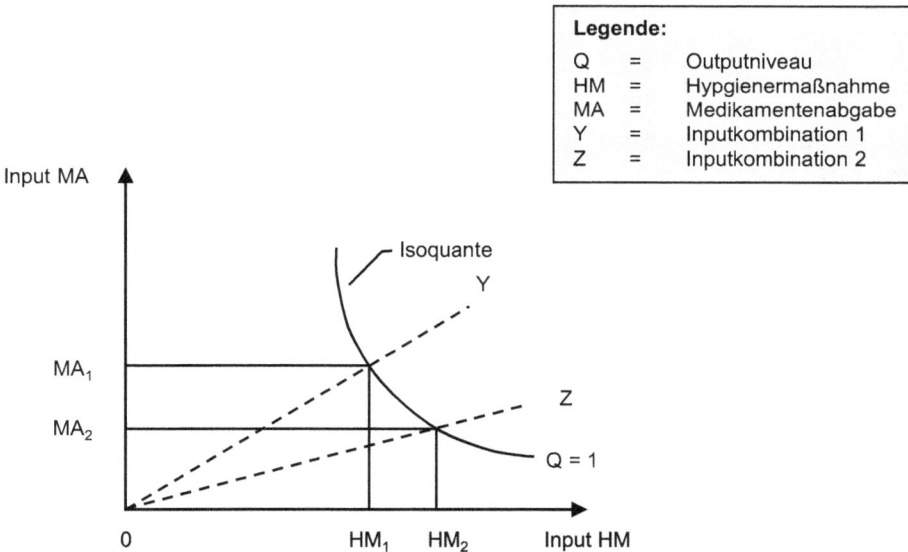

Abbildung 5.3: Substitutionale Produktion (Quelle: modifiziert nach Folland, S./Goodman, A.C./ Stano, M., 2017, S. 421).

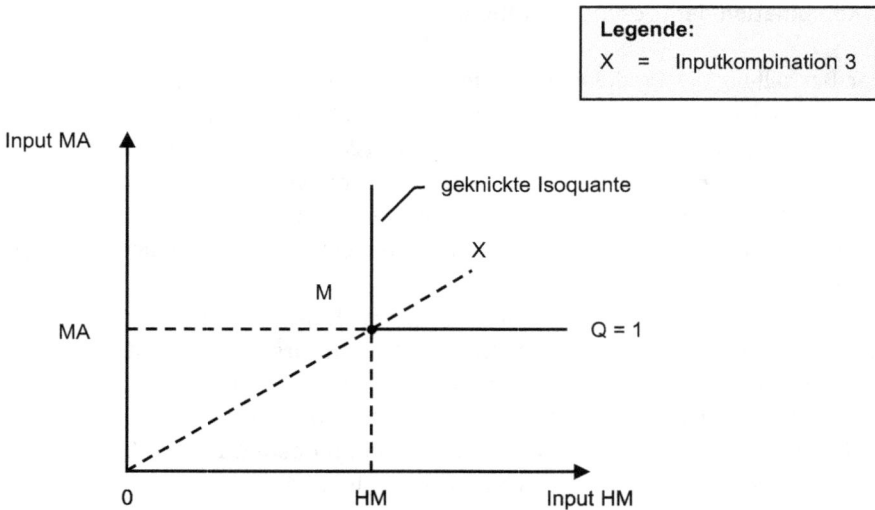

Abbildung 5.4: Limitationale Produktion (Quelle: modifiziert nach Folland, S./Goodman, A.C./ Stano, M., 2017, S. 421).

Dabei werden die beiden in unserem Beispiel betrachteten Inputs, also Hygienemaß-nahmen einerseits und Medikamentenabgaben andererseits, jeweils auf den Achsen abgetragen. Die konvexe Kurve in Abbildung 5.3 und die geknickte Kurve in Abbil-dung 5.4 symbolisieren nun jeweils identische Outputniveaus, die mit Kombinationen der beiden Inputs produzierbar sind. Diese Kurven werden Isoquanten genannt, weil alle Punkte darauf identische Quantitäten verkörpern.

5.1.4 Substitutionale Produktion

Gehen wir im Weiteren davon aus, dass ein bestimmtes Outputniveau entweder durch gesteigerte Hygiene und eine im Gegenzug etwas geringere Menge an Medikamenten erzielt werden kann oder alternativ durch eine etwas höhere Medikamentengabe und dafür etwas weniger strikte Hygiene, so kommt darin zum Ausdruck, dass man den einen Input durch den anderen ersetzten kann, ohne dabei das Outputniveau zu verän-dern. Dies illustriert Abbildung 5.3: Die Isoquante hat einen konvexen Verlauf, denn das avisierte Outputniveau (Reduktion der Nach-OP-Infektionen), das hier durch die Iso-quante $Q = 1$ symbolisiert wird, kann z. B. mit N Einheiten Hygiene und P Einheiten Me-dikamente (Inputkombination Y) oder aber mit S Einheiten Hygiene und R Einheiten Medikamente (Inputkombination Z) erreicht werden. Lässt sich ein Outputniveau mit solch unterschiedlichen Kombinationen der Inputs herstellen, so sprechen Ökonomen von substitutionalen Produktionsfunktionen. Hierauf wird in Kapitel 11, wenn es um ge-sundheitsökonomische Evaluation geht, noch zurückzukommen sein.

5.1.5 Limitationale Produktion

Es gibt aber auch die Situation, dass ein bestimmtes Outputniveau immer ein festes Einsatzverhältnis der Inputs erfordert, dass man den einen Input also nicht durch den anderen ersetzten kann, ohne das Outputniveau zu verändern. Dann spricht man von limitationalen Produktionsfunktionen. Dieser Fall wird in Abbildung 5.4 veranschaulicht: Das durch die geknickte Isoquante Q dargestellte Outputniveau ist nur durch die in Punkt M fixierte Kombination von N Einheiten Hygiene und P Einheiten Medikamente erzielbar. Als Fallbeispiel ließe sich hierfür konstruieren, dass ein computergesteuertes radiologisches Gerät – für Ökonomen wäre dies ein Beispiel für den Faktor Kapital –, immer von genau einer Person – für Ökonomen wäre dies ein Beispiel für den Faktor Arbeit – gesteuert werden muss. Zwei oder mehr dieser Geräte generieren dann ohne die entsprechende Variation der bedienenden Personen keinen höheren Output, und umgekehrt führen mehr Personen ohne die entsprechende Variation der Geräte ebenfalls nicht zu einem höheren Output. Lässt sich ein Outputniveau nur mit einer bestimmten Kombination der Inputs herstellen, so sprechen Ökonomen von limitationalen Produktionsfunktionen.

Ob im Gesundheitswesen primär limitationale oder substitutionale Produktionsfunktionen vorherrschen, lässt sich nur im Einzelfall klären. Die Bedeutung dieser Frage ist jedoch offensichtlich. Gerade in den personalintensiven gesundheitsökonomischen Bereichen wie der Langzeitpflege stellt sich die Frage, ob bestimmte Leistungen nicht auch durch Geräte, durch digitalisierte Prozesse oder durch Medikation erbracht werden könnten, was unter Umständen langfristig Kosten reduzieren dürfte. Brisant ist diese Situation unter dem Aspekt, dass diese Bereiche häufig durch menschliche Zuwendung gekennzeichnet sind, die durch Geräte nicht bereitgestellt werden kann. So wäre es technisch zwar sicherlich möglich, die Nahrungsaufnahme von schwer Pflegebedürftigen weitergehend als bisher zu robotisieren, doch ob dies menschlich zu vertreten ist, ist eine ethisch zu beantwortende Fragestellung.

Auch innerhalb des Faktors Arbeit lassen sich unterschiedliche Optionen der Substitutionalität diskutieren. So gibt es beispielsweise in den USA eine Tendenz, standardisierte Personalleistungen, die zuvor von Ärzten persönlich erbracht wurden, nun stattdessen durch speziell ausgebildete Pfleger und Schwestern durchführen zu lassen; eine Entwicklung, die auch im deutschsprachigen Raum durch hausarztunterstützende Programme wie AGnEs oder VERAH Aufwind erhielt. Die Frage der Substitutionalität bzw. Limitationalität der Produktionsfunktion ist im Gesundheitsbereich also, anders als in vielen anderen Wirtschaftsbereichen, nicht nur eine rein produktionstechnische, sondern sie umfasst auch vielfältige subjektive Aspekte zur Rolle und Funktion menschlichen Handelns für die Produktion von Gesundheit.

5.2 Besonderheiten des Angebots von Gesundheitsgütern

Das jeweilige Angebot von Gesundheitsgütern hängt u. a. von den eben skizzierten produktionstechnischen Voraussetzungen ab. Wie im Vorkapitel zur Nachfrageseite von Gesundheitsgütern bereits ausgeführt, gilt auch für die Angebotsseite dieser Güter, dass die in Kapitel 3 unter Wettbewerbsbedingungen vorgestellten Analysezusammenhänge hier grundsätzlich übertragbar sind. Demnach würden sich Gesundheitsgüter auf unregulierten Märkten zunächst einmal nicht von anderen knappen Gütern unterscheiden. Jedoch hatten wir ebenfalls gezeigt, dass verschiedene nachfrageseitige Marktbesonderheiten auf dem Gesundheitsmarkt existieren, die bei der Analyse und Bewertung des dortigen Marktgeschehens gesondert zu berücksichtigen sind. Gleiches gilt auch angebotsseitig. Wie wir im Weiteren sehen werden, resultieren genau aus diesen Besonderheiten einige Überlegungen, die uns nachvollziehen lassen, warum in den meisten Ländern der Welt mehr oder minder starke staatliche Interventionen auf der Angebotsseite des Gesundheitswesens stattfinden. Es sind u. a. diese Angebotsbedingungen, die den Gesundheitsbereich im Vergleich zu vielen anderen Sektoren zu etwas sehr Eigenem machen. Wegen der staatlichen Komponente bei der Bereitstellung von Gesundheitsgütern spricht man im Gesundheitssektor oftmals auch von der „Versorgung" mit Gesundheitsgütern statt vom Gesundheitsangebot.

5.2.1 (Gesundheits-)Produzenten

Die Produktionstheorie beschäftigt sich nicht allein mit bloßen Inputs und Outputs, sondern sie fragt darüber hinaus nach der für die Produzenten ökonomisch effizienten Input-Mischung und zudem danach, wie viel Output die Anbieter produzieren wollen und zu welchem Preis-Output-Verhältnis.

Wenden wir uns der ersten Frage zu, so wird ein Unternehmen versuchen, zur Herstellung eines bestimmten Outputniveaus die Inputs so zu kombinieren, dass diese Kombination die geringsten Kosten verursacht. Denn dann arbeitet es ökonomisch effizient, und zwar deshalb, weil es nur so seinen Gewinn maximieren kann. Um also bei unserem vorherigen Beispiel zu bleiben – wir unterstellen hier eine substitutionale Produktion –, wird ein Krankenhaus in Bezug auf ein angestrebtes Outputniveauziel die kostengünstigste Kombination von Medikamentengaben und Hygienemaßnahmen wählen, um Infektionen im Nachgang chirurgischer Eingriffe zu reduzieren.

Theoretisch muss man dazu eine Isokostengerade einführen, mit der das Preisverhältnis der beiden alternativen Inputs abgebildet wird. Dort, wo die Isokostengerade von der Isoquanten tangiert wird, also in Abbildung 5.5 im Punkt A, befindet sich unsere ökonomisch effiziente und zugleich gewinnmaximale Lösung.

Nachdem der Produzent seinen Input-Mix bestimmt hat, muss er als zweites seinen Output festlegen, also die von ihm zu produzierende, gewinnmaximale Menge berechnen. Diese hängt vom erzielbaren Preis ab. Dessen Höhe kann er aber auf normalen

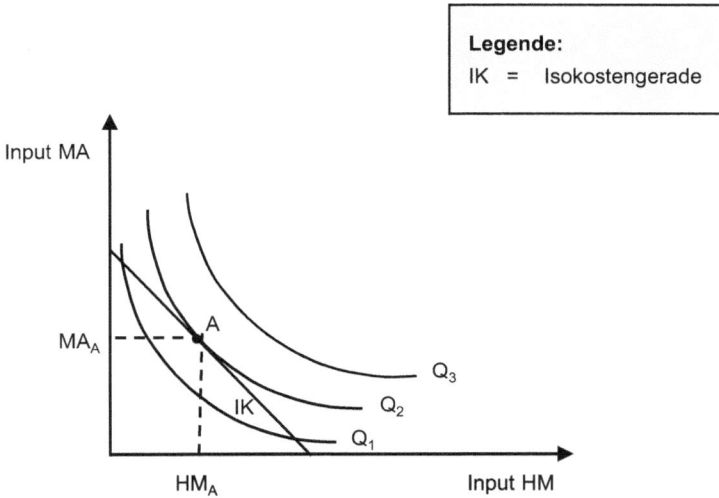

Abbildung 5.5: Produzentenoptimum (Quelle: Standarddarstellung, modifiziert nach Rice, Th., 2004, S. 38).

Wettbewerbsmärkten nicht beeinflussen. Für ihn ist der dort sich einstellende Preis ein Datum, also eine vorgegebene Größe. Der Produzent ist in diesem Sinne ein Preisnehmer. Denn wenn er einen höheren Preis als den üblichen fordern würde, würden ihn jene Unternehmen vom Markt verdrängen, die den Marktpreis nähmen. Würde er hingegen seine Produkte unterhalb des Marktpreises anbieten, könnte er seine Gewinne nicht maximieren.

Als Faustregel, um den gewinnmaximalen Produktionsumfang zu bestimmen, gilt an dieser Stelle die Grenzkostenregel. Demnach erreicht das Unternehmen das Gewinnmaximum, wenn es gerade so viel produziert, dass die Kosten der letzten zusätzlichen Gütereinheit (Grenzkosten) gleich dem Erlös für diese zusätzliche Gütereinheit (Marktpreis bzw. Grenzerlös) entsprechen. Dazu sei auf Abbildung 5.6 verwiesen. Ersichtlich wird, dass die gewinnmaximale Menge M_1 im Punkt B liegt, also dort, wo die Grenzkostenkurve GK, die wiederum die zusätzlichen Kosten je produzierter Outputeinheit wiedergibt, die symbolische Marktpreislinie schneidet. Würde nun das Unternehmen – zur Vereinfachung abstrahieren wir hier von anderen Kostenverläufen – weniger als die Menge Z produzieren, könnte es seinen Gewinn durch Mehrproduktion erhöhen. Würde der Anbieter dagegen eine Menge größer als Z anbieten, so müsste er für seine Zusatzleistung einen Verlust hinnehmen, weil die Kosten größer als der erzielbare Preis für die zusätzlich produzierten Mengen sind.

Die klassische Produktionstheorie zeigt also zusammenfassend auf, wie Unternehmen ihre Inputs möglichst effizient dazu nutzen, ihre profitmaximierende Outputentscheidung zu treffen. In unserem Beispiel würde das Krankenhaus auf einem

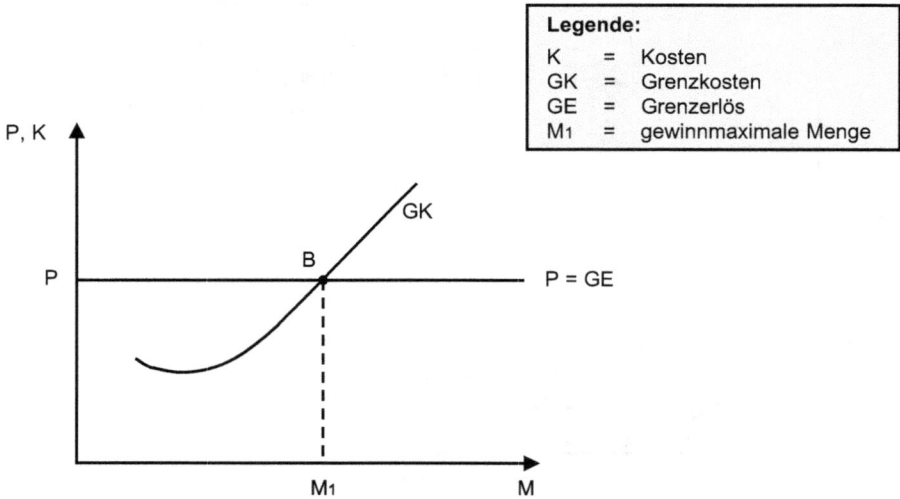

Abbildung 5.6: Gewinnoptimum (Quelle: Standarddarstellung, modifiziert nach Rice, Th., 2004, S. 40).

freien Markt jene gewinnmaximierende Leistungsmenge zu einem bestimmten Outputniveau bereitstellen, die mit der Zahlungsbereitschaft und -fähigkeit der Patienten übereinstimmt. Was passiert aber, wenn Zahlungsfähigkeit und medizinischer Hilfebedarf voneinander abweichen?

5.2.2 Produzentenspezifische Besonderheiten

Das ist eine gesundheitsökonomisch durchaus knifflige und vor allem auch kritische Frage. Auf freien Märkten, wie beispielsweise dem Fahrzeugmarkt, ließe sich holzschnittartig antworten: „Wenn sich die Nachfrager keinen Porsche leisten können, dann müssen sie sich eben mit dem Opel zufriedengeben und einige müssen halt mit dem Fahrrad Vorlieb nehmen." Die meisten unter uns könnten diese Antwort sicherlich nachvollziehen und grundsätzlich auch bejahen. Was bedeuten aber diese ökonomischen Kategorien für unser Krankenhaus?

Rein rational bedeutet dies zunächst, dass unter den gegebenen Bedingungen über die bereitgestellten Leistungen hinaus einige Nachfrager geringere oder gar keine Versorgung bekämen – es würde also rationiert. Da hier jedoch Notleidende betroffen wären, läge aus ethischer Sicht eine durchaus fragwürdige Situation vor.

Und was wäre nun, wenn ein Krankenhaus für sich eine humanistische Verpflichtung sähe, möglichst viele Hilfsbedürftige zu versorgen? In diesem Fall gäbe es freilich andere Handlungsoptionen. An dieser Stelle mögen einige kurzerhand entgegnen, die reine ökonomische Lehre gebe derartige Verpflichtungen doch gar nicht her, weil die Handelnden bloße eigeninteressierte Nutzen- und Einkommensmaximierer seien.

Dieser Einwand ist zweifelsohne berechtigt, lässt sich aber wiederum hinterfragen. Denn Eltern beziehen in ihre persönliche Nutzenfunktion zweifelsfrei ihre Kinder mit ein, und so dürften auch Anbieter wie Krankenhäuser, deren Geschäftsmodell darauf beruht, hilfsbedürftige, wenn nicht gar notleidende Menschen zu unterstützen, ihr Handlungskalkül in einem gewissen Umfang erweitern. Nicht zu vergessen ist, dass es mit dem Eid des Hippokrates ja auch noch so etwas wie ein ärztliches Berufsethos gibt. Im Vergleich zum Automarkt liegen also auf dem Gesundheitsmarkt dann doch einige spezifische Produzentenbedingungen und Erfordernisse vor.

Nehmen wir also an, es gäbe diese humanistische oder auch berufsethische Einlassung. In diesem Fall hätte das Krankenhaus grundsätzlich folgende rationale Handlungsoptionen: Es könnte entweder auf Gewinne verzichten oder versuchen, das Outputniveau bzw. die Versorgungsqualität zu senken. Im ersten Fall wäre es kein privatwirtschaftliches Unternehmen mehr, sondern ein gemeinnütziges, so wie wir sie im Gesundheitswesen vielfach vorfinden; im zweiten Fall müsste das Krankenhaus, als betriebswirtschaftlich operierende Einheit, seine Inputkosten senken, sonst würde es ja – zumindest langfristig gesehen – pleite gehen. Folglich wird der Versorger ein neues Produktionsoptimum suchen. Das wäre unter sonst gleichen Bedingungen nur bei einem geringeren Outputniveau zu erreichen. Bezogen auf unser Beispiel, müsste das Krankenhaus dann eine etwas höhere Infektionsrate im Nachgang chirurgischer Eingriffe hinnehmen. Sollen also bei gegebener Zahlungsbereitschaft und -fähigkeit die Leistungsmengen erhöht werden, so müsste das Krankenhaus als betriebswirtschaftliche Konsequenz die Versorgung qualitativ nach unten anpassen. Das gilt theoretisch natürlich auch für den gewinnverzichtenden Produzenten, nämlich dann, wenn der Verzicht nicht ausreicht, um den Versorgungsbedarf zu decken.

Unter diesen Bedingungen stellen staatliche Interventionen in Form von beispielsweise preislichen Subventionen oder Steuerbegünstigungen oder Vorteilen durch bestimmte Vorgaben, die es formal nicht zulassen, dass eine gewisse Versorgungsqualität unterschritten wird, eine durchaus überlegenswerte Alternative dar. Das ist jedoch nur eine Sichtweise auf die Produzentenseite des Gesundheitsmarkts. Eine andere richtet den Blick auf die Frage, ob und inwieweit selbständige medizinische Leistungserbringer – Berufsethos hin oder her – nicht genauso wie alle anderen privatwirtschaftlichen Anbieter einkommens- bzw. gewinnmaximierend handeln und inwiefern sie überhaupt passive Preisnehmer sind. An diesem Punkt scheiden sich die Geister.

Bereits im vorigen Kapitel haben wir über die angebotsinduzierte Nachfrage und die Prinzipal-Agent-Problematik gesprochen und festgestellt, dass der Leistungserbringer – hier der Arzt – infolge der zwischen ihm und dem Patienten bestehenden Informationsasymmetrie die Nachfrage selbständig induzieren kann. Auch wenn über das Ausmaß dieser Nachfragebeeinflussung eine gewisse Unklarheit herrscht, ist jedoch allgemein unstrittig, dass der Arzt die Menge der medizinisch bereitgestellten Leistungen durch seine Therapievorschläge und -maßnahmen proaktiv steuern kann. Er ist also sozusagen Nachfrager und Produzent in einem, und als solcher versucht er, seinen Gewinn bzw. sein Einkommen zu maximieren. Das bedeutet gleichzeitig, dass er eben kein passiver Preisnehmer ist, sondern über sein Verhalten die Leistungsmenge direkt beeinflussen kann und indirekt auch den Preis.

An dieser Stelle eröffnet sich erneut die Frage, ob und inwieweit der Staat nicht über bestimmte Vorgaben Einfluss auf das Leistungserbringerverhalten nehmen sollte. Denn während in der zuerst genannten Konstellation eher eine Unterversorgung droht, beinhaltet die zweite Situation Gefahren der Über- und Fehlversorgung. Damit ist zugleich klar, dass auf dem Gesundheitsmarkt der Anbieter mit all seinen unterschiedlichen Verhaltensdimensionen eine ganz besondere Rolle spielt. Anders als auf vielen anderen Märkten, auf denen Produzenten zur gesamtgesellschaftlichen Wohlfahrtsoptimierung möglichst hohe Handlungsspielräume einzuräumen sind, kann auf dem Gesundheitsmarkt ökonomische Effizienz im Verhältnis zur Leistungsbereitstellung durch eine begleitende staatliche Angebotsteuerung unterstützt werden. Das ist allerdings in der Realität eine sehr herausfordernde, weil komplexe Aufgabe, zumal es – wie wir fortfolgend sehen werden – beim Angebot von Gesundheitsgütern zusätzlich eine Reihe von gutspezifischen Besonderheiten zu beachten gilt.

5.2.3 Gutspezifische Besonderheiten

Ein grundlegendes Charakteristikum des Angebots von Gesundheitsgütern besteht darin, dass es nicht nur denjenigen Patienten Nutzen stiftet, die das Angebot effektiv nachfragen und konsumieren, sondern auch denjenigen, die es nicht direkt nachfragen. Dies ist umso bedeutsamer, weil im Gesundheitsbereich zugleich das Uno-actu-Prinzip anzutreffen ist. Dieses besagt, dass bei Dienstleistungen Produktion und Konsum zeitlich und räumlich zusammenfallen. Die Folge ist, dass die jeweils angebotene Leistung typischerweise nicht konserviert bzw. gelagert werden kann.

Schauen wir diesbezüglich konkret auf den Krankheitsfall. Oft tritt er plötzlich und unerwartet auf. Ist er eingetreten, dann braucht man in den meisten Fällen sofort Gesundheitsgüter. Es müssen Behandlungskapazitäten und Krankenhausbetten vorhanden oder auch Medikamente etc. vorrätig sein. Schließlich kann man die Behandlung eines akuten Herzinfarkts nicht ohne weiteres auf Morgen oder in die nächste Woche hinein verschieben, sondern er muss zwingend heute behandelt werden. Daher stiftet allein schon die „Option", im Krankheitsfalle sofort in den Genuss einer Behandlung mit allen dazu notwendigen Leistungen zu kommen, für die meisten Individuen einen hohen Nutzen.

Güter, die auch durch ihre Vorhaltung einen Nutzen stiften, nennt man Optionsgüter. Viele Güter im Gesundheitswesen sind Optionsgüter, und da sie ja nicht nur den tatsächlichen Nutzern zur Verfügung stehen, stellt sich in diesem Zusammenhang die Frage nach ihrer Planung und Finanzierung. Oder anders ausgedrückt: Weil Gesundheitsgüter einem Großteil der Bevölkerung Nutzen stiften, sind Erwägungen zu Art und Form ihrer staatlichen Finanzierung sowie zum Ausmaß ihrer Angebots- und Preissteuerung auch in Marktwirtschaften legitim.

Darüber hinaus ist zu berücksichtigen: Wenn Gesundheitsgüter gebraucht werden, so fehlt es dem Patienten oftmals an Fähigkeiten und Wissen, um die angebotenen Gesundheitsgüter angemessen zu beurteilen. Dies ist bei Menschen, die schwer erkrankt sind, ganz offensichtlich nachvollziehbar. Denn ihre Beurteilungsfähigkeit ist aufgrund der Erkrankung häufig stark eingetrübt oder sie sind sogar überhaupt nicht mehr in der Lage, Entscheidungen selbstständig zu treffen. Aber selbst dann, wenn der Patient aufgrund seines Gesundheitszustandes noch weitgehend selbstbestimmt ist, können bei ihm Informationslücken zu spezifischen Gesundheitsleistungen vorhanden sein, die er nicht einfach durch Recherche schließen kann. Beispielsweise kann er eine für ihn erforderliche Leistung häufig nicht vorab ausprobieren, um dann vielleicht eine Alternative in Anspruch zu nehmen. Solche Güter, die man erst nach der Konsumption auf ihre Qualität hin untersuchen kann, nennt man Erfahrungsgüter oder Glaubensgüter. Letztere zeichnen sich zudem dadurch aus, dass ihre Qualität auch von Faktoren abhängt, auf die der Anbieter keinen Einfluss hat; bei Gesundheitsgütern besteht eine solche Abhängigkeit z. B. von den individuellen Heilungskräften und dem Heilungswillen des Patienten, der sogenannten Compliance. Weitergefasst zählen hierzu auch Erwartungshaltungen und Hoffnungen, wie zahlreiche medizinische Studien zu Placeboeffekten von beispielsweise Medikamenten relativ stabil nachweisen. Anders als bei den normalen Gütern, deren Qualität durch den Käufer leicht festgestellt werden kann, ist es bei Glaubensgütern wichtig, qualitative Standards zu bestimmen und deren Einhaltung zu kontrollieren.

5.2.4 Qualitätsspezifische Herausforderungen

Sowohl aus produzenten- als auch gutsspezifischer Sicht ist die Dimension Qualität von Gesundheitsleistungen immer wieder genannt worden. So kann der Produzent von Gesundheitsleistungen über das Outputniveau indirekt die Qualität seines medizinischen Outcomes beeinflussen. Im Rahmen der klassischen Produktionstheorie ist die Qualität nichts anderes als eine Nebenbedingung bei der Suche nach der optimalen und zugleich gewinnmaximalen Produktionsmenge, und diese ist unter den Bedingungen der ökonomischen Rationalität variierbar. Das gilt ebenso auch für viele andere Märkte: Für eine minderwertige Qualität wird der Verbraucher dann weniger zahlen oder das betreffende Produkt erst gar nicht kaufen.

Aber selbst dann, wenn im Gesundheitsbereich freie Marktbedingungen herrschen würden, unterläge er trotzdem einer Reihe von gutsspezifischen Besonderheiten. Hierzu zählt etwa, dass der Patient als Konsument einer Leistung oftmals weder die Qualität einer Leistung ausreichend beurteilen kann noch ausreichend Zeit hat, um nach Alternativen zu suchen. Das macht es dem gewinnoptimierenden Gesundheitsproduzenten leichter, aus Kostengründen die Qualität immer weiter nach unten zu drücken oder umgekehrt aus Erlösüberlegungen heraus den Patienten gegebenenfalls überzuversorgen.

Da es im Gesundheitswesen um das Wohl des erkrankten Menschen geht, ist die Qualitätsdimension bei der Gesundheitsproduktion von überragender Bedeutung, und dies umso mehr, als das Problem medizinischer Fehlinterventionen ein drängendes ist. Vor diesem Hintergrund sind dem Aufbau der Leistungsqualität eines Anbieters allein durch den Markt Grenzen gesetzt. Das beginnt bereits damit, dass zum Schutz der Patienten Mindestqualitäten festzulegen sind, kann aber weit darüber hinausgehen und in eine Meritorisierung des Gutes medizinische Qualität münden: Gäbe es einen oberhalb der Mindestqualität liegenden Leistungsstandard, der politisch bzw. gesellschaftlich gewünscht wäre, so sollten die Anreize zur Qualitätssicherung bzw. Qualitätsvorgaben entsprechend staatlich angepasst werden.

Zusammenfassend ist folglich festzuhalten, dass es neben den bereits zuvor genannten, nachfrageseitig abgeleiteten Gründen für staatliche Interventionen in das Gesundheitswesen mit den soeben aufgezählten angebots- und produktseitigen Gründen weitere Argumente dafür gibt, das Gesundheitssystem nicht dem Markt allein zu überlassen. Daher soll im nächsten Umsetzungsschritt der Blick auf die Angebotssteuerung von Gesundheitsgütern gerichtet werden. Es versteht sich von selbst, dass wir uns dabei am deutschen Gesundheitswesen orientieren.

5.3 Steuerung des Angebots von Gesundheitsgütern

Die Bereitstellung von Gütern der Gesundheitsversorgung ist infolge der Besonderheiten des Gesundheitsmarktes durch einen differenzierten Steuerungs- und Akteursmix gekennzeichnet. Sie wird sowohl von gewinnorientierten Unternehmen (z. B. Arztpraxen, privaten Krankenhäusern oder Pharmaunternehmen) als auch von karitativen nicht-gewinnorientierten Einrichtungen (z. B. kirchlichen Krankenhäusern) geleistet, aber auch direkt von öffentlichen Institutionen (z. B. von Landeskrankenhäusern oder Gesundheitsämtern). Bezüglich der Steuerung spielt zudem der Staat mit direkten Eingriffen und semi-staatliche Einrichtungen (z. B. Gesetzliche Krankenkassen oder Kassenärztliche Vereinigungen) eine große Rolle.

Vor diesem Hintergrund unterscheidet man zur Strukturierung und Identifizierung der einzelnen Akteure und Steuerungsbereiche drei Ebenen. Das sind, wie in Abbildung 5.7 illustriert:
- die Makroebene mit dem (föderalen) Staat selbst und seinen unmittelbar angeschlossenen Behörden;
- die Mesoebene mit ihren freien Verbänden und ihren semi-staatlichen Institutionen der Selbstverwaltung, auf die wir nachfolgend nochmals vertiefend eingehen werden; sowie
- die Mikroebene mit ihren einzelnen Akteuren, zu denen angebotsseitig beispielsweise die ärztlichen Praxen, Krankenhäuser, Arzneimittelunternehmen oder Apotheken zählen.

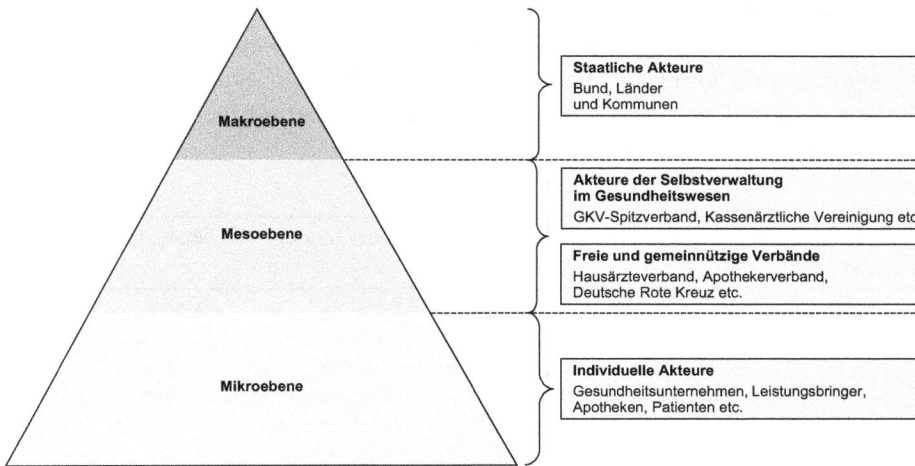

Abbildung 5.7: Steuerungsebenen im Gesundheitswesen (Quelle: eigene Darstellung in Anlehnung an Sachverständigenrat für die Konzertierte Aktion im Gesundheitswesen, 1994, S. 207).

Auf jeder dieser Ebenen operieren wiederum eine Vielzahl unterschiedlicher Akteure, die die Ergebnisse der Gesundheitsversorgung unterschiedlich beeinflussen. Der Gesundheitsbereich und speziell das Gesundheitsangebot sind folglich durch ein Nebeneinander von privaten, verbandlichen und staatlichen Austauschbeziehungen geprägt; dazu im Folgenden mehr.

5.3.1 Staatliche Angebotssteuerung auf der Makroebene

Wie in den Vorkapiteln dieses Buches immer wieder verdeutlicht, ist das Gesundheitswesen durch das Spannungsverhältnis „Wie viel Staat und wie viel Markt?" geprägt. Grundsätzlich verfügt dabei der Staat über originäre Normsetzungsbefugnisse und übt damit wesentliche Entscheidungskompetenzen und Koordinationsfunktionen aus. Dazu stehen ihm auf der Makroebene im Rahmen der Gesetzgebung unterschiedliche Steuerungsinstrumente zur Verfügung.

Verschiedene Steuerungshebel, die auf der Nachfrageseite des Gesundheitswesens eingesetzt werden, wurden bereits in Kapitel 4 vorgestellt. In der Übersicht 5.1 wird nun das staatliche Steuerungsset der Gesundheitspolitik ergänzt. Dabei wird unterschieden, auf welcher Wirkungsebene – hier neben der Angebotsseite zusätzlich die Ebene des Gesamtsystems – und mit welcher Steuerungsart gesundheitspolitisch gearbeitet wird. Zu den Steuerungsarten zählen die

- Mengensteuerung,
- Preissteuerung oder
- Budgetsteuerung.

Während Mengen- und Preissteuerung direkte und indirekte Maßnahmen umfassen, mit denen das Versorgungsangebot (Mengensteuerung) oder die ärztliche Vergütung, die Bezahlung der Krankenhäuser oder Medizinprodukte etc. (Preissteuerung) beeinflusst und kontrolliert werden, versucht die Budgetsteuerung, beide Komponenten, also Menge und Preis, gesamtheitlich zu regulieren.

Steuerungsart Wirkungsebene	Mengensteuerung	Preissteuerung	Budgetsteuerung
Angebotsseite	z. B. – Verordnervorgaben – Kapazitätenplanung	z. B. – Direkte und indirekte Preisregulierungen, wie Festbeträge oder frühe Nutzenbewertung – Vergütungsverfahren für Ärzte und Krankenhäuser	z. B. – Praxisbudgets für Ärzte – Budgets für jedes einzelne Krankenhaus
Gesamtsystem	z. B. – Versorgungsplanung	z. B. – staatlich administrierte Preise, Zuschläge und Rabatte	z. B. – einkommensabhängiges Globalbudget oder Sektoral- und Regionalbudgets, wie die morbiditätsorientierte Gesamtvergütung

Übersicht 5.1: Systematik angebotsorientierter Steuerungsinstrumente (Quelle: eigene Darstellung).

In Übersicht 5.1 sind Instrumentenbeispiele für die einzelnen Steuerungsarten auf den unterschiedlichen Steuerungsebenen hinterlegt. Aus Sicht der staatlichen Angebotssteuerung spielt u. a. die Kapazitätsplanung eine exponierte Rolle. So wird beispielsweise die Krankenhausbedarfsplanung direkt von den Ländern ausgeübt. Andere staatlich initiierte Instrumente wirken dagegen eher auf die beiden anschließend dargestellten Steuerungsebenen ein. Zu nennen sind beispielhaft die Vergütungsregelungen für die Leistungserbringer oder auch Preisregulierungen für Arzneimittel sowie Maßnahmen zur Budgetsteuerung einzelner medizinischer Fachbereiche und Versorgungssektoren. Viele von diesen Instrumenten werden in den kommenden Kapiteln detaillierter in ihrer Anwendung und Wirkung beschrieben.

5.3.2 Institutionelle und verbandliche Steuerung auf der Mesoebene

Um das Angebot an Gesundheitsgütern zu planen und zu koordinieren, werden von den Verbänden im Gesundheitsbereich wichtige Aufgaben übernommen. Im Kern ist dazu ein institutionalisierter Aushandlungsprozess auf der Mesoebene implementiert worden. Darunter ist zu verstehen, dass nicht der Markt über die Allokation von Mitteln wacht und diese koordiniert, sondern in einem institutionalisierten Verhandlungssystem entschieden wird, wie knappe Mittel verteilt werden sollen. Theoretisch wird in diesem Zusammenhang auch von der korporatistischen Steuerung gesprochen, die im Ergebnis auf einem ausgehandelten Konsens beruht und durch die Beteiligung von staatlich als relevant definierten Akteuren sichergestellt wird.

In Deutschland sind diese Aufgaben in die Hände der sogenannten Selbstverwaltung und ihrer Verbände gelegt worden. Selbstverwaltung ist eine Form der mittelbaren Staatsverwaltung, bei der spezifische Gesundheitsaufgaben durch Verwaltungsträger und deren gemeinsame Institutionen wahrgenommen werden. Diese Träger bezeichnet man auch als korporatistische Verbände. Sie sind im Gegensatz zu den sich selbständig konstituierenden freien Verbänden mit semi-staatlichen Hoheitsbefugnissen ausgestattet. Ihr wichtigstes Gremium ist der Gemeinsame Bundesausschuss (G-BA), der inoffiziell auch „kleiner Gesetzgeber" genannt wird (Übersicht 5.2).

Organisationsformen	Beschreibung
Gemeinsame Selbstverwaltung	Die gemeinsame Selbstverwaltung umfasst verschiedene Ausschüsse, die als Entscheidungsgremien der korporatistischen Verbände der Leistungserbringer und gesetzlichen Krankenkassen auftreten. Dazu zählen beispielsweise die für die ambulante Versorgung zuständigen Bewertungs- und Zulassungsausschüsse. Ihr oberstes Gremium ist jedoch der Gemeinsame Bundesausschuss (G-BA).
Gemeinsamer Bundesausschuss	Der Gemeinsame Bundesausschuss (G-BA) ist Teil der gemeinsamen Selbstverwaltung. Er ist eine Körperschaft des öffentlichen Rechts und unterliegt der Aufsicht des Bundesministeriums für Gesundheit. Seine Kernaufgabe ist es, Entscheidungen zur Ausgestaltung des Leistungskatalogs der Gesetzlichen Krankenversicherung zu treffen. Die GB-A-Entscheidungen fließen in Richtlinien ein, die für die Trägerorganisationen und die weiter angeschlossenen Akteure des Gesundheitswesens sowie die Versicherten verbindlich sind. Der GB-A besitzt somit eine untergesetzliche Normgebungskompetenz.

Übersicht 5.2: Gemeinsame Selbstverwaltung im Gesundheitswesen und ihr oberstes Gremium (Quelle: eigene Darstellung unter Verwendung von Wasem, J./et al., 2019, S. 50 ff.).

Gesundheitsökonomisch gesehen, repräsentiert die gemeinsame Selbstverwaltung Angebot und Nachfrage. Zum einen sind das die Vertreter der gesetzlichen Krankenkassen, die stellvertretend für die Versicherten- und damit für die Nachfrageseite stehen. Zum anderen sind es die Verbandsorganisationen der Leistungserbringer, die für die Angebotsseite verhandeln. In Übersicht 5.3 sind einige der wichtigsten Organisationen der Akteure der Selbstverwaltung aufgelistet und kurz erläutert.

Organisationsformen	Beschreibung
Kassenärztliche und Kassenzahnärztliche Vereinigungen	Die Kassenärztlichen Vereinigungen (KVen) und ihr Spitzenverband, die Kassenärztliche Bundesvereinigung (KBV), sind Körperschaften des öffentlichen Rechts, deren Zuständigkeitsbereich sich auf die ambulant ärztliche Versorgung der GKV-Versicherten erstreckt. Während die KBV bundesweite Aufgaben der Selbstverwaltung übernimmt, kümmern sich die Landes-KVen um die ärztliche Versorgung im jeweiligen Bundesland. Die kassenzahnärztlichen Vereinigungen repräsentieren wiederum einen rechtlich selbständigen Versorgungskreis, sind aber deckungsgleich organisiert wie die ambulant tätigen Ärzte.
Krankenhausgesellschaften	Die Deutsche Krankenhausgesellschaft (DKG) und ihre Landesverbände operieren als Dachverbände der Krankenhausträger. Anders als die Kassenärztlichen Vereinigungen sind sie keine Körperschaften des öffentlichen Rechts, sondern privatrechtlich organisierte Vereine mit gemeinnützigem Charakter. Formal zählen sie daher zu den freien Verbänden. Dennoch werden sie vom Gesetzgeber an vielen Stellen als Bestandteil der gemeinsamen Selbstverwaltung im Gesundheitswesen behandelt. So ist beispielsweise in den Sozial- und Ländergesetzen geregelt, dass die von ihnen mit den GKV-Kassen abgeschlossenen Verträge für alle Krankenhäuser, die für Versorgung der GKV-Versicherten zugelassen sind, unmittelbar Gültigkeit besitzen.
GKV-Spitzenverband	Der GKV-Spitzenverband ist eine Körperschaft des öffentlichen Rechts. Er wird paritätisch, also von Arbeitgebern und Arbeitnehmern, aus den Selbstverwaltungsorganen seiner gesetzlichen Mitgliedskassen (Kapitel 8) besetzt. Diese vertritt er verhandlungsseitig und interessenpolitisch auf der Bundesebene und trifft zudem für sie einheitliche Regelungen in Feldern, in denen sie nicht im Wettbewerb stehen. Damit ist er der zentrale korporatistische Akteur der GKV auf der Bundesebene und nennt sich selbst intern „Nicht-Wettbewerbsverband".
Kammern und sonstige Verbände	Im Gesundheitswesen sind zahlreiche weitere Verbände vertreten. Dabei handelt es sich im Wesentlichen um freie Verbände wie die der Apotheken, der Heilmittelerbringer oder auch der pharmazeutischen Industrie. Darüber hinaus üben verschiedene Kammern der Heilberufe wie die der ÄrztInnen, PsychotherapeutInnen oder PflegerInnen berufsständische Selbstverwaltungsfunktionen aus.

Übersicht 5.3: Ausgewählte korporatistische Akteure und weitere verbandliche Organisationen im Gesundheitswesen (Quelle: eigene Darstellung unter Verwendung von Wasem, J./et al., 2019, S. 41 ff.).

Im Rahmen des korporatistischen Verhandlungsmodells nutzen die korporatistischen Gesundheitsakteure ihr spezifisches Wissen, um Gesetze zu konkretisieren, gangfähig zu machen und im Einzelfall zu administrieren. Zugleich werden sie als gemeinsame Selbstverwaltung in die Pflicht genommen, die medizinische Versorgung und die Verteilung von pekuniären Mitteln vertraglich auszuhandeln. Unter der Begrifflichkeit einheitlich und gemeinsam finden sodann konkret die korporatistischen Beziehungen im Gesundheitswesen statt.

Die korporatistischen Vereinbarungen entfalten unterschiedliche Bindungswirkung: Sie reichen von simplen Empfehlungen ohne jegliche verbindliche Wirkung bis hin zu rechtlich voll verbindlichen Verträgen. Zu Letzteren zählen vor allem Verträge der Regelversorgung, also jene Versorgungsleistungen, die allen Versicherten gesetzlich zustehen. Diese Verträge werden auch als Kollektivverträge bezeichnet. Davon abweichend sind seit einigen Jahren selektive Verträge möglich, mit denen sich deutlich flexiblere Versorgungsangebote ausgestalten lassen, weil sie freiwillig abgeschlossen werden können, entweder zwischen einzelnen Krankenkassen und Leistungserbringern oder auch zwischen Gruppen von ihnen. Übersicht 5.4 beschreibt kurzgefasst einige der wichtigsten Vertragsformen; sie werden in den Kapiteln zur GKV und zum Managed Care noch eine wichtige Rolle spielen.

Vertragsformen	Beschreibung
Kollektivvertrag	Gesamtvertrag, der zwischen den Selbstverwaltungsverbänden der Krankenkassen und Leistungserbringer einheitlich und gemeinsam abgeschlossen wird. Für ihn besteht Kontrahierungs- bzw. Abschlusszwang, da er mindestens die sozialgesetzlich vorgegebene Regelversorgung umfassen muss. Seine Grundlagen werden auf der Bundesebene beispielsweise unter Zuhilfenahme von Rahmen- und Mantelverträgen jährlich vorverhandelt, während er auf der Landesebene vertraglich konkretisiert wird.
Versorgungsvertrag	Bestandteil der kollektivvertraglichen Gesamtverträge, mit dem Art, Inhalt und Umfang der Leistungen festgelegt werden.
Vergütungsvertrag	Bestandteil der kollektivvertraglichen Gesamtverträge, mit dem die Preise (Entgelte) für die gesetzlich vorgegebenen (Regel-)Leistungen oder darüber hinaus vereinbarte einrichtungs- oder fachgruppenbezogene Leistungen festgelegt werden.
Selektivvertrag	Verträge, die außerhalb der Kollektivverträge freiwillig zwischen den Krankenkassen und einzelnen oder Gruppen von Leistungserbringern abgeschlossen werden. Sie können Leistungen oberhalb der gesetzlichen Regelversorgung oder auch kollektivvertraglich ersetzende Versorgungsleistungen umfassen.
Sonstige	Kollektiv- und selektivrechtliche Verträge werden häufig um Qualitätsvereinbarungen, Prüfvereinbarungen etc. ergänzt.

Übersicht 5.4: Ausgewählte Vertragsformen im deutschen Gesundheitswesen (Quelle: eigene Darstellung unter Verwendung u. a. von Bundesministerium für Gesundheit, o. J.).

5.3.3 Auswirkungen der Angebotssteuerung auf der Mikroebene

Wie bereits im Unterkapitel zur Angebotssteuerung auf der Makroebene erläutert, besitzt der Staat verschiedene Mengen- und Preisinstrumente zur direkten und indirekten Beeinflussung des Leistungsangebots. So kann er mengenseitig in den Gesundheitsmarkt eingreifen, indem er die Veranlassung von medizinischen Leistungen wie Massagen oder Akupunkturen von vornherein zahlenmäßig beschränkt oder deren volle Honorierung nur bis zu einer bestimmten Höhe ermöglicht. Mikroökonomisch bedeutet das, dass sich das Leistungsangebot nur bis zu einer definierten Menge vollständig variieren lässt und danach fix ist oder in seiner darüber hinausgehenden Mengendynamik eingeschränkt wird. Zudem kann der Staat über die Kapazitätsplanung direkt die Zahl der Leistungserbringer festschreiben, etwa diejenige der Ärzte oder Krankenhäuser. Die Angebotsfunktion hat dann eine feste Lage. Nach oben kann sie sich aufgrund der Kapazitätsbegrenzungen nicht verschieben, während eine Verlagerung nach unten durch ein zu geringes Leistungsangebot Gegensteuerungsmaßnahmen seitens der jeweils verantwortlichen Akteure auf der Makro- oder Mesoebene auslösen wird.

Auch auf der Preisseite wirken im Gesundheitswesen zahlreiche Regulierungen, die das Angebot beeinflussen. Das können direkte Preisfestlegungen oder Preiskontrollen für bestimmte Gesundheitsgüter sein, vor allem aber betrifft es die Vergütung und Honorierung der Leistungserbringer. Je nach Vergütungsform – einige der wichtigsten sind in der Übersicht 5.5 beschrieben – wird der Preis je Leistungseinheit oder

Vergütungsformen	Beschreibung
Einzelleistungsvergütung	Jede erbrachte Leistung wird separat vergütet.
Fallpauschale	Der gesamte Fall je Diagnose wird vergütet.
Kopfpauschale	Die insgesamt erbrachten Leistungen innerhalb eines definierten Zeitraums werden pauschal pro Patient oder Behandlungsfall vergütet.
Komplexpauschale	Pauschalvergütung, die mehrere Sektoren, Fachbereiche oder Arztgruppen umschließt.
Tagesgleicher Pflegesatz	Vergütung nach Verweildauer (pro Tag).
(Gesamt-)Budget	Fester (Gesamt-)Betrag, häufig auch als Gesamtvergütung bezeichnet, mit dem alle Leistungen während eines definierten Zeitraums (zumeist ein Jahr) unabhängig von der tatsächlich erbrachten Leistungsmenge vergütet werden.
Gehalt	Fixe Bezahlung für einen vorgegebenen Zeitraum.

Übersicht 5.5: Ausgewählte Vergütungsformen (Quelle: eigene Darstellung unter Verwendung z. B. von Amelung, V.E., 2022, S. 13 f.).

nach Verweildauer festgelegt, so wie es bei der Einzelleistungsvergütung oder den tagesgleichen Pflegesätzen der Fall ist. Eine andere Möglichkeit sind Pauschalen. Dies bedeutet, dass je Behandlungsfall, Diagnose oder auch fallbezogener Diagnose, so wie bei den deutschen Krankenhaus-DRGs (Diagnosis Related Groups), ein pauschalisierter Preis gezahlt wird.

Wie in der Abbildung 5.8 (Quadranten a-d) dargestellt, kann die Steuerung von Mengen und Preisen auf folgende Weise vereinfacht veranschaulicht werden:

–   durch einen fixen bzw. festgelegten Preis $\bar{P}$, das wäre die gestrichelte horizontale Linie (Quadrant a), oder

–   durch eine festgelegte Leistungs- bzw. Behandlungsmenge $\bar{M}$, das wäre die gestrichelte vertikale Linie (Quadrant b), oder

–   durch eine vorgegebene Zahl von Leistungsanbietern, das entspräche der Angebotsfunktion $\bar{A}$ (Quadrant c), und schließlich

–   durch eine kombinierte Preis-Mengen-Festsetzung, das entspräche der schraffierten Fläche (Quadrant d).

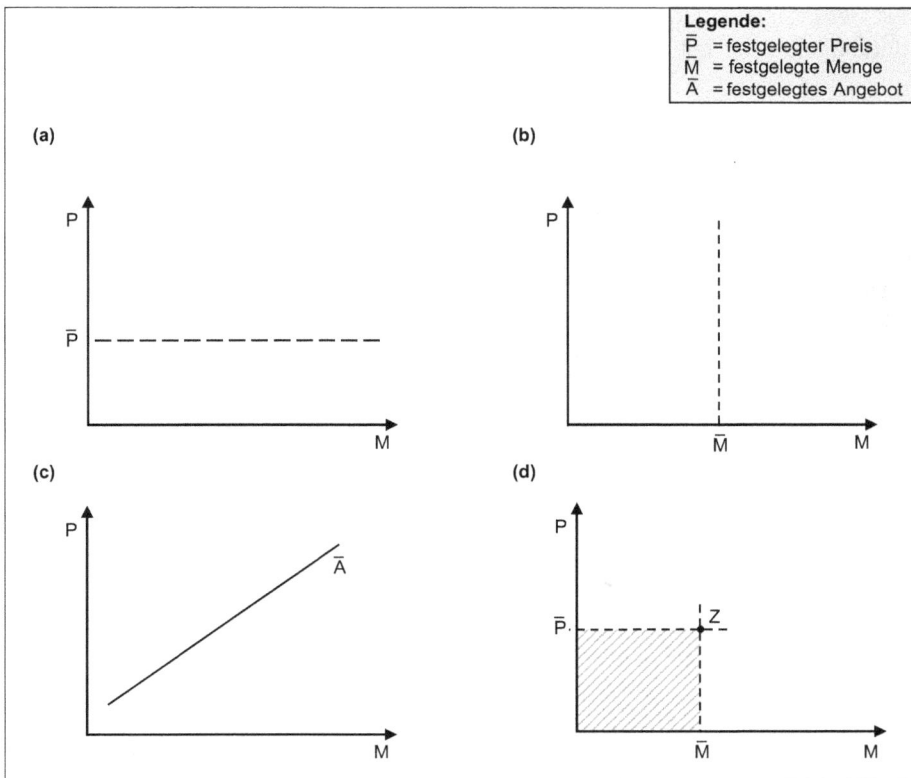

Abbildung 5.8: Formen staatlicher Angebotssteuerung auf dem Gesundheitsmarkt (Quelle: eigene Darstellung).

Gesundheitspolitisch interessant ist besonders der in Quadrant d skizzierte Fall. Da der Staat hier auf beiden Seiten interveniert, also bei Preis und Menge, so ergibt sich im illustrierten Beispiel im Punkt Z ein reguliertes Gleichgewicht. Anders ausgedrückt: Der Staat versucht, das Marktgleichgewicht zu simulieren. Ähnlich verfährt er bei den Pauschalen, nur simuliert er hier bei vorgegebenem Preis und einer gewissen mengenseitigen Flexibilität im weitesten Sinne die „schraffierte Fläche" (beispielsweise Behandlungsfall je Diagnose). Infolge der staatlichen Unwissenheit über die tatsächlichen Markterfordernisse ist es jedoch nicht unwahrscheinlich, dass mit Umsetzung einer der beiden Simulationen – genauso wie bei vielen anderen Regulierungsoptionen – Fehlallokationen und Unwirtschaftlichkeiten ausgelöst werden.

Alternativ setzen an dieser Stelle die zuvor beschriebenen korporatistischen Verhandlungslösungen an. Sie arbeiten häufig mit sogenannten (Gesamt-)Budgets, das sind Vergütungen, mit denen alle Leistungen während eines definierten Zeitraums – zumeist ein Jahr lang – unabhängig von der tatsächlich erbrachten Leistungsmenge vergütet werden. Aber auch hier sind regelmäßig nur suboptimale Ergebnisse zu erwarten, denn die Verhandlungen werden durch die unterschiedlichen Interessen und Machtverhältnisse der beteiligten Akteure sowie durch deren divergierende oder gar asymmetrische Informationsstände mitunter stark beeinflusst.

5.4 Marktformen und Gesundheitsmarkt

Abschließend stellt sich die Frage nach den typischen Marktformen, die auf dem Gesundheitsmarkt vorzufinden sind. Üblicherweise arbeitet die Mikroökonomie für Anfänger mit dem Polypol und dem Monopol. Beim Polypol handelt es sich um jene Marktform, die für den Wettbewerbsmarkt prägend ist. Es stellt eine Art vollständiger Konkurrenz zwischen einer großen Zahl von Anbietern und Nachfragern dar, während das Monopol einen marktbeherrschenden Alleinanbieter repräsentiert. Es ist

		Anzahl der Anbieter		
		einer	wenige	viele
Anzahl der Nachfrager	**einer**	Bilaterales Monopol	Beschränktes Nachfragemonopol	Monopson
	wenige	Beschränktes Angebotsmonopol	Bilaterales Oligopol	Nachfrageoligopol
	viele	Angebotsmonopol	Angebotsoligopol	Polypol

Übersicht 5.6: Marktformenmatrix (Quelle: Standarddarstellung, in Anlehnung z. B. an Welfens, P.J.J., 2013, S. 550).

unmittelbar einsichtig, dass der Alleinanbieter andere Möglichkeiten hat, um Preis und angebotene Menge zu beeinflussen, als ein Anbieter auf einem Wettbewerbsmarkt. Marktformen geben uns also darüber Auskunft, welche unternehmerischen und wettbewerblichen Handlungs- und Durchsetzungsmöglichkeiten Anbieter besitzen.

Auch auf dem Gesundheitsmarkt existieren Polypole und Monopole. Darüber hinaus gibt es jedoch weitere Varianten und Untervarianten an Marktformen. Um welche es sich dabei im Einzelnen handelt, lässt sich mit der Marktformenmatrix der Übersicht 5.6 strukturiert darstellen. Prinzipiell weist sie neun verschiedene Marktvarianten aus:

- Das Angebotsmonopol (ein Anbieter und viele Nachfrager): Diese Marktform findet sich beispielsweise auf dem Markt für innovative Arzneimittel. Forschende Arzneimittelunternehmen entwickeln Jahr für Jahr Arzneimittel mit neuen Wirkstoffen oder Wirkverfahren. Diese Neuerungen lassen sie sich patentieren. Während der Patentlaufzeit verfügen die betreffenden Forschungsunternehmen alsdann über ein exklusives Vermarktungsrecht für ihr Produkt, womit sie markttheoretisch ein zeitlich befristetes Angebotsmonopol gegenüber den Arzneimittelkonsumenten besitzen.
- Das beschränkte Angebotsmonopol (ein Anbieter und wenige Nachfrager): Von dieser Marktform sprechen wir beispielsweise, wenn im Rahmen der Selbstverwaltung des Gesundheitswesens die ambulanten Verträge zwischen der Kassenärztlichen Vereinigung eines Landes mit den Landesverbänden der Krankenkassen verhandelt werden. Die Kassenärztlichen Vereinigungen stellen dabei die alleinige Vertretung für alle niedergelassenen Ärzte in einer Region sicher, während die Verbände der Krankenkassen – in der Regel maximal sechs – ihre Versicherten als Nachfrager ärztlicher Leistungen repräsentieren.
- Das bilaterale Monopol (ein Anbieter und ein Nachfrager): Diese Marktform ist im deutschen Gesundheitswesen durchaus gängig. Sie liegt vor allem bei Verhandlungsbeziehungen auf der Bundesebene vor, z. B., wenn der GKV-Spitzenverband als Dachverband aller gesetzlichen Krankenkassen (Nachfragemonopolist) mit dem Pharmahersteller eines Originalpräparats (Angebotsmonopolist) Preisverhandlungen führt oder wenn zwei Spitzenverbände der Selbstverwaltung – beispielsweise der GKV-Spitzenverband und die Kassenärztliche Bundesvereinigung – die Eckwerte für die regionalen Vergütungsverhandlungen vorverhandeln.
- Das bilaterale Oligopol (wenige Anbieter und wenige Nachfrager): Hierbei handelt es sich nicht um eine typische Marktform des Gesundheitsmarktes. Sie läge tendenziell vor, wenn beispielsweise umfassende regionale Versorgungsverbünde wie Gesundheitsregionen oder regional weitestgehend geschlossene ärztliche Praxisnetze (Anbieter) mit den Verbänden der Krankenkassen vor Ort (Nachfrager) Versorgungsverträge abschließen würden.
- Das Angebotsoligopol (wenige Anbieter und viele Nachfrager): Von dieser Marktform lässt sich sprechen, wenn die Patienten als Nachfrager von medizinischen Versorgungsleistungen auf eine begrenzte Zahl von Anbietern treffen, wie es beispielsweise bei der Krankenhausversorgung oder bei der ambulanten Versorgung durch spezielle Fachärzte typischerweise der Fall ist.

- Das beschränkte Nachfragemonopol (wenige Anbieter und ein Nachfrager): Diese Marktform ist auf dem Gesundheitsmarkt eher selten anzutreffen. Sie setzt voraus, dass ein alleiniger Nachfrager Gesundheitsgüter nachfragt, die nur von wenigen Anbietern angeboten werden, wie beispielsweise der Staat, als er während der Covid-Pandemie den Covid-Impfstoff bei dessen wenigen Originalherstellern bestellt hatte.
- Das Monopson (viele Anbieter und ein Nachfrager): Auch diese Marktform ist auf dem Gesundheitsmarkt eher ausnahmsweise vorzufinden. Auch hier lässt sich erneut ein Beispiel aus der Covid-Zeit heranziehen: Als der Staat die Notversorgung mit den medizinischen Masken kurzfristig sicherstellte, indem er diese zentral bei den Maskenherstellern orderte, lag eine dem Monopson nahekommende Marktkonstellation vor.
- Das Nachfrageoligopol (viele Anbieter und wenige Nachfrager): Diese Marktform wurde in der Vergangenheit durch die sogenannten Rabattverträge für Arzneimittel realisiert. Dabei traten wenige der großen Krankenkassen als Nachfrager für patentfreie Wirkstoffe auf. Mit der entsprechenden Marktmacht ausgestattet, konnten sie gegenüber den Nachahmerunternehmen bzw. Anbietern von Generika, die zu Beginn des Prozesses noch zahlreich im Markt vorzufinden waren, lukrative Vertragskonditionen durchsetzen.
- Das Polypol (viele Anbieter und viele Nachfrager): Diese Marktform liegt bei Beziehungen zwischen Leistungserbringern und Patienten bzw. Produzenten und Konsumenten von Gesundheitsleistungen vor, so z. B. bei Präventionsleistungen, freiverkäuflichen Arzneimitteln oder vielen Hilfsmitteln. Zum Polypol lassen sich unter den aktuellen Markteckdaten zudem noch die Beziehungen zwischen den Versicherten und den Krankenkassen zählen, auch wenn sich dieser Markt tendenziell Richtung Angebotsoligopol verengt.

Wie man sieht, finden wir auf dem Gesundheitsmarkt für jede Marktform grundsätzlich ein Beispiel. Das bedeutet aber nicht, dass jede Marktform gleich relevant und gleichhäufig anzutreffen ist. Typischerweise existieren im Gesundheitsbereich neben einigen polypolistisch strukturierten Märkten auch eine Reihe von Marktformen, die eher durch eine weniger stark ausgeprägte Konkurrenzsituation gekennzeichnet sind. Dazu zählen drei der vier genannten Spielformen des Monopols und einige Oligopolvarianten.

Mitunter sind diese Marktvarianten Resultat der umfassenden staatlichen Regulierung in diesem Sektor. Gesundheitsökonomisch lassen sich durchaus einige Gründe anführen, die den staatlichen Einfluss in gewissem Umfang und in bestimmten Bereichen des Gesundheitsmarktes rechtfertigen. Das ist jedoch nur eine Seite der Medaille. Auf der anderen Seite ist der Blick unter ökonomischem Aspekt darauf zu richten, dass die Staatstätigkeit selbst wiederum an vielen Stellen die Marktbedingungen derart verändert, dass die positiven Effekte des Wettbewerbs unterlaufen werden können. So sind im Gesundheitswesen die wohlfahrtsfördernden Effekte des Preiswettbewerbs vielfach zugunsten einer versorgungspolitisch intendierten Kapazitätsplanung faktisch ausgehebelt. Auf dem

Gesundheitsmarkt existiert also ein relevantes wirtschafts- und sozialpolitisches Spannungsverhältnis. Jede tiefergehende gesundheitsökonomische Analyse und jede Gesundheitsreform sollten daher die jeweils spezifisch vorliegenden Marktformen des betreffenden Sektors und die daran gekoppelten Besonderheiten der marktlichen Austauschbeziehungen berücksichtigen: Denn mit jeder Marktform geht ein spezifischer Wettbewerb einher.

5.5 Literatur zum Kapitel 5

Als Quellen für dieses Kapitel wurde primär die folgend aufgeführte Literatur genutzt, welche auch als vertiefende Lektüre empfohlen wird.

Einführungen in die mikroökonomischen Aspekte des Angebots bieten:
- *Folland, S./Goodman, A.C./Stano, M. (2017)*
- *Pindyck, R.S./Rubinfeld, D.L. (2018)*
- *Rice, Th. (2004)*
- *Santerre, R.E./Neun, S.P. (2012)*

Als Einführung in die Besonderheiten des Gesundheitsangebots und der Angebotssteuerung werden empfohlen:
- *Busse, R. (2022)*
- *Fleßa, St./Greiner, W. (2020)*
- *Oberender, P./Fleischmann, J. (2002)*
- *Wasem, J./Matusiewicz, D./Lux, G./Noweski, M. (2019)*

6 Angebot von und Nachfrage nach Krankenversicherungsschutz

Bisher wurde in den Kapiteln dieses Buches meist die Situation betrachtet, dass die Patienten und Patientinnen als Nachfragende und die Leistungserbringenden als Anbietende von Gesundheitsleistungen unmittelbar auf dem Behandlungsmarkt zusammentreffen. Bereits im Kapitel 2.2 wurde aber hervorgehoben, dass der Gesundheitsmarkt in drei Teilmärkte zerfällt. Dabei spielt die Existenz von Krankenversicherungen eine wichtige Rolle. In vielen westlich orientierten Industrienationen gibt es Krankenversicherungen, wobei diese teilweise staatlich bzw. kollektiv organisiert sind und teilweise privatwirtschaftlich. Der Markt für Krankenversicherungen – in Kapitel 2.2. vereinfachend Versicherungsmarkt genannt – ist Gegenstand des vorliegenden Kapitels.

6.1 Ein weiterer Markt im Gesundheitswesen: Krankenversicherungen

Ebenso wie auf allen anderen Märkten, treffen auch auf dem Markt für Krankenversicherungen Angebot und Nachfrage aufeinander. Die Nachfragenden nach Versicherungsschutz sind aus den vorhergehenden Kapiteln bereits bekannt: Es sind die Bürger und Bürgerinnen eines Landes. Waren sie bisher die Nachfragenden nach Gesundheitsleistungen, so sind sie nun die Nachfragenden nach Krankenversicherungsleistungen. Letztere Leistungen sollen sie gegen die ökonomischen Risiken absichern, die mit Krankheit verbunden sind, also in erster Linie gegen die Kosten der medizinischen Behandlung und Versorgung, aber auch gegen die krankheitsbedingten Ausfälle bei der Einkommenserzielung. Auf der anderen Seite des Versicherungsmarktes stehen die Krankenversicherer selbst, welche gegen die genannten Risiken einen entsprechenden Krankenversicherungsschutz anbieten.

Es handelt sich also um einen typischen Dienstleistungsmarkt, und in einer ersten vordergründigen Betrachtung könnte man vermuten, dass dieser Markt ebenso gut funktioniert wie andere freie Märkte auch, also nach den Gesetzen des Preismechanismus, wie sie in Kapitel 3 beschrieben wurden. In der Realität ist diese Annahme aber nicht ganz zutreffend. Denn in den allermeisten westlichen Industrienationen reguliert der Staat die Krankenversicherungsmärkte stark oder stellt sie in großen Teilen sogar selbst bereit; zumindest organisiert er sie selbstverwaltet, wie im vorigen Kapitel bereits aufgezeigt wurde. Dies ist etwa in Deutschland oder Österreich der Fall. Im Folgenden soll zunächst erörtert werden, weshalb und unter welchen Bedingungen sich rational handelnde Individuen gegen die mit Krankheit verbundenen Risiken versichern wollen, um dann in einem weiteren Schritt die Besonderheiten und Probleme des Krankenversicherungsmarktes aufzuzeigen. Dabei ist besonders die Frage von Interesse, weshalb Individuen, die durchaus eine Krankenversicherung suchen,

https://doi.org/10.1515/9783486989441-006

sofern der Preis angemessen ist, bisweilen auf freien Märkten keine Krankenversicherung finden. Dieses Phänomen war z. B. in den USA lange anzutreffen.

6.2 Grundgedanke einer Krankenversicherung

Zum Einstieg sei die Grundidee einer Krankenversicherung hier in einem sehr grundlegenden Modell verdeutlicht. Dazu sei vereinfachend eine Modellgesellschaft angenommen, welche aus 100.000 Individuen besteht. Diese seien einander in Bezug auf das Risiko, zu erkranken, alle sehr ähnlich. Erfahrungsgemäß werden von den 100.000 Individuen unserer Modellgesellschaft 1.000 einmal jährlich krank. Zur Heilung der Erkrankung entstehen pro Person 2.000 € an Kosten, woraus sich ergibt, dass in dieser Modellgesellschaft pro Jahr insgesamt 2.000.000 € an Kosten zur Behandlung von Erkrankungen entstehen.

Die Motivation, sich gegen das Krankheitsrisiko zu versichern, entsteht nun dann, wenn jedes Mitglied unserer Modellgesellschaft fürchtet, krank zu werden und die hohen Kosten von 2.000 € pro Behandlung selbst tragen zu müssen. Als Reaktion auf diese Befürchtung entscheiden sich die Gesellschaftsmitglieder nunmehr, pro Person 20 € in einen Fond einzuzahlen, aus dem dann im Falle der Erkrankung die Behandlungskosten von 2.000 € bestritten werden. In einer sehr vereinfachten Form stellt solch ein Fonds eine Krankenversicherung dar. Jedes Mitglied hat einen Versicherungsbeitrag von 20 € bezahlt, um die Risiken, welche mit einer Erkrankung verbunden sind, gering zu halten. In diesem sehr vereinfachten Beispiel ist davon abstrahiert, dass der Fonds in der Realität ein Versicherungsunternehmen ist, welches natürlich Gewinne machen möchte. Zur weiteren Vereinfachung wird angenommen, dass die Beiträge der Krankenversicherungsnehmenden die gesamten erwarteten Kosten der Krankenbehandlung decken.

Dass ein Versicherungsmechanismus funktioniert, setzt offensichtlich einige Dinge voraus. Zunächst einmal ist es wichtig, dass sich eine hinreichend große Zahl von Personen an dieser Krankenversicherung beteiligt, so dass ein bestimmtes Gesetz wirken kann, das aus der Statistik bekannt ist, nämlich das sogenannte Gesetz der großen Zahlen. Nur wenn sich viele Personen an der Versicherung beteiligen, ist eine Prognose über die zu erwartenden Kosten möglich, denn je größer die Zahl der Versicherten ist, desto geringer ist die Gefahr, dass die Krankheiten in einer bestimmten Gruppe oder zu einer bestimmten Zeit zufällig kumulieren. Der Zufall wird also kalkulierbar gemacht.

Eine weitere wichtige Voraussetzung ist eine bestimmte Einstellung von Menschen gegenüber Risiken. Die Mitglieder unserer Modellgesellschaft haben offensichtlich eine höhere Präferenz dafür, die Kosten von 20 € für die Versicherungsprämie zu tragen, die sicher anfallen – also mit einer Wahrscheinlichkeit von 100 Prozent –, als dafür, die höheren Behandlungskosten von 2.000 € zu zahlen, die nur mit einer sehr geringen Wahrscheinlichkeit von einem Prozent anfallen. Wir haben es hier mit der sogenannten Risikoaversität der Krankenversicherungsnehmenden zu tun, die bei der Motivation für die Nachfrage nach Krankenversicherungsschutz eine wichtige Rolle spielt. Diese Motivation soll im Folgenden näher betrachtet werden.

6.3 Motive für die Nachfrage nach Krankenversicherungsschutz

Um zu verdeutlichen, weshalb und unter welchen Bedingungen rational handelnde Individuen eine Krankenversicherung nachfragen, wird folgend ein gängiges Schaubild aus der Krankenversicherungstheorie verwendet; siehe dazu Abbildung 6.1.

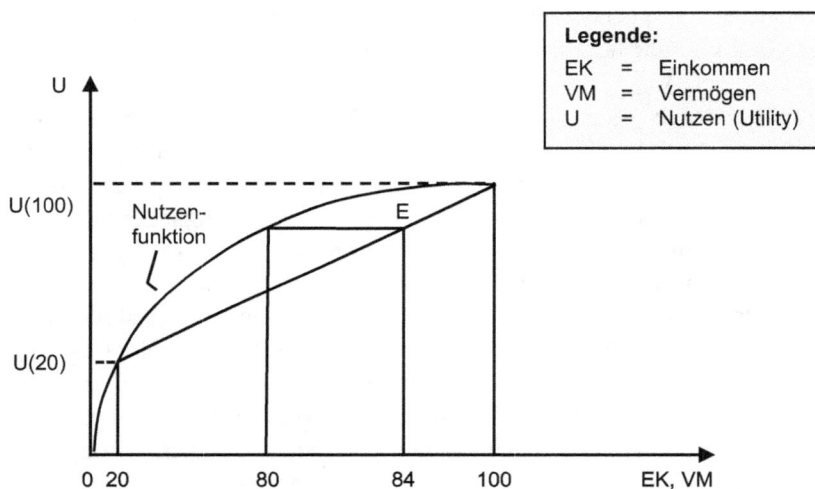

Abbildung 6.1: Grundmodell der Krankenversicherungsnachfrage (Quelle: Standarddarstellung z. B. modifiziert nach Santerre, R.E./Neun, S.P., 2012, S. 136).

In Abbildung 6.1 ist zunächst die Nutzenfunktion eines potentiellen Nachfragenden nach Krankenversicherungsschutz eingezeichnet. Auf der horizontalen Achse sind das Einkommen und das Vermögen dieses Individuums ausgedrückt in Geldeinheiten abgetragen, auf der vertikalen Achse ist der Nutzen abgebildet, welcher diesem Individuum durch das Einkommen und das Vermögen gestiftet wird. Die nach oben gebogene Kurve in dem Schaubild bildet den Zusammenhang zwischen Nutzenhöhe einerseits und Einkommens- bzw. Vermögenshöhe andererseits ab.

In den einführenden Kapiteln dieses Buches, in denen es um die ökonomische Denkweise ging, wurden bereits ähnlich konstruierte Kurven dargestellt. Ebenso wie diese Kurven zeigt auch die hier vorliegende einen positiven Verlauf, d. h., je höher das Einkommen und das Vermögen sind, umso höher ist auch der Nutzen für das Individuum. Auch hier ist jedoch auffällig, dass die Intensität dieses gleichgerichteten

Zusammenhangs nicht konstant ist. Während bei einem geringen Einkommen und Vermögen eine zusätzliche Einheit Einkommen und Vermögen einen hohen Nutzenzuwachs bewirkt, ist die Nutzensteigerung durch eine zusätzliche Geldeinheit Vermögen und Einkommen vergleichsweise gering, wenn beide sich bereits vorher auf einem hohen Niveau befanden. Dies entspricht durchaus unserer Erfahrung im Alltag, da wir mit den ersten Einheiten unseres Einkommens zunächst einmal die Bedürfnisse befriedigen, die besonders pressieren, die uns also einen besonders hohen Nutzenzuwachs ermöglichen. Mit zunehmenden Einheiten Einkommen befriedigen wir dann weniger dringliche Bedürfnisse, die folglich einen vergleichsweise geringeren Nutzenzuwachs bewirken. In der Grafik führt dies dazu, dass der Verlauf der Kurve abflacht.

6.3.1 Erwartungswert des Vermögens

In der Abbildung ist nun beispielhaft angenommen, dass der Krankheitsfall in diesem Jahr mit einer Wahrscheinlichkeit von 20 Prozent eintritt und zu einem Vermögens- und Einkommensverlust führt, der bei einem Vermögen und Einkommen von 100.000 Geldeinheiten konkret 80.000 Geldeinheiten beträgt. Im nächsten Jahr beträgt also das Vermögen und Einkommen mit einer Wahrscheinlichkeit von 20 Prozent nur 20.000 Geldeinheiten.

Tritt die Krankheit mit 20-prozentiger Wahrscheinlichkeit auf, so lässt sich daraus schließen, dass mit 80-prozentiger Wahrscheinlichkeit keine Krankheit und somit auch kein Einkommens- bzw. Vermögensverlust auftritt. Im nächsten Jahr beträgt also das Vermögen und Einkommen mit einer Wahrscheinlichkeit von 80 Prozent nach wie vor 100.000 Geldeinheiten. Zusammenfassend verfügt das betrachtete Individuum also im kommenden Jahr mit 80-prozentiger Wahrscheinlichkeit über ein Vermögen und Einkommen von 100.000 und mit 20-prozentiger Wahrscheinlichkeit über ein Einkommen und ein Vermögen von 20.000 Geldeinheiten. Statistisch ist also ein Vermögen von

$$0,8 * 100 + 0,2 * 20 = 84$$

Tausend Geldeinheiten zu erwarten.

84.000 Geldeinheiten ist dann der sogenannte Erwartungswert des Vermögens und des Einkommens für das kommende Jahr.

6.3.2 Krankenversicherungsschutz mit fairer Prämie

Betrachtet man jedoch die hier thematisierte Frage nach dem Motiv für die Nachfrage nach Krankenversicherungsschutz, so ist nicht der Erwartungswert selbst die entscheidende Größe, sondern vielmehr der Nutzen, welchen das betrachtete Individuum daraus zieht. Grafisch ist offensichtlich in Punkt e angegeben, welchen Nutzen dieser erwartete Wert von 84.000 Geldeinheiten stiftet. Punkt e liegt auf einer Geraden zwischen U 20 und U 100. Diese Gerade gibt den Nutzen der Wahrscheinlichkeiten zwischen den Ereignissen eines Einkommens von 20.000 Geldeinheiten und 100.000 Geldeinheiten wieder; oder anders formuliert: diese Gerade zeigt, welche Nutzen zu erwarten sind, wenn der Krankheitsfall mit unterschiedlichen Risikobehaftungen eintritt. Dabei ist zu beachten, dass der Krankheitsfall mit entsprechenden Vermögens- und Einkommenseinbußen einhergeht.

Ein Vergleich mit der Nutzenfunktion des Individuums gibt näheren Aufschluss darüber, wie dies zu verstehen ist. Ein solcher Vergleich zeigt, dass der Nutzen in Punkt e auf der Geraden nicht höher oder niedriger ist als der Nutzen von 80.000 Geldeinheiten Vermögen bzw. Einkommen auf der gebogenen Nutzenfunktion des Individuums. Damit ergibt sich Folgendes: Der Nutzen zweier mit Unsicherheit behafteter Ereignisse mit dem erwarteten Geldwert von 84.000 Geldeinheiten ist genauso hoch wie der Nutzen aus einem sicheren Einkommen von 80.000 Geldeinheiten.

Vor diesem Hintergrund – und ausgehend von der Ausgangssituation mit einem Einkommen und Vermögen von 100.000 Geldeinheiten – stellt sich die Frage, wie viel dieses Individuum zu zahlen bereit ist, um eine Absicherung zu erreichen, d. h. sozusagen, welche Versicherungsprämie es zu zahlen bereit ist. Dieser Wert bemisst sich aus der Differenz des Betrages in der Ausgangssituation (100.000 Geldeinheiten) und den sicheren 80.000 Geldeinheiten. Demnach wäre das Individuum bereit, maximal 20.000 Geldeinheiten als Absicherung – sozusagen als Versicherungsprämie – zu zahlen: Bei einer Prämie von 20.000 Geldeinheiten würde es dasselbe Nutzenniveau erreichen wie ohne Versicherung. Bei jeder Prämie, die geringer ausfällt, ist sein Nutzenniveau höher als ohne Krankenversicherung. Der Abschluss einer Krankenversicherung, die bis zu 20.000 Geldeinheiten kostet, führt also zu einer Verbesserung der Situation des Individuums. Somit besteht für ein solches Individuum dann ein Anreiz, eine Krankenversicherung zu erwerben, wenn die Kosten dafür diesen Betrag nicht übersteigen. In der Versicherungstheorie spricht man von einer aktuarisch fairen Versicherungsprämie. Wäre die Prämie jedoch höher als diese aktuarisch faire, so würde das Individuum keinen Krankenversicherungsschutz erwerben, denn dies würde sich nicht lohnen.

6.4 Funktionsprobleme und Marktversagen auf dem Krankenversicherungsmarkt

Bis hierhin hat es den Anschein, als sei der Versicherungsmarkt ein ganz normaler Markt, für den sich eine private Nachfrage und ein privates Angebot herausbildet, ohne dass der Staat eingreift. Und dies wäre auch in der Tat richtig, wenn auf diesem Markt nicht gleich mehrere Informationsprobleme aufträten. Wie schon in den Kapiteln 3 und 4 angedeutet, spricht man in der Ökonomie hierbei von asymmetrischer Information, da einige Teilnehmende über mehr Informationen verfügen als andere. So wäre es beispielsweise für das Funktionieren dieses Marktes wichtig, dass jedes zu versichernde Individuum seine eigene Risikoeigenschaft kennt, d. h., seine Neigung zu erkranken, und dies auch von den Versicherungsunternehmen zu beobachten ist. Dass Krankenversicherungsmärkte in aller Regel nicht friktionslos funktionieren, hat damit zu tun, dass die Risikoeigenschaften der zu versichernden Personen vom Versicherungsunternehmen in aller Regel gerade nicht beobachtet werden können, oder auch damit, dass der Abschluss einer Krankenversicherung das Verhalten der Versicherungsnehmenden verändert. Wie nun zu zeigen sein wird, führt eine solche Situation verschiedener asymmetrischer Informationsverteilungen bisweilen zum Zusammenbruch von Krankenversicherungsmärkten oder verhindert von vornherein, dass solche Märkte überhaupt entstehen.

6.4.1 Negativauslese infolge von Informationsasymmetrien vor Vertragsabschluss

Das wohl wichtigste Problem auf Krankenversicherungsmärkten ist die Form der Informationsasymmetrie, bei der eine der beiden Marktseiten, also entweder die Anbietenden oder die Nachfragenden, die qualitativen Eigenschaften eines Gutes, einer Leistung oder anderer relevanter Phänomene ex ante – d. h. vor dem Vertragsabschluss – besser einschätzen kann als die andere Marktseite. Handelt das Individuum, welches besser informiert ist, als Homo oeconomicus, so wird es diesen Informationsvorsprung zu seinen Gunsten einsetzen. Informationsasymmetrien können dann zu einer sogenannten Negativauslese führen, die auch unter dem Begriff adverse Selektion bekannt ist. Die Negativauslese wiederum lässt mitunter Märkte zusammenbrechen. Wie dieser Mechanismus funktioniert, wird nun näher erklärt.

Zunächst sind zwei Fälle von Ex-ante-Informationsasymmetrien zu unterscheiden: die Informationsasymmetrien zu Lasten der Nachfragenden und die Informationsasymmetrien zu Lasten der Anbietenden. Im Krankenversicherungsbereich interessiert vor allem die Informationsasymmetrie zu Lasten der Anbietenden – oder anders ausgedrückt: zugunsten der Nachfragenden.

Es sei angenommen, dass auf dem Krankenversicherungsmarkt ein Wettbewerb existiert und dass die Versicherungsunternehmen private Anbieter sind. Sie haben keinen gemeinnützigen Auftrag, und sie unterliegen auch keinem Kontrahierungszwang; es sei also von einem freien und unregulierten Krankenversicherungsmarkt ausgegangen. Anders als z. B. in den gesetzlichen Krankenversicherungen in Deutschland, Österreich oder der Schweiz, gilt in der privaten Krankenversicherung bei der Versicherung eines Individuums das versicherungstechnische Äquivalenzprinzip, d. h., die Versicherungsprämie des oder der Versicherten wird entsprechend des individuellen Krankheitsrisikos kalkuliert: Wie zu Beginn dieses Kapitels dargestellt, wird bei funktionierenden Märkten eine aktuarisch faire Versicherungsprämie erhoben.

Um einen Neuzugang dem Risiko entsprechend versichern zu können, muss die Versicherung somit das Risiko des oder der Versicherungsnehmenden einschätzen.

Die Versicherung weiß aber ex ante, also vor Vertragsabschluss, nicht, ob es sich bei einem oder einer bestimmten Nachfragenden um ein gutes Risiko, also um eine Person mit einer geringen Wahrscheinlichkeit zu erkranken, oder um ein schlechtes Risiko, also um eine Person mit einer hohen Wahrscheinlichkeit zu erkranken, handelt. Verhält sich der oder die Versicherungsnehmende rational, so wird er oder sie – sofern das Krankheitsrisiko hoch und ihm bzw. ihr dies bekannt ist – dieses Risiko nicht offenlegen, um in den Genuss einer günstigen Prämie zu kommen. Da die Versicherung aber bereits vermutet, dass Versicherungsnehmende sich genau so verhalten werden, und somit nicht einschätzen kann, welche zukünftigen finanziellen Verpflichtungen mit neuen Versicherten verbunden sind, wird auch die Versicherung ihr Handeln rational anpassen. Dies macht sie, indem sie den Versicherungsvertrag nicht mehr risikoäquivalent ausgestaltet, sondern – über alle Versichertenrisiken hinweg – eine Durchschnittsprämie bildet, welche garantiert, dass sie mit dieser Prämie keine Verluste machen wird.

Um diesen Zusammenhang beispielhaft zu verdeutlichen, sei wiederum eine Modellgesellschaft angenommen, die aus zwei gleichgroßen Gruppen besteht: einer Gruppe, die mit einer Wahrscheinlichkeit von nur 5 Prozent erkranken wird – dies seien die guten Risiken –, und einer anderen Gruppe, die mit einer Wahrscheinlichkeit von 10 Prozent erkranken wird; dies seien die schlechten Risiken. Zudem sei angenommen, dass das Eintreten des Krankheitsfalles jeweils 2.000 € Kosten verursacht.

Eine faire Prämie für die guten Risiken ergibt sich nun als Produkt aus den Kosten des Krankheitsfalls (2.000 €) und der Eintrittswahrscheinlichkeit des Krankheitsfalls dieser Gruppe (5 Prozent). Sie lässt sich wie folgt berechnen:

$$2.000 * 5\% = 100 \text{ €}$$

Entsprechend ist eine faire Prämie für die schlechten Risiken, deren Eintrittswahrscheinlichkeit 10 Prozent beträgt, herzuleiten als:

$$2.000 * 10\% = 200 \text{ €}$$

Die Durchschnittsprämie, die aus den gerade genannten Gründen von der Krankenversicherung über die beiden Versichertenrisiken hinweg gebildet wird, garantiert, dass die Versicherung mit dieser Prämie keine Verluste machen wird. Sie beträgt demnach:

$$0,5 * 2.000 * 5\% + 0,5 * 2.000 * 10\% = 150 \text{ €}$$

Diese Durchschnittsprämie hat nun aber einen gravierenden Nachteil, denn sie ist für schlechte Risiken zu niedrig und für gute Risiken zu hoch. Gute Risiken werden aufgrund der zu hohen Prämie keine Versicherung abschließen. Ein Betrag von 150 € ist für diese Gruppe keine faire Versicherungsprämie. Nur die schlechten Risiken werden

den Versicherungsvertrag nachfragen. Für sie ist eine Versicherungsprämie von 150 €
sehr attraktiv und im Vergleich zu ihrer Risikostruktur viel zu günstig. Denn von ihnen
hätte der Krankenversicherer 200 € verlangen müssen, um kostendeckend arbeiten zu
können. Die guten Risiken werden also von den schlechten Risiken aus der Krankenversicherung verdrängt, es findet eine Negativauslese statt. Damit ändert sich aber die
Kalkulationsbasis der Versicherung, da nun ein höherer Bestand an schlechten Risiken
in die Berechnung mit einfließt als der ursprünglich erwartete. Die Versicherung muss
die Prämie nach oben korrigieren. Die Folge ist ein erneutes Ausbleiben guter Risiken.

Diese Negativauslese dauert so lange an, bis nur noch schlechte Risiken in der Versicherung verbleiben, die eine sehr hohe Prämie zahlen. Gute Risiken bekommen keinen
Versicherungsschutz, und zwar auch dann nicht – und dies ist das Kernproblem – wenn
sie eigentlich eine Versicherung zu fairen Prämien ausdrücklich akzeptieren würden,
wenn sie also nicht freiwillig von einem fairen Krankenversicherungsvertrag Abstand
nehmen. Dieser Prozess kann sich im ungünstigsten Fall so lange fortsetzen, bis der
Markt komplett zusammenbricht und auch die schlechten Risiken keinen Versicherungsschutz mehr erhalten, da sie die Prämien nicht mehr zahlen können.

Diese Folgen der Ex-ante-Informationsasymmetrie wird häufig als Rechtfertigung
für die staatliche Regulierung von Krankenversicherungsmärkten angesehen. Auf dieser
Grundlage haben sich einige Länder dazu entschlossen, gesetzliche Krankenversicherungen einzuführen oder die Gesundheitsversorgung komplett über ein staatliches Angebot
zu organisieren, welches von der gesamten Bevölkerung genutzt werden kann.

6.4.2 Moral Hazard infolge von Informationsasymmetrien vor und nach Vertragsabschluss

Das Problem der ex ante stattfindenden adversen Selektion durch Informationsasymmetrien wurde voranstehend bereits erörtert. Daneben haben solche Asymmetrien
aber noch zwei weitere negative Folgen, welche ebenfalls dazu beitragen, dass private
Krankenversicherungsmärkte instabil werden. In beiden Fällen handelt es sich um sogenannte Moral-Hazard-Phänomene. Moral Hazard heißt, dass der Abschluss des Versi-
cherungskontraktes bei den Versicherten Verhaltensänderungen hervorruft. Dabei ist
zwischen Ex-ante-Moral-Hazard und Ex-post-Moral-Hazard zu unterscheiden.

Ex-ante-Moral-Hazard bedeutet, dass durch den Krankenversicherungskontrakt
bei den Versicherten der Anreiz schwindet, das Auftreten des Schadens zu vermeiden;
d. h., dass der Krankenversicherungskontrakt den Anreiz für die Versicherten reduziert, auf die eigene Gesundheit zu achten, da die Folgen einer eventuell auftretenden
Krankheit abgemildert werden. Beispielsweise kann die Krankenversicherungsgesell-
schaft nicht kontrollieren, ob die Versicherten im gleichen Maße Zahnpflege betreiben
wie vor dem Abschluss der Versicherung. In der Tat scheint es plausibel, dass man
stärker auf seine Zahnpflege achtet, wenn man für eine Zahnbehandlung selbst aufkommen muss, als wenn eine Versicherung die Kosten dafür übernimmt.

Ex-post-Moral-Hazard meint hingegen, dass die Versicherten im Krankheitsfall keinerlei Anreiz mehr haben, auf eine kostengünstige Behandlung zu achten; im Gegenteil, bisweilen scheint eine teure Behandlung sogar zu signalisieren, dass sie von besonders guter Qualität ist. In der Tat hat die Krankenversicherung dann keinen Einfluss darauf, ob und inwiefern sich die Krankenversicherten kostenbewusst verhalten. Beide Moral-Hazard-Phänomene führen zu Kostensteigerungen und einem Behandlungsumfang, der über das effiziente Maß hinausgeht.

Bis hierhin lässt sich zusammenfassend feststellen, dass der Versicherungsmarkt kein normaler Markt für Dienstleistungen ist, sondern vielmehr eine asymmetrische Informationsverteilung zu Lasten der Krankenversicherungsanbietenden vorliegt, die Phänomene der adversen Selektion und des Moral Hazard hervorruft. Diese Funktionsdefizite bei Krankenversicherungen führen bei stark privatwirtschaftlich orientierten Gesundheitssystemen wie demjenigen der USA regelmäßig zu einer Unterversorgung mit Krankenversicherungen. Moral Hazard und adverse Selektion haben in anderen Ländern zur Folge, dass Krankenversicherungsmärkte entweder sehr stark reguliert werden oder Krankenversicherungen von staatlicher Seite bereitgestellt werden, etwa in Form von gesetzlichen Krankenversicherungen. Wie mit Moral Hazard und adverser Selektion im internationalen Vergleich konkret umgegangen wird, ist später noch Gegenstand des Kapitels 7, in dem Gesundheitssysteme im Mittelpunkt stehen.

6.5 Reduktion von Informationsasymmetrien

Statt staatlicher Regulierung oder Bereitstellung von Krankenversicherungsleistungen als Antwort auf Negativauslese und Moral Hazard infolge von asymmetrischer Information könnte man aber auch erwägen, die Informationsasymmetrie zu reduzieren und so die Funktionsfähigkeit dieses Marktes zu verbessern. Insbesondere ist zu fragen, ob und inwieweit der Markt selbst Lösungen für das Problem der asymmetrischen Informationsverteilung bereithält. Damit der Markt besser funktioniert, müsste er in der Lage sein, von selbst dafür zu sorgen, dass mehr bzw. bessere Informationen bereitgestellt werden.

Diese „Suche" der schlechter Informierten nach verborgener Information nennt man Screening. Die schlechter informierte Marktseite – in diesem Fall das potentielle Krankenversicherungsunternehmen – wird ein solches Screening jeweils unter ihrem individuellen Kosten-Nutzen-Kalkül vornehmen. Die andere Marktseite, die über die bessere Information verfügt – in diesem Fall die potentiellen Krankenversicherungsnehmenden – kann ggf. ein Interesse daran haben, Informationen bereitzustellen. Hierbei geht es darum, die schlechter informierte Marktseite durch „Signale" glaubwürdig über die Qualität des eigenen Gesundheitszustandes zu informieren; in diesem Fall würde das Glaubwürdigkeitsproblem durch ein sogenanntes Signaling gelöst.

Informationsasymmetrien lassen sich also grundsätzlich auf zwei Wegen reduzieren: erstens dadurch, dass die relativ schlecht informierte Marktseite versucht, zusätzliche Informationen zu gewinnen (Screening), und zweitens dadurch, dass die relativ gut informierte Marktseite sich bemüht, möglichst glaubwürdige Informationen über ihr Angebot zu machen (Signaling). Nun ist zu fragen, welche konkreten Mechanismen, die nach diesem Prinzip funktionieren, auf dem Versicherungsmarkt vorzufinden sind. Dabei ist zu beachten, dass Versicherungsmärkte dadurch gekennzeichnet sind, dass die Informationsasymmetrien zu Lasten des Anbieters von Versicherungsverträgen gehen. Somit würde also das Versicherungsunternehmen versuchen, seinen Informationsstand über den Krankheitsstand der potentiellen Versicherungsnehmenden zu verbessern (Screening), während die Versicherungsnehmenden – und hier vor allem die guten Risiken – ihrerseits darum bemüht wären, dem Versicherungsunternehmen so viel Information wie möglich bereitzustellen (Signaling), um überhaupt einen Versicherungsschutz zu erlangen. Übersicht 6.1 gibt einen Überblick über eine entsprechende Lösung für das Problem der Informationsasymmetrie auf einem Krankenversicherungsmarkt.

Der Markt löst das Problem von Informationsasymmetrien auf dem Krankenversicherungsmarkt durch:					
Screening (Informationssuche); Versicherungsunternehmen (die uninformiertere Marktseite) verbessern den Informationsstand durch:		**Signaling** (Informationsübertragung); Versicherungsnehmende (die besser informierte Marktseite) stellt Informationen bereit durch:			
– Selbstinformation – Befragung des Versicherungsnehmers – Anamnese	– Einschaltung spezialisierter Dritter – ärztliche und psychologische Untersuchung	Signalisierung einer Kooperationsbereitschaft	Einräumen eines Garantieversprechens, keine unwahren Angaben zu machen	Akzeptanz eines Selbstbehaltes	Eingehen auf Tarife mit Schadensfreiheitsrabatten

Übersicht 6.1: Marktliche Lösungen für Informationsasymmetrien auf dem Krankenversicherungsmarkt (Quelle: in Anlehnung an Fritsch, M., 2018, S. 265).

6.5.1 Screening

Die Krankenversicherung hat verschiedene Möglichkeiten, sich Informationen über die potentiell zu Versichernden zu beschaffen: Sie kann sich beispielsweise durch empirische und statistische Daten über standardisierte Krankheitsgeschichten informieren. Weiterhin kann die Versicherung die potentiellen Versicherungsnehmenden durchaus nach ihrer Vorgeschichte fragen oder sie zu einem Arzt ihres Vertrauens – also zu einem spezialisierten Dritten – zu einer Voruntersuchung schicken. Dies stößt dann an eine Grenze, wenn die besser informierte Marktseite (potentielle Versicherungsnehmende) die Möglichkeit hat, wichtige Informationen zu verbergen, wenn also beispielsweise Ärzte und Ärztinnen auf die Mithilfe ihrer Patienten und Patientinnen angewiesen sind. Allerdings wird die schlechter informierte Seite nur so lange nachforschen, wie ihr Nutzen aus der Information ihre Kosten aus der Informationsgewinnung übersteigt.

Eine Möglichkeit, die Kosten der Informationsbeschaffung für die Versicherung zu senken, könnten staatliche Vorschriften der Informationsbereitstellung darstellen. Kosten der Informationsgewinnung könnten hierbei beispielsweise dadurch verringert werden, dass die Versicherungsnehmenden verpflichtet würden, ihre Krankenvorgeschichte offenzulegen, oder Ärzte und Ärztinnen von ihrer Schweigepflicht entbunden würden. Die Pflicht, die Krankengeschichte wahrheitsgemäß offenzulegen, müsste natürlich bei Nichteinhaltung mit bestimmten Sanktionen einhergehen, z. B. dem Verlust des Versicherungsschutzes.

Da im Extremfall durch Negativauslese nur noch für einen geringen Anteil der Bevölkerung Krankenversicherungsschutz bereitgestellt würde, kann man davon ausgehen, dass die besser informierten Versicherungsnehmenden einen Anreiz haben, Informationen über sich bereitzustellen oder zu übertragen, um überhaupt in den Genuss einer Versicherung zu gelangen. Dieses Signaling kann im Krankenversicherungsmarkt auf unterschiedliche Weise stattfinden.

6.5.2 Signaling

Potentielle Versicherungsnehmende können z. B. ihre Kooperationsbereitschaft bei der Informationsbeschaffung signalisieren und von sich aus Informationen bereitstellen. Dazu sind aber auch die schlechten Risiken in der Lage, wenn sie sich verstellen. Kooperationsbereitschaft zu signalisieren, ist also nur ein erster Schritt.

Versicherungen können zudem Verträge mit Selbstbehalten anbieten und auf Selbstselektion setzen. Damit wird zwar die Funktionsfähigkeit des Marktes verbessert, allerdings erhalten die guten Risiken dann keinen Vollversicherungsschutz zu einem angemessenen Preis. Denn solche Selbstwahlmechanismen beruhen auf der Annahme, dass eine teilweise Deckung für gute Risiken weniger kostspielig ist als für schlechte Risiken. Das Angebot verschiedener Verträge mit verschiedenen Deckungsgraden würde dann aufgrund von Selbstwahlmechanismen zu einer Diskriminierung nach Risikogruppen führen. Allerdings sind Selbstbehalte mit Problemen behaftet, die z. B. auch zu einer Überversicherung führen können, wenn sich das Restrisiko bei einer anderen Versicherung versichern lässt, die keine Information über den ersten Kontrakt hat. Für die Versicherungen erfüllt die Marktspaltung, d. h. die Einteilung in gute und in schlechte Risiken, eher eine Screening-Funktion. Hieran sieht man, dass Screening und Signaling nicht vollständig voneinander zu trennen sind.

Als weiteres Instrument können sich die Versicherungsnehmenden bereiterklären, auf der Basis ihrer Angaben einen befristeten Versicherungsvertrag einzugehen, der nach einer angemessenen Laufzeit – in der sich ihre Angaben bestätigen – in einen dauerhaften Vertrag umgewandelt wird. Auch befristete Verträge, die immer wieder erneut geschlossen werden müssen, wären eine Möglichkeit, den Informationsasymmetrien zu begegnen. Zusätzlich könnten die Tarife ex post differenziert werden, z. B. kann bei Schadensfreiheit ein Teil der Prämie zurückerstattet werden oder auf künftige Prämien können Rabatte gegeben werden. Allerdings kann es bei solchen Arrangements mehrere Perioden dauern, bis die Versicherungsnehmenden entsprechend ihrem wahren Risiko eingestuft sind.

Der zuletzt genannte Punkt der Differenzierung von Tarifen macht deutlich, wie stark Negativauslese mit dem Problem des Moral Hazard zusammenhängt und dass diese beiden Phänomene kaum getrennt werden können. Denn ex post ist kaum mehr nachzuvollziehen, ob eine Überstrapazierung des Versicherungsvertrages auf von Ex-ante-Informationsasymmetrien zurückzuführen ist oder auf ex post veränderte Verhaltensweisen.

Die gerade diskutierten marktlichen Instrumente zur Überwindung des Problems der asymmetrischen Information werden auf privaten Krankenversicherungsmärkten tatsächlich eingesetzt; sie sind also bei dem Angebot risikoäquivalenter Versicherungen mit unterschiedlichen Tarifen durch private Krankenversicherungen von durchaus praktischer Relevanz. Zum Beispiel kennt die deutsche PKV verschiedene Kombinationen solcher Instrumente, die in der Tat das Angebot unterschiedlicher Versicherungsverträge ermöglichen. In vielen Krankenversicherungstarifen bestehen Vereinbarungen über Selbstbehalte oder Beitragsrückerstattungen als Instrumente zur Reduktion der Informationsasymmetrie. Die Akzeptanz solcher Selbstbehalte und Beitragsrückerstattungen durch die Versicherten ist für das Versicherungsunternehmen ein Indikator für die Risikostruktur der zu Versichernden, da gute Risiken solche Regelungen eher akzeptieren als schlechte.

Die privaten Krankenversicherer machen auch von dem Instrument Gebrauch, den Gesundheitszustand der zu Versichernden zu erfragen und ärztlich zu überprüfen, um gegebenenfalls Leistungsausschlüsse zu vereinbaren. Dabei führen falsche Angaben zum Gesundheitszustand im Nachhinein zur Verweigerung der Kostenübernahme, so dass eine sehr weitgehende Selektion von guten und schlechten Risiken denkbar ist. Allerdings ist es nur begrenzt möglich, die tatsächliche Funktionsfähigkeit von Screening und Signaling anhand des deutschen Marktes für private Krankenversicherungen zu überprüfen, da der PKV-Markt in Deutschland a priori davon ausgehen kann, eine Bevölkerungsgruppe zu versichern, in der „gute Risiken" dominieren. Schlechte Risiken sind in der Tendenz eher in der gesetzlichen Krankenkasse vorzufinden.

6.5.3 Zusammenschau des Krankenversicherungsmarktes

Zusammenfassend lässt sich zu den durch asymmetrische Information hervorgerufenen Problemen Folgendes feststellen: Der Krankenversicherungsmarkt ist kein normaler Markt für Dienstleistungen, sondern es besteht vielmehr eine asymmetrische Informationsverteilung zu Lasten der Krankenversicherungsanbieter, die zu Phänomen der adversen Selektion und des Moral Hazard führt. Diese Funktionsdefizite bei Krankenversicherungen führen bei stark privatwirtschaftlich orientierten Gesundheitssystemen – wie dem der USA – regelmäßig zu Unterversorgung mit Krankenversicherungen. Moral Hazard und adverse Selektion haben in anderen Ländern zur Folge, dass Krankenversicherungsmärkte sehr stark reguliert werden oder dass Krankenversicherungen von staatlicher Seite bereitgestellt werden, etwa in Form von gesetzlichen Krankenversicherungen. Screening und Signaling können diese Probleme in begrenztem Umfang reduzieren. Wie mit Moral Hazard und adverser Selektion im internationalen Vergleich konkret umgegangen wird, ist Gegenstand des folgenden Kapitels über Gesundheitssysteme.

6.6 Literatur zum Kapitel 6

Als Quellen für dieses Kapitel wurde primär die folgend aufgeführte Literatur genutzt, welche auch als vertiefende Lektüre empfohlen wird.

Einführungen in die mikroökonomischen Aspekte des Krankenversicherungsmarktes bieten:
- *Folland, S./Goodman, A.C./Stano, M.* (2017)
- *Phelps, C.E.* (2018)
- *Santerre, R.E./Neun, S.P.* (2012)
- *Schulenburg, M.F., Graf v.d./Greiner, W.* (2013)

Einführungen in die Probleme des Marktversagens, welche für den Krankenversicherungsschutz und dessen Angebot und Nachfrage relevant sind, finden sich in:
- *Beek van der, K.* (2002)
- *Breyer, F./Zweifel, P./Kifmann, M.* (2012)
- *Fritsch, M.* (2018)

7 Gesundheitssysteme – Systematik und internationaler Vergleich

In einer ersten groben Annäherung lassen sich drei verschiedene Idealtypen von Gesundheitssystemen unterscheiden, die sich nach dem Kriterium der Markt- und Staatsnähe in ein Kontinuum einordnen lassen. Idealtypen meint – im Gegensatz zu den sogenannten Realtypen –, dass es sich dabei nicht um tatsächlich in der Realität vorfindbare Systeme handelt, sondern um reine Formen, die – anders als die Realität – einem bestimmten Struktur- und Finanzierungsprinzip oder einer grundlegenden Idee folgen: Es handelt sich also um theoretisch entworfene Systeme.

Am einen Ende des Kontinuums dieser Gesundheitssysteme stehen als Idealtypus rein marktwirtschaftliche Systeme ohne staatliche oder gesellschaftliche Intervention. In diesen Systemen ist die private Bezahlung von Gesundheitsleistungen durch die Patienten vorherrschend und es finden sich – wenn überhaupt vorhanden – rein private Krankenversicherungsmärkte mit all den in den vorhergehenden Kapiteln beschriebenen Tücken. Der zweite mittlere Idealtypus beinhaltet sozialversicherungsbasierte Systeme sowie gemischte Systeme. Hier werden marktwirtschaftliche, kollektive und staatliche Versorgungs- und Versicherungselemente in unterschiedlicher Weise und Intensität miteinander kombiniert, wobei die Finanzierung durch Versicherungsbeiträge einen prägenden Schwerpunkt bildet. Am anderen Ende des Kontinuums sind die rein staatlichen Gesundheitssysteme angesiedelt, die aus dem Steueraufkommen finanziert werden. Alle später vorgestellten Realtypen sind anhand ihrer tatsächlich vorliegenden, dominanten Strukturmerkmale einer dieser drei Systemkategorien zuzuordnen.

Bevor jedoch im Folgenden erstens eine weiterreichende Typologie der Gesundheitssysteme und zweitens speziellere Gesundheitssysteme in ihrer Grundstruktur vorgestellt und anhand von konkreten Beispielen illustriert werden, soll zunächst skizziert werden, welcher gesundheitsökonomische Zusammenhang zwischen den Funktionsproblemen von Gesundheitsmärkten und den verschiedenen Ausprägungen von Gesundheitssystemen besteht.

7.1 Gesundheitssysteme als Antwort auf die Funktionsprobleme in Gesundheitsmärkten

Wenn wir uns die Frage stellen, weshalb es im internationalen Vergleich ganz unterschiedliche Gesundheitssysteme gibt, und zwar auch in sonst recht ähnlichen westlichen Marktwirtschaften, so lässt sich als eine erste Idee feststellen, dass unterschiedliche Gesundheitssysteme ganz unterschiedliche Antworten auf die verschiedenen Besonderheiten in Gesundheitsmärkten darstellen. Nochmals zusammenfassend bestehen diese Besonderheiten im Gesundheitssektor auf drei (Teil-)Märkten, das sind bekanntermaßen

https://doi.org/10.1515/9783486989441-007

der Behandlungs-, der Versicherungs- und der Leistungsmarkt, und sie sind ganz wesentlich die Folge von verschiedenen Formen der asymmetrischen Information zwischen den auf den entsprechenden Märkten handelnden Akteuren. Darüber hinaus sind sie aber auch Ergebnis der hier vorliegenden, übergreifender Allokations- und Verteilungsproblematiken. In Abbildung 7.1, die von ihrer Grundstruktur her eine leicht modifizierte Abbildung aus Kapitel 2.2 darstellt, sind diese Beziehungen nochmals im Überblick veranschaulicht.

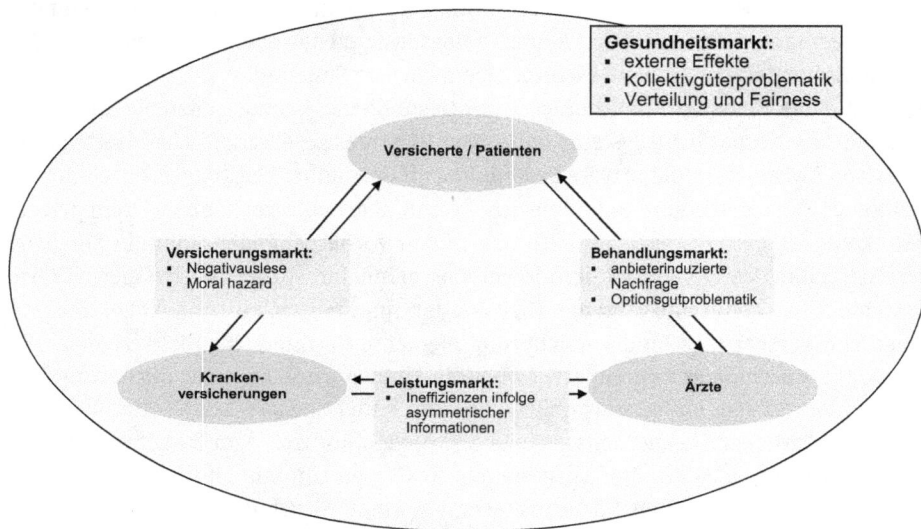

Abbildung 7.1: Spezifische Funktionsprobleme auf dem Gesundheitsmarkt im Überblick (Quelle: eigene Darstellung).

In den vorangehenden Kapiteln dieses Buches wurde festgestellt, dass in der Beziehung zwischen dem Versicherten und der Krankenversicherung unter anderem dem Phänomen der Negativauslese große Bedeutung zukommt (Kapitel 6), dass in der Beziehung Arzt – Patient das Problem der anbieterinduzierten Nachfrage besteht (Kapitel 4) und dass in der Beziehung zwischen Krankenversicherung und Arzt Ineffizienzen zulasten des Versicherers zu erwarten sind, die aus einer Kombination von Moral-Hazard und Negativauslese resultieren (Kapitel 3 und 6). Auch konnte in Kapitel 3 gezeigt werden, dass infolge von Meritorik und Verteilungsaspekten oder aufgrund externer Effekte, wie sie beispielsweise beim Impfen auftreten, Marktversagensphänomene vorliegen können. Unterschiedliche rechtliche und institutionelle Ausgestaltungen von Gesundheitssystemen antworten auf diese Funktionsprobleme der Märkte für Gesundheitsgüter und für Krankenversicherungen, indem sie jeweils unterschiedliche Schwerpunkte setzen. Wenn die gesundheitspolitisch Verantwortlichen beispielsweise das Problem, dass weite Teile der Bevölkerung – als Ausdruck der adversen Selektion – nicht oder nur unzureichend krankenversichert sind, als das Wichtigste erachten und dieses Problem primär bekämpfen wollen, werden sie sich offensichtlich für ein anderes Gesundheitssystem entscheiden, als wenn sie die Phänomene der anbieterinduzierten Nachfrage und des Moral-Hazard-Verhaltens als primäres Problem betrachten. Im ersten Fall werden sie vorrangig über eine allgemeine Versicherungspflicht nachdenken. Sie werden also keinesfalls auf private Krankenversicherer vertrauen, die nur gering reguliert sind, sondern öffentlich organisierte Krankenversicherer oder gar nationale Gesundheitsdienste bevorzugen. Im zweiten Fall werden sie sich hingegen deutlich stärker auf die Regulierung und Kontrolle der Beziehung Arzt – Patient fokussieren.

Insofern fällt mit der Wahl für ein bestimmtes Gesundheitssystem implizit auch immer die Entscheidung, welches der Funktionsprobleme wie und unter welchem Fokus gelöst werden soll. Dies wird auch bei der Betrachtung konkreter Gesundheitssysteme deutlich, wie noch zu sehen sein wird.

7.2 Eine Typologie der Gesundheitssysteme

In den meisten industrialisierten Ländern der westlichen Welt hat der Gesundheitssektor eine beträchtliche kollektive oder staatliche Komponente. Diese Gemeinsamkeit vernachlässigt jedoch, dass es in der Organisationsstruktur und der damit einhergehenden Steuerung des Gesundheitswesens erhebliche Unterschiede gibt. Ausgehend von der einleitend genannten groben Systematisierung anhand von drei Idealtypen, die auf den Überlegungen der Organisation für Kooperation und wirtschaftliche Zusammenarbeit (OECD) beruhen, lassen sich eine ganze Bandbreite weiterer Ansätze nennen, die der Typologisierung von Gesundheitssystemen dienen. Häufig werden dabei Clusterungen aus politikwissenschaftlicher Sicht vorgenommen, so beispielsweise:
- das Vier-Familienmodell, das Gesundheitssysteme sogenannten Angebotsstaaten, korporatistischen Staaten sowie Kontroll- und Kommandostaaten zuordnet; und als weiterer bekannter Ansatz
- das wohlfahrtsstaatliche Modell, das drei Regimes der sozialen Sicherung definiert: den liberalen Wohlfahrtsstaat, den konservativen Wohlfahrtsstaat und den sozialdemokratischen Wohlfahrtsstaat.

Im Folgenden wollen wir auf diese politikwissenschaftlich dominierten Ansätze nicht weiter eingehen, sondern wieder die (gesundheits-)ökonomische Perspektive einnehmen. Hier lassen sich neun Typen – d. h. organisatorische Strukturen – von Gesundheitswesen unterscheiden. Sie ergeben sich, wenn man nochmals zwischen dem Markt für Gesundheitsleistungen – also primär die Arzt-Patient-Beziehung – und dem Krankenversicherungsmarkt – also primär die Beziehung zwischen der Krankenversicherung und den Versicherten – differenziert. Auf beiden Märkten sind drei Organisationsformen denkbar:

- Erstens kann das Angebot auf diesen Märkten durch reine private Akteure geprägt sein: Für den Markt für Gesundheitsgüter bedeutet dies, dass Krankenhäuser, Ärzte und sonstige Akteure wie Apotheken etc. als private Unternehmungen sozusagen als For-Profit-Organisationen vorzufinden sind; für den Krankenversicherungsmarkt bedeutet dies, dass die Krankenversicherer gewinnorientierte Privatunternehmen sind, die sich dementsprechend über Prämien refinanzieren.
- Zweitens kann das Angebot auf diesen Märkten durch parafiskalische bzw. parastaatliche Akteure, d. h. durch nicht-gewinnorientierte, Not-For-Profit-Organisationen und nicht-staatliche Kollektive dominiert sein. Für den Markt für Gesundheitsgüter bedeutet dies, dass Krankenhäuser, Ärzte etc. als gemeinnützige oder karitative Unternehmen oder Organisationen vorzufinden sind; welche aber nicht oder nur bedingt unter staatlicher Trägerschaft stehen. Für den Krankenversicherungsmarkt bedeutet dies, dass die Krankenversicherer nicht-gewinnorientierte, beitragsfinanzierte Organisationen sind, etwa gesetzliche Krankenkassen in nicht-staatlicher Trägerschaft.
- Drittens kann das Angebot auf diesen Märkten durch rein staatliche Akteure – in Form staatlicher Institutionen und Verwaltungen – geprägt sein. In diesem Fall sind auf dem Markt für Gesundheitsgüter Krankenhäuser, Ärzte, Apotheken etc. Teil des Staates, z. B. als Staatsbedienstete oder als Institutionen in staatlicher Trägerschaft. Für den Krankenversicherungsmarkt bedeutet dies, dass die Krankenversicherung staatlich bereitgestellt wird oder die Absicherungsfunktion in Form eines steuerfinanzierten Gesundheitsdienstes direkt in den Staatshaushalt integriert ist.

Als Kombination aus diesen je drei Möglichkeiten auf dem Krankenversicherungsmarkt bzw. dem Markt für Gesundheitsgüter ergeben sich dann die oben genannten neun Typen von Gesundheitssystemen, die in der Matrix in Übersicht 7.1 dargestellt sind.

		Krankenversicherungsmarkt		
		Privat	Parafiskalisch	Staatlich
Markt für Gesundheitsgüter	**Privat**	reines Marktsystem	marktnahes Mischsystem	extremes Mischsystem
	Parafiskalisch	marktnahes Mischsystem	intermediäres System	staatsnahes Mischsystem
	Staatlich	extremes Mischsystem	staatsnahes Mischsystem	reines Staatssystem

Übersicht 7.1: Neun-Felder-Typologie der Gesundheitssysteme (Quelle: Beek, K. van der/Beek, G. van der, 2014, S. 303).

Die extremen Formen bedingen, dass sowohl der Gesundheitsgüter- als auch der Krankenversicherungsmarkt rein privat organisiert sind oder eben rein staatlich, also die Optionen in der linken oberen und der rechten unteren Box der abgebildeten Matrix. Eine Sonderform ist in der mittleren Box dargestellt, weil hier nicht-staatliche und nicht-gewinnorientierte Organisationsformen in beiden Märkten miteinander kombiniert werden, wir es also mit einem rein parastaatlichen System zu tun haben – in diesem Fall spricht man auch vom intermediären System.

Alle anderen Optionen sind Mischformen, welche in den folgenden ausgewählten Länderbeispielen in Andeutungen wieder vorzufinden sind. Die Mischformen haben wiederum unterschiedliche Ausprägungen. Es können zwei Extreme miteinander kombiniert werden, d. h. das eine rein privatwirtschaftlich und das andere rein staatlich, siehe die Boxen rechts oben und links unten; es können marktnahe Mischformen entstehen, in der parafiskalische und private Organisationen kombiniert werden, siehe die Boxen oben mittig und links mittig; zudem können parafiskalische mit staatlichen Organisationsformen kombiniert werden, dann liegen staatsnahe Mischformen vor.

Ergibt sich somit eine Vielfalt von möglichen Gesundheitssystemen schon in dieser sehr vereinfachenden idealtypischen Neun-Felder-Matrix, so ist zudem zu bedenken, dass in real existierenden Ländern nicht etwa eine konkrete und in sich schlüssige Ausformung für alle Teile der Bevölkerung durchgehend vorfindbar ist, sondern dass verschiedene der genannten Kombinationen durchaus parallel auftreten, etwa indem man die Gesundheitsversorgung für bestimmte Berufsgruppen unterschiedlich ausgestaltet, z. B. für Beamte anders als für Privatangestellte und dies wiederum anders für Bergleute als für Selbstständige. Reale Gesundheitssysteme lassen sich daher nur annährungsweise und nicht passgenau in die hier entworfene Systematik einordnen.

7.3 Gesundheitssysteme im internationalen Vergleich

Mit der folgenden Skizze internationaler Gesundheitssysteme sollen die grundlegenden Idealtypen, wie sie gerade vorgestellt wurden, mit realen Systemen konfrontiert werden. Geordnet werden die Länder nach der Stärke des Staatseingriffs, wobei mit den am stärksten staatlich dominierten Systemen begonnen wird. Zu dieser Darstellung gehört dann auch ein kurzer Aufriss des deutschen Gesundheitssystems, wobei an dieser Stelle bereits darauf hingewiesen sei, dass wir in den beiden darauffolgenden Kapiteln nochmals vertiefend über das deutsche Gesundheitswesen sprechen werden.

7.3.1 Großbritannien: National Health Service

Großbritannien hat einen sogenannten Nationalen Gesundheitsdienst, den National Health Service. Wie der Name bereits andeutet, handelt es sich dabei um ein typisch zentralistisches und staatszentriertes Gesundheitswesen. Der National Health Service organisiert alle öffentlich bereitgestellten Gesundheitsleistungen im Vereinigten Königreich. Alle Bürger und alle legal ihren Wohnsitz im Vereinigten Königreich habenden Personen besitzen Zugang zu diesen Gesundheitsleistungen, ohne dass sie hierfür in eine Krankenversicherung einzahlen oder dafür einen Preis entrichten müssten. Dabei sind die zur Verfügung gestellten Gesundheitsleistungen für alle Anspruchsberechtigten identisch. Der überwiegende Teil der Gesundheitsleistungen wird aus dem allgemeinen Steueraufkommen finanziert. Zuzahlungen kennt das System nur in geringem Umfang und diese sind sozialpolitisch, v. a. nach Einkommensklassen und -gruppen, gestaffelt.

Nur knapp 12 Prozent der britischen Bevölkerung besitzen neben dem Anspruch auf Leistungen aus dem National Health Service eine private Krankenversicherung. Dominant ist somit das Staatssystem. Staatlich dominierte Gesundheitsdienste dieses Typs gibt es auch in Schweden und anderen skandinavischen Ländern, aber auch in Italien oder Spanien, wobei Art und Umfang des privatwirtschaftlichen Segments von Land zu Land abweichen können.

7.3.2 Österreich: Ein traditionelles Sozialversicherungssystem mit zunehmender Staatsnähe

Das österreichische Gesundheitssystem ist ein kollektives und staatlich organisiertes Sozialversicherungssystem. Die gesetzliche Krankenversicherung ist dabei Teil einer gesetzlichen Sozialversicherung, die neben Krankheit auch die Unfall- und Pensionsversicherung sowie die trägerübergreifenden Sozialversicherungsanstalten für Selbständige und öffentlich Bedienstete beinhaltet. Mit ganz wenigen Ausnahmen sind alle Bürger mit Wohnsitz in Österreich durch die Sozialversicherung geschützt, die als Pflichtversicherung organisiert ist.

Hauptträger der gesetzlichen Krankenversicherung ist die Österreichische Gesundheitskasse, die sich strikt regional untergliedert. Sie versichert über 80 Prozent aller Bürger, wobei ihre Versicherten keine freien Wahlmöglichkeiten haben, sondern ihr – oder alternativ einem der beiden bundesweit operierenden berufsständischen Versicherungsträger – direkt zugewiesen werden. Ebenso wie auch alle übrigen Sozialversicherungsträger, ist die gesetzliche Krankenversicherung rechtlich gesehen eine Selbstverwaltungskörperschaft. Sie unterliegt der Aufsicht des österreichischen Sozialministeriums. Da das Prinzip der Versichertenzuweisung strikte Anwendung findet, sind Wettbewerbskomponenten diesem System fremd. Vielmehr erfolgen Sicherstellung und Bereitstellung der medizinischen Versorgung strategisch über ein sogenanntes partnerschaftliches Ziel-Steuerungssystem, das operativ mittels kollektiv ausgehandelter Leistungsverträge umgesetzt wird. Die Finanzierung beruht in diesem System auf einem Mix aus Steuermitteln und Beitragseinnahmen; hierzu zählen auch überschaubare private Zuzahlungen. Dabei werden die Beitragseinnahmen von den sogenannten Dienstnehmern und Dienstgebern annähernd hälftig getragen. Zudem wird die Höhe der Beitragszahlungen der Versicherten unabhängig von ihrem individuellen Risiko solidarisch festgelegt. Durch diese Form der Finanzierung knüpft die Krankenversicherung zwar zunächst einmal an Arbeitsverhältnisse an; das System kennt aber auch die Familienmitversicherung und umfasst zudem die sogenannten Pensionisten (Rentner) sowie Arbeitslose, womit es zu einer die ganze Bevölkerung umgreifenden Versicherung wird.

Im Rahmen der formellen Selbstverwaltung sind alle Träger der Sozialversicherung – und damit auch die Österreichische Gesundheitskasse – Teil des Staates. Das System ist daher durch eine große Staatsnähe gekennzeichnet, die im Zuge der letztjährigen Gesundheitsreformen sogar noch ausgebaut wurde. Private Versicherungsleistungen haben hier eher einen subsidiären Charakter, auch wenn sie dem Vernehmen nach in den vergangenen Jahren eine Nachfragebelebung verzeichneten.

7.3.3 Deutschland: Ein Sozialversicherungssystem mit solidarischem Wettbewerb

Das deutsche und das österreichische System haben die gleichen Wurzeln, wobei sich das deutsche System vergleichsweise stärker in Richtung mehr Wettbewerb entwickelt hat. So sind die Pflichtversicherten nicht an eine bestimmte Krankenkasse gebunden, sondern sie haben Wahlfreiheit zwischen unterschiedlichen gesetzlichen Krankenkassen, die untereinander im Wettbewerb um Mitglieder stehen. Grundsätzlich ist das System ähnlich dem österreichischen beitragsfinanziert, wobei zur Sicherstellung eines funktionsfähigen Krankenkassenwettbewerbs technisch der sogenannte Gesundheitsfonds zwischengeschaltet ist. Neben den Beiträgen wird dieser Gesundheitsfonds in geringerem Umfang auch aus Steuermitteln gespeist.

Rund 90 Prozent der deutschen Bevölkerung sind in den gesetzlichen Krankenkassen versichert. Die von jenen Kassen nicht oder nur partiell erfassten Bevölkerungsteile werden von privaten Krankenversicherungen abgedeckt. Damit ist zugleich eine Besonderheit des deutschen Gesundheitssystems im internationalen Systemvergleich angesprochen. Denn es handelt sich hierbei um ein duales Gesundheitssystem, das sowohl eine private als auch eine gesetzliche Vollversicherung vorhält.

Vom deutschen Gesundheitssystem wird im Kapitel 8 noch ausführlicher die Rede sein. Bis hierhin können wir zunächst zusammenfassend festhalten, dass man es aufgrund der Vielzahl der gesetzlichen Regulierungen mit einem tendenziell staatlich orientierten System zu tun hat, in dem aber Wettbewerb als Steuerungsinstrument ergänzend eingesetzt wird. Dieser Wettbewerb ist ein solidarischer Wettbewerb, weil er neben Effizienzzielen zugleich soziale Ziele verfolgt. Schon an dieser Stelle sei darauf hingewiesen, dass er in jüngster Vergangenheit nicht konsequent ausgebaut, sondern vielmehr durch (Re-)Regulierungsmaßnahmen teilweise sogar rückgebaut wurde, so dass das deutsche Gesundheitssystem insgesamt zunehmend mäandert.

7.3.4 Niederlande: Das Cappuccino-System mit Wettbewerb

Auch die Niederlande hatten lange Zeit ein Sozialversicherungssystem, das dem österreichischen und dem deutschen sehr ähnlich war. In den letzten beiden Jahrzehnten hat man dieses System jedoch radikal reformiert und ein zweistufiges Gesundheitswesen entwickelt, welches wegen seiner zwei „Kernschichten" im Volksmund auch Cappuccino-System genannt wird. Die erste Schicht besteht aus einem öffentlichen Pflichtversicherungssystem für besondere medizinische Ausgaben (Algemene Wet Bijzondere Ziektekosten). Diese öffentliche Pflichtversicherung beinhaltet längere Krankenhausbehandlungen, Langzeitpflege, chronische und psychiatrische Behandlungen sowie die Behandlung von körperlich oder geistig behinderten Bürgern. Hier werden also typische Risiken abgedeckt, die von einer privaten Krankenversicherung nur schwer abdeckbar sind, weil – wie in Kapitel 6 gezeigt wurde – Probleme der Negativauslese erwartet werden.

Die zweite Schicht des Gesundheitssystems bezieht sich auf die Absicherung von darüber hinausgehenden Behandlungen, den sogenannten regulären Behandlungen oder auch Basis- und Akutversorgungsleistungen, die sich typischerweise im ambulanten Sektor und bei kürzeren Krankenhausaufenthalten finden. Diese zweite Schicht, die ebenfalls obligatorisch ist, aber tariflich unterschiedlich ausgestaltet werden kann, wird zum Teil über öffentliche Krankenversicherer abgewickelt, zum Teil aber auch über private Krankenversicherungen. Die Bürger können demnach innerhalb dieser zweiten Schicht zwischen verschiedenen privaten und öffentlichen Anbietern wählen. Ergänzend besitzen sie zudem die Möglichkeit, private Zusatzversicherungen abzuschließen, die vorwiegend Zahnmedizin und Physiotherapie umfassen.

Zusammenfassend können wir festhalten, dass im niederländischen Gesundheitssystem parafiskalische und private Komponenten miteinander kombiniert werden, wobei auch heute noch mehr als die Hälfte der Bevölkerung im öffentlichen Segment versichert sind. Für besonders Bedürftige und Bürger mit sehr geringem Einkommen besteht zudem ein staatlicher Gesundheitsdienst.

7.3.5 Schweiz: Private Pflichtversicherung mit Kopfpauschale

Innerhalb der europäischen Gesundheitssysteme ist das Schweizer System am stärksten marktwirtschaftlich orientiert. Nahezu die gesamte Bevölkerung der Schweiz ist verpflichtet, sich bei einer Krankenversicherung zu versichern, wobei diese Versicherungen privatwirtschaftlich organisierte Institutionen sein können – genauso wie die meisten Leistungserbringer und sonstigen Akteure des Gesundheitswesens.

Da die Beitragskalkulation im Schweizer System nicht einkommensabhängig erfolgt, sondern als Kopfpauschale in absoluten Geldbeträgen ausgestaltet ist, gibt es öffentliche Unterstützungszahlungen für Familien und Einkommensschwache. Dem Prinzip nach ist die Krankenversicherung also ähnlich organisiert wie in Deutschland und Österreich die Kfz-Haftpflicht: Die Akteure sind private For-Profit-Unternehmen und private Haushalte, aber es besteht eine Kontrahierungspflicht für die Versicherungsunternehmen. Neben dieser obligatorischen Versicherung bieten private Zusatzversicherungen fakultativ Leistungen wie Zahnersatz, Wahlleistungen oder Risikoschutz bei Verdienstausfall an.

7.3.6 USA: Ein privates Gesundheitssystem mit Ausnahmebereichen

Verglichen mit den europäischen Systemen, ist der öffentliche Anteil am Gesundheitswesen in den USA relativ gering: Personen ab 65 Jahren und behinderte Menschen können auf Gesundheitsleistungen des staatlichen Programms Medicare zurückgreifen, weiterhin sind einkommensschwache Menschen und Kinder durch das Gesundheitsprogramm Medicaid versichert. Der Umfang der staatlich bereitgestellten Leistungen entspricht allerdings allenfalls einem Basisversorgungspaket. Alle übrigen US-Wohnbürger, die über keinen Zugang zu diesen beiden staatlichen Programmen verfügen oder mehr als nur die knapp bemessenen Basisleistungen erhalten wollen, müssen sich privat krankenversichern. Dies gilt für den ganz überwiegenden Teil der US-amerikanischen Bevölkerung.

Die meisten unter ihnen bekommen die private Krankenversicherung über den Arbeitgeber als Bestandteil des Arbeitsvertrages angeboten, sozusagen als nichtmonetäre Entlohnungskomponente. Häufig handelt es sich dabei um sogenannte betriebliche Gruppenkrankenversicherungen, die das betreffende Unternehmen vorab für seine eigenen Mitarbeiter mit einem Versicherungsanbieter seiner Wahl zu Konditionen vereinbart hat, die vergleichsweise günstiger sind als bei Individualverträgen. Die Kosten für die Versicherungsprämien werden sodann auf Arbeitgeber und Arbeitnehmer aufgeteilt, wobei die Höhe der Bezuschussung in Abhängigkeit vom jeweiligen Arbeitgeber variieren kann.

Die verbleibende Minderheit, die sich ohne einen Arbeitgeber individuell privat krankenversichern lassen will oder muss, hat es in der Regel schwer, was mit den in Kapitel 6 diskutierten Problemen der Negativauslese zu tun haben mag. Negativauslese ist hingegen bei einer En-bloc-Versicherung der Mitarbeiter eines Unternehmens von geringerer Bedeutung. Denn hier scheiden sehr schlechte Risiken bereits von vornherein aus, weil sie keinen Arbeitsplatz finden, und angesichts der Gruppierung nach Berufsgruppen und Arbeitgebern sind die Risiken für die privaten Krankenversicherungen zudem besser kalkulierbar.

Ebenfalls durch das Problem der Negativauslese erklärt sich, dass trotz verschiedener Gesundheitsreformen auch heute noch deutlich mehr als 25 Millionen Amerikaner nicht krankenversichert sind. Dabei zählen zu den vielen Nichtversicherten durchaus auch gute Risiken und nicht nur Risikogruppen wie Alte und Arme. Diese sozialpolitisch kritische Situation konnte durch einige gesetzliche Maßnahmen moderat abgefedert werden, so z. B. durch die Erweiterung der Arbeitgeberpflicht, Mitarbeitern ein Krankenversicherungsangebot zu unterbreiten, weiterhin durch das Verbot für Krankenversicherungen, Personen mit Vorerkrankungen auszuschließen, sowie durch die Einführung eines staatlichen Health Insurance Marketplace, auf dem Personen, die einen Versicherungs-schutz suchen, ein passendes Angebot finden und erwerben können.

Zur Wahl stehen dem US-Bürger grundsätzlich zwei Typen von Krankenversiche-rungen: einerseits die Fee-for-Service-Anbieter, die wie klassische private Krankenversi-cherungen aufgestellt sind, und andererseits die sogenannten Health Maintenance Organizations (HMOs), bei denen Krankenversicherungen oft gleichzeitig Anbieter von Gesundheitsleistungen sind oder umgekehrt. Solcherart integrierte Anbieter, die in zahlreichen organisatorisch unterschiedlichen Ausprägungen existieren, versuchen unter anderem, das Problem der anbieterinduzierten Nachfrage zu reduzieren. In Kapi-tel 10 wird von ihnen als einem zentralen Strukturelement des US-Gesundheitssystems noch ausführlicher die Rede sein.

Insbesondere mit der 2014 in Kraft getretenen sogenannten Obamacare-Reform sind einige soziale Verbesserungen für die US-amerikanische Bevölkerung angestoßen worden. Ein Sozialversicherungssystem im österreichischen, deutschen oder auch nur niederländischen Sinne wird jedoch in den USA derzeit weder angestrebt, noch ist es politisch umsetzbar, was sich beispielsweise darin widerspiegelt, dass die zwischen-zeitlich gesetzlich eingeführte Krankenversicherungspflicht wieder zurückgenommen wurde. Wenn überhaupt, so bewegt sich das bestehende System allenfalls moderat in Richtung des schweizerischen Systems, das auf private Akteure auf dem Krankenver-sicherungsmarkt setzt, und auf dessen Regulierung via Kontrahierungszwang. Damit behalten die Vereinigten Staaten im Vergleich zu allen europäischen Systemen das am stärksten marktwirtschaftlich orientierte und staatsfernste Gesundheitswesen.

7.4 Verschiedene Fokusse unterschiedlicher Gesundheitssysteme

Eingangs dieses Kapitels wurde hervorgehoben, dass aus gesundheitsökonomischer Per-spektive unterschiedliche Ausgestaltungen von Gesundheitssystemen auf die typischen Funktionsprobleme der Märkte für Gesundheitsgüter und für Krankenversicherungen – wie Negativauslese und Moral Hazard – mit unterschiedlicher Schwerpunktsetzung ant-worten. Mit der Wahl für ein bestimmtes Gesundheitssystem fällt also implizit auch immer die Entscheidung, welches der Funktionsprobleme in den Fokus des Gesund-heitssystems gerückt werden soll.

Die vorgestellten Gesundheitssysteme auf dem Kontinuum von rein staatlich, wie in Großbritannien, bis sehr stark marktorientiert, wie in den USA, antworten also un-terschiedlich auf die Phänomene der adversen Selektion, der anbieterinduzierten Nachfrage und des Moral Hazard etc. So ist das US-System trotz der vor vielen Jahren in Kraft gesetzten Obama-Reform ganz offensichtlich nicht in der Lage, das Problem der adversen Selektion umfassend zu reduzieren, wie sich an der noch immer sehr hohen Zahl der Nichtversicherten zeigt. Umgekehrt war und ist das US-System sehr wohl in der Lage, auf dem Markt Arzt – Patient ein hohes Versorgungsniveau sicherzustellen, ohne dass dabei verstärkt Moral-Hazard-Probleme aufgetreten wären.

Auf der anderen Seite ist das britische System des Nationalen Gesundheitsdienstes traditionell nicht von Negativauslese betroffen, und auch ein Moral-Hazard-Problem in der Beziehung Krankenkasse – Arzt kann hier nicht auftreten. Stattdessen gibt es dort aber größere Probleme in der Beziehung Arzt – Patient, weil auf diesem Markt oft nur eine elementare Gesundheitsversorgung sichergestellt ist, die zudem häufig mit erheblichen Wartelisten verbunden ist. Das deutsche und das österreichische System scheinen die Negativauslese ebenfalls in starkem Maße zu reduzieren. Hier zeigen sich jedoch größere Moral-Hazard-Probleme. Dies spiegelt sich beispielsweise im ambulanten Bereich in der hohen Zahl der Einzelbehandlungen wider, zumindest im internationalen Vergleich.

Die Gesundheitssysteme der Schweiz und der Niederlande setzen dagegen auf eine Kombination aus privatwirtschaftlichen Komponenten und einer strikten Regulierung der privaten Akteure und zudem auf begleitende Versorgung für Einkommensschwache und Risikogruppen. Scheinbar wird damit ein Kompromiss oder eine Balance der Antworten auf die verschiedenen Funktionsprobleme versucht.

Es zeigt sich also, dass je nach Ausgestaltung des Gesundheitssystems unterschiedliche Probleme auf den drei Gesundheits(teil-)märkten adressiert werden. Ein Optimum Optimorum, das Probleme in allen drei Feldern gleichzeitig zu reduzieren vermag, scheint bislang nicht zu existieren. Bei Reformschritten ist jedoch zu beachten, dass Maßnahmen, die auf ein bestimmtes Problemfeld bezogen sind, z. B. auf die Reduktion von moralischen Risikoaspekten in der Beziehung Arzt – Patient, die anderen Problemfelder nicht unberührt lassen. Es sind also nicht nur die intendierten Wirkungen zu betrachten, sondern immer auch die Folgewirkungen auf den anderen beiden Märkten. Dies macht Reformen im Gesundheitswesen zu einer oft kaum zufriedenstellend lösbaren Aufgabe, wie die Reformerfahrungen in Deutschland und den Vereinigten Staaten eindrucksvoll belegen.

7.5 Literatur zum Kapitel 7

Als Quellen für dieses Kapitel wurde primär die folgend aufgeführte Literatur genutzt, welche auch als vertiefende Lektüre empfohlen wird.

Einführungen in die Formen der Gesundheitssysteme finden sich in:
- *Folland, S./Goodman, A.C./Stano, M.* (2017)
- *Santerre, R.E./Neun, S.P.* (2012)
- *Wendt, C.* (2003)

Einen Überblick über ausgewählte Gesundheitssysteme bieten:
- *Schölkopf, M./Grimmeisen, S.* (2020)
- *Stock, St./Lauterbach, K.W./Sauerland, St.* (Hrsg.) (2021)

Gesundheitssysteme als Teil von Sozialsystemen werden vorgestellt in:
- *Blankart, C.B./Schnellenbach, J.* (2023)
- *Althammer, J./Lampert, H.* (2021)
- *Rosner, P.G.* (2005)
- *Tiepelmann, K./van der Beek, G.* (1997)

8 Wettbewerb im deutschen Krankenversicherungssystem

In verschiedenen Kapiteln dieses Buches wurde bereits gezeigt, dass die Institution „Markt" in Verbindung mit einem funktionierenden Wettbewerb im Hinblick auf die Güterallokation die besten Ergebnisse hervorbringt: Unter Wettbewerbsbedingungen kaufen bzw. verkaufen Nachfrager und Anbieter zum Gleichgewichtspreis die Gleichgewichtsmenge, was zur Folge hat, dass die Märkte geräumt und beide Seiten in der Lage sind, im Rahmen des ökonomisch Machbaren ihre Wünsche und Ziele zu befriedigen. Weiterhin wurde erläutert, dass der Marktmechanismus manchmal versagen kann. Von dieser Problematik sind insbesondere verschiedene (Teil-)Märkte im Gesundheitssektor betroffen. Anstelle des Marktmechanismus übernimmt dann in den meisten westlichen Industrienationen der Staat oder eine gesetzliche bzw. staatliche Krankenversicherung die Absicherung gegen das Risiko Krankheit und oftmals auch die Allokation von Gesundheitsressourcen.

Bereits in Kapitel 2 wurde erörtert, dass zu Beginn der 1970er Jahre das Mantra von der „Kostenexplosion im Gesundheitswesen" entstand. Auch wenn diese „Formel" heute nicht mehr als unstrittig gilt, hat sie doch die Gesundheitspolitik stark beeinflusst. Denn seither versucht der deutsche Gesetzgeber mit immer neuen Reformen, Gesetzen und Verordnungen, die Gesundheitskosten zu bremsen, mögliche Wirtschaftlichkeitspotenziale zu heben sowie die mitunter existierende medizinische Über-, Unter- und Fehlversorgung zu überwinden.

Für einige Ökonomen liegt der Kern des Ausgabenproblems in der „Überregulierung" des Gesundheitssektors. Sie plädieren schon seit Längerem für mehr Wettbewerb und damit auch für mehr Markt im Gesundheitswesen. Dieser Weg ist in Deutschland mit dem Gesundheitsstrukturgesetz (GSG) von 1993 in der gesetzlichen Krankenversicherung (GKV) tatsächlich beschritten worden; in den letzten zehn Jahren waren allerdings an vielen Stellen des Gesundheitswesens vermehrt (Re-)Regulierungstendenzen zu beobachten.

In diesem Kapitel steht zunächst die deutsche GKV im Zentrum: Es werden ihre grundlegenden Strukturmerkmale vorgestellt; insbesondere wird gezeigt, wie man versucht hat, durch die Einführung der Kassenwahlfreiheit für die Versicherten und unter Zuhilfenahme des sogenannten Risikostrukturausgleichs (RSA) einen funktionsfähigen Wettbewerb in das GKV-System zu implementieren. Anhand der genauen Analyse der Strukturen und Prinzipien in der GKV soll nachfolgend ein Verständnis für die bestehende GKV-Steuerung und für die mögliche weitere Ausgestaltung der solidarischen Wettbewerbsordnung vermittelt werden. Dazu zählt auch ein Blick auf die Rolle der GKV als Gestalter der medizinischen Versorgung, womit zugleich Schnittstellen zu den Inhalten und Überlegungen der beiden kommenden Kapitel aufgezeigt werden. Dabei handelt es sich zum einen um die sektorale Versorgungsplanung und -steuerung und zum anderen um das Managed-Care-Konzept.

https://doi.org/10.1515/9783486989441-008

Eine Besonderheit des deutschen Krankenversicherungssystems ist das Nebeneinander eines gesetzlichen Krankenversicherungssegments und eines privaten Krankenversicherungsmarkts. Ein wesentliches Unterscheidungsmerkmal zwischen beiden Konzepten ist die Art und Weise, wie jeweils der Preis der Versicherung berechnet und erhoben wird: Während in der PKV Prämien gemäß dem zu erwartenden Schaden oder dem Risiko kalkuliert werden – also nach dem in Kapitel 6 beschriebenen Äquivalenzprinzip verfahren wird –, spielen bei der Beitragserhebung der GKV vor allem soziale Gesichtspunkte eine Rolle. Die GKV legt Beiträge fest, die sich entsprechend dem Solidarprinzip an der Leistungsfähigkeit des Einzelnen orientieren, und diese wird wiederum an das erzielte sozialversicherungspflichtige Einkommen geknüpft. Das hat zur Folge, dass einkommensstärkere Personen in absoluten Beträgen mehr zahlen müssen als einkommensschwächere – und das bei ansonsten gleichen Leistungsansprüchen. Hat Wettbewerb erst in den letzten Jahren Einzug in das GKV-System genommen, so gilt die PKV schon immer als Wettbewerbsmarkt – allerdings ist der Wettbewerb auch dort nur eingeschränkt möglich. Auch dieser Aspekt soll später noch genauer betrachtet werden.

Schließlich konkurrieren GKV und PKV direkt miteinander, wobei die Personengruppen, auf die dieser Wettbewerb abzielt, von staatlicher Seite erheblich reguliert werden. Diese Steuerung erfolgt über die Definition derjenigen Personen, die in der GKV versichert sein müssen, und derjenigen, die die Wahl haben, entweder freiwillig in der GKV versichert zu bleiben oder in die PKV zu wechseln.

8.1 Wettbewerb in der GKV

Als Geburtsstunde der gesetzlichen Krankenversicherung in Deutschland wird das Jahr 1883 betrachtet, als unter Bismarcks Initiative die ersten gesetzlichen Krankenkassen gegründet wurden. Damit erwarben vor allem die Arbeiter erstmals einen rechtlich gesicherten Unterstützungsanspruch für den Fall der Krankheit und Arbeitsunfähigkeit. Nach Umsetzung der Bismarck'schen Reformen wuchsen die Kassen zunächst über viele Jahrzehnte hinweg beständig, d. h. die Zahl der Versicherten stieg immer mehr an und der Leistungsumfang wurde permanent ausgeweitet.

Typisch für das deutsche soziale System ist seither seine gegliederte Kassenstruktur. Dies bedeutet, es gibt keine Einheitskasse oder einen einheitlichen Versicherungsträger, sondern vielmehr sechs verschiedene Kassenarten:
- die Allgemeinen Ortskrankenkassen (AOKen),
- die Betriebskrankenkassen (BKKen),
- die Innungskrankenkassen (IKKen),
- die Ersatzkassen (EKen),
- die Krankenkasse Knappschaft und
- die Krankenkasse Landwirtschaft, Forst und Gartenbau.

Die meisten Kassenarten umfassen wiederum eine Vielzahl rechtlich selbständiger Einzelkassen, die als Körperschaften des öffentlichen Rechts organisiert sind und die faktischen Träger der Krankenversicherung darstellen. Als sogenannte Zuweiserkassen mit einem definitorisch eng geschlossenen Versichertenkreis entstanden diese Kassen auf der Grundlage von Merkmalen wie lokaler Zugehörigkeit, Berufsgruppen oder Betriebszugehörigkeit. Heute sind sie – wie bereits eingangs erwähnt – überwiegend geöffnet und unterliegen einem Wettbewerb um Versicherte. Das hat zwischenzeitlich zur Entstehung von erheblichen Fusionstendenzen beigetragen. Im Laufe der Zeit ist die Zahl der Kassen von rund 1200 zu Anfang der 1990er Jahre auf 97 im Jahr 2022 zurückgegangen. Damit verbunden ist eine drastische Konzentrationsentwicklung. So halten die zehn stärksten gesetzlichen Kassen mittlerweile einen Marktanteil von mehr als zwei Drittel aller Versicherten.

Betrachtet man die verschiedenen Märkte und Beziehungen im GKV-System, so sei an dieser Stelle nochmals auf das Kapitel 2.2 verwiesen, in dem die drei Kernmärkte zwischen den Krankenkassen, Versicherten und Leistungserbringern, nämlich der Versicherungs-, der Leistungs- und der Behandlungsmarkt, bereits definiert wurden. Alle drei GKV-Teilmärkte sind ein Paradebeispiel für regulierte Märkte: der dort herrschende Wettbewerb ist ein regulierter oder mit Fokus auf die gesetzlichen Krankenkassen ausgedrückt – ein solidarischer Wettbewerb. Solidarisch ist er deshalb, weil er dazu dienen soll, eine Verbindung zwischen wirtschaftlichen Effizienz- und gesellschaftlichen Solidaritätszielen herbeizuführen.

Wie wir an anderer Stelle dieses Kapitels nochmals vertiefen werden, sind für die Krankenkassen selbst insbesondere der Versicherungs- und der Leistungsmarkt relevant, weil sie diese beiden Märkte mehr oder weniger direkt beeinflussen können. Ganz offensichtlich ist dies auf dem Versicherungsmarkt der Fall, wo sie um Versicherte kämpfen und dabei in direkter Konkurrenz zueinanderstehen. Auf dem Leistungsmarkt wiederum herrschen vielfältige vertragliche Beziehungen zwischen den Kassen und den Institutionen der Leistungserbringer. Dabei ist zu beachten, dass der tatsächliche Vertragswettbewerb infolge der existierenden Rahmenbedingungen an vielen Stellen mehr oder minder stark ausgebremst wird. Auf den Behandlungsmarkt schließlich haben die Krankenkassen allenfalls indirekten Einfluss. Er wird auf der Basis umfangreicher staatlicher Versorgungsvorgaben organisiert und ist in den meisten Fällen regional sehr begrenzt. Dabei haben die Patienten grundsätzlich die freie Wahl, welche Ärzte, Krankenhäuser und sonstigen Leistungserbringer sie in Anspruch nehmen möchten.

8.1.1 Derzeitige Regelungen mit Blick auf die Versicherten

In Deutschland besteht eine allgemeine Krankenversicherungspflicht. Dies bedeutet, dass jeder, der seinen Wohnsitz in Deutschland hat, verpflichtet ist, sich entweder in der GKV oder PKV oder aber anderweitig krankenzuversichern. Tatsächlich besitzen seit Jahren rund 99 Prozent der hiesigen Bevölkerung einen Versicherungsschutz, wobei die GKV mit mehr als 88 Prozent den Großteil aller Bürger absichert, insgesamt ca. 74 Millionen Menschen. Pflichtversichert sind in ihr u. a. schutzbedürftige Personen wie Rentner, Arbeitslose, Studierende, Menschen mit Behinderungen etc. Die größte GKV-Versicherungsgruppe ist jedoch die Gruppe der Arbeitnehmer mit einem Einkommen von bis zu 66.000 Euro (2023).

Die soeben genannte Einkommensgröße ist ein rechnerischer Wert, der mit Bezug auf die allgemeine Lohn- und Gehaltsentwicklung jährlich angepasst wird. Er entspricht der Pflichtversicherungsgrenze: Wer mehr verdient, kann freiwillig weiter in der GKV versichert bleiben oder sich in der PKV versichern, die darüber hinaus noch Selbständigen, Freiberuflern und Beamten offensteht. In den Kategorien der Gesundheitsökonomik ausgedrückt, heißt das, dass die Nachfrage nach Versicherungsschutz staatlich vorgeschrieben ist, während die Wahlmöglichkeiten der Versicherten von ihrer formalen Versicherungseinstufung abhängen, die wiederum von Kriterien wie Einkommen oder Berufsstatus bestimmt wird. So besitzen beispielsweise die GKV-Pflichtversicherten lediglich ein eingeschränktes Wahlrecht, indem sie nur zwischen den verschiedenen gesetzlichen Krankenkassen wählen dürfen.

Auch der Preis für den Versicherungsschutz eines GKV-Versicherten ist in erheblichem Maß staatlich reguliert. Zum besseren Verständnis wird er im Folgenden in drei Einzelkomponenten zerlegt:

- Seit dem 01. Januar 2009 wird der sogenannte allgemeine Beitragssatz für alle Krankenkassen einheitlich durch den Gesetzgeber festgelegt. Seither liegt er bei 14,6 Prozent Beitragssatzpunkten und wird einkommensproportional erhoben. Er ist paritätisch je zur Hälfte von Arbeitgebern und Arbeitnehmern zu entrichten. Da er von allen Kassen verpflichtend eingefordert werden muss, spricht man in diesem Zusammenhang gelegentlich auch vom einheitlichen Beitragssatz.
- Darüber hinaus ist es den Kassen individuell möglich, von den Versicherten einen Zusatzbeitrag zu verlangen. Dieser ist folglich – im Gegensatz zum fixen allgemeinen Beitragssatz – variabel. Da er von den Kassen selbst festgelegt werden kann, spricht man auch vom kassenindividuellen Zusatzbeitrag. Nach verschiedenen gesetzlichen Änderungen wird er inzwischen, genauso wie der allgemeine Beitragssatz, einkommensproportional erhoben und paritätisch in Rechnung gestellt.
- Allgemeiner Beitragssatz plus kassenindividueller Zusatzbeitrag ergeben den sogenannten kassenindividuellen Beitragssatz. Dieser lag Anfang 2023 zwischen 15,4 und 16,6 Prozent Beitragssatzpunkten. Der kassenindividuelle Beitragssatz spiegelt demnach über die individuell differenziert erhobenen Zusatzbeiträge die Preisunterschiede zwischen den einzelnen Kassen wider. Mit Blick auf die Versicherten gilt er erfahrungsgemäß als einer von mehreren Wettbewerbsparameter, wenn nicht gar als der entscheidende. Dies umso mehr, weil die Kassen auf der Leistungsseite nur wenig echtes Differenzierungspotenzial vorzuweisen haben, wie später nochmals zu zeigen sein wird.

Nach diesem kleinen Exkurs zu den unterschiedlichen Bestandteilen des GKV-Beitragssatzes stellt sich nun die Frage, wer denn auf der Versichertenseite konkret mit dem Versicherungsbetrag belastet wird. Bisher haben wir in diesem Zusammenhang immer vom GKV-Versicherten gesprochen. Doch tatsächlich muss man zwischen den Versicherten nach GKV-Mitgliedern und deren Familienangehörigen (Kinder und nicht-berufstätige Ehegatten oder eingetragene Lebenspartner) unterscheiden: Demnach zahlt das GKV-Mitglied den jeweiligen kassenindividuellen Beitrag, während die Familienangehörigen beitragsfrei mitversichert werden. Der Beitrag wird den GKV-Mitgliedern wiederum nach dem Solidarprinzip in Rechnung gestellt. Dies bedeutet, wie zuvor bereits erwähnt, dass erstens die Beiträge in Abhängigkeit von der Leistungsfähigkeit des Mitglieds einkommensproportional erhoben werden und dass sie zweitens paritätisch je zur Hälfte von Arbeitgebern und Arbeitnehmern zu entrichten sind. Dabei existiert eine sogenannte Beitragsbemessungsgrenze. Diese lag 2023 bei 59.850 Euro pro Jahr und bildet eine Einkommensschwelle, ab der das Einkommen eines Versicherten bei der Beitragserhebung nicht mehr berücksichtigt wird.

Die Beitragsbemessungsgrenze ist als eine Unterbrechung der Solidarität bei hohen Einkommen kritisiert worden. Diesbezüglich ist jedoch Folgendes zu berücksichtigen: Knapp oberhalb der Beitragsbemessungsgrenze liegt die Pflichtversicherungsgrenze, also jene Grenze, ab der in die PKV gewechselt werden kann. Je höher nun der Beitrag in der GKV, desto höher ist der Anreiz für GKV-Versicherte, als alternative Versicherung die PKV in Betracht zu ziehen. Würde man also die Beitragsbemessungsgrenze einseitig spürbar nach oben verschieben, dann würden insbesondere die freiwilligen Mitglieder abwandern, doch gerade sie zahlen die höchsten absoluten Beiträge in die GKV ein.

Politische Bedenken bezüglich der Verschiebung der Grenzen bestehen jedoch auch noch aus anderer Perspektive. Würde man nämlich die Pflichtversicherungsgrenze spürbar nach oben drücken, so würde die PKV Versichertenpotenziale verlieren und gegebenenfalls sogar in ihrem Bestand gefährdet werden. Aus diesem Grund wird die Pflichtversicherungsgrenze auch als Friedensgrenze zwischen GKV und PKV bezeichnet.

8.1.2 Verzerrter Wettbewerb im ehemaligen Zuweisungssystem

Vor der Organisationsreform zum 01. Januar 1996 existierte in der GKV ein vom Grundsatz her nicht-wettbewerbliches Zuweisungssystem für Versicherte. Dieses System wirkte prinzipiell wie eine Zwangsmitgliedschaft in einer bestimmten Krankenkasse. Für die Kassen selbst bestanden daher keine großen Anreize, sich um die Interessen und Präferenzen ihrer Versicherten zu kümmern und mit Leistungserbringern intensive Auseinandersetzungen um Qualität, Wirtschaftlichkeit und Effizienz zu führen. Von ihrem kulturellen Verständnis und ihrem organisatorischen Aufbau her waren die Kassen damals reine Finanzierungsverwaltungen.

Sozial- und wettbewerbspolitisch problematisch waren vor allem zwei Aspekte:

– Erstens war das Zuweisungssystem bezüglich der Wechseloptionen unfair ausgestaltet. Denn während der größte Teil der pflichtversicherten Arbeiter direkt einer spezifischen Kasse zugewiesen wurde, verfügten die Angestellten im Umfeld der GKV-Ersatzkassen über gewisse Wahl- und Wechselmöglichkeiten. Aus diesen einseitigen Möglichkeiten resultierte ein Vorteil für die Angestellten, der umso größer ausfiel, je stärker die Leistungs- und Beitragsunterschiede – die seinerzeit noch nicht in Bezug auf die Alters- und Krankheitslasten ausgeglichen wurden – zwischen den einzelnen Kassenarten ausgeprägt waren. Angestellte konnten ihre Kasse mit Blick auf einen niedrigen Beitragssatz wählen, während Arbeiter den Preis der Kasse zu zahlen hatten, der sie zugewiesen wurden. Erschwerend kam in dieser Situation noch hinzu, dass vor allem die Besserverdienenden als freiwillig Versicherte den Vorteil besaßen, die GKV jederzeit (unter Beachtung der Kündigungsfristen) in Richtung PKV verlassen zu können, und das unabhängig von ihrem Berufsstatus.

– Zweitens wurden die Versicherten aus der Sicht der Krankenkassen durch die Erhebung eines risikounabhängigen und einkommensproportionalen Beitrags sowie durch die beitragsfreie Mitversicherung von Familienangehörigen entweder zu „guten" oder zu „schlechten" Risiken. Sofern Versicherte überhaupt wechseln konnten, lohnte es sich für die Kassen, gute Risiken anzuwerben und schlechte zu vermeiden. Es bestanden also Anreize zur Risikoselektion. Viel bedenklicher war jedoch, dass die guten und schlechten Risiken infolge des Zuweisungssystems bei einzelnen Kassen oder Kassenarten kumulierten. Die staatliche Zuweisung trug also dazu bei, dass die Risiken sehr ungleichmäßig auf die einzelnen Kassen verteilt wurden. Vereinfacht ausgedrückt: Die durchschnittlich schlechter bezahlten Arbeiter mit ihren höheren gesundheitlichen Risiken waren vermehrt in bestimmten Kassen versichert, während die besser bezahlten Angestellten mit ihren berufs- und bildungsbedingt geringeren Risiken verstärkt in anderen Kassen vertreten waren.

Diese unterschiedliche Risikostruktur führte zu sehr unterschiedlichen Beitragssätzen bei den einzelnen Kassen. Problematisch war dabei, dass diese Unterschiede keinen echten Leistungsbezug auswiesen, sondern vorwiegend strukturell bedingt waren: Da bei den gesetzlichen Kassen grundsätzlich das Prinzip der Umlagefinanzierung gilt – d. h., was in einer Periode eingenommen wird, wird in dieser Periode auch direkt wieder für den aktuellen Versichertenbestand ausgegeben –, hat eine gesetzliche Krankenkasse, die eine schlechte Risikostruktur aufweist, zugleich auch einen hohen Finanzbedarf. Dieser Betrag muss jeweils von ihrer gesamten Versichertengemeinschaft aufgebracht werden. Das wiederum bedeutet hohe Beitragssätze für die betreffende Versichertengemeinschaft und umgekehrt niedrige Beitragssätze für eine Versichertengemeinschaft mit einer guten Risikostruktur.

Seinerzeit zog diese Situation einen verzerrenden Effekt nach sich, der sich zudem permanent selbstverstärkte. Denn jene guten Risiken, die eine Wechselmöglichkeit hatten, wanderten verstärkt aus den strukturell schwächeren Krankenkassen ab. Folge war, dass in einigen Kassen die schlechten Risiken noch weiter kumulierten und deshalb dort die Beitragssätze strukturbedingt angehoben werden mussten. Entsprechend wies die Spanne der Beitragssätze 1993 deutliche Unterschiede zwischen 8 und 16 Prozent Beitragssatzpunkten aus. Erhebliche Marktanteilsverschiebungen waren die Folge. So verloren die AOKen spürbar Marktanteile, und zwar von 57 Prozent (1960) auf 45 Prozent (1992). Gewinner waren die Ersatzkassen der Angestellten, die im gleichen Zeitraum ihren Marktanteil von 18 Prozent auf 34 Prozent steigern konnten.

Zusammenfassend lässt sich für das ehemals bestehende Zuweisungssystem festhalten, dass:

– die Wahlfreiheit der Kassen nur für einen Teil der Bevölkerung bestand, was auch unter ethischen, sozialen und verfassungsrechtlichen Aspekten bedenklich war;
– für viele Krankenkassen aufgrund des Zuweisungssystems kein echter Anreiz bestand, um Wirtschaftlichkeit und Service zu kämpfen, denn Beitragssatzerhöhungen konnten schadlos auf die Mitglieder überwälzt werden, die ja häufig nicht wechseln konnten;
– ein Wettbewerb, sofern er überhaupt stattfand, allenfalls beschränkt und zudem auch nicht so gewollt war, wie er tatsächlich verlief. So wurde um gute Risiken geworben und gleichzeitig versucht, schlechte Risiken zu meiden;
– das Solidarprinzip auf gesamtgesellschaftlicher Ebene durchbrochen wurde, indem einkommensschwächere und eher bildungsferne Bevölkerungsgruppen tendenziell bei jenen Kassen versichert waren, die die höchsten Beitragssätze verzeichneten.

8.1.3 Kassenwahlfreiheit und interner Risikostrukturausgleich

Schließlich reagierte der Gesetzgeber auf diesen unbefriedigenden Zustand. Nach vielen kleineren Reformen und Kostendämpfungsmaßnahmen in den 1970er und 1980er Jahren trat 1993 das Gesundheitsstrukturgesetz (GSG) in Kraft, welches eine wirkliche Reform der GKV-Organisationsstruktur einleitete. Mit dem GSG versuchte der Gesetzgeber einen Ordnungsrahmen im Gesundheitswesen zu schaffen, der den Wettbewerb zwischen den Kassen funktionsfähig macht, aber gleichzeitig das Solidarprinzip unangetastet lässt. Das war die Geburtsstunde der bereits erwähnten solidarischen Wettbewerbsordnung. Ihre beiden Kernreformelemente waren zunächst:

– die Kassenwahlfreiheit für alle Versicherten und
– die Schaffung eines Risikostrukturausgleichs.

Durch die Einführung der Kassenwahlfreiheit für alle Versicherten haben seit 1997 alle Pflichtversicherten gleichberechtigten Zugang zu der Mehrzahl aller Krankenkassen innerhalb der GKV. Für die so geöffneten Krankenkassen besteht im Gegenzug Kontrahierungszwang und Diskriminierungsverbot. Mit der freien Kassenwahl wurde eine notwendige Voraussetzung für den Wettbewerb als Organisationsprinzip in der GKV erfüllt.

Zudem wurde ein permanenter, bundesweiter und kassenartenübergreifender Risikostrukturausgleich (RSA) für die GKV eingeführt. Ziel des RSA war es, „eine gerechtere Beitragsbelastung" der Versicherten zu erreichen und strukturelle „Wettbewerbsverzerrungen zwischen den Kassen" abzubauen. Im Endeffekt wurde auf diese Weise der Versuch unternommen, eine Risikoäquivalenz zu simulieren, in dem man einen Ausgleich zwischen den an das Einkommen gebundenen Beiträgen und den mit dem tatsächlichen Versichertenrisiko verbundenen finanziellen Auswirkungen herbeiführte: Die Pflichtversicherten suchten sich eine Krankenversicherung ihrer Wahl und zahlten gemäß ihrem Einkommen Beiträge, die von den Kassen weiterhin autonom festgesetzt wurden. Gleichzeitig wurden sie von ihrer Versicherung gemäß ihrem Risiko eingeschätzt, wobei der RSA die folgenden Risikofaktoren umfasste:
– beitragspflichtige Einnahmen (Grundlöhne),
– mitversicherte Familienangehörige (Familienlast),
– Alter, Geschlecht und Invalidität.

Realisierte nun eine Kasse für ihre Versicherten weniger Beiträge, als die finanzielle Belastung in Abhängigkeit von der Risikostruktur der Versicherten erwarten ließ, dann erhielt sie finanzielle Mittel von anderen Kassen. Erzielte sie für ihre Versicherten dagegen höhere Beiträge, als aufgrund der finanziellen Belastung in Abhängigkeit von der Risikostruktur der Versicherten zu erwarten waren, dann musste sie finanzielle Mittel an andere Kassen abgeben. Dabei ging es nicht um tatsächliche finanzielle Aufwendungen, sondern es wurden „standardisierte Leistungen" bestimmter Versichertengruppen zugrunde gelegt. Im Resultat sollten für die Kassen somit faire Wettbewerbsbedingungen geschaffen und der Anreiz reduziert werden, Versicherte nach ihrem individuellen Risiko zu selektieren.

Schnell sortierten sich die Kassen, die bisher eine schlechte Risikostruktur in ihrer Versichertengemeinschaft hatten, und die Kassen, die eine gute Risikostruktur in ihrer Versichertengemeinschaft hatten, zu den sogenannten „Empfängerkassen" und „Zahlerkassen". Der Finanzausgleich fand somit, wie in der Abbildung 8.1 schematisch zu erkennen ist, zwischen den Kassen über den RSA „intern" statt.

Der interne RSA hatte jedoch den großen Nachteil, dass er nicht zielgenau wirkte. Denn er nivellierte die Einnahmenseite zwischen den Kassen nur unvollständig und erfasste zudem die Risiken, insbesondere die Morbidität der Versicherten, nur indirekt. Daher waren es weiterhin die strukturellen Vor- und Nachteile einzelner Kassen und nicht etwa ihre Leistungsfähigkeit bzw. Nicht-Leistungsfähigkeit, die ihre Wettbewerbsergebnisse in Form von Mitgliederzugängen und -abgängen spürbar beeinflussten. Der Wettbewerb war also nicht so fair und damit auch nicht so funktionsfähig, wie man es sich von der Einführung der Reform erhofft hatte. Diese Schwäche sollte nunmehr durch die Installierung eines „externen RSA" ausgemerzt werden.

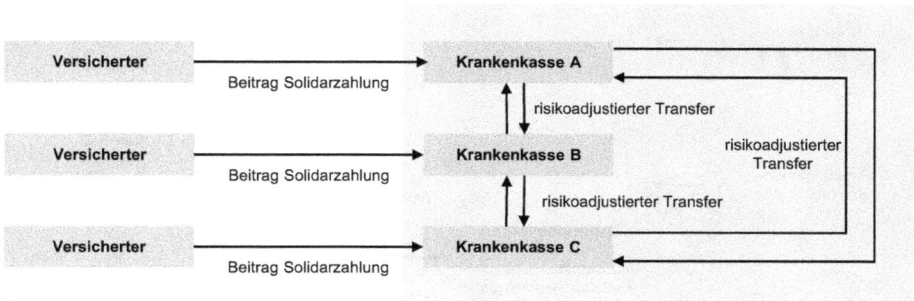

Abbildung 8.1: Interner Risikostrukturausgleich (Quelle: eigene Darstellung unter Verwendung von AOK Hessen, 2004, S. 3 ff.).

8.1.4 Externer Risikostrukturausgleich: Der Gesundheitsfonds

Mit dem GKV-Wettbewerbsstärkungsgesetz (GKV-WSG) wird seit dem 01. Januar 2009 nicht mehr der „interne" RSA praktiziert, sondern ein „externer" RSA. Üblicherweise wird er als „morbiditätsorientierter Risikostrukturausgleich" (Morbi-RSA) bezeichnet.

Als Grundvoraussetzung, um den Morbi-RSA wirksam zu installieren, wurde ein Fonds etabliert, genauer gesagt, der Gesundheitsfonds. Seine Funktion besteht darin, alle Beitrags- und sonstigen Einnahmen der gesetzlichen Krankenversicherung zu sammeln, um sie dann über einen festgelegten Verteilungsschlüssel an die einzelnen Krankenkassen zurückzuverteilen. Wie in Abbildung 8.2 illustriert, fungieren die Kassen in diesem System als eine Art Einzugsstelle, die die erhobenen Beitragseinnahmen tagesgleich an den Fonds weiterleitet. Dabei gilt für sie – wie bereits zuvor erläutert – bundesweit ein allgemeiner paritätischer Beitragssatz, der seit Einführung des Gesundheitsfonds vom Gesetzgeber unverändert auf 14,6 Prozent Beitragssatzpunkte festgelegt wird und von allen Krankenkassen einheitlich als eine Art verpflichtender Mindestbeitragssatz erhoben werden muss. Darüber hinaus wird der Fonds von weiteren Stellen gespeist, so beispielsweise aus der Rentenversicherung, die die Beiträge der Rentner begleicht, oder der Arbeitslosenversicherung, die dies für die Arbeitslosengeldbezieher übernimmt. Zusätzlich führt der Staat einen jährlich festgesetzten Bundeszuschuss in Höhe eines zweistelligen Milliardenbetrags in Euro in den Fonds ab, um versicherungsfremde GKV-Leistungen auszugleichen.

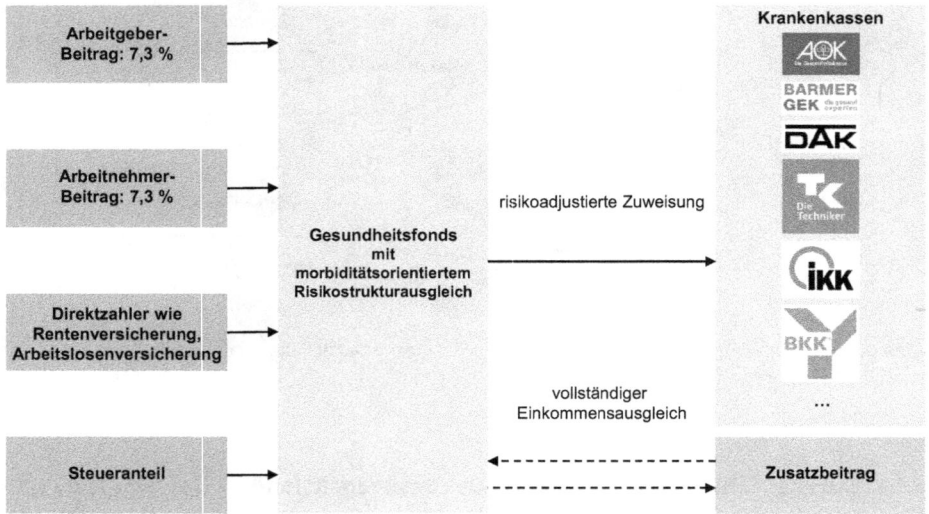

Abbildung 8.2: Gesundheitsfonds mit morbiditätsorientiertem Risikostrukturausgleich (Quelle: eigene Darstellung unter Verwendung der §§ 266 bis 271 SGB V.).

In Abhängigkeit von ihrer jeweiligen Versichertenstruktur erhalten die gesetzlichen Krankenkassen aus dem Gesundheitsfonds für jede/n Versicherte/n entsprechende Überweisungen in Euro. Diese Überweisungen bezeichnet man als risikoadjustierte Zuweisungen. Sie werden ihrer Höhe nach über den Morbi-RSA wie folgt berechnet (Abbildung 8.3):

– Vom Grundsatz her setzt sich der Morbi-RSA aus einer Grundpauschale sowie risikonivellierenden Zu- und Abschlägen zusammen.

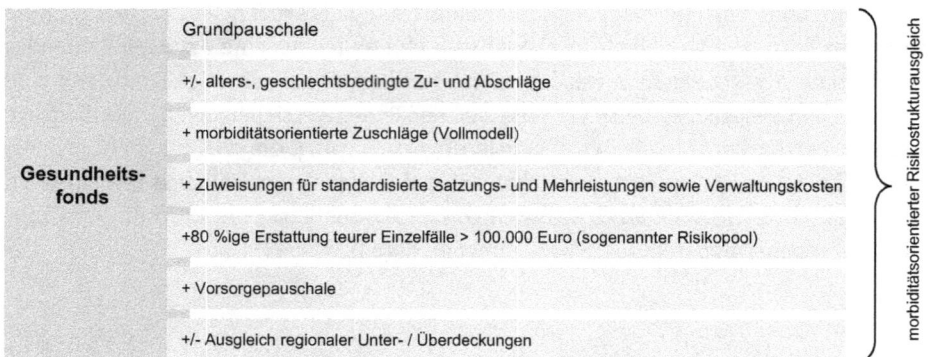

Abbildung 8.3: Zusammensetzung des morbiditätsorientierten Risikostrukturausgleichs (Quelle: eigene Darstellung unter der Verwendung §§ 266 bis 270 SGB V.).

- Neben den Sockelfaktoren Alter und Geschlecht wird hauptsächlich die Krankheitshäufigkeit und -schwere der Versicherten, also deren Morbidität, ausgeglichen. Dazu existiert seit 2020 ein Vollmodell, mit dem das gesamte Krankheitsspektrum abgedeckt wird, das über ICD-10 erfasst ist. Für besonders teure Fälle gibt es darüber hinaus Sonderausgleiche (Hochrisikopool).
- Zudem werden im Morbi-RSA einige weitere strukturelle Kostenunterschiede zwischen den Krankenkassen ausgeglichen, wie beispielsweise diejenigen der Regionalität oder der Verwaltungsaufgaben, und eine sogenannte Vorsorgepauschale bereitgestellt.

Funktioniert der Morbi-RSA gut, dann stellt er auf der Ausgabenseite zwischen den Kassen weitgehend identische Wettbewerbsbedingungen her und senkt zugleich ihre Anreize zur Risikoselektion.

Reichen die Zuweisungen des Gesundheitsfonds an eine Krankenkasse nicht aus, so hat sie die Möglichkeit, von ihren Mitgliedern einen Zusatzbeitrag zu erheben (erneut Abbildung 8.2). Wie bereits zuvor erklärt, wird dieser hälftig von Arbeitgeber und Arbeitnehmern getragen. Er kann sich als kassenindividueller Zusatzbeitrag von Kasse zu Kasse unterscheiden und wird, wie auch der allgemeine Beitragssatz, an den Gesundheitsfonds abgeführt. Der einzige Unterschied besteht darin, dass bezüglich der unterschiedlichen beitragspflichtigen Einkommen der Mitglieder individueller Kassen nur noch ein einnahmenseitiger Ausgleich stattfindet.

Mit der Überweisung aller Beiträge in und der Auszahlung der bundesdurchschnittlich korrigierten individuellen Zusatzbeiträge aus dem Gesundheitsfonds wird der sogenannte vollständige Einkommensausgleich zwischen den Krankenkassen umgesetzt. Infolge des hohen Regulierungsgrades des Fonds im Allgemeinen und des Morbi-RSA im Speziellen ist seine Funktionsfähigkeit regelmäßig zu überprüfen und gesetzlich neu zu kalibrieren.

8.1.5 Gesundheitsfonds und Preiswettbewerb auf dem Versicherungsmarkt

In Summe stellen der vollständige Einkommensausgleich und die risikoadjustierten Zuweisungen sicher, dass die kassenindividuellen Beitragssätze echte Preissignale sind, die den GKV-Wettbewerb und die Wettbewerbsfähigkeit der Kassen untereinander spiegeln. Bestmöglich werden über den Gesundheitsfonds alle strukturellen Wettbewerbsvor- und -nachteile zwischen den Kassen bereinigt, so dass der jeweilige kassenindividuelle Beitragssatz bzw. Zusatzbeitrag allein die Fähigkeit einer Kasse ausdrückt, sich selbst mehr oder minder gut wirtschaftlich zu managen.

Zum Gesamtverständnis der preislichen Wettbewerbswirkungen des Zusatzbeitrags auf dem Versicherungsmarkt sind jedoch noch zwei weitere Aspekte ergänzend zu berücksichtigen:
- Erstens gibt es neben dem kassenindividuellen Zusatzbeitrag auch einen bundesdurchschnittlichen. Hierbei handelt es sich um eine bundesweit geltende statistische

Rechnungsgröße, die jeweils zum 01. November eines Jahres für das kommende Jahr durch das Bundesministerium für Gesundheit auf Grundlage der Vorarbeiten und Empfehlungen des GKV-Schätzerkreises festgesetzt wird. Dieser Zusatzbeitrag kommt zustande, indem die Summe aller erwarteten Ausgaben der Krankenkassen der Summe aller Zuweisungen aus dem Gesundheitsfonds – einschließlich der Steuerzuschüsse – gegenübergestellt wird. Die sich daraus ergebende Differenz ist sodann durch die Summe der voraussichtlichen beitragspflichtigen Einnahmen aller Krankenkassen zu dividieren und das Ergebnis mit 100 zu multiplizieren. Der bundesdurchschnittliche Zusatzbeitrag deckt also den Betrag ab, den die Krankenkassen im Durchschnitt zusätzlich erheben müssten, um ihre Ausgaben im nächsten Jahr vollends zu finanzieren. Er entspricht explizit nicht dem tatsächlichen Durchschnitt aller kassenindividuellen Zusatzbeiträge. Erhöht nun eine Krankenkasse ihren individuellen Beitrag, so haben die Versicherten ein Sonderkündigungsrecht. Liegt der neue kassenindividuelle Zusatzbeitrag oberhalb des bundesdurchschnittlichen, so ist ihnen ausdrücklich mitzuteilen, dass sie in eine günstigere Krankenkasse wechseln können. Mit dieser Regelung will der Gesetzgeber die Preistransparenz für die Versicherten verbessern und zugleich den wettbewerblichen Druck auf die Kassen erhöhen. Allerdings ist darauf hinzuweisen, dass die beschriebene Informationspflicht auf Initiative des Bundesgesundheitsministeriums in dem Jahr, in dem dieses Buch erschienen ist, ausgesetzt wurde. Aktuell ist nicht absehbar, ob diese Intervention einmalig ist oder künftig generell gelten wird.

– Zweitens besteht für die Kassen die Möglichkeit, den Zusatzbeitrag in einem gewissen Umfang marketingseitig zu differenzieren. Dazu können sie ihren Versicherten direkt oder indirekt wirkende Preiskompensationen gewähren, beispielsweise durch Boni, (Leistungs-)Prämien oder Zuzahlungsermäßigungen. Dazu im folgenden Unterpunkt mehr.

8.1.6 Eingeschränkte Wettbewerbsoptionen auf dem Leistungs- und Behandlungsmarkt

Ein zentraler Kritikpunkt am solidarischen Wettbewerbskonzept lautet, dass zwar zwischen Versicherten und Krankenkassen ein Wettbewerb installiert wurde, allerdings schwerpunktmäßig im Hinblick auf den Beitragssatz. Zwar können sich die Krankenkassen beim Service sowie der Versichertenansprache und Kommunikation differenzieren, und zudem sind ihnen deutlich größere Handlungsspielräume eingeräumt worden, ihr eigenes versicherungsseitiges Leistungsangebot zu spreizen. Wie in Abbildung 8.4 veranschaulicht, betrifft dies vor allem folgende Leistungen:

– kassenindividuelle Satzungsleistungen, mit denen beispielsweise professionelle Zahnreinigung, Osteopathie, bestimmte Auslandsimpfungen oder finanzielle Unterstützung bei der künstlichen Befruchtung angeboten werden,

- tarifliche Zusatzleistungen, deren Leistungsspektrum Bonuszahlungen, Selbstbehalte, Beitragsrückerstattungen, Tarife für besondere Versorgungsformen, (Rabatt-)Arzneimittel oder zusätzliche Leistungen umfassen, sowie
- Leistungen und Maßnahmen der Gesundheitsförderung.

Trotz dieser Verbreiterung des kassenindividuellen Leistungsspektrums bleibt jedoch das medizinische Versorgungsangebot kassenübergreifend fast identisch. Denn der Gesetzgeber schreibt den Kassen im Rahmen der Regelversorgung einen Leistungskatalog verpflichtend vor, den sie – wie wir später noch ausführlicher zeigen werden – kollektivvertraglich, also im Rahmen gemeinsamer Verhandlungen mit den Leistungserbringern, standardmäßig zu erfüllen haben. Die Leistungen der Regelversorgung werden entsprechend auch als Regel- oder Standardleistungen bezeichnet (Abbildung 8.4). Dazu zählen die ärztliche, zahnärztliche und psychotherapeutische Behandlung, die Versorgung mit Arznei-, Verbands-, Heil- und Hilfsmitteln, die Krankenpflege und Krankenhausbehandlung, die Leistungen zur Früherkennung und medizinischen Rehabilitation sowie sonstige Leistungen. Die Kosten dieser Regelleistungen, die zum Großteil überwiegend genehmigungsfrei bereitzustellen sind, müssen von den gesetzlichen Krankenkassen übernommen werden. Insgesamt umfassen die Regelleistungen mehr als 90 Prozent aller ärztlich veranlassten Leistungen, so dass es den Kassen vielfach kaum möglich ist, auf dem Leistungsmarkt untereinander in einen Wettbewerb zu treten. Da die Beitragssatzunterschiede zudem durch den RSA innerhalb eines Korridors nivelliert werden können, gleicht die GKV aus Sicht ihrer Kritiker eher einer Standardkasse als einem Wettbewerbsmarkt.

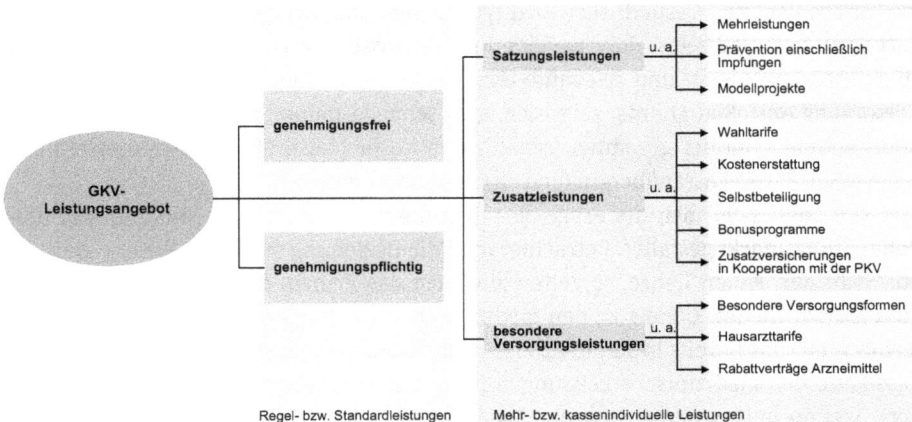

Abbildung 8.4: Regel- und kassenindividuelle Leistungen der GKV (Quelle: modifiziert nach Boroch, W., 2016, S. 13).

Eine notwendige Bedingung für einen funktionierenden Wettbewerb bestände daher in erster Linie darin, größere Handlungsspielräume auf dem Leistungsmarkt zu schaffen, also individuelle Vertragsspielräume zwischen den Krankenkassen und den Leistungserbringern. Gesundheitsökonomisch ausgedrückt, können sich die wohlfahrtsfördernden Effekte des solidarischen Wettbewerbs erst dann wirksam entfalten, wenn nach der Öffnung des Versicherungsmarkts die zweite Stufe des Wettbewerbs initiiert ist: die Flexibilisierung des Kollektivvertragssystems, das heutzutage noch weitgehend vorhanden ist.

Vor diesem Hintergrund haben die gesetzlichen Krankenkassen in den beiden vergangenen Jahrzehnten durchaus vertragliche Handlungsspielräume erhalten, insbesondere durch das 2004 in Kraft getretene Wettbewerbsstärkungsgesetz (GKV-WSG). Seitdem können sie in Abweichung von den Kollektivverträgen beispielsweise selektive bzw. sogenannte Besondere Verträge mit einzelnen Ärzten oder Ärztegruppen vereinbaren, die sich auf bestimmte Versorgungs-, Leistungs- und Qualitätsmerkmale beziehen. Vom Grundsatz her sind diese Neuerungen an den Gedanken des Managed-Care-Konzepts angelehnt. Im übernächsten Kapitel werden wir darauf noch intensiver zu sprechen kommen.

Festzuhalten ist an dieser Stelle, dass die gesetzlichen Krankenkassen mit den neuen Regelungen nunmehr einen etwas größeren Gestaltungsspielraum haben, um ihren Versicherten ein differenzierteres Leistungsspektrum auf der Versorgungsseite anzubieten. Allerdings sind die Ergebnisse der Inanspruchnahme solcher Verträge und die Weitergabe ihrer Vorteile an die Versicherten nach fast 20 Jahren eher ernüchternd. Gemessen am Gesamtvolumen der GKV ist ihr Umfang relativ gering, denn faktisch sind trotz vermehrter vertraglicher Gestaltungsoptionen die harten sektoralen Versorgungsgrenzen, die für das deutsche Gesundheitswesen typisch sind, mit wenigen Ausnahmen unverändert geblieben. Und selbst dort, wo eine Krankenkasse ihre wettbewerblichen Freiheitsspielräume ausnutzen und relevante (Prozess-)Innovationen und Veränderungen der Versorgung anstoßen konnte, zeigt sich, dass schnelle Imitationen der Konkurrenz die Regel waren – mit der gesamtwirtschaftlichen Konsequenz, dass der wettbewerbliche Innovationsanreiz kassenübergreifend eher gedämpft wurde.

Nun stellt sich noch die Frage, wie sich die wettbewerbliche Situation auf dem Behandlungsmarkt gestaltet. Betrachtet man die Beziehung zwischen Patient und Arzt aus Sicht der reinen Lehre, so gelten zunächst das Prinzip der freien Arztwahl und ein unbeschränkter Zugang zu den medizinischen Leistungen auf diesem Markt. Weiterhin greift das bereits in Kapitel 2 erläuterte Sachleistungsprinzip, welches vorsieht, dass Patienten medizinische Leistungen nach Bedarf erhalten und ihre Krankenkasse dem Arzt diese Leistungen erstattet. Die Rolle der gesetzlichen Krankenkassen im Innenverhältnis Patient-Arzt bzw. Patient-Leistungserbringer ist in erster Linie die eines Kostenträgers, der dafür sorgt, dass die am Patienten veranlassten Leistungen bezahlt werden. Im Allgemeinen mischen sie sich jedoch nicht direkt in das Innenverhältnis der beiden Seiten ein; dies erfolgt allenfalls punktuell, indem beispielsweise Informationen und Beratung bereitgestellt werden.

Die Beziehung zwischen GKV-Patient und Arzt wird allerdings auch durch die Vergütungspraxis im Zusammenspiel der Systeme der GKV und PKV bestimmt. Ein Beispiel dazu, das in der Öffentlichkeit häufig diskutiert wird, ist, dass die PKV die Ärzte weit höher vergütet als die GKV und dadurch für sie einen Anreiz schafft, ihren Privatpatientenstamm und die Leistungen, die diese Patienten bekommen, zu maximieren. Unabhängig davon, wie die Ärzte im Einzelfall auf diesen Anreiz reagieren, werden die GKV-Patienten qua System zu sogenannten „Patienten zweiter Klasse".

Ohne nun auf weitere Details zum Behandlungsmarkt einzugehen, bleibt festzuhalten, dass dieser Markt unter Wettbewerbsaspekten für die Krankenkassen nur sekundäre Bedeutung hat, auch wenn sich einzelne unter ihnen eine größere gestaltende Rolle in der Arzt-Patient-Beziehung wünschen mögen. Auch hierzu werden im Rahmen des kommenden Managed-Care-Kapitels einige theoretische Modellüberlegungen erläutert.

8.1.7 Alternativen zur GKV-Finanzierung und Beitragsgestaltung

Aus dem politischen Raum gibt es immer wieder ganz unterschiedliche Vorschläge zur Finanzierung der GKV und damit zur Ausgestaltung ihres Beitrages, der, wie die Empirie zweifelsfrei belegt, als „Preisparameter" bislang der entscheidende Wettbewerbsparameter für die gesetzlichen Krankenkassen ist.

Grundsätzlich besteht die Möglichkeit:

- den Beitrag zur Krankenversicherung risikoäquivalent zu kalkulieren, wie es in der privaten Krankenversicherung gehandhabt wird; dies wird in den folgenden Unterkapiteln noch weiter ausgeführt,
- den Beitrag einkommensproportional zu belasten, wie es in der GKV praktiziert wird, oder
- die Beitragserhebung mittels absoluter Pauschalen zu gestalten, so wie es beispielsweise in der Schweiz geregelt ist.

Im Rahmen der einkommensproportionalen Beitragserhebung gibt es wiederum, je nachdem, welche Ziele in der GKV verfolgt werden sollen, viele Möglichkeiten der konkreteren Beitragsgestaltung. Diese werden regelmäßig von Seiten der politischen Akteure in die Diskussion gebracht, so z. B.:

- Der GKV-Pflichtversichertenkreis kann nach Bedarf eingeengt oder ausgeweitet werden – bis hin zu einer vollständigen Einbeziehung aller PKV-Versicherten.
- Damit verbunden ist auch die Möglichkeit, die beitragsfreie Mitversicherung von Ehegatten (einschließlich eingetragenen Lebenspartnern) und Kindern zu verändern.
- Die Beitragsbemessungsgrenze kann angepasst werden. Oft wird gefordert, sie anzuheben.
- Die Beitragsbemessungsgrundlage kann verändert werden. In diesem Rahmen wird darüber diskutiert, nicht nur Arbeitseinkommen, sondern auch andere

Einkommensarten wie Mieten und Verpachtung oder Vermögen mit in die Bemessungsgrundlage einzubeziehen.
- Das Umlageverfahren kann in Anlehnung an die PKV in ein Kapitaldeckungsverfahren umgewandelt werden.

Jede Veränderung eines Strukturelements der Beitragserhebung bringt Vor- oder
Nachteile für bestimmte Bevölkerungsgruppen mit sich; die Ausgestaltung hängt
damit in sehr starkem Maße von der jeweiligen Vorstellung über eine gerechte Las-
tenverteilung in der Gesellschaft ab und von der Vorstellung darüber, mit welchen
Mitteln diese denn effizient erreicht werden kann. Vor diesem Hintergrund zeichnen
sich vor allem zwei Finanzierungsmodelle ab, die die bisher skizzierten Gestaltungsoptionen unterschiedlich gewichten und zusammenführen. Das ist zum einen die Bürgerversicherung und zum anderen das Kopfpauschalensystem, das politisch auch als
Gesundheitsprämienmodell bezeichnet wird:
- Die Bürgerversicherung stellt – wie der Name schon sagt – ein Finanzierungsmo-
dell für alle (Wohnort-)Bürger dar. Das bedeutet, dass ein einheitlicher Krankenversicherungsmarkt im Unterschied zum bestehenden dualen System von GKV
und PKV geschaffen wird. Neben der damit verbundenen Erweiterung des GKV-
Pflichtversichertenkreises steht darüber hinaus im Kern der Wegfall oder zumindest die spürbare Erhöhung der Beitragsbemessungsgrenze sowie die Verbreiterung der Beitragsbemessungsgrundlage zur Disposition.
- Die Erhebung von Kopfpauschalen zur Finanzierung der GKV ist ein weiterer Vorschlag, der von politischer Seite in regelmäßigen Abständen vorgebracht wird.
Beim Kopfpauschalenmodell bezahlen alle Versicherten den gleichen Preis – die
sogenannte Kopfpauschale. Setzt man das Modell konsequent um, dann müssten
auch die Ehegatten und Kinder, die derzeit mitversichert sind, in die Kopfpauschale einbezogen werden – zumindest aber die Ehegatten. Darüber hinaus sieht
das Kopfpauschalenmodell je nach konkreter Ausgestaltung mehr ergänzende
preisliche Gestaltungsoptionen für die GKV vor, so beispielsweise erweiterte
Selbstbeteiligungsregelungen, Kostenstaffelungen und -rückerstattungen sowie
die Einführung des Kostenerstattungssystems. In seiner weitesten Auslegung
wird zudem die Einführung eines Kapitaldeckungsverfahrens gefordert.

Der wesentliche Unterschied zwischen Kopfpauschalen und einkommensabhängigen
Beiträgen ist, dass die Umverteilung von hohen zu geringen Einkommen aus der Krankenversicherung ausgeschlossen wird. Dies entspricht der Forderung, „die Umverteil-
lungsfunktion nicht mit der Allokationsfunktion zu vermischen". Um einen sozialen
Ausgleich zu erreichen, sollte die Umverteilung über andere Mechanismen erfolgen,
z. B. über Steuern oder direkte Transferzahlungen. Dies würde – so die Protagonisten
der Kopfpauschale – die Umverteilungspolitik wesentlich transparenter und nachvoll-
ziehbarer machen, während das Solidarprinzip systemimmanent erhalten bliebe, da
weiterhin von Gesunden zu Kranken sowie von Jungen zu Alten umverteilt würde.

Unter sozialpolitischem Aspekt ist in diesem Zusammenhang die Zielgenauigkeit der Umverteilungsmaßnahmen außerordentlich wichtig, um die häufig öffentlich formulierte Kritik zu entkräften, die Pauschalen seien vergleichsweise ungerecht, weil alle GKV-Versicherten oberhalb des Transferausgleichs unabhängig von ihrem Einkommen den gleichen Preis zu zahlen hätten.

Beide Finanzierungsmodelle – Bürgerversicherung und Kopfpauschalenmodell – können mit verschiedenen Instrumenten ausgestaltet und erreicht werden. In der Realität existieren also eine Vielzahl von Untervarianten, die mitunter auch als Reaktion auf die Kritik an den beiden Modellen zu verstehen sind. So ist es auch nicht verwunderlich, dass in die politische Diskussion des Öfteren ein sogenanntes Bürgerprämienmodell als Kompromisslösung eingebracht wird, welches im vereinfachten Sinne eine Art Mischung beider Systeme darstellt. Unabhängig davon, welches Modell schlussendlich gewählt wird, ist keine der Modellalternativen geeignet, um zu erreichen, dass die finanzielle Grundlage des GKV-Systems automatisch gesichert ist.

8.2 Wettbewerb in der PKV

Private Krankenversicherungen erlangten erst gegen Ende des 19. Jahrhunderts Bedeutung. Da sich die wohlhabenden gesellschaftlichen Schichten nicht in der GKV versichern lassen konnten, initiierten sie die Gründung entsprechender Versicherungseinrichtungen auf privatwirtschaftlicher Grundlage. Ein zweiter wichtiger Entwicklungsschritt für die PKV folgte mit der Inflation von 1923. Damals verloren viele wohlhabende Familien ihr Vermögen, was zur Folge hatte, dass die PKV daraufhin erhebliche Versichertenzuwächse verzeichnen konnte. In dem Zeitraum vom Ende des Zweiten Weltkriegs bis Anfang der 1970er Jahre des vorigen Jahrhunderts wurde die Erweiterung der PKV durch den Gesetzgeber kaum gefördert. Das änderte sich erst in den Jahren danach, als die Politik begann, die PKV-Rahmenbedingungen zunehmend vorteilhafter auszugestalten, u. a. dadurch, dass ihr ganze Berufsgruppen zugewiesen wurden, v. a. Selbstständige und Beamte. Seither ist die PKV als Krankenversicherung neben der GKV als Vollversicherung anerkannt. Das duale Versicherungssystem zweier Vollversicherungen ist weltweit einzigartig.

8.2.1 Grundstruktur der PKV

Anders als in der GKV gilt in der PKV das versicherungstechnische Äquivalenzprinzip, d. h., der vom Versicherten zu zahlende Versicherungspreis – hier als Prämie definiert – bemisst sich nach dessen Krankheitsrisiko sowie Art und Umfang der vertraglich gewünschten Leistungen. Das Risiko wird dabei vorrangig nach Eintrittsalter und etwaigen Vorerkrankungen eingeschätzt. Zudem wird auf der Grundlage des Kapitaldeckungsverfahrens kalkuliert, wobei die individuellen Prämien zum Versicherungseintritt so berechnet werden, dass sie die erwarteten Einnahmen und Leistungsausgaben einschließlich des Verwaltungsaufwandes über die gesamte Versicherungslaufzeit abbilden.

In der PKV können sich Angestellte und Arbeiter versichern lassen, die mit ihrem Einkommen in mindestens drei aufeinanderfolgenden Jahren die Jahresarbeitsentgeltgrenze bzw. die sogenannte Pflichtversicherungsgrenze der GKV überschritten haben. Weiterhin dürfen sich in der PKV Beamte, Selbstständige und freiberuflich Tätige versichern. Darüber hinaus ist mit Einführung der allgemeinen Versicherungspflicht in 2009 auch jenen Personen ein Versicherungsschutz durch die PKV-Unternehmen anzubieten, die ohne Krankenversicherungsschutz mit Wohnsitz in Deutschland leben, aber nicht der GKV-Versicherungspflicht unterliegen oder ehemals privat krankenversichert waren bzw. der PKV systematisch zuzuordnen sind. Zu berücksichtigen ist zudem, dass in der PKV grundsätzlich alle Familienangehörigen separat versichert werden müssen.

Die privaten Krankenversicherer sind überwiegend privatrechtliche, erwerbswirtschaftlich orientierte Unternehmen. Auf der Leistungsseite hat der privat Versicherte die Wahl zwischen allen niedergelassenen Ärzten, vor allem auch solchen, die nur privat praktizieren. Es gilt das Kostenerstattungsprinzip, d. h., der Versicherte zahlt die Arztrechnung selbst und rechnet sie anschließend direkt mit seiner Versicherung ab.

Ein weiterer Unterschied zur GKV ist die Art und Weise der ärztlichen Leistungsvergütung, die dadurch gekennzeichnet ist, dass Ärzte die Leistungen, die sie für PKV-Versicherte erbringen, erstens überwiegend in Form der Einzelleistungsvergütung abrechnen können und dabei zweitens im Durchschnitt höhere Beträge erzielen als für ein vergleichbares GKV-Leistungspaket. Insgesamt unterliegt das Verhältnis Arzt – Patient in der PKV sicherlich deutlich weniger Regulierungen und Vergütungsrestriktionen als in der GKV.

2021 zählte die PKV 8,72 Millionen Versicherte, die eine Krankheitskostenvollversicherung abgeschlossen hatten, d. h. eine Versicherung, die die GKV komplett ersetzt. Sie machen rund 10 Prozent der in Deutschland lebenden Bevölkerung aus. PKV-Unternehmen können ihren Kunden vier unterschiedliche Arten an Vollversicherungstarifen anbieten (Übersicht 8.1): den allgemein üblichen Normalversicherungstarif sowie den Beihilfe-, Basis- und Notlagentarif. Neben der Vollversicherung existiert als zweites geschäftliches Standbein der PKV die Zusatzversicherung, deren Zielkunden vorrangig die GKV-Versicherten sind.

Normaltarif	–	Für Personen, die sich in der PKV versichern wollen, können bzw. müssen.
	–	Mit Leistungen, die je nach Anbieter und Vertrag stark individuell variieren können.
	–	Prämienkalkulation äquivalent zum individuellen Risiko.*
Beihilfetarif	–	Für Personen, die bereits über eine Absicherung im Krankheitsfall verfügen, wie z. B. Beamte mit einem Anspruch auf Beihilfe. Diese können ihren verbleibenden Absicherungsbedarf somit ergänzen.
	–	Mit Leistungen, die je nach Anbieter und Vertrag stark individuell variieren können.
	–	Prämienkalkulation äquivalent zum individuellen Risiko.
Basistarif	–	Für Personen, die unabhängig von ihrem Gesundheitsstatus, also ohne Risikozuschläge, versichert sein wollen bzw. müssen, z. B. um die individuelle Prämie zu reduzieren.
	–	Mit Versicherungsleistungen wie in der GKV.
	–	Prämien sind abhängig vom Alter und sind nach oben gedeckelt: monatlicher GKV-Höchstbeitrag.
Notlagentarif	–	Für PKV-Versicherte, die sich in einer vorübergehenden finanziellen Notlage befinden.
	–	Mit deutlich eingeschränkten Versicherungsleistungen.
	–	Kalkulation einer einheitlichen Prämie für den Versichertenbestand des PKV-Unternehmens.

Übersicht 8.1: Vollversicherungstarife der PKV (Quelle: eigene Darstellung unter Verwendung von Simon, M., 2021).
*Seit Dezember 2012 darf das Geschlecht des Versicherungsnehmens nicht mehr als Tarifkriterium verwendet werden (sogenannte Unisextarife).

8.2.2 PKV-Wettbewerbsmärkte und Alterungsrückstellungen

Für eine Analyse des Wettbewerbs in der PKV muss unterschieden werden in:
– einen Wettbewerb auf dem Markt für Wechsler von der GKV in die PKV, also neu in der PKV zu Versichernde (PKV-Neukundenmarkt) und
– einen Wettbewerb auf dem Markt für schon PKV-Versicherte (PKV-Bestandskundenmarkt).

Betrachten wir zunächst den Wettbewerb um die Wechsler von der GKV in die PKV. Hier lässt sich ein „echter" Wettbewerb feststellen, und das trotz schwieriger Preis- und Leistungsvergleiche sowie einer gewissen Unübersichtlichkeit des bestehenden Versicherungsmarktes: Freier Marktzugang und eine Vielzahl von Anbietern, im Jahre 2022 existierten 43 private Krankenversicherungsunternehmen, sorgen für ein intensives Wettbewerbsgeschehen um neue PKV-Kunden. Wettbewerbsparameter sind der Preis für den Versicherungsschutz und das Leistungsangebot; beides kann variiert werden. Beispielsweise können bestimmte Leistungen aus den Versicherungsverträgen ausgeschlossen werden, wodurch dann die Prämie sinkt.

Anders stellt sich die Situation für Personen dar, die bereits in der PKV versichert sind: Gewinnt ein Versicherungsunternehmen einen Versicherten aus dem Bestandsmarkt der PKV, so kommt das Kapitaldeckungsverfahren in besonderem Maße über die sogenannten Alterungssrückstellungen zum Tragen. Nach diesem Verfahren ist der Preis der Versicherung – also die individuelle Prämie – so zu kalkulieren, dass der Vertrag für den Versicherten und für die PKV selbst über die gesamte Lebenszeit des Versicherten hinweg erfüllbar ist. Theoretisch bedeutet dies, dass über den gesamten Versicherungszeitraum eine konstante Prämie erhoben wird. Wie der Abbildung 8.5 zu entnehmen ist, ergibt sich in jungen Jahren bei Eintritt in die PKV für den Versicherten eine Prämie, die deutlich über seinen tatsächlichen Krankheitskostenausgaben liegt. Aus der Differenz zwischen dieser Prämie und den tatsächlichen Leistungsausgaben für Krankheit wird die Alterungsrückstellung errechnet. Sie wird – wie der Name schon sagt – für das Alter zurückgestellt, nämlich für die Zeit, in der erwartungsgemäß die Ausgaben der Versicherung für die Krankheitskosten des Versicherten über den von ihm zu leistenden Beitrag hinausgehen.

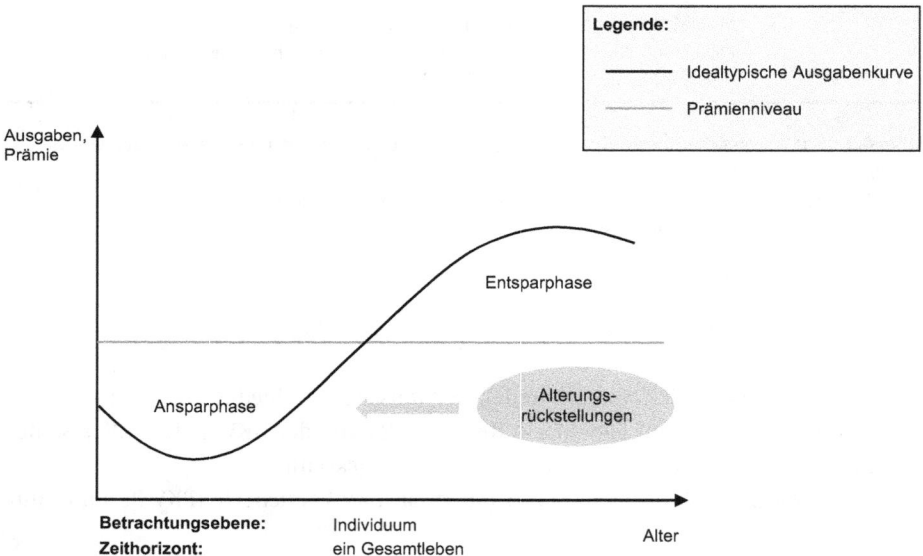

Abbildung 8.5: Schematische Darstellung des Kapitaldeckungsverfahrens (Quelle: eigene Darstellung in Anlehnung an Pimpertz, J., 2003, S. 27).

Zusammenfassend heißt das:
–   Im Rahmen des Kapitaldeckungsverfahrens gibt es eine zeitlich erste Phase, in der Versicherte Vorsorge für die Inanspruchnahme künftiger Leistungen betreiben – man spricht in diesem Zusammenhang auch von der Ansparphase. Das so angesparte Kapital legen die Versicherungen möglichst gewinnbringend auf dem Kapitalmarkt an.

– Die zweite Phase des Kapitaldeckungsverfahrens ist durch das Entsparen gekennzeichnet, d. h., mit zunehmendem Alter übersteigen die Krankheitskosten die Einnahmen aus den Prämien. Dieses Defizit wird nunmehr über die Auflösung der Alterungsrückstellungen einschließlich ihrer Kapitalverzinsung alimentiert.

Die Bildung von Alterungsrückstellungen ist impliziter Bestandteil des Kapitaldeckungsverfahrens. Sie ist notwendig, damit dieses spezifische Versicherungsverfahrens funktioniert, und ermöglicht vom Grundsatz her eine Kalkulation, die eine sichere und im Alter bezahlbare Krankenversicherung gewährleistet. Wie gleich noch zu zeigen sein wird, setzt dies voraus, dass die Mitnahme der angesparten Alterungsrückstellungen beim Versichertenwechsel gewissen Regulierungen unterliegt – im strengsten Fall dürfen sie sogar überhaupt nicht mitgenommen werden. Man spricht in diesem Zusammenhang von fehlender Portabilität der Alterungsrückstellungen. Damit ist ein tendenziell verminderter Wettbewerb in der PKV verbunden.

8.2.3 Verminderter Wettbewerb bei fehlender Portabilität

Nehmen wir im Weiteren zunächst an, dass die Portabilität der Alterungsrückstellungen in der PKV vollständig fehlt, wie es auf alle Versicherungsverträge, die vor 2009 abgeschlossen wurden, auch tatsächlich nach wie vor zutrifft. Stellen wir uns weiter vor, dass ein PKV-Bestandskunde – aus welchen Gründen auch immer – seine Versicherung wechseln will. Unter den Bedingungen des Kapitaldeckungsverfahrens wird er dann in der neuen Versicherung entsprechend seines gegenwärtigen Alters versichert werden. Bei fehlender Portabilität ergibt sich nun für den Wechsler ein doppelter Nachteil:
– Erstens fallen die aufgebauten Alterungsrückstellungen an die Versicherung, die er verlässt;
– zweitens muss er nun in der neuen Versicherung wesentlich höhere Prämien in Kauf nehmen, weil sich die Kalkulationsgrundlage aufgrund seines höheren Alters und damit der statistisch verbleibenden Restlebenszeit – insbesondere in Bezug auf die Ansparphase – verkürzt hat.

Unter diesen Voraussetzungen werden viele Wechselwillige davon absehen, ihre Versicherung tatsächlich zu wechseln. Für den einzelnen Versicherten wird ein Versicherungswechsel umso teurer, je länger er sich bereits in einem bestehenden Versicherungsverhältnis befindet und je älter er ist. Faktisch gibt es bei fehlender Portabilität zwischen privaten Krankenversicherungen kaum Wettbewerb um Bestandsversicherte.

Da die PKV-Unternehmen um die versicherungstechnischen Nachteile ihrer Bestandskunden bei einem Wechsel in eine neue PKV wissen, besteht für sie kein oder nur ein verminderter Anreiz, Neukunden zum Zeitpunkt ihres Versicherungseintritts die künftige Prämienentwicklung bereits in der Anfangsprämie offenzulegen: Wie bereits gezeigt, müssten sie theoretisch eigentlich konstante (Lebenszeit-)Prämien kalkulieren;

tatsächlich haben sie jedoch vertraglich einen gewissen preislichen Gestaltungsspielraum, und zwar vor allem deshalb, weil nicht jede künftige Änderung treffgenau vorab kalkulatorisch bestimmt werden kann. Dies betrifft etwa den technologischen Fortschritt, die tatsächliche demografische Entwicklung oder die Inflation. Diesen Spielraum nutzen die PKVen nunmehr sehr einseitig zu ihren Gunsten. Für sie stellt es nämlich ein rationales Verhalten dar, insbesondere jungen Neukunden günstige Anfangsprämien anzubieten und die notwendigen Prämienanpassungen erst zu einem späteren Zeitpunkt vorzunehmen – und zwar dann, wenn die Versicherten aufgrund ihres Alters kaum noch eine Chance auf einen günstigen Tarif bei einer neuen Versicherung haben. Anreize für eine weit vorausschauende Prämienkalkulation würden sich für die Versicherungen demzufolge erst ergeben, wenn die Versicherten die Möglichkeit hätten, die Versicherung zu wechseln und die Alterungsrückstellungen mitzunehmen.

Vor diesem Hintergrund wird vielfach diskutiert, die Alterungsrückstellungen beim Wechsel der PKV mitzugeben, so dass ein Wechselwilliger durch ein fortgeschrittenes Alter keine Nachteile bei der neuen Versicherung erleidet. Aber auch diese Situation ist mit erheblichen Problemen verbunden, die wir im Rahmen der Marktversagenstheorie unter dem Stichwort Negativauslese bereits kennengelernt haben:

– Würde man die tatsächlich angesparten und verzinsten Alterungsrückstellungen bei einem PKV-Wechsel vollständig mitgeben, könnten trotzdem nicht alle Wechselwilligen ohne Risikoaufschläge zu einer neuen Versicherung wechseln. Denn diese Möglichkeit stände nur den guten Risiken offen, während die schlechten Risiken erneut keine Chance hätten, bei der neuen Versicherung ohne Prämienaufschläge angenommen zu werden. Folglich würden schlechte Risiken in der alten Versicherung verbleiben, gute Risiken hingegen abwandern. Dies könnte jedoch zu einer Risikoentmischung und somit zu einem Zusammenbruch des Tarifs der alten Versicherung führen – und das verbunden mit allen negativen Konsequenzen für die dort versicherten Bestandskunden.

– Würde man dagegen als Alternative die sogenannten prospektiven Alterungsrückstellungen, also die zukünftig für die Krankheitsausgaben erwarteten Rückstellungen, mitgeben, so würden gute Risiken eine geringere Alterungsrückstellung mitbekommen, als sie tatsächlich angespart hätten, und schlechte Risiken wiederum eine höhere als ihre angesparte. Für das aufnehmende Versicherungsunternehmen wären dann beide Risiken gleich hoch. Allerdings ist es schwierig, solche tatsächlichen Risikoberechnungen anzustellen, und zudem fraglich, ob die Mitnahme einer Alterungsrückstellung, die höher oder niedriger ist als die tatsächliche, überhaupt vertretbar ist. Entsprechend werden gegen diesen Vorschlag verschiedene finanzmathematische und praktische Einwände vorgebracht.

Rahmenbedingungen für einen echten und zugleich intensiven Wettbewerb auf dem PKV-Markt zur Geltung zu bringen, ist daher für den Gesetzgeber keine leichte Aufgabe. Er hat sich hier für eine Zwischenlösung entschieden, indem er den Wettbewerb um Bestandskunden in der PKV durch die Gesundheitsreform 2009 moderat gestärkt hat:

Seither gilt, dass alle neuen Versicherten der PKV das Recht besitzen, bei einem künftigen Wechsel in ein anderes PKV-Unternehmen ihre aufgebauten Alterungsrückstellung im Rahmen des sogenannten Basistarifs mitzunehmen. Da dieser Tarif jedoch, wie auch der Übersicht 8.1 zu entnehmen ist, an den GKV-Leistungskatalog angelehnt ist und aus PKV-Sicht lediglich nur einen Grundstock an Leistungen bereitstellt, ist die Höhe der portablen Alterungsrückstellungen reduziert. Demzufolge funktioniert der Bestandskundenwettbewerb innerhalb der PKV trotz gesetzlicher Änderung allenfalls eingeschränkt.

8.3 Systemreformen in der Krankenversicherung zwischen Wettbewerb und sozialpolitischem Ausgleich

Die Betrachtung des deutschen Krankenversicherungssystems, das sich in ein gesetzliches und ein privates Subsystem unterteilt, macht deutlich, dass ein gewisser Umfang an Regulierung auf dem Krankenversicherungsmarkt infolge des Bestehens von Marktversagensbedingungen generell erforderlich ist. In diesem Zusammenhang kreisen gesundheitspolitische Überlegungen daher immer um die Frage, wie unter Beibehaltung der sozialpolitischen Zielsetzungen ein funktionstüchtiger und zugleich wohlfahrtsstiftender Wettbewerb etabliert werden kann. Dieses Spannungsverhältnis zwischen der Sozial- und Wirtschaftspolitik ist umso schwieriger zu lösen, als viele Maßnahmen, die auf Wettbewerb im Krankenversicherungswesen abzielen, indirekt andere Gesundheits-(teil-)märkte beeinflussen. Die Gesamtkonstellation ist also komplex und macht Gesundheitsreformen für den Gesetzgeber äußerst knifflig. Die Diskussionen in Wissenschaft und Praxis um Verbesserungen und mehr Wettbewerb in der GKV und der PKV dauern an. Gesundheitspolitisch betrachtet, steht dabei immer wieder das Verhältnis von GKV und PKV, so wie es hier bereits thematisiert worden ist – beispielsweise im Zusammenhang mit der Bürgerversicherung – auf dem Prüfstand. Eine in diesem Zusammenhang häufig gestellte Frage lautet, ob es vor diesem Hintergrund systemisch überhaupt sinnvoll ist, zwei nebeneinander existierende Vollversicherungen vorzuhalten, oder ob es nicht vorteilhafter wäre, die Systeme künftig in ein GKV-Voll- und ein PKV-Zusatzversicherungssystem zu trennen, wie in Abbildung 8.6 illustriert.

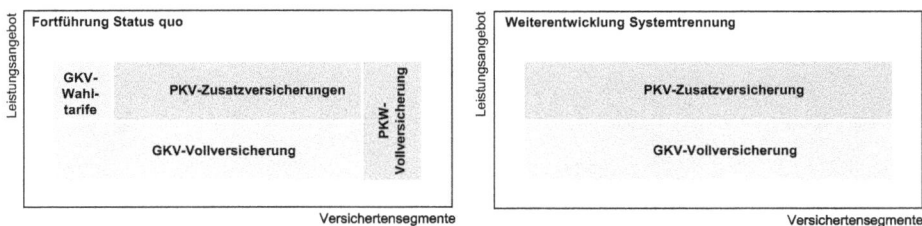

Abbildung 8.6: Systemtrennung in der Krankenversicherung als Reformoption (Quelle: eigene Darstellung).

8.4 Literatur zum Kapitel 8

Als Quellen für dieses Kapitel wurde primär die folgend aufgeführte Literatur genutzt, die auch als vertiefende Lektüre empfohlen wird:

- *Beek van der, K./Cassel, D.* (1997)
- *Boroch, W.* (2016)
- *Cassel, D./Wasem, J.* (2014)
- *Jacobs, K./Schulze, S.* (Hrsg.) (2012)
- *Simon, M.* (2021)
- *Wasem, J./Lux, G./Schillo, S./Staudt, S./Jahn, R.* (2008)
- *Wille, E.* (2002)

9 Sektorale Versorgungplanung und -steuerung

Wie bereits im Vorkapitel erörtert, sind in den vergangenen Jahren eine Reihe von gesetzgeberischen Maßnahmen in Kraft gesetzt worden, die den gesetzlichen Krankenkassen erweiterte Optionen für ein proaktives Versorgungsmanagement einräumen sollten. Die heutige Versorgungsplanung und -steuerung ist im Kern jedoch noch immer eine Fortschreibung der Planungs- und Steuerungsmethoden, wie sie historisch seit vielen Jahren bestehen. Das bedeutet zugleich, dass das deutsche Gesundheitswesen weitgehend durch starre sektorale Grenzen gekennzeichnet ist. Innerhalb dieser Sektorgrenzen bleiben dann auch die Vergütungsströme größtenteils sektoral. An diesem Faktum kommt man zunächst einmal nicht vorbei, auch wenn diese Situation durchaus kritikwürdig ist.

Wir werden uns in diesem Kapitel mit den bestehenden Versorgungs- und Steuerungsmethoden und den eng daran geknüpften Vergütungssystemen beschäftigen. Zu diesem Zweck werden wir als Erstes das Gesundheitsangebot nach Sektoren differenzieren und im Anschluss die bestehende GKV-Angebots- und Preissteuerung für die drei wichtigsten Gesundheitssektoren Deutschlands betrachten.

9.1 Sektorale Angebotsstrukturen

Gesundheitsleistungen erhält man im deutschen Gesundheitssystem traditionell auf zwei Wegen: entweder über den ambulant niedergelassenen Arzt oder über einen stationären Aufenthalt in einem Krankenhaus. Diese beiden Institutionen strukturieren die zwei zentralen Sektoren der Angebotsseite, wobei sich beide Versorgungsbereiche noch weiter differenzieren lassen. So kommen zur stationären Versorgung noch die Rehaeinrichtungen und Hospize hinzu, während zur ambulanten Versorgung beispielsweise noch die zahnärztliche und psychotherapeutische Versorgung zählen. Darüber hinaus gehören zur Angebotsseite alle materiellen Güter wie Arzneimittel, Hilfsmittel, implantierbare Medizinprodukte und Medizintechnik sowie einige weitere Gesundheitsgüter. Übersicht 9.1 stellt eine erste Übersicht über das Angebot der Leistungserbringung bereit, geordnet nach unterschiedlichen Sektoren.

Die genannten Sektoren lassen sich vereinfacht als eigenständige Märkte auffassen und analysieren – und das, obwohl jede Entscheidung oder Veränderung des Angebots in einem Bereich häufig auch Auswirkungen auf das Angebot in einem anderen Bereich hat. Ergänzend zu dieser sektoralen Unterteilung lässt sich das GKV-Leistungsangebot zudem nach Leistungsarten und deren Ausgaben betrachten, so wie sie im Sozialgesetzbuch V definiert werden. Dazu lohnt sich ein Blick auf die Abbildung 9.1. Dort zeigt sich, dass die drei größten Leistungsarten bzw. Leistungssektoren nach Ausgaben die stationäre Krankenhausversorgung (85,9 Mrd. Euro: 2021), die ambulante ärztliche Versorgung (44,8 Mrd. Euro) und die Arzneimittelversorgung (46,6 Mrd. Euro) sind. Alle

https://doi.org/10.1515/9783486989441-009

Ambulanter Sektor	– haus- und fachärztliche Versorgung
	– zahnärztliche Versorgung
	– psychotherapeutische Versorgung
	– ambulante Rehabilitation
	– Heilmittelerbringung
	– Rettungsdienst
	– häusliche (Kranken-)Pflege
	– ambulante Pflegeeinrichtungen
Stationärer Sektor	– Krankenhäuser
	– Rehakliniken
	– Hospize
	– stationäre Pflegeeinrichtungen
Arzneimittelsektor	– pharmazeutische Unternehmen
	– Arzneimittelgroßhandel
	– Apotheken
Medizinprodukte und Medizintechnik	– implantierbare Medizinprodukte, wie
	– Prothesen,
	– Stens,
	– etc.
	– arztunterstützende Medizintechnik, wie
	– Endoskopie,
	– Röntgen
	– medizinische Großgeräte
	– medizinische Telematikgeräte und Apps
Hilfsmittelund sonstiges	– Hilfsmittel, wie
	– Rollstühle,
	– Sehhilfen,
	– Inkontinenzunterlagen,
	– etc.
	– Verbrauchsmaterialien
	– Gesundheitshandwerk, wie
	– orthopädisches Schuhwerk,
	– Zahntechnik,
	– etc.

Übersicht 9.1: Gesundheitsangebot nach Sektoren (Quelle: eigene Darstellung).

drei Ausgabenbereiche zusammen machen regelmäßig etwas mehr als zwei Drittel aller GKV-Ausgaben aus. Die übrigen Leistungsbereiche sind dagegen verhältnismäßig nachrangig, wobei der Bereich Heil- und Hilfsmittel, der im Sozialgesetzbuch als ein Gesamtbereich zusammengefasst wird, durch sein hohes Ausgabenwachstum gekennzeichnet ist.

Die ausgabenseitig drei größten Gesundheitssektoren sollen fortfolgend dargestellt werden. Das heißt aber zugleich, dass sich im Weiteren der ambulante Sektor vereinfachend nur auf die ambulante ärztliche Versorgung bezieht und der stationäre

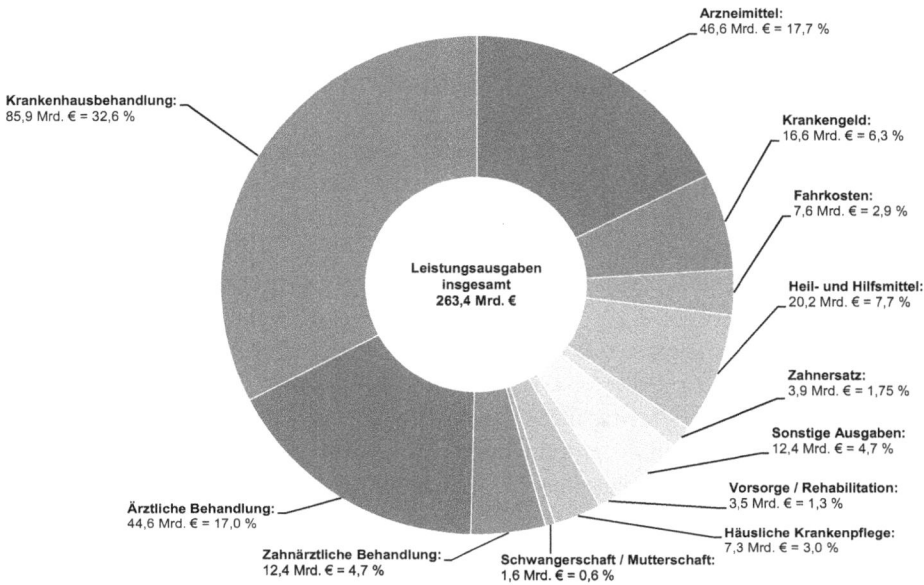

Abbildung 9.1: Ausgaben der GKV nach Leistungsarten, Stand: 2021 (Quelle: modifiziert nach Sozialpolitik-aktuell, 2023 b).

Sektor nur auf die Krankenhausbehandlung. Die zahnärztliche Versorgung zählt dabei nicht zur ambulanten ärztlichen Versorgung, sondern stellt vielmehr nach deutschem Sozialrecht einen eigenständigen Versorgungsbereich dar. Zudem sei darauf verwiesen, dass die strikte Trennung zwischen ambulanter und stationärer Versorgung in den vergangenen Jahren leicht aufgelockert wurde. Zu nennen sind hier beispielsweise die Medizinischen Versorgungszentren (MVZ) oder das Ambulante Operieren. Nichtsdestotrotz ist die medizinische Versorgung in vielen anderen Gesundheitssystemen der Welt sektoral deutlich durchlässiger organisiert als in Deutschland. In erster Linie sind hier die USA zu nennen, in denen bestimmte Institutionen sowohl ambulante als auch stationäre Hilfe anbieten. Von solchen Versorgungsformen wird in Kapitel 10 noch die Rede sein.

9.2 Ambulanter Sektor

In Deutschland werden die Leistungen im ambulanten Sektor zumeist durch freiberuflich niedergelassene Ärzte erbracht. Abbildung 9.2 zeigt, dass mehr als zwei Drittel der knapp 164.000 ambulant tätigen Ärzte (2021) eine Praxis auf privatwirtschaftlicher Basis führen. Dabei handelt es sich größtenteils um Vertragsärzte der GKV, während nur ein sehr kleiner Teil der niedergelassenen Ärzteschaft ausschließlich privat versicherte Patienten behandelt. Die Vertragsärzte verteilen sich etwa hälftig auf die haus- und fachärztliche Versorgung, wobei die Fachärzte tendenziell an Bedeutung gewinnen.

Hier handelt es sich um ein typisches deutsches Versorgungsmerkmal, denn in anderen Industrieländern erfolgt die fachärztliche Versorgung oftmals durch die Krankenhäuser.

Die fünf hauptsächlichen Organisationsformen des ärztlichen Angebots lassen sich unterteilen in:

- Die Einzelpraxis: Praxis, die von einem einzelnen Arzt betrieben wird.
- Die Praxisgemeinschaft: Mehrere Ärzte nutzen die Praxisinfrastruktur gemeinsam, bleiben aber eigenständig.
- Die Gemeinschaftspraxis: Zusammenschluss von mindestens zwei Ärzten in einer Praxis, mit gemeinsamer Berufsausübung, gemeinsamer Patientenkartei und gemeinsamer Abrechnung.
- Das Praxisnetz: Regionale Kooperation von mehreren Haus- und Fachärzten verschiedener Fachrichtungen sowie gegebenenfalls weiterer Gesundheitsberufe.
- Das medizinische Versorgungszentrum (MVZ): Ärztlich geleitete fachübergreifende Einrichtung, in denen mindestens zwei Ärzte unterschiedlicher Fachbereiche als Vertragsärzte oder angestellte Ärzte tätig sind.

Die Angebotsseite im ambulanten Sektor ist also mit überwiegend freiberuflichen Ärzten privatwirtschaftlich organisiert.

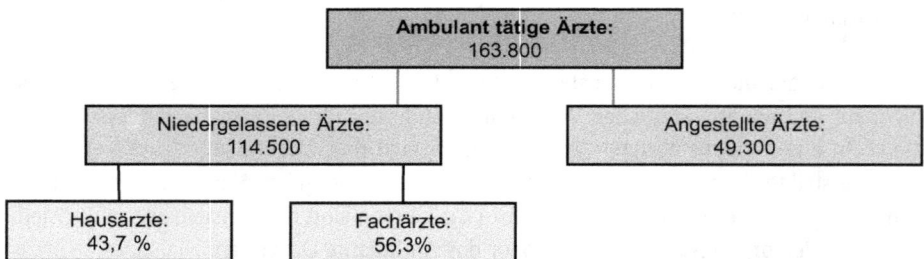

Abbildung 9.2: Struktur der ambulant tätigen Ärzte, Stand: 2021 (Quelle: modifiziert nach Bundesärztekammer, o. J.).

Auf dem Gesundheitsmarkt existieren eine Reihe von Marktbesonderheiten, die sowohl die Angebots- als auch die Nachfrageseite der ärztlichen Versorgung negativ beeinflussen können, so das Uno-actu-Prinzip in Verbindung mit der Optionsgüterproblematik oder das Phänomen der anbieterinduzierten Nachfrage. Entsprechend wird der ärztliche Sektor umfassend reguliert, wobei einige dieser Regulierungen wiederum eigene Wettbewerbsverzerrungen nach sich ziehen können. Die Mehrzahl der Regulierungen setzt dabei sowohl an der Leistungs- als auch an der Finanzierungsseite der ärztlichen Versorgung bzw. des ärztlichen Angebots an. Zentraler Akteur für diese Regulierungen ist die Kassenärztliche Vereinigung (KV), die, wie wir bereits wissen, eine Körperschaft des öffentlichen Rechts ist und in der alle zugelassenen Ärzte Mitglied sein müssen. Im

Rahmen ihres gesetzlichen Auftrags nimmt sie, wie Abbildung 9.3 veranschaulicht, zwei zentrale Aufgaben wahr: als Vertragspartner der GKV stellt sie einerseits die vertragsärztliche Versorgung sicher und wickelt andererseits die Abrechnung der Vergütung für die zugelassenen Ärzte ab. Oder gesundheitsökonomisch ausgedrückt: Dafür, dass die KV das Recht hat, als Quasi-Monopolist die Vergütungen (Preise) mit den Verbänden der Krankenkassen auszuhandeln, sichert sie im Gegenzug die flächendeckende Versorgung mit Ärzten (Mengen).

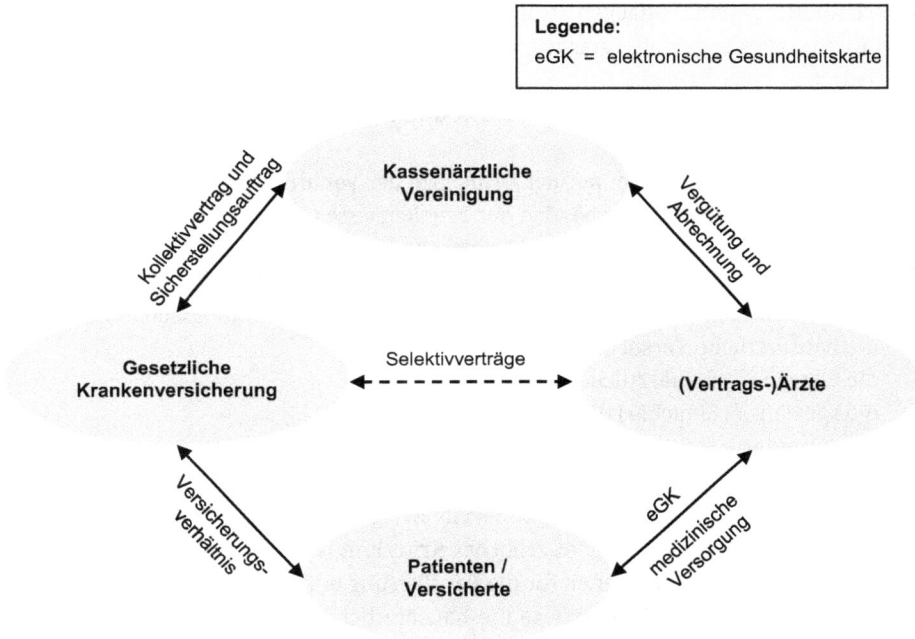

Abbildung 9.3: Steuerungskreislauf der ambulant ärztlichen Versorgung (Quelle: modifiziert nach Simon, M., 2021).

9.2.1 Vertragsärztliche Kapazitätssteuerung mittels Bedarfsplanung

Wie oben dargestellt, besteht der ambulante Sektor vornehmlich aus privatwirtschaftlich organisierten Arztpraxen. Allerdings ist das Angebot an Ärzten – also die Zahl der Ärzte, die für die GKV-Versorgung tätig sind – strikt reguliert und wird zudem zentral gesteuert. Das beginnt bereits bei der Qualifikation für die Zulassung, die bestimmte formale Voraussetzungen und persönliche Bedingungen an den Arzt stellt. So muss er beispielsweise beachten, dass eine Interessenkollision mit anderen Tätigkeiten gesetzlich verboten ist. Wenn die formalen Voraussetzungen erfüllt sind, kann anschließend eine Eintragung in das Arztregister beantragt werden. Die Entscheidung zur Zulassung ist dabei von der entsprechenden Fachdisziplin und der aktuellen regionalen Versorgungslage abhängig. Sie wird unter den Bedingungen des Sicherstellungs- und Gewährleistungsauftrags umgesetzt.

Unter dem Sicherstellungsauftrag versteht man, dass die Landes-KVen jederzeit die ärztliche Versorgung der GKV-Versicherten sicherstellen müssen, und zwar flächen- und bedarfsdeckend sowie qualitativ und wirtschaftlich angemessen. Dies bedeutet konkret die Sicherstellung von Leistungen der Ärzte in Form von persönlichen Sprechstunden sowie das Bereithalten eines Notdienstes außerhalb der üblichen Sprechstundenzeiten. Hingegen sorgt der Gewährleistungsauftrag zusätzlich dafür, dass die gesetzlichen und vertraglichen Anforderungen ordnungsgemäß erbracht werden, d. h. insbesondere, dass die Qualität in der Versorgung durch die KVen gewährleistet wird. Hierzu gehört auch die Prüfung der wirtschaftlichen Verordnungsweise und Abrechnung.

Die Landes-KVen handeln auf der Grundlage der von der Kassenärztlichen Bundesvereinigung (KBV) und den Verbänden der Krankenkassen vereinbarten und verhandelten bundesweit gültigen, aber regional anpassbaren Rahmenvorgaben. Diese werden in den sogenannten Bedarfsplanungsrichtlinien festgelegt. Wie die Übersicht 9.2 zeigt, unterscheidet die dort zugrunde gelegte Planungssystematik vier Versorgungsebenen:
- die hausärztliche Versorgung,
- die allgemeine fachärztliche Versorgung,
- die spezialisierte fachärztliche Versorgung und
- die gesonderte fachärztliche Versorgung.

Den Versorgungsebenen werden dann jeweils Arztgruppen und unterschiedlich große Planungsregionen zugeordnet. Maßgebliches Kriterium ist dabei, dass die Arztgruppen der jeweiligen Versorgungsebenen für die Bevölkerung mit angemessenem Aufwand erreichbar sind. So wird beispielsweise die hausärztliche Versorgung möglichst kleinräumig und wohnortnah ausgerichtet, während bei der gesonderten fachärztlichen Versorgung als Planungsregion das Gebiet der jeweiligen Landes-KV herangezogen wird. Das zweite wichtige Instrument der Bedarfsplanung sind die Verhältniszahlen. Mit ihnen wird festgelegt, wie das Soll-Versorgungsniveau, sprich die Einwohnerzahl je Arzt, für die jeweilige Arztgruppe und Planungsregion allgemein aussehen soll – oder anders ausgedrückt: welches Soll-Versorgungsniveau die KV sicherzustellen hat. Dabei können die jeweiligen Verhältniszahlen Demografie- und regionale Faktoren berücksichtigen.

Im letzten Schritt wird nun in den Landesausschüssen der Ärzte und Krankenkassen der Versorgungsgrad einer Region ermittelt und bewertet. Zu diesem Zweck wird das jeweilige Ist-Niveau der Verhältniszahl Einwohner pro Arzt mit dem Soll-Niveau verglichen. Werden die geplanten Arztzahlen einer Arztgruppe in einer Region im Ist um ≥ 10 Prozent überschritten, so besteht Überversorgung und der betreffende Planungsbereich kann für weitere ärztliche Zulassungen gesperrt werden. Wird dagegen der Versorgungsgrad in einem Planungsbereich, und zwar < 75 Prozent bei Hausärzten

Versorgungsebenen	Hausärztliche Versorgung	Allgemeine fachärztliche Versorgung	Spezialisierte fachärztliche Versorgung	Gesonderte fachärztliche Versorgung
Arztgruppen	Hausärzte	– Augenärzte – Chirurgen – Frauenärzte – HNO-Ärzte – Hautärzte – Nervenärzte – Psychotherapeuten – Orthopäden – Urologen – Kinderärzte	– Fachinternisten – Anästhesisten – Radiologen – Kinder- und Jugendpsychiater	– Nuklearmediziner – Strahlentherapeuten – Neurochirurgen – Humangenetiker – Laborärzte – PRM-Mediziner – Pathologen – Transfusionsmediziner
Planungsregionen	Planungsgebiet sind die sogenannten Mittelbereiche, mit denen durch einen kleinräumigen Zuschnitt eine wohnortnahe Versorgung für die Bevölkerung sichergestellt werden soll.	Planungsregionen sind Kreise beziehungsweise kreisfreie Städte.	Planungsgebiet sind sogenannte Raumordnungsregionen, in deren Zentrum in der Regel eine Großstadt oder mehrere größere Städte liegen und die dann mit dem großräumigen Umland gemeinsam betrachtet werden. Im Bundesdurchschnitt stellen etwa vier Kreise eine Raumordnungsregion dar.	Planungsregion ist das Gebiet der jeweiligen Landes-KV.

Übersicht 9.2: Systematik der vertragsärztlichen Bedarfsplanung (Quelle: eigene Darstellung unter Verwendung von KBV, 2020, S. 3 ff.).

oder < 50 Prozent bei Fachärzten, unterschritten, so liegt Unterversorgung vor. Die KVen haben dann die Aufgabe, Maßnahmen einzuleiten, um diesen Zustand zu beseitigen. Dazu können sie potentiellen Arztpraxen Anreize wie beispielsweise Mindestumsatzgarantien oder Finanzierungsvereinfachungen in Aussicht stellen.

Unter gesundheitsökonomischem Aspekt zeigt sich im Verfahren zur Bedarfsplanung, dass das Angebot an Ärzten im Sinne einer Verschiebung der Angebotsfunktion nach oben oder unten innerhalb eines Korridors streng sozialrechtlich reguliert wird. Damit soll sowohl den negativen Effekten des Optionsgutcharakters von Gesundheitsleistungen entgegengewirkt als auch der angebotsinduzierten Nachfrage gewisse Grenzen gesetzt werden. Deutlich offener und eher im Einklang mit dem Marktmodell ist dagegen die privatärztliche Versorgung geregelt, denn auf diesem Markt haben die Ärzte mit Erteilung ihrer Approbation Niederlassungsfreiheit.

9.2.2 Preis- und Mengensteuerung der vertragsärztlichen Vergütung

Auch die Vergütung der Ärzte ist umfänglich reguliert. Sie setzt sich grundsätzlich aus drei Bestandteilen zusammen:
– Die GKV-Vergütung: Sie wird durch den Einheitlichen Bewertungsmaßstab (EBM), in dem nahezu alle GKV-abrechenbaren Leistungen aufgelistet sind, im Zusammenspiel mit dem KV-spezifischen Honorarverteilungsmaßstab (HVM) geregelt.
– Die PKV-Vergütung: Sie wird durch die Gebührenordnung für Ärzte (GOÄ) geregelt.
– Die IGeL-Vergütung: Sie wird in Anlehnung an die GOÄ für sogenannte Individuelle Gesundheitsleistungen (IGeL), das sind Leistungen außerhalb des GKV-Leistungskatalogs, ausgelöst.

Der Löwenanteil der vertragsärztlichen Vergütung resultiert mit durchschnittlich über 70 Prozent aus der GKV-Vergütung, ihr geringster Vergütungsanteil entstammt dagegen mit ca. 3 Prozent aus den Bezahlungen für die IGeL. Die restlichen 27 Prozent resultieren aus der PKV-Vergütung für privat versicherte Patienten.

Die GKV-Vergütung ist eng an den EBM gekoppelt. Hierbei handelt es sich um das Verzeichnis, in dem alle vertragsärztlichen ambulanten Leistungen aufgeführt sind, die mit den gesetzlichen Krankenkassen abgerechnet werden können. Der EBM stellt die zentrale GKV-Abrechnungsgrundlage bereit, wobei die darin definierten Leistungen jeweils mit einer bestimmten Zahl von Punkten hinterlegt sind. Das entspricht den Gebührenordnungspositionen, die vom Grundsatz her nichts anderes als Aufwandsgrößen wiedergeben.

Um nun den Preis je ärztlicher Leistung ermitteln zu können, müssen die EBM-Punktzahlen je Leistung mit einem Punktwert in Euro multipliziert werden. Dieser Punktwert ist eine Verhandlungs- und zugleich eine Steuerungsgröße. Als Verhandlungsgröße schwankt er von Region zu Region, als Steuerungsgröße von Quartal zu

Quartal. Um das besser nachvollziehen zu können, ist der Blick auf das kollektivvertragliche System der vertragsärztlichen Vergütung zu richten, das auch als zweistufiges Honorierungsverteilungsverfahren bekannt ist. In Abbildung 9.4 wird dieses Verfahren vereinfachend veranschaulicht.

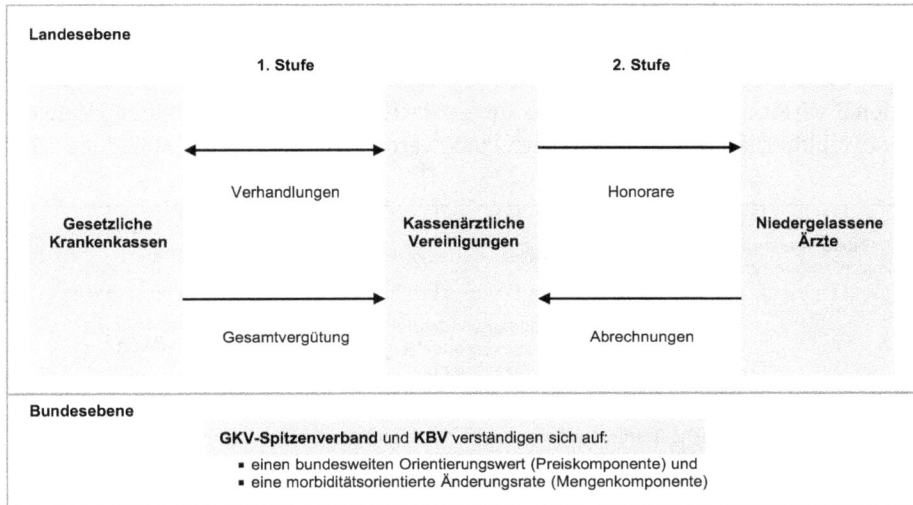

Abbildung 9.4: Zweistufiges Honorierungsverteilungsverfahren der vertragsärztlichen Versorgung (Quelle: eigene Darstellung).

Wie der Name bereits besagt, umfasst das zweistufige Honorierungsverteilungsverfahren eine erste und eine zweite Verfahrensstufe. Beide Stufen werden auf der Landesebene bearbeitet. Bevor jedoch die Regionen ihre Arbeit aufnehmen können, müssen die Selbstverwaltungsorganisationen der Ärzte und Krankenkassen auf der Bundesebene Vorleistungen erbringen. Wie der Abbildung 9.4 zu entnehmen ist, zählt dazu:

- erstens die Ermittlung des Orientierungswertes, der eine Art Richtwert für die regionalen Verhandlungen darstellt und den Preis je Leistungspunkt wiedergibt,
- zweitens die Festlegung der morbiditätsbedingten Veränderungsrate, die die Morbiditätsentwicklung und den damit verbundenen periodisch zusätzlichen Behandlungsbedarf (regional gewichtet) widerspiegelt.

Beide bundesweit ermittelten Größen haben Empfehlungs- bzw. Orientierungscharakter für die Regionen, die auf dieser Grundlage alsdann mit ihrer Arbeit beginnen können.

Zu diesem Zweck handeln in der ersten Stufe die Landes-Verbände der Krankenkassen und die Landes-KVen die sogenannte vertragsärztliche Gesamtvergütung bilateral sowie kollektiv und prospektiv aus (siehe Abbildung 9.4). „Kollektiv" bedeutet dabei, dass sich die Vergütung auf alle gesetzlich versicherten Patienten bezieht, die innerhalb einer Region und einer Periode – i. d. R. eines Jahres – von den dort zugelassenen Ärzten behandelt werden. „Prospektiv" heißt hingegen, dass der Vertrag heute abgeschlossen wird und sich seine Wirkung erst im kommenden Jahr entfaltet.

Der größte Anteil dieser bilateral ausgehandelten Gesamtvergütung ist budgetiert. Man spricht hier von der morbiditätsbedingten Gesamtvergütung (MGV). Sie wird auf der Grundlage der bundesweit ermittelten Orientierungsgrößen bestimmt. Beide Größen werden nun in die regionalen Verhandlungen eingespeist und den Bedingungen vor Ort angepasst, so dass sich die regional ausgehandelte MGV aus dem Produkt des regional vereinbarten gesamten Leistungsbedarfs für ein Jahr in Punkten (Mengengröße) multipliziert mit dem regionalen Punktwert (Preisgröße) ergibt (Abbildung 9.5).

Abbildung 9.5: Rechnerische Bestimmung der morbiditätsbedingten Gesamtvergütung (Quelle: eigene Darstellung).

Die MGV entspricht etwa 70 Prozent der Gesamtvergütung. Sie wird von den Krankenkassen mit befreiender Wirkung an die KVen pauschal ausgezahlt, d. h., alle darin enthaltenen Leistungen sind unabhängig von ihrer tatsächlichen Inanspruchnahme finanziell abgegolten. Die restlichen 30 Prozent unterliegen keiner Budgetierung und zählen zur extrabudgetären Gesamtvergütung (EGV). Diese umfasst jene EBM-Leistungen, die ohne Mengensteuerung in absoluten Eurobeträgen an die Ärzteschaft vergütet werden, so beispielsweise für ambulante Operationen, Gesundheits- und Früherkennungsuntersuchungen oder Impfungen.

Die zweite Stufe des Honorarverteilungsverfahren erfolgt – wie abermals Abbildung 9.4 verdeutlicht – innerhalb der Ärzteschaft und umfasst die Verteilung der Gesamtvergütung an die Vertragsärzte gemäß dem HVM durch die jeweils verantwortliche Landes-KV. Das trifft im besonderen Maße auf die mit befreiender Wirkung ausgehandelte und budgetierte MGV zu. In diesem Zusammenhang rechnen die Vertragsärzte ihre ambulant erbrachten GKV-Leistungen vierteljährlich vollständig mit der KV ab. Die KV wiederum muss das zur Verfügung stehende MGV-Jahresbudget so managen, dass es erstens für das gesamte Jahr möglichst gleichmäßig ausreicht und zweitens die Haus- und Facharztgruppen im Vergleich zueinander „gerecht" vergütet werden.

Um diese beiden Ziele zu erreichen, existiert ein recht differenziertes inneres Verteilungssystem: Im ersten Schritt wird die MGV zunächst provisorisch in ein hausärztliches und ein fachärztliches Verteilungsvolumen aufgeteilt. Die so festgelegten Teilbudgets verhindern, dass mögliche Leistungsausweitungen der Fachärzte zulasten der Hausärzte gehen und umgekehrt. Diese provisorische Aufteilung wird dann weiter auf Haus- und Facharztgruppen heruntergebrochen, indem sogenannte Regelleistungsvolumina berechnet werden, die jeweils quartalsweise im Verhältnis zum verbleibenden MGV-Jahresbudget anzupassen sind.

„Technisch" gesehen, sind die Regelleistungsvolumina Obergrenzen an Leistungen bzw. Punktzahlen, die pro Patient vom Arzt durchschnittlich abgerechnet werden dürfen und mit einem festen Punktwert vergütet werden. Überschreitet ein Arzt nun sein auf die gesamte Praxis bezogenes Regelleistungsvolumen – also in Bezug auf die Summe aller innerhalb eines Quartals behandelten Fälle –, dann sinkt der Preis für jede zusätzlich abgerechnete Leistung degressiv. Über dieses komplexe Abrechnungssystem besitzen die Ärzte für die Mehrzahl ihrer abgerechneten Leistungen eine gewisse Planungssicherheit. Innerhalb der MGV rechnen sie zudem noch die so genannten qualifikationsgebundenen Zusatzvolumina ab. Dabei handelt es sich um Leistungen, für die sie eine spezielle Qualifikation benötigen, wie beispielsweise Akupunkturleistungen. Darüber hinaus lassen sie sich u. a. noch die bereits zuvor genannten, nicht mengenbegrenzten extrabudgetären Leistungen zu einem festen Preis vergüten.

Das hier vereinfacht dargestellte zweistufige Honorarverteilungsverfahren der vertragsärztlichen Vergütung verdeutlicht, dass es für ärztliche Leistungen im deutschen Gesundheitswesen keine echten Marktpreise gibt, sondern dass Vergütungshöhe und Vergütungsumfang zentral geplant und KV-intern ausgesteuert werden. Das bedeutet jedoch nicht, dass das gesundheitsökonomische Instrumentarium nutzlos ist, sondern lediglich, dass es mit Bezug auf die vorliegenden Rahmenbedingungen angewendet werden muss, dass also je nach Fallkonstellation modelltheoretisch mit festen Preisen sowie Mengen- und Budgetbegrenzungen zu arbeiten ist.

Unkomplizierter wird es bei der Vergütung der privatärztlichen Leistungen. Allerdings erfolgt auch diese nicht unreguliert. Zwar gibt es grundsätzlich keine Mengenbegrenzungen, weil den PKV-Versicherten die ärztliche Behandlung einzelleistungsbezogen in Rechnung gestellt wird, jedoch sind auch die Preise je abgerechneter Leistungseinheit in der per Rechtsverordnung des Bundesgesundheitsministeriums erlassenen GOÄ vorgegeben.

Die fragmentierte Struktur der vertragsärztlichen Versorgung und die damit einhergehenden vermuteten Unwirtschaftlichkeiten und Qualitätsmängel stehen immer wieder in der gesundheitspolitischen Kritik. Im Kapitel 10 werden verschiedene Modelle behandelt, die mit dem Ziel entwickelt wurden, diesen Zustand zu ändern und die Versorgungs-, Vergütungs- und Qualitätssteuerung auf neue Füße zu stellen.

9.3 Stationärer Sektor

Der stationäre Sektor hat in den letzten Jahren besondere Aufmerksamkeit erfahren, da er gemessen an den Gesamtausgaben den größten Kostenblock im Gesundheitswesen darstellt. So sind die rund 1900 Krankenhäuser in Deutschland zu einem zentralen

Gegenstand der politischen Steuerung geworden. Auch zu dem Zeitpunkt, als dieses Buch entstand, wurde eine größere Krankenhausreform angestoßen. Welche Entscheidungen die Politik hierzu konkret treffen wird, ist bis zum Abschluss des Manuskripts im Sommer 2023 noch nicht vollends klar. Daher erfolgen die weiteren Ausführungen auf Grundlage des bis dahin geltenden Rechts.

Bei einem Krankenhaus handelt es sich gewöhnlich um das sogenannte Akutkrankenhaus – also eine stationäre Einrichtung, die die Akutversorgung von Patienten mit akuten Zuständen von Krankheit, Unfall und Geburtshilfe sicherstellt. Das schließt die Vorhaltung der Notfallaufnahme sowie eines Operationssaales mit ein. Dabei beinhaltet die Krankenhausbehandlung nach dem Sozialgesetzbuch alle Leistungen, die nach Art und Schwere der Erkrankung eines Patienten für dessen (intensivmedizinische) Versorgung im Einzelfall erforderlich sind. D. h., die Krankenhausbehandlung umfasst grundsätzlich die ärztliche Behandlung, die Krankenpflege, die Versorgung mit Arznei-, Heil- und Hilfsmitteln sowie die Unterkunft und Verpflegung von Patienten. Allerdings sind (voll-)stationäre Leistungen nur dann zu erbringen, wenn sie aus medizinischer Sicht notwendig sind und nicht durch andere Behandlungsangebote ersetzt werden können.

Krankenhäuser lassen sich hinsichtlich ihrer Versorgungsstufen und ihrer Trägerstruktur unterscheiden. Die Versorgungsstufen werden abhängig von der Zahl der Fachabteilungen und der Bettenzahl von Bundesland zu Bundesland unterschiedlich definiert. Grundsätzlich sind vier Versorgungsstufen zu differenzieren:

– Krankenhäuser der Grundversorgung: Sie gewährleisten eine Versorgung auf den Gebieten der Inneren Medizin und der Allgemeinen Chirurgie.
– Krankenhäuser der Regelversorgung: Sie halten darüber hinaus Fachabteilungen wie häufig Gynäkologie und Geburtshilfe, Augenheilkunde, Orthopädie oder Hals-Nasen-Ohren-Heilkunde vor.
– Krankenhäuser der Regelversorgung Sie müssen ein noch breiteres Leistungsspektrum abdecken und verfügen daher oftmals über Fachabteilungen wie die Pädiatrie oder die Neurologie.
– Krankenhäuser der Maximalversorgung: Sie unterhalten eine umfängliche Zahl an Fachabteilungen (mindestens zehn), beispielsweise auch solche für besonders seltene oder schwere Erkrankungen sowie für die medizinisch-technischen Anforderungen der Hochleistungsmedizin.

Um die Frage zu beantworten, wer in Deutschland Krankenhäuser betreiben darf, lassen sich drei Möglichkeiten der Trägerstruktur unterscheiden. Das sind:

– Das öffentlich-rechtliche Krankenhaus: Träger sind zumeist die Gebietskörperschaften, also Bundesländer, Kreise, Gemeinden und Städte.
– Das freigemeinnützige Krankenhaus: Träger sind kirchliche und nicht-kirchliche Einrichtungen mit karitativen Zwecken.
– Das privatwirtschaftliche Krankenhaus: Träger sind private oder juristische Personen in Form von beispielsweise Aktiengesellschaften.

Während die ersten beiden Trägerstrukturen nicht-gewinnorientiert arbeiten, steht bei den privatwirtschaftlichen Krankenhäusern ökonomisch gesehen die Gewinnorientierung im Vordergrund. Daraus resultieren vergleichsweise unterschiedliche Anreize, um Krankenhäuser zu führen und zu managen. Tendenziell verschiebt sich die Angebotsstruktur der Krankenhäuser in Deutschland seit Jahren in Richtung privatwirtschaftlicher Trägerschaft.

Aus Sicht der Gesundheitsökonomie und der Marktbesonderheiten ist im Krankenhausbereich vor allem das Uno-actu-Prinzip in Verbindung mit dem Optionsgutcharakter von Gesundheitsgütern außerordentlich relevant. Im akuten Einzelfall, insbesondere bei schwerwiegenden Erkrankungen oder Unfällen, ist sofortige Hilfe notwendig. Die Behandlung eines akuten Schlaganfalls kann nicht ohne Weiteres auf Morgen oder in die nächste Woche verschoben werden. Entsprechend müssen Krankenhäuser über Vorhaltekapazitäten verfügen, die bei alleiniger Marktsteuerung vermutlich nicht in ausreichendem Umfang bereitgestellt würden – oder deutlicher auf den Punkt gebracht: das Angebot an Krankenhauskapazitäten wäre zu gering. Damit liegt ein wichtiger Grund für einen Eingriff in diesen Markt vor, und an dieser Stelle kommt der Staat ins Spiel. In Deutschland sind es die Länder, die im Rahmen der sogenannten Krankenhausbedarfsplanung für die Feststellung einer ausreichenden stationären Versorgung verantwortlich sind, wie auch die Abbildung 9.6 illustriert. Da also die Länder bestimmen, wie viel Krankenhauskapazitäten erforderlich sind, werden sie konsequenterweise an der Krankenhausfinanzierung beteiligt. Umgesetzt wird diese Beteiligung durch die sogenannte duale Finanzierung im stationären

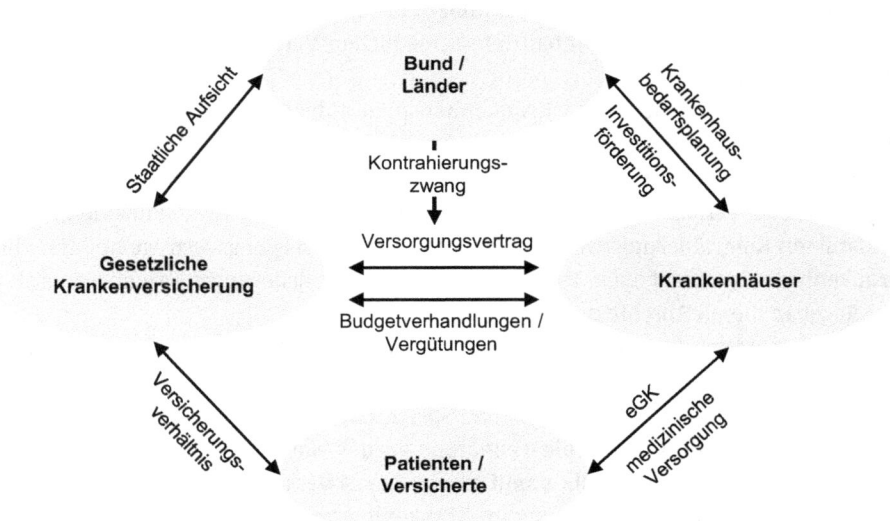

Abbildung 9.6: Steuerungskreislauf der stationären Krankenhausversorgung (Quelle: modifiziert nach Simon, M., 2021).

Sektor. Das bedeutet, ist ein Krankenhaus im Krankenhausbedarfsplan aufgeführt, so werden die Investitionskosten aus den allgemeinen Steuermitteln refinanziert, während die laufenden variablen Betriebskosten der medizinischen Versorgung von den Krankenkassen übernommen werden.

9.3.1 Stationäre Kapazitätssteuerung mittels Bedarfsplanung

Um die öffentliche Daseinsvorsorge im stationären Bereich möglichst zu garantieren, ist der Sicherstellungsauftrag der akutärztlichen stationären Versorgung, anders als im ambulanten Sektor, rechtlich bei den Bundesländern angesiedelt. Dafür nutzen sie das Instrument der Bedarfsplanung, das bestenfalls jährlich zum Einsatz kommt. Allerdings haben die Bundesländer teilweise unterschiedliche Vorstellungen zur Ausgestaltung und Umsetzung von Krankenhausplänen, so dass im Detail auch unterschiedliche Bedarfsplanungsverfahren existieren.

Vom Grundsatz her werden Krankenhäuser auf Grundlage einer Berechnung des regionalen, stationären Versorgungsbedarfs in den Landeskrankenhausplan aufgenommen. Zu diesem Zweck stehen unterschiedliche Planungsmethoden zur Verfügung. Die bekannteste Methode, die auch heute noch vielfach verwendet wird, beruht dabei auf der Hill-Burton-Formel, mit der der regionale Krankenhausbettenbedarf bestimmt wird. Dazu werden die Größen Einwohnerzahl, Krankenhaushäufigkeit und Verweildauern zum Bettenbenutzungsgrad je Jahr ins Verhältnis gesetzt. Die rechnerisch ermittelten Bettenzahlen sind sodann maßgeblich dafür, die Anzahl der bedarfsnotwendigen Krankenhäuser zu bestimmen, die in diesem Zusammenhang zugleich nach den bereits zuvor genannten unterschiedlichen Versorgungs- und Leistungsstufen eingeteilt werden.

Krankenhäuser, die in den Krankenhausplan aufgenommen wurden, sind sogenannte Plankrankenhäuser, die für die Behandlung der GKV-Versicherten automatisch zugelassen sind, aber im Rahmen der öffentlichen stationären Leistungsversorgung auch den PKV-Versicherten offenstehen. Für die gesetzlichen Krankenkassen besteht alsdann ein Kontrahierungszwang, d. h., sie müssen Versorgungsverträge mit den Plankrankenhäusern abschließen. Die privaten Krankenversicherungen orientieren sich in der Regel an diesen Abschlüssen.

Die Versorgungsverträge basieren auf dem jeweiligen Feststellungsbescheid für das einzelne Krankenhaus, in dem die Ergebnisse der Krankenhausplanung niedergeschrieben werden. Hierzu zählen die krankhausspezifischen Fachgebiete, die Bettenzahl, die Großgeräteausstattung sowie die Teilnahme an der Not- und Unfallversorgung. Der Feststellungsbescheid entspricht damit einem „Quasi-Versorgungsauftrag" und kommt einer staatlichen Angebotssteuerung im Krankenhausbereich gleich, da mit Ausnahme von Notfällen nur jene Leistungen abgerechnet werden dürfen, die im Rahmen der Vorgaben des Bescheids erbracht werden.

9.3.2 Duale Finanzierung der stationären Versorgung

Wie bereits weiter oben erwähnt, werden die Krankenhäuser dual finanziert, d. h., die Investitionskosten werden von den Bundesländern aus den allgemeinen Steuermitteln getragen, während die laufenden Betriebskosten der medizinischen Behandlung von den gesetzlichen Krankenkassen über Beitragsmittel ihrer Mitglieder bzw. von den privaten Krankenversicherungen über Prämienzahlungen ihrer Versicherten refinanziert werden. Insoweit sprechen wir beim Krankenhaus von der Investitionskostenfinanzierung der Länder einerseits und der Betriebskostenfinanzierung der Krankenversicherungen andererseits. Beide Finanzierungsformen unterliegen erheblichen staatlichen Regulierungen.

Die Investitionskostenfinanzierung leitet sich aus dem Sicherstellungsauftrag der Länder ab und umfasst nach der Krankenhausgesetzgebung die Kosten der Errichtung und Erstausstattung für Neubauten, für Krankenhausumbauten und bauliche Erweiterungsmaßnahmen sowie für die Anschaffung der zum Krankenhaus gehörenden Wirtschaftsgüter, wie z. B. die medizinisch-technischen Großgeräte. Im weiteren Sinn handelt es sich bei der staatlichen Investitionsfinanzierung also um notwendige Infrastrukturkosten, die erforderlich sind, um die stationären Leistungen überhaupt erst erbringen zu können.

Genauso wie die Bedarfsplanung ist auch die Investitionskostenfinanzierung von Land zu Land unterschiedlich ausgestaltet. Prinzipiell lässt sie sich jedoch in eine Einzel- und eine Pauschalförderung untergliedern. Die Einzelförderung ist zweckgebunden und bezieht sich auf konkrete Einzelinvestitionen bzw. Baumaßnahmen, während die Pauschalförderung, die nach bestimmten Kriterien bemessen wird, jährlich für die Wiederbeschaffung kurzfristiger Anlagegüter und kleinerer baulicher Maßnahmen wie Instandhaltung und Wartung frei verfügbar aus den Landeshaushalten bereitgestellt wird.

Die Finanzierung der allgemeinen Krankenhausleistungen basiert auf einem Versorgungsvertrag zwischen den Krankenhausträgern und den Krankenkassen, der das Krankenhausbudget des kommenden Jahres als wesentlichen Vertragsbestandteil ausweist. Die maßgebliche Finanzierungsart darin sind die DRGs (Diagnosis Related Groups). Dabei handelt es sich um Fallpauschalen, die eine Gruppe von Patienten mit ähnlichen klinischen Merkmalen repräsentieren, deren Behandlung jeweils einen vergleichbar hohen Ressourcenverbrauch aufweist. Die DRGs sind also fallgruppenbezogene Aufwände, die bei der Krankenhausbehandlung von Patienten der jeweiligen Fallgruppe pflegerisch und medizinisch ausgelöst werden. Daher spricht man beim DRG-System auch vom Patientenklassifikationssystem.

Die DRGs sind im Fallpauschalenkatalog als vierstellige Positionsnummer mit einer dreistelligen Struktur hinterlegt. Wie Abbildung 9.7 zeigt, besteht die erste Stelle aus einem Buchstaben, der vereinfacht ausgedrückt die Hauptdiagnose des Behandlungsfalles erfasst. Die zweite und dritte Stelle sind jeweils nummerisch beschrieben und drücken die Form der Behandlung aus, während mit der vierten Stelle, die wiederum mit einem Buchstaben versehen ist, der Schweregrad des Behandlungsfalles reguliert wird. Die so aufgebaute DRG wird dann als Bewertungsrelation verwendet, indem ihr ein

F   49   C

Organsystem / Hauptdiagnose
- B – Y = Hauptdiagnosegruppen,
  hier F: Krankheiten des Kreislaufsystems
Ausnahmen:
- A = Sonderfälle, wie Transplantationen
  etc.
- Z = Fehler-DRGs und sonstige DRGs

Schweregrad
- A = höchster Schweregrad
  vereinzelt bis I
- Z = keine Schweregradunterteilung

Behandlung
- 01-39 operativ-chirurgisch
- 40-59 invasiv
- 60-99 konservativ

F49C = Invasive kardiologische Diagnostik außer bei akutem Myokardinfarkt - mit komplexem Eingriff oder mit komplizierender Diagnose.

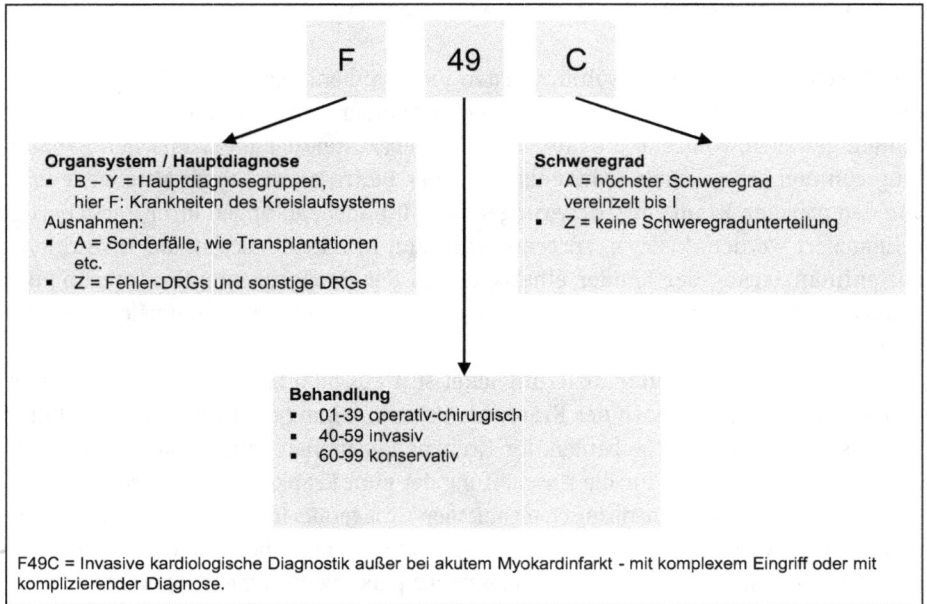

Abbildung 9.7: Struktur des DRG-Codes am Beispiel der „DRG F49C" (Quelle: modifiziert nach Reimbursement-Institute, 2023).

Relativgewicht zugeordnet wird. Hier ein Beispiel: Eine DRG mit einem Relativgewicht von 1,6 drückt aus, dass die ihr zugeordneten Patienten einen 1,6-fach höheren Ressourcenaufwand auslösen als der durchschnittliche Krankenhausfall (Relativgewicht 1,0).

Um nun zu erfahren, welchen Erlös ein Krankenhaus für den jeweiligen Behandlungsfall erzielt – wir sprechen hierbei vom DRG-Entgelt bzw. DRG-Erlös (Abbildung 9.8) –, wird das spezifische DRG-Relativgewicht, das gegebenenfalls zuvor noch um etwaige Zu- und Abschläge für Kurz- und Langlieger korrigiert wird, mit einem pauschalisierten Preis multipliziert. Dieser pauschalisierte Preis entspricht dem sogenannten (Landes-)Basisfallwert, der zwischen den regionalen Krankenhausgesellschaften und den Verbänden der Krankenkassen jährlich neu verhandelt wird und von Land zu Land leicht abweichen kann.

| DRG-Entgelt bzw. DRG-Erlös | = | DRG-spezifisches Relativgewicht | X | (Landes-) Basisfallwert |

Abbildung 9.8: Berechnung des DRG-Entgelts (Quelle: eigene Darstellung).

Gesundheitsökonomisch betrachtet, sind die DRGs Preis-Mengen-Regulierungen, die sicherstellen sollen, dass für vergleichbare Leistungen gleiches Geld gezahlt wird. Auf diese Weise wird das Leistungsprinzip im stationären Bereich implementiert, denn nunmehr bekommt jedes Bedarfskrankenhaus für jeden Patienten einer DRG denselben Preis, und zwar unabhängig von den tatsächlich angefallenen Selbstkosten. Dies bewirkt, dass jene Krankenhäuser, die es schaffen, sich wirtschaftlich zu organisieren, Gewinne erzielen können, während andere Krankenhäuser mit Defiziten kämpfen müssen. Die Krux dieser Vergütungssystematik bezieht sich im Wesentlichen auf drei Aspekte:

– Erstens wird, so wie es bei allen Pauschalen üblich ist, auch mit den DRGs das Minimalkostenprinzip in Gang gesetzt. Wie ökonomisch nicht anders zu erwarten, orientiert sich die Erlössteuerung der Krankenhäuser plausiblerweise daran, die jeweilige Fallpauschale mit einem möglichst geringen Behandlungsaufwand zu realisieren. Dies ist immer dann negativ zu bewerten, wenn über organisatorisch vorhandene Potenziale hinaus an der notwendigen medizinischen oder pflegerischen Behandlung des Patienten gespart wird – so, wie es beispielsweise bei der „blutigen Entlassung" der Fall ist, bei der Patienten aus dem Krankenhaus entlassen werden, obwohl der Heilungsprozess noch nicht vollständig abgeschlossen ist. Um solche – ökonomisch ausgedrückt – allokativen Fehlentwicklungen möglichst zu vermeiden, werden die DRGs regulativ feinadjustiert. Wichtigster Hebel dafür sind die Grenzverweildauern, mit denen festgelegt wird, wie viele Tage lang ein Patient mit einer bestimmten Diagnose im Durchschnitt mindestens bzw. höchstens im Krankenhaus verweilt.
– Zweitens werden bei dieser Systematik falsche Versorgungsanreize gesetzt. Denn es lohnt sich nun für die Krankenhäuser, die unter DRG-Bedingungen profitablen Leistungsbereiche – beispielsweise Adipositas – auszubauen und die weniger profitablen – beispielsweise Pädiatrie – abzubauen. Die tatsächlichen Versorgungserforderlichkeiten werden mit dieser Entwicklung freilich nicht abgebildet.
– Drittens spielen im Krankenhaus die Fixkosten, die hier vor allem durch die Personalkosten ausgelöst werden, eine große Rolle. Im Verhältnis zur Fallpauschalenvergütung besteht nun der Anreiz, möglichst viele DRG-Fälle mit dem gleichen Personalbestand zu behandeln. Das hat im Alltagsprozess der vergangenen Jahre tatsächlich zu einer zunehmenden Belastung des Krankenhauspflegepersonals geführt.

Im Jahr 2020 sind die DRGs daher gesplittet worden. Seither gibt es die sogenannte ausgegliederte DRG (aDRG) und die Pflegebewertungspauschale. Die aDRG ist eine Art Rumpfpauschale, die nach der gleichen Systematik ermittelt und gezahlt wird wie zuvor, jedoch nur noch die medizinischen Kosten einer Krankenhausbehandlung abbildet, während die Pflegebewertungspauschale krankenhausindividuelle Pflegeentgelte nach dem Selbstkostenprinzip beinhaltet und tagesweise vergütet wird. Die Umsetzungseffekte, die infolge der DRG-Splittung ausgelöst wurden, lassen sich zum Zeitpunkt der Erstellung dieses Buches noch nicht hinreichend erfassen. Dies ist vor allem auch darauf zurückzuführen, dass sich während der Covid-19-Pandemie eine Reihe von Umsetzungsverzögerungen und -verzerrungen eingestellt haben.

Über die aDRG- und Pflegeentgelte hinaus werden Krankenhäuser noch durch eine Reihe weiterer Vergütungselemente bezahlt, wie beispielsweise tagesgleiche Pflegesätze für Palliativleistungen oder Zusatzentgelte für spezielle Verfahren wie die Dialyse oder für spezielle Transplantate. Die Finanzierungssteuerung umfasst zudem den Mehr- und Mindererlösausgleich, mit dem die tatsächlich erbrachten Leistungen mit den prospektiv verhandelten Finanzgrößen im Nachgang eines Behandlungsjahrs abgeglichen werden, und weiterhin die Mindestmengenregelung. Letztere sieht vor, dass bestimmte planbare Krankenhausleistungen, wie der Einsatz künstlicher Kniegelenke, die Durchführung bestimmter Formen der Transplantation oder der komplexe Eingriff an Organsystemen wie Speiseröhre und Bauchspeicheldrüse, erst dann von den Krankenkassen vergütet werden, wenn das abrechnende Krankenhaus innerhalb einer Periode eine bestimmte Mindestmenge an den betreffenden Leistungen erbracht hat. Das Krankenhaus wird folglich umfassend politisch reguliert, wobei sich die PKV dem GKV-Vergütungssystem prinzipiell an vielen Stellen anschließt.

9.3.3 Reformperspektiven

Wie eingangs dieses Kapitelabschnitts dargelegt, befindet sich aktuell, parallel zur Überarbeitung dieses Bandes, eine größere Klinikreform im vorparlamentarischen Verfahren. Diese umfasst schwerpunktmäßig sowohl Änderungen, die die Krankenhausplanung betreffen, als auch solche in Bezug auf die Krankenhausvergütung. Zum einen sollen die Versorgungsstufen reformiert und in drei Level unterteilt werden: Level III – Maximalversorger, Level II – Krankenhäuser der Regel- und Schwerpunktversorgung mit einer Mindestzahl von Fachrichtungen sowie Level I – Krankenhäuser der Basis- bzw. Grundversorgung (I-n) und sektorübergreifende Versorger (I-i). Zum zweiten ist mit dieser Modifikation die Einführung sogenannter Vorhaltepauschalen verknüpft, mit denen künftig die Fixkosten der Krankenhäuser zu einem relevanten Anteil abgedeckt werden sollen, und dies unabhängig von der konkreten Leistungserbringung. Da das insgesamt bestehende Erlösvolumen nicht verändert werden soll, müssen als Konsequenz die DRGs weiter abgespeckt werden; zudem sollen die Fallkosten später in Verbindung mit sogenannten Leistungsgruppen neu sortiert werden. Das Budget für die Pflegeentgelte bleibt dagegen erhalten, wobei noch offen ist, ob es außer- oder innerhalb der Vorhaltepauschalen erfasst wird.

Ziel der Reformmaßnahmen ist es, die Grundfinanzierung der Krankenhäuser langfristig zu sichern sowie die Qualität der Krankenhausversorgung einerseits zu stärken und sie andererseits von ökonomischen Steuerungsüberlegungen zu trennen. Da es sich hierbei um eine umfassende Reform handelt, sind nach deren Inkrafttreten – vorgesehen ist der 01. Januar 2024 – längere Übergangsphasen der strukturellen, organisatorischen und rechtlichen Angleichung zu erwarten.

9.4 Arzneimittelsektor

Der Arzneimittelsektor zählt infolge seines hohen Innovationspotenzials zu den stärksten Wachstumsmärkten des deutschen Gesundheitswesens. Zugleich unterliegt er bereits seit vielen Jahren mannigfaltigen gesundheitspolitischen Anstrengungen, insbesondere bezüglich der Steuerung der Ausgaben. Dabei werden die Arzneimittel je nach ihrer Zugänglichkeit für den Verbraucher, d. h. danach, ob sie frei verkäuflich, apothekenpflichtig oder verschreibungspflichtig sind, in unterschiedliche Kategorien eingeteilt.

Der vom Umsatz her relevante Arzneimittelmarkt ist der Markt für verschreibungspflichtige Medikamente, die immer zugleich apothekenpflichtig sind. Diese Arzneimittel werden ganz überwiegend von der GKV erstattet, so dass sie den sogenannten GKV-Arzneimittelmarkt repräsentieren. Selbstverständlich stellt dieser auch die Versorgung der PKV-Versicherten mit Arzneimitteln sicher. Der GKV-Arzneimittelmarkt ist vertriebsseitig dreistufig organisiert und umfasst, wie der Abbildung 9.9 zu entnehmen ist, die folgenden Akteure:

–   Die Pharmaunternehmen: Sie produzieren die Arzneimittel industriell. Einerseits handelt es sich um multinationale Forschungsunternehmen, die neue Produkte bzw. neues pharmazeutisches Wissen schaffen, und andererseits um bloße Herstellungsunternehmen, die Arzneimittel, deren implementiertes Wissen frei zugänglich ist, nachahmend produzieren.

–   Den Pharmagroßhandel: Er übernimmt eine Bindegliedfunktion und beliefert die Apotheken mit Arzneimitteln. Dabei wird unterschieden zwischen Großhändlern, die vollsortiert sind und das gesamte Arzneimittelsortiment bevorraten, und solchen, die nur teilsortiert sind.

–   Die Apotheken: Sie besitzen ein Abgabemonopol für verschreibungs- und apothekenpflichtige Arzneimittel und sind damit zentral dafür verantwortlich, die Arzneimittelversorgung der Bevölkerung sicherzustellen. Sie werden in öffentliche und in Krankenhausapotheken unterschieden, wobei der Versandhandel eine Sonderform der öffentlichen Apotheke vor Ort darstellt.

Alle drei Stufen des Arzneimittelmarkts unterliegen speziellen staatlichen Eingriffen, die sowohl auf das Angebot an Medikamenten als auch auf deren Preis einwirken. Zudem werden die Ärzte als Veranlasser von Arzneimittelverordnungen und die Patienten im Rahmen von Selbstbeteiligungs- und Bonusregelungen reguliert.

Arzneimittelpreise   Vertriebsstufen

Arzneimittelunternehmen

Herstellerabgabepreis   Arzneimittel

Großhandel

Großhandelspreis   Arzneimittel

Apotheken

Abrechnung Rezepte   Medikamenten-
(Apothekerpreis   abgabe
+ MwSt)

GKV-Medikamentenpreis (minus Zuzahlungen und sonstige Zwangsabschläge)   Rezepte   Arzneimittel   Rezepte und Zuzahlungen

Gesetzliche Krankenversicherung   Versicherungsverhältnis   **Patienten / Versicherte**

Vergütung   Verordnungen

(Vertrags-)Ärzte

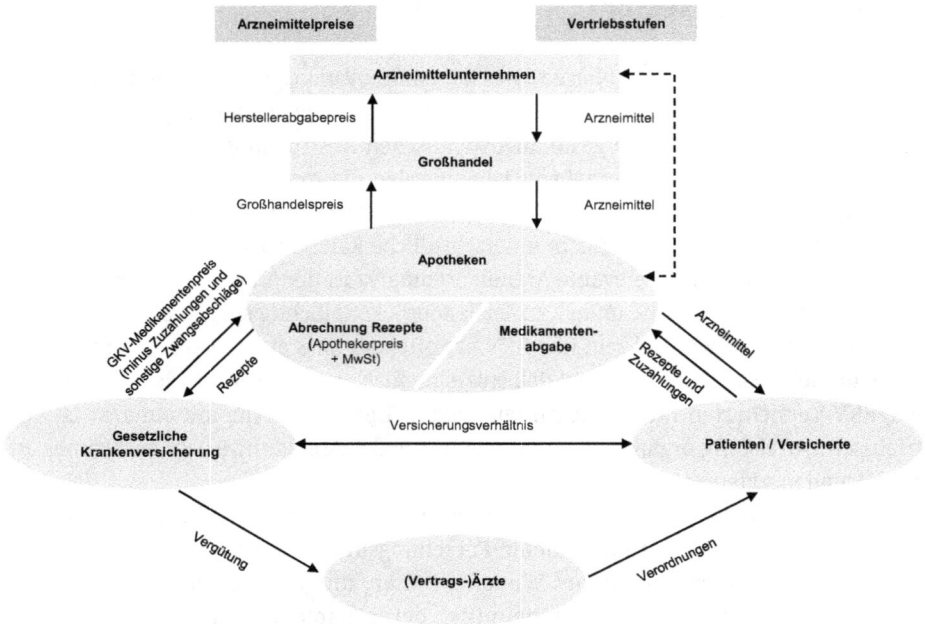

Abbildung 9.9: Steuerungskreislauf der Arzneimittelversorgung (Quelle: eigene Darstellung in Anlehnung an Hessel, F./Wasem, J., 2019, S. 279).

9.4.1 Mengensteuerung von Arzneimitteln

Zur Mengen- bzw. Angebotssteuerung von Arzneimitteln gibt es sehr unterschiedliche Instrumente. Zwei typische sind die Positiv- und die Negativliste:

– Eine Positivliste umfasst Arzneimittel, die zulasten eines Versicherungsträgers oder Gesundheitsdienstes verordnet werden dürfen. Die auf der Liste aufgeführten Präparate werden dabei nach therapeutischen Gesichtspunkten – wie einem hohen therapeutischen Bewährungsgrad – und anhand von wirtschaftlichen Aspekten – wie einem guten Kosten-Nutzen-Verhältnis – ausgewählt.

– Eine Negativliste verfährt genau umgekehrt und beinhaltet Arzneimittel, deren Kosten nicht von einem Versicherungsträger oder dem Gesundheitsdienst übernommen werden, weil sie unwirtschaftlich sind oder keinen ausreichenden therapeutischen Nutzen beinhalten.

Beide Listenformen sind in Deutschland als Instrumente zur Angebotssteuerung von Arzneimitteln bereits vielfach diskutiert worden. Während der Gesetzgeber aber die Einführung einer Positivliste bis heute zurückgestellt hat, ist die Negativliste inzwischen als Bestandteil der Arzneimittelrichtlinie auf mehr oder minder niedrigem

Niveau eingeführt worden. Demnach lassen sich Arzneimittel, die als nicht notwendig, nicht zweckmäßig oder unwirtschaftlich beurteilt werden, vom Grundsatz her ganz oder teilweise von der Verordnungsfähigkeit für die GKV ausschließen.

Darüber hinaus erfolgt die Mengensteuerung von Arzneimitteln allenfalls noch durch indirekte Steuerungsformen, wie beispielsweise durch die sogenannten Therapiehinweise, die von den Vertragsärzten zu beachten sind und mit denen auf die Verordnungsfähigkeit von Arzneimitteln einwirkt werden soll, oder durch die Arzneimittelrichtgrößen, die später noch zu erläutern sind. Alles in allem kann man sicherlich festhalten, dass die Mengensteuerung von Arzneimitteln kein übergeordnetes Ziel des deutschen Gesetzgebers darstellt, sondern die Mehrzahl der hier beschriebenen Maßnahmen vorwiegend unter Gesichtspunkten einer guten und schnellen Versorgung getroffen werden.

9.4.2 Direkte und indirekte Regulierungen bei der Preisbildung von Arzneimitteln

Die Preise für freiverkäufliche Arzneimittel sind grundsätzlich frei gestaltbar. Anders dagegen die Preise für die verschreibungspflichtigen Medikamente der Apotheke, die durch gesetzlich vorgegebene, administrativ festgesetzte Zu- und Abschläge beeinflusst werden. Auch hier lohnt sich wiederum ein Blick auf die einzelnen Vertriebsstufen der Arzneimittelversorgung. Demnach setzt sich der GKV-Medikamentenpreis wie folgt zusammen:

- *Herstellerabgabepreis,* der von den Pharmaunternehmen in Deutschland grundsätzlich frei festgelegt werden kann,
- *plus Großhandelszuschlag,* der in seiner Höhe gesetzlich vorgegeben ist,
- *plus Apothekenzuschlag,* der ebenfalls gesetzlich festgelegt wird und sowohl prozentuale als auch absolute Zuschlagskomponenten je Präparat enthält,
- *plus Mehrwertsteuer* in Höhe von 19 Prozent auf den Apothekenabgabepreis, also jenen Preis, der sich aus der Addition der drei vorherigen Preiskomponenten ergibt.

Als Summe resultiert der *GKV-Medikamentenpreis.* Dieser ist jedoch nicht mit dem Preis gleichzusetzen, den die GKV der Apotheke zu erstatten hat. Vielmehr ist davon jeweils abzuziehen der Selbstbeteiligungsanteil der Versicherten, also 10 Prozent des jeweiligen Medikamentenpreises, aber mindestens fünf Euro und höchstens zehn Euro.

Darüber hinaus ist zu beachten, dass bei der administrativen Preisfindung für die GKV-Arzneimittel auf einzelnen Stufen je nach gesetzlicher Lage Zwangsabschläge politisch veranlasst werden können. Hierzu zählen beispielsweise der Herstellerrabatt oder der Apothekerrabatt. Wie hoch der Preis eines Medikaments tatsächlich ist und wie viel die Krankenkassen davon erstatten, hängt also von einer Reihe von administrativen und politischen Regulierungen ab.

Häufig wird kritisiert, dass auf der Herstellerebene Preissetzungsfreiheit existiert und aus diesem Grund die Medikamentenpreise insgesamt zu hoch seien. So bedenkenswert diese Kritik auch ist, sollte jedoch nicht ausgeblendet werden, dass sowohl auf Seiten der Patentpräparate der forschungsintensiven Pharmaindustrie als auch auf Seiten der Nachahmerpräparate (Generika) der reinen Herstellerunternehmen jeweils indirekte Preisregulierungen vorliegen:

– Bei den Patentpräparaten sind die betreffenden forschungsintensiven Unternehmen Monopolisten, denn sie erhalten über das Patent exklusive Vermarktungsrechte und können während der Patentlaufzeit für ihr neues Originalpräparat Monopolpreise veranschlagen. Ökonomisch rechtfertigt sich das Patent daraus, dass technologisches Wissen, das mit Innovationen verbunden ist, ein öffentliches Gut darstellt, für das keinerlei Rivalität im Konsum existiert und bei dem das Ausschlussprinzip nur begrenzt oder auch gar nicht anwendbar ist. Unter diesen Bedingungen würde eine unbeschränkte Nachahmung des neuen Wissens, die mit geringeren (Erfinder-)Gewinnen für das forschende Unternehmen einherginge, die Anreize für privatwirtschaftliche Innovationen senken, und daraus ergäbe sich auch ein Nachteil auf gesamtgesellschaftlicher Ebene. Monopolpreise sind daher für den forschenden Arzneimittelmarkt durchaus sinnvoll. Dabei ist allerdings zu beachten, dass auf der Nachfrageseite – also bei den Patienten – kaum Preissensibilität vorliegt, da ihnen die Arzneimittelkosten nahezu vollständig erstattet werden. Als Konsequenz werden die Nachfrager selbst stark überzogene Preise, die oberhalb des tatsächlichen Zusatznutzens eines neuen Medikaments liegen – sofern sie das überhaupt beurteilen können –, widerspruchsfrei hinnehmen. Dies ist insbesondere bei Medikamenten mit nur geringem therapeutischem Fortschritt – den sogenannten Me-too-Präparaten – problematisch. An dieser Stelle setzt das mit dem Arzneimittelmarktneuordnungsgesetz eingeführte sogenannte AMNOG-Verfahren der frühen Nutzenbewertung an, bei dem die Preissetzungsfreiheit der forschenden Arzneimittelunternehmen vom Grundsatz her auf die ersten sechs Monate nach dem Inverkehrbringen ihres neuen Originalpräparats beschränkt wird. Während dieses halben Jahres wird der Zusatznutzen des jeweiligen Präparats durch die Institutionen der GKV-Selbstverwaltung bewertet. Anschließend handeln die Beteiligten in Abhängigkeit vom erzielten Bewertungsergebnis einen Erstattungsbetrag aus, der den „Wert" des Arzneimittels widerspiegeln soll.

– Die zweite Form der indirekten Preisregulierung betrifft die Nachahmerpräparate, die von den Generikaunternehmen selbständig produziert und verkauft werden können, wenn der Patentschutz eines Originalpräparats abgelaufen und damit das entsprechende pharmazeutische Wissen freigeworden ist. Da diese Unternehmen keinerlei nennenswerten Forschungskosten stemmen müssen, sind ihre Präparate deutlich günstiger als das Originalpräparat. Zugleich wandelt sich der vorherige monopolistische Innovationswettbewerb in einen Wettbewerb, der durchaus polypolistische Züge annehmen kann. Allerdings gilt auch auf dem Generikamarkt, dass die Konsumenten bei nahezu Vollfinanzierung der Arzneimittel keine spürbare Preissensibilität zeigen. Das hat den Gesetzgeber wiederum dazu veranlasst, den Preiswettbewerb regulativ anzuschieben. Der Hebel dazu ist die Festbetragsregelung, mit den darin definierten Festbeträgen. Dabei handelt es sich um Erstattungsobergrenzen, die gesetzliche Krankenkassen für ausgewählte Medikamente zahlen; das können wirkstoffgleiche, wirkstoffähnliche und (Kombi-)Präparate sein. Daran gekoppelt sind einige weitere Regulierungen, die den Wettbewerb forcieren. Dazu zählen etwa senkende oder erhöhende Komponenten der Selbstbeteiligung für die Patienten, die Aut-idem-Regelung, mit der den Apothekern die Möglichkeit gegeben wird, verschriebene Generikamedikamente für wirkstoffgleiche, kostengünstigere zu substituieren, oder die Rabattverträge für Krankenkassen.

Im Ergebnis lässt sich festhalten, dass die Preisbildung von Arzneimitteln im deutschen Gesundheitssystem umfassenden Regulierungen unterliegt, wobei Wirtschaftlichkeitsüberlegungen eine zunehmend größere Rolle spielen.

9.4.3 Ergänzende Ausgabensteuerung auf der Verordnerseite

Ein ergänzendes Instrument, mit dem die Ausgaben von Arzneimitteln gesteuert werden sollen, sind die Arzneimittelrichtgrößen. Sie setzen auf der vertragsärztlichen Mikroebene an, d. h. mit ihnen wird das Verordnungsverhalten des einzelnen Arztes auf Wirtschaftlichkeit überprüft. Dazu werden haus- und facharztspezifische Obergrenzen für die Verordnung von Arzneimitteln in einer Praxis festgesetzt, die im Rahmen jährlicher Verhandlungen zwischen den Landesverbänden der Krankenkassen und den Kassenärztlichen Vereinigungen bestimmt werden. Diese Obergrenzen stellen die Arzneimittelrichtgrößen dar. Werden sie in einer Höhe zwischen 15 Prozent und 25 Prozent überschritten, lösen sie beratende Aktivitäten der Kassenärztlichen Vereinigungen aus. Überschreitet der Vertragsarzt seine Richtgröße um mehr als 25 Prozent, muss er die zulasten der GKV veranlassten Mehrkosten selbst tragen – es sei denn, er kann Praxisbesonderheiten wie einen hohen Rentneranteil oder einen besonders therapiebedürftigen Patientenkreis geltend machen.

9.5 Herausforderungen des kollektivvertraglichen Versorgungssystems

Wie wir gesehen haben, spiegeln die heutigen Angebots- und Steuerungsstrukturen im deutschen Gesundheitswesen trotz vieler neuerer Entwicklungen und gesetzlicher Reformen im Kern Fortschreibungen bestehender kollektiver Planungs- und Steuerungsmethoden wider. Das Potenzial des selektiven Kontrahierens ist damit bei weitem nicht ausgeschöpft.

Obwohl es durchaus wettbewerbliche Elemente gibt, wie etwa bei den zuvor dargelegten Festbetragsregelungen von Arzneimitteln, und obwohl schon in den letzten Jahren die Relation zwischen ambulant und stationär leicht aufgelockert werden konnte, bleiben die Sektoren doch wettbewerblich rigide und an ihren Grenzen vielfach weiterhin undurchlässig. Das trifft vor allem auch auf die sektorale Vergütung zu: Neue Versorgungsformen, vor allem sektorübergreifende, sind häufig nur umsetzbar, wenn zusätzliche Mittel ins System fließen – und das, ohne dabei zugleich die alten Strukturen zu bereinigen. Teure Doppelstrukturen und große Unwirtschaftlichkeiten sind das Ergebnis solcherart Parallelität von kollektiven und in Summe doch nur sehr eingeschränkt wirksamen selektiven Vertragslösungen.

Die Ergebnisse der bestehenden Regulierungen im Versorgungsbereich werden seit vielen Jahren stark kritisiert. Es mangelt auch nicht an Analysen und Ideen, um diese Situation zu bereinigen, die sich anhand der Stichworte Über-, Unter- und Fehlversorgung zusammenfassen lässt, wie sie seinerzeit vom Sachverständigenrat für die Konzertierte Aktion im Gesundheitswesen (heute: SVR Gesundheit und Pflege) formuliert wurden. Gerade die Covid-19-Zeit hat die Defizite des medizinischen Versorgungssystems nochmals schonungslos offengelegt. Damit einher geht eine neueröffnete Diskussion zur Veränderung der Versorgungslandschaft und ihrer Organisationsstrukturen. Das nächste Kapitel wird sich dieses Themas aus der Perspektive des Konzepts Managed Care annehmen.

9.6 Literatur zum Kapitel 9

Als Quellen für dieses Kapitel wurde primär die folgend aufgeführte Literatur genutzt, die auch als vertiefende Lektüre empfohlen wird.

Einen Gesamtüberblick bieten:
- *Busse, R./Blümel, M./Spranger, A.* (2017)
- *Simon, M.* (2021)
- *Stock, St./Lauterbach, K.W./Sauerland, St.* (Hrsg.) (2021)
- *Wasem, J./Matusiewicz, D./Neumann, A./Noweski, M.* (Hrsg.) (2019)

Für den ärztlichen und stationären Sektor sind einschlägig:
- *Busse, R./Schreyögg, J./Stargardt, T.* (Hrsg.) (2022)
- *KBV* (2020)

Für den Wettbewerb im Arzneimittelsektor werden darüber hinaus empfohlen:
- *Cassel, D./Wille, E./Ulrich, V.* (2009)
- *Greiner, W./Witte, J./Gensorowsky, D./Diekmannshemke, J.* (2023)

10 Managed Care und integrierte Versorgung

Im letzten Kapitel wurden die drei ausgabenseitig größten Sektoren der Gesundheits-versorgung – der ambulante und der stationäre Versorgungssektor sowie der Sektor der Arzneimittelversorgung – ausführlich beschrieben. Dabei fällt auf, dass im deut-schen Gesundheitssystem eine strikte Trennung zwischen ambulanten und stationä-ren Sektor herrscht und entsprechend sehr unterschiedliche Steuerungsmechanismen existieren. Aus gesundheitspolitischer Perspektive besteht weitgehend Einigkeit darü-ber, dass infolge dieser Strukturbedingungen hierzulande eine effiziente sowie eng koordinierte Behandlung in Form von (Ausschluss-)Diagnostik, Behandlungsplanung, Überweisungen, Nachsorge etc. erheblich erschwert wird.

In vielen anderen Gesundheitssystemen der Welt sind der ambulante und der stati-onäre Sektor deutlich durchlässiger organisiert. Auch wird, anders als in Deutschland, die fachärztliche Versorgung überwiegend durch die Krankenhäuser geleistet. Insbeson-dere in den USA hat man bereits sehr frühzeitig mit einem integrierten Versorgungs- und Steuerungsmanagement gearbeitet, das unter dem Namen Managed-Care weitläufig be-kannt ist. Dieses Versorgungskonzept fand auch in der deutschen Gesundheitspolitik große Beachtung. So widmete sich der Sachverständigenrat Gesundheit und Pflege in ver-schiedenen Gutachten (2002, 2003, 2009, 2018) diesem Thema als Option für die Weiteren-wicklung des deutschen Gesundheitswesens. Aus gesundheitsökonomischer Perspektive bietet das Managed-Care-Konzept interessante Ansätze für eine stärker integrierte, zu-gleich aber auch mehr wettbewerblich ausgerichtete Gesundheitsversorgung. Daher soll im Weiteren zunächst dieses Konzept genauer betrachtet werden. Im Anschluss daran werden wir zudem noch einen kurzen Blick darauf werfen, an welchen Stellen sich Ma-naged-Care-Elemente in der sektorenübergreifenden Versorgungssteuerung Deutschlands wiederfinden, die nunmehr seit Jahrzehnten diskutiert und immer wieder reformiert wird.

10.1 Zur Einordnung von Managed Care

Eine einheitliche Definition von Managed Care existiert bis heute nicht. Unter dem Be-griff des Managed Care werden verschiedene Organisationsformen sowie zahlreiche Ablauf- und Steuerungsprinzipien subsumiert, die darauf abzielen, eine integrierte und zugleich effiziente sowie möglichst qualitätsgesicherte Gesundheitsversorgung zu ge-währleisten. Integriert meint hier eine patientenbezogene Leistungserbringung,
- die sowohl leistungssektoren-übergreifend als auch interdisziplinär fachübergrei-fend verzahnt sein kann und
- die unter den drei „Vernetzungs-K*s*" – Kooperation, Koordination und Kommunika-tion – erfolgt. Dabei sollen mittels Kooperation die Ziele und Inhalte einer Behand-lung und mittels Koordination die verschiedenen Aktivitäten der unterschiedlichen

https://doi.org/10.1515/9783486989441-010

(Prozess-)Beteiligten aufeinander abgestimmt werden. Im Rahmen der Kommunikation wiederum ist der kontinuierliche fachliche Austausch untereinander und, darüber hinausgehend, der systematische Informationstransfer von Patientendaten sicherzustellen. Zu diesem Zweck soll in Deutschland beispielsweise die Elektronische Patientenakte (ePa) eingeführt werden.

Aus ökonomischer Perspektive zielt Managed Care folglich darauf ab, medizinische Versorgungsprozesse stärker unter dem Blickwinkel eines effizienten Managementhandelns zu organisieren, und zwar im Sinne von definierten und verzahnten Behandlungsabläufen, der Orientierung an Best-care-Leitlinien, der Umsetzung eines professionellen Überleitungsmanagements, der Festschreibung von Verantwortlichkeiten sowie der Evaluation von Behandlungsergebnissen.

In diesem Zusammenhang spielt beim Managed-Care-Konzept die Integration von Leistungserbringung und Leistungsfinanzierung eine große Rolle. Man stelle sich hierzu einmal vor, dass man als Bürgerin oder Bürger verschiedene Gesundheitseinrichtungen – also Krankenhäuser, Arztpraxen oder sonstige therapeutische Einrichtungen – auswählt und direkt bei diesen eingeschrieben und versichert wird. Das entspricht der Grundkonstruktion einer Managed-Care-Organisation (MCO). Bei diesem Konzept verpflichten sich die Versicherungsnehmenden mit der Einschreibung dazu, im Krankheitsfall zu ihrem Versicherer zu gehen, der – vereinfacht ausgedrückt – gleichzeitig auch ihr Leistungserbringer, also die behandelnde Arztpraxis oder die stationäre bzw. die rehabilitative Einrichtung, ist. Das hat zur Folge, dass das gesamte finanzielle Risiko der Morbidität auf die Leistungserbringer übergeht, die wiederum in ihrer Doppelfunktion als Leistungsfinanzierer den Anreiz haben, ihre Ausgaben wirtschaftlich effizient zu managen. Dieser Integrationsgedanke von Erstellung und Finanzierung der Gesundheitsleistung ist das zentrale Organisationselement und eines der wichtigsten Merkmale von Managed Care. Die Integration muss jedoch nicht zwingend vollständig sein, sondern kann durchaus partiell erfolgen. Im Gegenzug bedeutet das dann, dass die Leistungsfinanzierer die Leistungserstellung ebenfalls mitbeeinflussen können, entweder vollständig oder nur partiell.

Von der Verschmelzung von Leistungserbringung und Leistungsfinanzierung verspricht man sich eine effizientere Allokation der knappen Ressourcen im Gesundheitssystem, so dass die Patientinnen und Patienten nicht nur kostengünstige Behandlungsprozesse, sondern zudem die richtige Art und Menge an Leistungen erhalten, dass also Leistungen, die nicht zweckmäßig oder sogar fragwürdig sind, ausgeschlossen werden. Theoretisch sind gemäß diesem Konzept die Erschließung von potenziellen Wirtschaftlichkeitsreserven sowie die Aufrechterhaltung, wenn nicht gar Verbesserung der Versorgungsqualität eng miteinander verbunden. Auf gesundheitsökonomische Kategorien übertragen, heißt das, dass die anbieterinduzierte Nachfrage verhindert werden soll. Dabei ist allerdings die effiziente und qualitativ angemessene Allokation der Mittel, die damit möglichst einhergehen sollte, durch eine wirksame Qualitätssicherung zu flankieren. Dies könnte z. B. durch die enge Orientierung an Behandlungsleitpfaden erfolgen. Einer der entscheidenden Vorteile dieser Organisationsform im Vergleich zu den klassischen Krankenversicherungsmodellen besteht darin, dass neue Gestaltungsspielräume und Anreizstrukturen zwischen den Krankenversicherungen und den Leistungserbringern der medizinischen Versorgung entstehen, weil die Trennung von Leistungsfinanzierung und Leistungserstellung aufgehoben wird.

Wie eingangs bereits erwähnt, hat das Managed-Care-Konzept seinen Ursprung in den USA. Daher wollen wir uns im Folgenden an den dortigen Strukturen und Organisationserfahrungen orientieren. Zu diesem Zweck werden in einem ersten Schritt die in der Literatur für Managed Care typischen Organisationsformen beschrieben. An erster Stelle ist hier die Health Maintenance Organization (HMO) mit ihren verschiedenen Ausprägungen und Weiterverzweigungen zu nennen. In einem zweiten Schritt werden sodann die verschiedenen Steuerungsinstrumente beschrieben, die unerlässlich sind, damit Managed Care reibungslos funktioniert.

10.2 Formen von Managed-Care-Organisationen

In den USA existieren sehr unterschiedliche Managed-Care-Organisationen (MCO). Als zentrale Organisationsform gilt darunter die Health Maintenance Organization (HMO). Infolge der jeweiligen regionalen Gegebenheiten, der regionalen Wettbewerbssituation und der sehr unterschiedlichen Erfahrungen mit den (Versorgungs-)Ergebnissen von HMOs haben sich auf der Basis dieser zentralen Organisationsform zahlreiche Varianten herausgebildet. Überblicksartig sollen im Folgenden die wichtigsten HMO-Formate vorgestellt werden.

10.2.1 Health Maintenance Organization: Die ursprünglich zentrale Organisationsform

Wie bereits erklärt, ist die HMO die bekannteste Managed-Care-Organisation. Ihre Einführung in den USA erfolgte nicht ausschließlich über den Markt, sondern wurde staatlicherseits forciert. Ziel war es dabei vor allem, ein Instrument gegen die hohen Gesundheitsausgaben und den damit einhergehenden starken Anstieg der privaten Krankenversicherungsprämien zu etablieren. Mit dem HMO-Act im Jahr 1973 unter Präsident Richard Nixon wurden die neuen integrierten Formen von Versicherungen und Leistungserbringern zugelassen und staatlich gefördert. Die Nixon-Administration stellte Fördermittel für den Aufbau von MCOs bereit und verpflichtete zudem jene Arbeitgeber, die ihren Mitarbeitenden bereits einen traditionellen Krankenversicherungsschutz anboten, dazu, als Alternativangebot zusätzlich HMO-Verträge vorzulegen.

Klassisch zeichnet sich die HMO – wie bereits weiter oben angedeutet – dadurch aus, dass sie für ihre Versicherten eine umfassende Versorgung zu einer festen Versicherungsprämie und durch ein ganz spezielles genau definiertes Netzwerk aus

Leistungserbringenden anbietet. Im Idealfall besteht dieses sogenannte Versorgungsnetzwerk aus hausärztlicher und fachärztlicher Versorgung einschließlich Verzahnung zur präventiven, stationären und rehabilitativen Leistungsbereitstellung sowie zu den Apotheken und weiteren Einrichtungen. HMOs vereinen also zusammenfassend typischerweise Leistungsfinanzierung und eine möglichst optimierte vernetzte Leistungserstellung.

Wer in einer klassischen HMO versichert ist, muss im Vergleich zu anderen Formen weniger Zuzahlungen zu den üblichen Versicherungstarifen leisten, ist aber im Gegenzug dazu verpflichtet, im Krankheitsfall nur die Leistungserbringenden aus dem kontrahierten Netzwerk zu konsultieren. Zusätzlich ist man vertraglich daran gebunden, sich zunächst an seinen durch die HMO zugewiesenen „Gatekeeper", also an die Hausarztpraxis, zu wenden, die dann über den weiteren Behandlungsverlauf entscheidet. Weiteres zentrales Merkmal der HMO ist somit das „Versorgungsnetzwerk", das man nur über den „Gatekeeper", dafür dann aber fast zuzahlungsfrei nutzen kann.

Ausgehend von der organisatorischen Grundform der HMOs lassen sich vier ausgewählte HMO-Varianten unterscheiden. Sie differenzieren sich v. a. hinsichtlich des vertraglichen Verhältnisses zwischen HMO als Leistungsfinanzierer einerseits und dem medizinischen Versorgungsnetzwerk andererseits.

Staff-HMO
Die älteste und traditionellste Form der HMO ist die Staff-HMO. Wie der Name bereits nahelegt, beschäftigen die Staff-HMOs einen „Versorgungs-Staff" (Ärztinnen und Ärzte, Pflegepersonal sowie andere medizinische oder medizinnahe Versorgende), d. h., die Leistungserbringenden sind in der HMO angestellt, um die gesamte Gesundheitsversorgung für ihre Versicherten bereitzustellen. Diese „Angestellten" beziehen ein regelmäßiges Gehalt und sind in ihrer Arbeit weisungsgebunden, womit eine weitreichende Einflussnahme und Steuerung von medizinischen Leistungen durch die HMO möglich ist. Oder anders ausgedrückt: die Leistungserbringenden sind bezüglich ihrer Therapiefreiheit stark von den Vorgaben der HMO abhängig. Ökonomisch gesehen, wird im Rahmen dieses Organisationstyps die Neigung zur angebotsinduzierten Nachfrage reduziert, da ein Mehr an medizinischer Leistung nicht zu einer Ausweitung des Einkommens bei den Leistungserbringenden führt. In der Regel beinhaltet das Gehalt eine Erfolgskomponente, womit eine einheitliche Zielsetzung der Institution HMO und ihrer Angestellten erreicht werden soll. Neben der motivationalen Komponente ist das Ziel in einem privaten Unternehmen freilich vorwiegend die Gewinnerzielung. Da eine HMO nun vom Grundsatz her umso mehr Gewinn macht, je mehr Versicherte sie hat, je gesünder diese sind und je weniger medizinische Leistungen das Versorgungsnetzwerk der HMO für sie erbringen muss, sind vor allem Mechanismen notwendig, die einen gewissen medizinischen Standard garantieren. Dazu sind flankierend Instrumente der Qualitätssicherung einzusetzen, die entweder eigenständig im Rahmen eines funktionierenden HMO-Wettbewerbs oder staatlicherseits sichergestellt werden können. Die Erfahrungen haben gezeigt, dass die Staff-HMOs wegen der großen Dominanz der Versicherungskomponente bei

medizinischen Entscheidungen weder bei Patientinnen und Patienten noch bei Ärztinnen und Ärzten sehr beliebt sind. Daher war es vonnöten, sie organisatorisch weiterzuentwickeln.

Group-HMO

Hat die HMO keine angestellten Leistungserbringenden, sondern kontrahiert (sie) mit in einer Gruppe von organisierten Leistungserbringenden, dann spricht man von einer Group-HMO. Die Leistungserbringenden sind bei diesem Organisationsformat in der Regel exklusiv für die HMO tätig. Sie bleiben grundsätzlich formal selbständig, wobei jedoch ihr therapeutischer Spielraum von den vertraglichen Vereinbarungen mit der HMO abhängig ist. Vergütet werden die Leistungserbringenden der Group-HMO in der Regel im Rahmen eines Capitation-Systems (Kopfpauschalensystem). Dabei erhält nicht die einzelne Ärztin oder der einzelne Arzt, sondern die gesamte Gruppe der kontrahierten Leistungserbringenden monatlich einen Geldbetrag pro versicherter Person, zu deren Versorgung sie sich vertraglich verpflichtet. Da die Krankenversicherung durch die Pauschale genau kalkulieren kann, wie viel sie an die Group-HMO zahlen muss, Letztere jedoch nicht weiß, ob sie im Einzelfall und schlussendlich über die Summe all ihrer Patientinnen und Patienten mit dem ihr zur Verfügung stehenden Budget auskommt, wird das finanzielle Risiko mit der Capitation-Vergütung tendenziell auf die Leistungserbringenden überwälzt. Sie erhalten durch die Pauschalierung zwar den Anreiz, die eingeschrieben Patientinnen und Patienten möglichst „gesund" zu halten, also verstärkt präventiv tätig zu werden, doch wenn dies nicht gelingt, z. B., weil viele teure Behandlungsfälle vorliegen, dann wird der Gewinn der Leistungserbringenden entsprechend geschmälert. Im Extremfall machen sie sogar Verluste. Bei der Group-HMO bestehen daher ausgeprägte Tendenzen zur Risikoselektion.

IPA-HMO

In den IPAs (Independent Practice Association) organisieren sich vorwiegend freiberuflich praktizierende Ärztinnen und Ärzte mit eigener Praxis. Wird eine IPA von einer HMO unter Vertrag genommen, dann spricht man von IPA-HMO. Die IPAs sind primär als ein Zusammenschluss von Ärztinnen und Ärzten zum Zwecke der gemeinsamen Interessenvertretung bzw. zur Stärkung ihrer Verhandlungsmacht gegenüber einer HMO zu verstehen. IPAs können mit mehreren HMOs kontrahieren und behalten zudem die Möglichkeit, neben den Patientinnen und Patienten der jeweiligen Vertrags-HMOs noch weitere zu behandeln. Damit bleibt ihnen eine gewisse Unabhängigkeit erhalten. Für die HMOs sind sie vor allem deshalb interessant, weil durch sie eine bestimmte Versorgungsbreite sichergestellt werden kann. Die IPAs wiederum können derart professionell organisiert sein, dass sie eigenständig auftreten. Sie sind als Versorgungsorganisationen in den USA mittlerweile durchaus häufig anzutreffen.

Network-HMO

Network-HMOs sind eine Mischung aus den drei gerade beschriebenen HMO-Formaten. Ziel dieser HMOs ist es, eine möglichst große geographische Abdeckung der Versorgung mit Gesundheitsleistungen zu gewährleisten. Da in den USA in der Regel die Arbeitgebenden ihre Angestellten und Arbeitenden kollektiv bei einer HMO versichern, ist für sie der „geographische Zugang" zu Gesundheitsleistungen ein wichtiger Wettbewerbsfaktor. Eine HMO ist für sie in der Regel umso attraktiver, je mehr Mitarbeitende sie dort möglichst wohnortunabhängig versichern können. Muss eine große Region mit Gesundheitsleistungen versorgt werden, so ist dies oftmals nur mit einem Mix aus den verschiedenen HMO-Modellen zu erreichen. In diesem Fall kooperiert die HMO beispielsweise nicht nur mit einer Arztgruppe (Group-HMO), die exklusiv für sie tätig ist, sondern mit mehreren solcher Gruppen, vielleicht auch mit IPAs oder einzelnen Arztpraxen und weiteren Leistungseinrichtungen.

In den Network-HMOs wird der Konflikt deutlich, dem eine HMO in einem Wettbewerbsmarkt unterliegt: Die HMOs versuchen, ein möglichst großes und oftmals auch flächenmäßig breites Angebot bereitzustellen, was aber häufig nur möglich ist, wenn zusätzlich frei und unabhängig praktizierende Leistungserbringende mit eingebunden werden. Damit geht dann jedoch ein gewisser Kontrollverlust über die Art und Weise der Leistungserstellung einher.

HMO – Ein kurzes Zwischenfazit

Obschon v. a. mit den Network-HMOs ein größeres Angebot geschaffen wurde, das zudem für die angeschlossenen Leistungserbringenden flexibler ist und eine weit geringere Weisungsgebundenheit mit sich bringt, ist die Kritik an den HMOs – einschließlich ihrer zahlreichen Varianten – bis heute nicht verebbt. Nachfrageseitig gelten sie eher als geschlossene Institutionen, welche die freie Arztwahl der Patientinnen und Patienten spürbar einschränken. Ärztinnen und Ärzte wiederum empfinden sowohl die administrativen als auch die finanziellen HMO-Vorgaben mit Bezug auf ihre Therapiefreiheiten und ihre vorwiegend durch Pauschalen bestimmte Vergütungssituation eher als unbefriedigend. Und allgemein tauchen infolge der insgesamt doch sehr klaren wirtschaftlichen Ausrichtung der HMOs immer wieder Bedenken auf, ob die von ihnen bereitgestellte Versorgungsqualität tatsächlich angemessen ist. Somit war eine grundsätzliche Weiterentwicklung der HMOs erforderlich.

10.2.2 Weiterverzweigungen

Die oben genannte Kritik bewirkte einen Managed Care Backlash und führte dazu, dass sich die Managed-Care-Organisationen organisatorisch wieder stärker geöffnet und auch sonst weiterentwickelt haben. Dem Wunsch der Patienten nach größerer Wahlfreiheit betreffend der Leistungserbringer wird entsprechend nachgekommen.

Mittlerweile können in vielen MCOs Leistungserbringer auch außerhalb des jeweiligen Organisationssystems konsultiert werden. Zugleich hat sich mit den ACOs (Accountable Care Organisations), die im Rahmen von Obamacare eingeführt wurden, eine Organisationsform etabliert, die sich v. a. Qualitätsaspekte bei der Versorgung fokussiert.

Preferred Provider Organizations (PPOs)

Die sogenannten Preferred Provider Organizations (PPOs) sind Zusammenschlüsse von Gesundheitsversorgern, vorwiegend Ärzten und Krankenhäusern, die Arbeitgebern bzw. Versicherungen direkt eine umfassende Gesundheitsversorgung für ihre Angestellten bzw. Versicherten zu einer vergleichsweise reduzierten Fee-for-Service (Einzelleistungsvergütung) anbieten. Es gibt hier also eine gewisse Rückentwicklung von der üblicherweise HMO-bezogenen Pauschalvergütung hin zur Einzelleistungsvergütung. Zudem ist bei den PPOs das Hausarztprinzip weitgehend aufgehoben. Die PPO-Versicherten können daher ihren Arzt im vorgegebenen Versorgungsnetzwerk direkt aufsuchen. Sie haben aber darüber hinausgehend die Freiheit, Ärzte und Krankenhäuser außerhalb des Netzwerks zu konsultieren. Dafür müssen sie jedoch entsprechende Zuzahlungen leisten. Für Leistungserbringer wiederum ist die PPO in zweifacher Hinsicht von Vorteil. Erstens, weil sie die zu behandelnden Patienten über das Netzwerk zugewiesen bekommen und zweitens, weil nunmehr ihre Leistungen wieder im Rahmen des Einzelleistungssystems vergütet werden. Um allerdings damit dem erneut stärker auftauchenden Problem der anbieterinduzierten Nachfrage entgegenzuwirken, wenden die PPOs verschärft Qualitätssicherungsmaßnahmen an.

Point of Service (POS)

Die Point of Service (POS) Plans sind eine Kombination aus HMOs und klassischen Krankenversicherungsmodellen. Für die POS-Versicherten ist es möglich, Leistungen wie in einer klassischen HMO in Anspruch zu nehmen – also über einen Hausarzt und dem daran vertraglich geknüpften Netzwerk an Leistungserbringern. Sie haben aber auch die Möglichkeit, Leistungserbringer außerhalb dieses Systems aufzusuchen, dies allerdings nur gegen Zuzahlungen oder Selbstbeteiligungen. Wie bei den klassischen HMO weisen die POS jedem Versicherten einen Hausarzt zu, der die weiterführende Inanspruchnahme der Versorgung innerhalb des Netzwerks genehmigen muss, damit die Leistungen versicherungsseitig übernommen werden.

Accountable Care Organisations (ACOs)

Mit dem Affordable Care Act im Jahr 2010 wurde eine weitere Organisationsform, die sogenannten die Accountable Care Organizations (ACOs), geschaffen. ACOs sind Gruppen von Leistungserbringern unterschiedlicher Leistungsbereiche und -sektoren, die sich freiwillig zusammenschließen, um für eine genau definierte Bevölkerungs- oder

Versichertengruppe eine qualitativ hochwertige und gegebenenfalls ganzheitliche Versorgung anzubieten. Anders als die HMOs sind sie keine Versicherung, man kann sich also nicht bei einer ACO einschreiben. Vielmehr können Versicherte sie freiwillig aufsuchen, aber auch gleichzeitig Leistungserbringer außerhalb der ACO konsultieren.

Das Besondere an den ACOs ist die außerordentlich große Betonung des Qualitätsaspekts bei der Vergütung der Leistungserbringer. Dazu können unterschiedliche Pauschalvergütungs- bzw. Budgetmodelle zum Einsatz kommen. Wichtig ist, dass das jeweils vereinbarte Vergütungsmodell mit ausgefeilten qualitätsbezogenen Leistungskennzahlen gekoppelt wird, so dass mögliche Kosteneinsparungen bei der Behandlung nicht zu Lasten der Qualität gehen. Gelingt es nun einer ACO, die Behandlungskosten unterhalb der prospektiv festgelegten Vergütungspauschalen bzw. -budgets zu halten, wird sie finanziell an den Einsparungen beteiligt – oder trägt, je nach vertraglicher Ausgestaltung, auch die finanziellen Verluste.

Es gibt inzwischen verschiedene Formen von ACOs, sowohl private als auch öffentliche. In den nächsten Jahren soll dieses Modell nach dem Willen des US-amerikanischen Gesetzgebers noch weiter ausgebaut werden.

10.2.3 Versorgungsformen im Überblick

In Abbildung 10.1 sind überblicksartig nochmals die hier vorgestellten MCO-Versorgungsformen dargestellt. Daneben bilden sich weiterhin immer wieder neue, modifizierte Versicherungs- oder Organisationsformen aus. Ihre konkrete Ausgestaltung ist oft eine Antwort auf bestimmte regionale, populations- und generationsbezogene Gegebenheiten sowie auf die jeweils vorliegende örtliche Wettbewerbssituation oder wird durch andere Faktoren beeinflusst, beispielsweise durch die Größe und Markterfahrung der konkurrierenden Anbietenden. In diesem Zusammenhang ist zudem entscheidend, von welcher Marktseite die Initiative ausgeht: Mit der Zusammenführung von Finanzierung und Leistungserstellung von Gesundheitsgütern werden einerseits den Krankenversicherungen Möglichkeiten eingeräumt, die Leistungserstellung aktiv mitzugestalten und damit eine gewisse Kostensteuerung und -kontrolle auszuüben. Andererseits kann aber auch eine Gesundheitseinrichtung – z. B. ein großes Krankenhaus – zum Promotor für eine HMO werden und selbst Versicherungsschutz anbieten.

Unabhängig von der konkreten Ausgestaltung einer MCO-Organisation ist aber – wie zu Beginn dieses Kapitels bereits dargelegt – der folgende Aspekt relevant: Mit Managed Care und den spezifischen Ausprägungen der HMO wird immer eine integrierte Versorgung angestrebt, die möglichst leistungssektoren-übergreifend und fachübergreifend organisiert ist und die Vernetzung im Sinne von Kooperation, Koordination und Kommunikation über alle Beteiligten hinweg erfordert. Sind alle Leistungsanbietenden – also in erster Linie die ambulanten Arztpraxen und stationären Einrichtungen – gleichermaßen verantwortlich für die Behandlung einer Patientin oder eines Patienten und bekommen sie zusammen nur einen pauschalen Betrag für sie – nämlich maximal

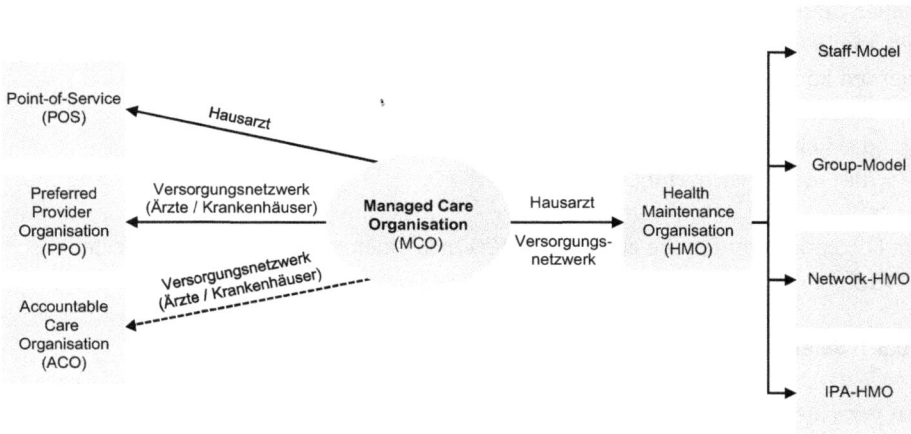

Abbildung 10.1: Managed-Care-Organisationen im Überblick (Quelle: eigene Darstellung, unter Verwendung von Fleßa, St./Greiner, W., 2020, S. 90).

die (Netto-)Versicherungsprämie –, dann haben alle beteiligten Sektoren ein Interesse an einer kostengünstigen Leistungserbringung: Für alle Beteiligten besteht ein Anreiz, zusammenarbeiten, wobei es tendenziell zu einer Abkehr von eher kostenintensiven Versorgungsbereichen, wie der stationären Versorgung, kommen kann. Dies setzt gleichzeitig voraus, dass Mechanismen geschaffen werden, die gewährleisten, dass die einzelnen Sektoren koordiniert miteinander kooperieren und Informationen austauschen, um so den Diagnose- und Behandlungsprozess qualitativ zu verbessern. Damit Managed Care in diesem positiven Sinne funktioniert, stehen unterschiedliche Instrumente zur Verfügung, die im folgenden Unterkapitel vorgestellt werden.

10.3 Instrumente für das Funktionieren von Managed Care

Beim Managed Care handelt es sich nicht um ein geschlossenes Konzept. Wie uns schon die vielen verschiedenen Organisationsformen gezeigt haben, kann Managed Care unterschiedlich ausgestaltet werden und unterliegt zudem permanenten Anpassungen, die das Resultat von organisatorischen und prozessualen Learnings sind oder sich ergeben, weil sich bestimmte Rahmen- und Umfeldbedingungen ändern. Für die erfolgreiche Umsetzung von Managed Care steht ein ganzes Bündel an Instrumenten zur Verfügung. Zwei notwendige Voraussetzungen für das Funktionieren von MCOs sind:
– das „freie, eigenständige Kontrahieren" von Versorgungsverträgen, das im Weiteren unter dem Begriff des „selektiven Kontrahierens" behandelt wird, sowie
– die spezifische Ausgestaltung des „organisationsinternen Vergütungssystems".

Neben diesen Kerninstrumenten kennt Managed Care eine Reihe weiterer Komponenten, die in unterschiedlicher Intensität und verschiedenen Kombinationen verwendet werden können. Unter anderem sind dies

- das Gatekeeping oder Hausarztprinzip,
- das Leistungsmanagement sowie
- die Qualitätssicherung.

Im Folgenden werden die genannten MCO-Instrumente ausführlicher vorgestellt.

10.3.1 Selektives Kontrahieren

An verschiedenen Stellen der Vorkapitel hatten wir bereits über selektives Kontrahieren berichtet. In Deutschland bezieht sich dieser Terminus vorwiegend darauf, dass den korporatistischen Vertragsakteuren gesetzlich gewisse selektive Handlungsmöglichkeiten eingeräumt wurden, die über die verpflichtend zu kontrahierenden Kollektivverträge hinausgehen, um flexiblere Versorgungsverträge abzuschließen. Auf diesen Aspekt werden wir am Ende dieses Kapitels nochmals eingehen.

Wenn wir im Weiteren im Rahmen von Managed Care über selektives Kontrahieren sprechen, dann basiert das auf dem Grundgedanken des freien Kontrahierens, und zwar in dem Sinne, dass die Leistungsfinanzierenden selbst die Leistungserbringenden – also Arztpraxen, Krankenhäuser, Pflegeeinrichtungen etc. – auswählen, mit denen sie, möglichst in Form eines Netzwerkes, Verträge für ihre Versicherten abschließen. Selektives Kontrahieren bedeutet in diesem Zusammenhang folglich, dass die Leistungsfinanzierenden nicht gezwungen sind, die Kosten der Inanspruchnahme eines oder einer beliebigen Leistungserbringenden durch die Versicherten zu bezahlen. Vielmehr werden nur jene Anbietenden bzw. Versorgungsnetzwerke vergütet, mit denen eine MCO einen Leistungsvertrag abgeschlossen hat.

Die Versicherten können dann häufig auch nur genau diese „Vertrags-Leistungserbringenden" ohne Zuzahlungen in Anspruch nehmen. Ihre Wahlfreiheit ist folglich deutlich eingeschränkt. Dafür zahlen sie aber in der Regel auch geringere Prämien als bei klassischen Versicherungsverträgen. Zugleich hängen die Handlungsfreiheiten der Leistungserbringenden stark davon ab, wie der jeweilige Vertrag ausgestaltet ist. Beispielsweise kann es Verträge für die gesamte Gesundheitsversorgung einer Versichertengruppe oder nur für die Versorgung bestimmter Krankheitsbilder geben. Auch lassen sich Verträge mit und ohne Ausschließbarkeit konstruieren. Besteht einer Ausschließbarkeitsklausel, so können nur die Versicherten innerhalb einer MCO behandelt werden, während alternativ vereinbarte Verträge darüber hinaus ggf. auch die Behandlung von Patientinnen und Patienten außerhalb der MCO erlauben.

Selektives Kontrahieren beim Managed Care ermöglicht es also in erster Linie, Versorgungsangebote bedarfs- und kapazitätsgerecht auf die Belange der Versicherten und ihre Präferenzen zuzuschneiden. Zudem lassen sich durch selektives Kontrahieren die erforderliche Vernetzung von hausärztlicher und fachärztlicher Versorgung herbeiführen und sektorenübergreifende Prozesse vertraglich konfektionieren. Dies beginnt mit der Prävention und reicht über die ambulante und stationäre Versorgung bis einschließlich zur Rehabilitation. Mit dem selektiven Kontrahieren können folglich die Leistungsprozesse im Allgemeinen und das Qualitätsniveau der Vertragspartner im Besonderen beeinflusst werden – vor allem lassen sich Leistungserbringende nach ihren Fähigkeiten und ihrer Reputation aussuchen. Zweifellos spielen bei der Gestaltung derartiger Kontrakte die Vergütungsform und -höhe eine große Rolle. Schließlich ist der sich daraus ergebende Preis für die Versorgung der entscheidende Kostenfaktor für eine MCO. Ziel des selektiven Kontrahierens ist es somit, vertragliche Gestaltungsfreiheiten zu nutzen, die eine höhere Kosten-, Kapazitäts- und Qualitätssteuerung sowie -kontrolle ermöglichen und dabei die Präferenzen der Versicherten ausreichend berücksichtigen.

Vieles hängt von der Einkaufsfähigkeit einer MCO ab. Zum einen stellt sich die Frage, ob und inwieweit sie die manageralen Fähigkeiten besitzt, die richtigen Versorgungsqualitäten und -quantitäten zu bestimmen und zu verhandeln. Zum anderen hängt die Einkaufsfähigkeit einer MCO von deren wettbewerblicher Durchsetzungsfähigkeit ab, und diese wird wiederum von der Struktur des Leistungsanbietermarktes und den dort vorliegenden regionalen Gegebenheiten beeinflusst. Stehen einer MCO z. B. viele und zugleich verschiedene Gesundheitsanbieter gegenüber, ist die Konkurrenzsituation auf dem Leistungsanbietermarkt also groß, dann hat sie eine relativ gute Verhandlungsposition und kann leichter Rabatte und Preisnachlässe erwirken sowie die potenziellen Vertragspartner dazu verpflichten, bestimmte Qualitätsstandards einzuhalten. Ist die Auswahl an Leistungsanbietenden in einer Region jedoch eher gering oder haben sich die Leistungsanbietenden selbst in einem Versorgungsnetzwerk organisiert, dann schwächt dies die Verhandlungsposition der MCO deutlich.

Es gibt jedoch auch kritische Einwände gegen das selektive Kontrahieren beim Managed Care. Hierbei wird auf die Gefahr hingewiesen, dass der MCO-Vertrag real so ausgestaltet wird, dass er eher auf eine Gewinnmaximierung ausgerichtet ist, statt zu einer verbesserten und zugleich kostengünstigeren Versorgung der Patientinnen und Patienten beizutragen. Dies ist vor allem dann zu befürchten, wenn eine Monopolsituation vorliegt, wenn also eine MCO in einem bestimmten Gebiet Alleinanbieter ist. Aber auch die Vielzahl der hier bereits dargelegten Marktbesonderheiten erleichtern es einer MCO, sich einseitig gewinnorientiert zu verhalten. Das MCO-Konzept mit seinem selektiven Kontrahieren setzt also voraus, dass der Wettbewerb tatsächlich funktioniert, und verlangt darüber hinaus erfahrungsgemäß flankierende Regelungen zur Qualitätssicherung.

10.3.2 Adäquates Vergütungssystem

Mit dem selektiven Kontrahieren eng verbunden ist die Frage nach dem adäquaten Vergütungssystem, denn dieses stellt ein zentrales Steuerungsinstrument von Managed Care dar. Grundsätzlich lassen sich mit dem Managed Care sehr unterschiedliche Vergütungsformen vertraglich vereinbaren.

Bereits in Kapitel 5 hatten wir eine Übersicht über geläufige Grundformen der Vergütung bereitgestellt und diese bezüglich ihrer generellen Anreizwirkungen systematisiert und analysiert. Nur zur Erinnerung: Das waren u. a. die Einzelleistungsvergütung, die im weiteren Fee-for-Service-Vergütung genannt wird, verschiedene Formen der Pauschalvergütung, tagesgleiche Pflegesätze oder beispielsweise das (Gesamt-)Budget. Diese Vielfalt an Vergütungsformen hat zur Konsequenz, dass Managed-Care-Verträge mit Bezug auf das vertraglich unterlegte Vergütungssystem beträchtlich variieren können.

In rein privaten Versicherungssystemen ist die Fee-for-Service-Vergütung eine sehr typische Vergütungsform. Sie hat den Vorteil, dass sie ärztlich individuell zugeschnittene Therapien zulässt, und den Nachteil, dass sie enorm kostentreibend ist. Vor allem begünstigt sie – wie schon mehrfach betont wurde – die anbieterinduzierte Nachfrage. Vor diesem Hintergrund werden beim MCO-Konzept oftmals Pauschalvergütungen gegenüber der Fee-for-Service-Vergütung bevorzugt, um eine möglichst ausgewogene Vergütung nach Effizienz- und Qualitätskriterien zu erreichen. Die Vergütungsform, die in diesem Zusammenhang am wichtigsten ist und zugleich am häufigsten bei der MCO zur Anwendung kommt, ist die Kopfpauschale, auch Capitation-Vergütung genannt. Diese Form wollen wir im Weiteren exemplarisch näher betrachten.

Im Rahmen des Managed-Care-Konzepts versteht man unter der Capitation-Vergütung, dass bereits im Voraus ein (monatliches) Fixum oder eine Pauschale festgesetzt wird. Diese wird den Leistungserbringenden für eine vorher definierte Gruppe von Patientinnen und Patienten gezahlt, die sie im Rahmen eines vertraglich vereinbarten Leistungsspektrums behandeln können – und zwar unabhängig von den Behandlungskosten, die für die Arztpraxis oder das Krankenhaus tatsächlich anfallen. Die Kopfpauschale wird also selbst dann gezahlt, wenn keine Behandlung stattfindet. Andererseits müssen die Leistungserbringenden auch dann mit dem Fixum auskommen, wenn die Patientin oder der Patient eine höhere Morbidität aufweist, als durch die Pauschale abgedeckt wird. Anders ausgedrückt: Das Morbiditätsrisiko geht bei der Kopfpauschale auf die Leistungserbringenden über. Diese besitzen nun aber im Gegenzug eine gewisse Planungssicherheit und können grundsätzlich mit den zur Verfügung stehenden Mitteln wirtschaften: Der effizientere Umgang mit den bestehenden Ressourcen soll im Ergebnis zu einem effektiveren Behandlungsprozess führen – einschließlich dessen, Anreize zu setzen und präventiv tätig zu werden. Ökonomisch erwartet werden diese Effekte, weil nach Abzug der (Behandlungs-)Kosten die verbleibende Restpauschale der Gewinn für die Leistungserbringenden ist.

Die Wirkungsweise der Capitation-Vergütung im Rahmen des Managed-Care-Konzepts kann auch anhand der Abbildung 10.2 verdeutlicht werden. In der Ausgangssituation besteht ein wettbewerblich organisiertes Krankenversicherungssystem, in welchem nach Einzelleistungen vergütet wird und bei dem die Nachfrage N_E vorliegt. Die abgebildete Elastizität ergibt sich deshalb, weil hier angenommen wurde, dass zusätzlich zur Versicherungsprämie gewisse Zuzahlungen entrichtet werden müssen. Daher ist die Nachfragekurve nicht vollständig unelastisch, wie es bei einer Vollversicherung der Fall wäre.

Der auf diesem Markt herrschende Preis sei P_E, die korrespondierend nachgefragte Menge M_E. In dieser Situation ergeben sich die totalen Ausgaben als $P_E \times M_E$. Die Steuerung durch Managed Care, die sowohl die freie Arztwahl als auch bestimmte Therapien vertraglich beschränkt und ferner v. a. ein Capitation-Vergütungssystem verwendet, ermöglicht es nun, die Ausgaben zu reduzieren: Ist die MCO gegenüber den Leistungsanbietenden in einer Situation, in der sie sich die Leistungsbringenden aussuchen kann, dann kann sie auch vertraglich Preisreduktionen je Mengeneinheit durchsetzen – hier bezogen auf den Preis P_{MC}. Im Ergebnis bedeutet eine Preissenkung, dass die Gewinne der Leistungserbringenden vermindert werden.

Zudem kann auch die Nachfrage reduziert werden; in der vorliegenden Abbildung ist dies schematisch angedeutet durch eine Verschiebung von N_E auf N_{MC}. Diese

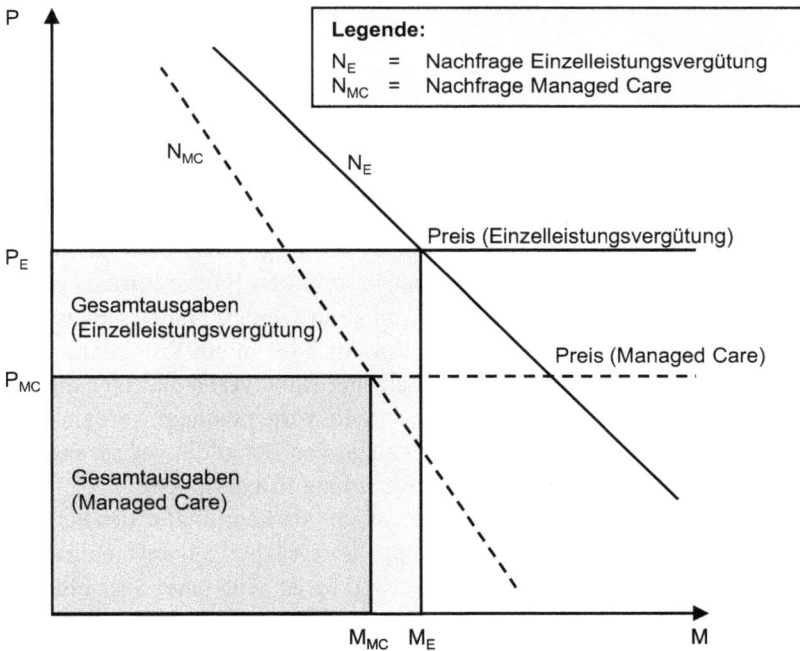

Abbildung 10.2: Gesamtausgaben bei Einzelleistungsvergütung und Managed Care im Vergleich (Quelle: modifiziert nach Folland, S./Goodman, A.C./Stano, M., 2017, S. 331).

Entwicklung folgt u. a. daraus, dass die Zahl der (Behandlungs-)Fälle vermindert, die Zahl der im Krankenhaus verbrachten Tage reduziert oder die angebotsinduzierte Nachfrage insgesamt minimiert werden konnte. Die geringere Elastizität der Nachfragekurve ergibt sich plausiblerweise dadurch, dass der Preis für die Nachfragenden weniger stark ins Gewicht fällt, weil sie – gemäß der entsprechenden Annahme – bei Inanspruchnahme des Netzwerks eine geringere Zuzahlung leisten müssen. In dieser Situation ergeben sich die totalen Ausgaben als P_{MC} x M_{MC}. Sie sind damit deutlich geringer als im Falle der Einzelleistungsvergütung.

Die konkreten Effekte des Capitation-Systems hängen letztlich davon ab, wie die Pauschale im Einzelnen vertraglich ausgestaltet ist. Das kann sehr unterschiedlich sein. So kann eine Pauschale für alle Versicherten festgelegt werden, die in einer Arztpraxis eingeschrieben sind, oder nur für bestimmte versicherte Personengruppen oder auch nur für tatsächlich Behandelte. Auch können spezifische Verträge mit Patientengruppen in Bezug auf ihre Erkrankung geschlossen werden. So lassen sich MCOs für schwerpunktmäßig chronisch Erkrankte bilden, die dann möglichst evidenz- und leitlinienorientiert zu behandeln sind. Bindet man nunmehr die Höhe der Pauschale an zuvor definierte Erfolgsziele der Behandlung, so ist man tendenziell auf dem Weg zu einer Pay-for-Performance- bzw. wertbasierten Vergütung, wie es bei den ACOs praktiziert wird.

10.3.3 Hausarztprinzip

In der Konsequenz berührt das Managed-Care-System nicht nur die Krankenversicherung-Arzt-Beziehung, sondern es sieht in Verbindung mit dem Ziel einer umfassenden Kosten- und Qualitätssteuerung auch weitreichende Eingriffe in die Patient-Arzt-Beziehung vor. Ein diesbezüglich weitreichendes Steuerungsinstrument ist das Gatekeeping oder Hausarztprinzip. Es besagt, dass der Weg in das Gesundheitssystem zwecks einer Behandlung über eine vorher bestimmten Hausarztpraxis gehen muss. Sie bestimmt nach einem ersten Kontakt, ob es im Weiteren notwendig ist, die Patientin oder den Patienten zu einer Facharztpraxis oder in ein Krankenhaus zu überweisen, oder ob die Behandlung weiter in eigener Hand verbleibt. Nach diesem Versorgungsprinzip sollen also alle Behandlungen, die vorgenommen werden, über den Gatekeeper laufen: Er koordiniert und managt den Behandlungsprozess. Die Grundstruktur des Gatekeeper-Konzepts ist in Abbildung 10.3 dargestellt.

Die intendierten Kostenvorteile sind offensichtlich. Als Koordinator des Behandlungsablaufs soll der Gatekeeper vor allem Doppeluntersuchungen vermeiden und entscheiden, ob und inwieweit es überhaupt notwendig ist, eine teure Spezialpraxis zu konsultieren oder einen oftmals noch teureren Aufenthalt in einem Krankenhaus zu absolvieren.

Durch den Gatekeeper sollen aber nicht nur Kostenersparnisse realisiert werden, sondern auch Qualitätsvorteile. Als zentrale Anlaufstelle für Patientinnen und Patienten

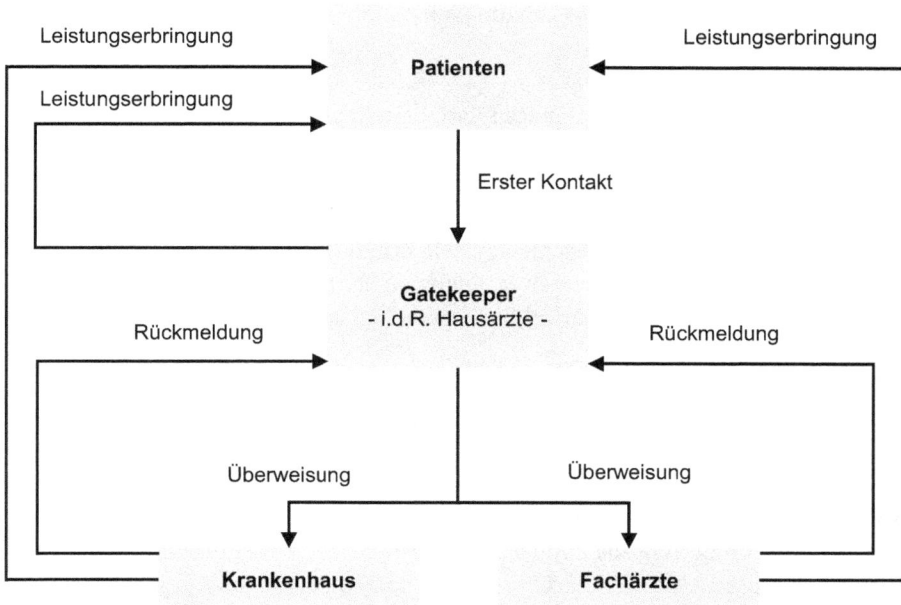

Abbildung 10.3: Gatekeeper-Konzept (Quelle: modifiziert nach Amelung, V.E., 2022, S. 150).

sowie der mitbehandelnden Ärztinnen und Ärzte hat er für einen koordinierten Behandlungsprozess zu sorgen. Dies ist unter anderem durch das Zusammenlaufen sämtlicher Fallinformationen sicherzustellen. Dadurch werden die Behandelten nicht nur vor unnötigen Mehrfachdiagnosen geschützt, sondern grundsätzlich die Erfolgschancen für einen optimierten und verzahnten Behandlungsprozess verbessert.

Ob und inwieweit die mit dem Hausarztprinzip theoretisch erwarteten Outcomes erfüllt werden, hängt von zahlreichen Faktoren ab, so beispielsweise von der Qualifikation der Hausarztpraxis. Denn infolge eines zunehmenden und zugleich immer schnelleren medizintechnologischen Fortschritts ergibt sich ganz allgemein eine zunehmende ärztliche Spezialisierung. Daher ist es fraglich, ob eine Hausarztpraxis überhaupt in der Lage ist, das gesamte Spektrum der medizinischen Möglichkeiten zu überblicken, weiterhin, ob sie die erforderlichen Management- und Koordinationsfunktionen adäquat ausfüllen kann, und, noch viel wichtiger, ob sie überhaupt willens ist, sich in Bezug auf die Therapiefreiheit einem stärker administrativen Managementsystem zu unterstellen. Schließlich hängt der Erfolg auch vom vereinbarten Vergütungssystem ab.

10.3.4 Ergänzende Elemente des Leistungsmanagements und der Qualitätssicherung

Einer der großen Vorzüge von Managed Care besteht sicherlich darin, dass es die Bedeutung des medizinischen Leistungsprozesses und damit des Produktionsprozesses der medizinischen Behandlung in den Vordergrund gerückt hat: Durch evidenzbasierte Behandlungsmethoden und spezielle akkreditierte Programme, wie etwa Case Management und Disease Management, sowie durch den Einsatz von medizinischen Leitlinien und auch ganz allgemeinen Maßnahmen der Qualitätssicherung sollen medizinische Versorgungsprozesse sowohl verbessert als auch standardisiert und damit überprüfbar werden.

Vereinfacht ausgedrückt, steht beim Leistungsmanagement die Prozessperspektive an erster Stelle – also die Frage: Was wird wie und wann getan? Darüber hinaus werden die beiden qualitativen Leistungsaspekte „Qualität der Indikationsstellung (Wird das Richtige getan?)" und „Qualität der Leistungserbringung (Wird es auch auf die richtige Weise getan?)" betrachtet.

Nähme man nun in Bezug auf das Leistungsmanagement eine eher ganzheitliche Sicht ein, so müsste man sich darüber hinaus noch Struktur- und Ergebniselemente anschauen. Damit werden zugleich die Schnittstellen zum Qualitätsmanagement offensichtlich, das gemäß dem zentralen Modell von Donabedian ebenfalls auf die Trias von Struktur, Prozess und Ergebnis bzw. Outcome zurückgreift. Leistungsmanagement und Qualitätsmanagement bedingen sich also gegenseitig. Oder anders ausgedrückt: Häufig kann man beide nicht voneinander getrennt betrachten, sondern es gibt vielmehr eine ganze Reihe von Qualitätsmaßnahmen, die integraler Bestandteil eines guten und wirtschaftlichen Leistungsmanagements sind.

Im Weiteren wird es hier nicht darum gehen, das Leistungsmanagement bezüglich seines Qualitätsaspekts umfänglich theoretisch zu analysieren, sondern vielmehr darum, einen kurzen Überblick über die zentralen Instrumente zu geben, die mit dem Managend Care verbunden sind und in verschiedenster Hinsicht einen Beitrag zum Qualitätsmanagement in MCOs leisten können.

Case Management
Case Management ist die auf einen (Einzel-)Fall, also im Gesundheitswesen auf eine Patientin bzw. einen Patienten, bezogene Planung, Koordination und im weitesten Sinne Überwachung von bedarfsgerechten Dienst- und Hilfeleistungen. Es stellt über professionelle und institutionelle Grenzen hinweg einen Versorgungszusammenhang her. Case Management wird zumeist bei Fällen mit schwerwiegenden Verletzungen bzw. Risiken oder einem komplizierten und oft langwierigen Behandlungsverlauf angewendet. Hierbei handelt es sich insbesondere um chronisch oder psychisch Kranke sowie Suchtkranke oder auch Multimorbidität.

Das Case Management folgt bestimmten Prozessschritten, die nacheinander ablaufen. Zunächst werden ein (Behandlungs-)Ziel bestimmt, Defizite benannt, die für die Zielerreichung relevant sind, und effiziente und qualitätsgesicherte Mittel der Versorgung gewählt.

Daraus ergibt sich ein konkreter Behandlungsprozess, der sodann mit den Erkrankten intensiv durchgesprochen und professionell begleitet sowie unterstützend überprüft wird. Im Idealfall wird er zudem wissenschaftlich evaluiert. Zentraler Aspekt ist es dabei, dass das Case Management mit Case Managerinnen und Managern arbeitet. Dies können Angestellte einer Einrichtung oder speziell dafür beauftragte Externe sein, die den spezifischen Einzelfall entsprechend der individuell festgestellten Bedarfe koordinieren und längerfristig begleiten.

Das Case Management übt damit mehr als nur eine koordinierende Gate-Keeper-Funktion aus; es hat zugleich eine Broker-Funktion, indem es in Bezug auf die erbrachten Leistungen und den jeweiligen Versorgungsbedarf vermittelnd auftritt, und eine Advocacy-Funktion, da es die Patienteninteressen im Behandlungsprozess wahrnimmt. Auf den ersten Blick erscheinen die Kosten für ein Case Management recht hoch. Mittlerweile ist es jedoch weitgehend anerkannt, dass professionelles Case Management in bestimmten Indikationsbereichen in der Lage ist, Kosten einzusparen, Behandlungsqualitäten zu verbessern und für eine größere Patientenzufriedenheit zu sorgen.

Disease Management

Die Kernidee des Disease Managements besteht darin, dass die medizinische Leistungserbringung für Patientengruppen, die von einer bestimmten Krankheit betroffen sind, über den gesamten Krankheitsverlauf und über alle Leistungserbringenden hinweg koordiniert wird, also im Idealfall unter Einbezug von Prävention, Diagnostik, Therapie, Rehabilitation und Pflege, und dabei bestimmte Leitlinien herangezogen werden. Disease Management bedeutet somit eine strukturierte, standardisierte sowie wissenschaftliche und qualitätsbasierte Vorgehensweise, die bei der Behandlung bestimmter Erkrankungen zum Einsatz kommt. Theoretisch geht dies sowohl mit Kostenreduktionen als auch mit Qualitätsverbesserungen einher.

Für die Entwicklung und den Einsatz eines Disease-Managements-Programms kommen vorrangig Volks- und chronische Erkrankungen in Frage, die für die Gesellschaft relativ kostspielig sind. Grundsätzlich kommt ein solches Programm aber auch für Erkrankungen in Betracht, die eine große Anzahl unterschiedlicher Behandlungsabläufe aufweisen. Ein Indikator hierfür wäre beispielsweise eine hohe Überweisungsquote. Weiterhin lohnt sich ein Disease Management bei betriebswirtschaftlich kostenintensiven Behandlungseinsätzen sowie in Fällen, in denen offensichtlich immer wieder Komplikationen im Behandlungsablauf auftreten, die durch eine gezielte Versorgungssteuerung vermieden werden könnten.

Disease Management stellt eine Form der langfristig und integriert angelegten Versorgung dar und beruht auf einer umfassenden Wissensbasis. Die Versorgung sollte daher effektiver sowie kostengünstiger sein und den Bedürfnissen der Patienten besser gerecht werden als eine nicht-koordinierte Behandlung. Allerdings ist auch die Entwicklung von Disease-Management-Programmen kostenintensiv.

Medizinische Leitlinien und Behandlungsleitpfade

Ein wesentliches Element des Leistungs- und Qualitätsmanagements beim Managed Care ist der Einsatz von Guidelines und Clinical Pathways – oder auf Deutschland übertragen: von medizinischen Leitlinien und Behandlungsleitpfaden. Generell stellen beide Instrumente Entscheidungshilfen für ärztliches Handeln dar, um eine angemessene medizinische, pflegerische und therapeutische Versorgung von Patienten zu erleichtern. Damit bieten sie den prozessbeteiligten Akteuren sowohl Orientierung als auch Transparenz, einschließlich Anhaltspunkten für ein Überleitungsmanagement der Patienten.

Bei medizinischen Leitlinien handelt es sich im Wesentlichen um systematisch abgeleitete Aussagen zur Versorgung von Patienten mit spezifischen Gesundheitsproblemen, die den gegenwärtigen Wissensstand widerspiegeln. Sie beruhen auf wissenschaftlicher Evidenzbasierung und beziehen zugleich Praxiserfahrung mit ein. Solche Leitlinien zielen also darauf ab, medizinische Versorgungsentscheidungen auf eine rationalere Basis zu stellen. Unter Berücksichtigung vorhandener Ressourcen sollen sie dazu beitragen, die „gute medizinische Versorgungspraxis" zu fördern und zu vermeiden, dass identische Krankheitsbilder mit unterschiedlichen Methoden behandelt werden, die zudem bisweilen nicht zweckmäßig sind oder kostentreibend wirken. Sie geben zwar Entscheidungs- und Handlungskorridore für die strukturierte medizinische Versorgung eines Krankheitsbildes vor und dienen somit als Orientierungshilfen, sind aber explizit keine verbindlichen Richtlinien. In begründeten Einzelfällen ist es durchaus möglich, von ihnen abzuweichen.

Behandlungsleitpfade sind dagegen häufig nur Teile einer Leitlinie. Sie sind stärker prozessbezogen und dienen als Muster für einen ggf. sektorenübergreifenden und multidisziplinären Ablaufplan zur Behandlung eines spezifischen Krankheitsbildes bzw. Patiententyps. Im Rahmen ihrer Anwendung wird die medizinische Versorgung eines spezifischen Gesundheitsproblems in einer bestimmten Zeit, in einer bestimmten Abfolge und ggf. mit vorbestimmen Leistungsmengen empfohlen, wobei gleichzeitig vorgegebene Qualitätsstandards zu beachten sind. Behandlungspfade dienen also einer qualitätsgesicherten Standardisierung von medizinischen und pflegerischen Behandlungsabläufen und ermöglichen es neben einem besseren Outcome auch, Ressourcen schonend einzusetzen. Es ist daher nur allzu verständlich, dass Clinical Pathways und Guidelines für Managed-Care-Organisationen von jeher ein wichtiges Steuerungsinstrument darstellen, mit dem sie das diagnostische und therapeutische ärztliche Handeln beeinflussen können. In diesem Zusammenhang ist es natürlich ein entscheidendes Kriterium, ob eine MCO nach dem Maximal- oder Minimalprinzip verfährt, ob sie also einer Best-Practice-Leitlinie folgt oder „empfehlend" jenen Versorgungspfad vorgibt, der es ermöglicht, ein bestimmtes Versorgungsziel möglichst kostengünstig zu erreichen.

Utilization Review

Die Utilization Review kann der Leistungskontrolle zugerechnet werden. Ihre Grundidee ist es, medizinische Leistungen einer externen oder internen Begutachtung in Bezug auf ihre Angemessenheit zu unterziehen. Im Wesentlichen sollen drei Aspekte überprüft werden: Erstens die Effektivität, also, ob eine medizinische Leistung in Bezug auf die festgestellten Symptome und die erfolgte Diagnose angemessen ist; zweitens die Effizienz, also, ob die induzierte Leistung adäquat erbracht wurde, und drittens wird der Frage nach dem geeigneten Ort der Behandlung nachgegangen – also, ob die Behandlung stationär oder ambulant zu erbringen ist.

Eine Utilization Review kann in jeder Phase der medizinischen Versorgung ansetzen. Sie kann beispielsweise an eine Vorab-Genehmigung oder Autorisierung gebunden sein und somit prospektiv wirken. Dies ist z. B. der Fall, wenn die ambulant behandelnde Arztpraxis für die stationäre Einweisung eine Genehmigung beim Leistungsfinanzierer einholen muss, oder wenn eine besonders teure Leistung genehmigt werden soll. Utilization Reviews können aber auch während eines Behandlungsprozesses durchgeführt werden, so beispielsweise im Rahmen der „Second Opinion", wenn also fallbezogen eine weitere fachärztliche Einschätzung eingeholt wird. Schließlich gibt es noch die retrospektiven Reviews, bei denen die Angemessenheit und Wirtschaftlichkeit einer Behandlung oder eines Behandlungsablaufs im Nachhinein überprüft wird.

Mit dem Utilization Review sollen sowohl Kosten eingespart werden, indem besonders teure Leistungen auf den Prüfstand kommen, als auch die Qualität der Behandlung überprüft werden, indem unter medizinischen Aspekten nach der Angemessenheit der Leistung gefragt wird. Grundsätzlich sollen die Reviews Aufschluss über Motive der induzierten Leistungsinanspruchnahme geben und sie nachvollziehbar machen. Damit sind sie ein wichtiges Steuerungsinstrument für die MCOs.

Qualitätssicherung

Wie eingangs dieses Unterkapitels bereits dargelegt wurde, bedingen sich Leistungs- und Qualitätsmanagement häufig gegenseitig, wie hier beispielsweise im Rahmen der Disease-Management-Programme oder der Clinical Pathways gezeigt werden konnte. Theoretisch zielt Managed Care auf eine effizientere Gesundheitsversorgung ab, wobei gleichzeitig Kostensenkungen und Qualitätssteigerungen realisiert werden sollen. Im Kapitel 5 hatten wir jedoch auch gezeigt, dass (Versorgungs-)Qualität tendenziell zulasten von Kosten eingespart bzw. reduziert wird. Insbesondere, wenn Pauschalhonorierungen angewendet werden, ist zudem das Minimalkostenprinzip bei der Leistungserbringung prägend. Deshalb sind zusätzliche Qualitätssicherungsmaßnahmen in allen MCOs ratsam. Intern kann es sich dabei um freiwillige Akkreditierungsstandards handeln, denen man folgt. Dies kann etwa die Implementierung von Qualitätszirkeln oder den Einsatz weiterer Leistungskontrollen betreffen. Hierbei ist beispielsweise an das Benchmarking zu denken, das es medizinischen Leistungseinheiten ermöglicht, sich hinsichtlich des Outcomes für definierte Krankheitsbilder miteinander zu vergleichen, oder an die Peer Review, bei der im Rahmen eines kollegialen fachlichen Austausches einzelne Fälle oder Prozesse gemeinsam analysiert werden. Die konkrete Ausgestaltung eines internen Qualitätsmanagements in Gesundheitseinrichtungen kann sehr unterschiedlich sein, und es gibt eine Fülle von Konzepten zur Qualitätssicherung, die von entsprechenden Qualitätsmanagementsystemen unterstützt werden.

Häufig hilft allerdings bei der Qualitätssicherung nicht nur Freiwilligkeit. Insbesondere infolge der vielen Marktbesonderheiten von Gesundheitsgütern unterliegen Qualitätssicherung und -kontrolle in den meisten hochentwickelten Gesundheitssystemen strengen staatlichen Vorgaben. Auch in den USA wurden zuletzt mit dem Affordable Care Act zahlreiche Regelungen zur Qualitätsverbesserung eingeführt.

10.3.5 Zusammenfassender Überblick zum Managed Care

Zusammenfassend stellt die Übersicht 10.1 die wichtigsten Merkmalsträger des Managed-Care-Ansatzes denjenigen des deutschen GKV-Gesundheitssystems (Kapitel 8 und 9) gegenüber. Managed-Care-Organisationen vereinen üblicherweise Finanzierung und Leistungserbringung von Gesundheitsgütern und heben damit deren Trennung tendenziell auf. Sie besitzen die Möglichkeit, in einem mehr wettbewerblich organisierten Leistungsmarkt Verträge mit Leistungserbringenden selektiv abzuschließen. Diese Verträge können deutlich flexibler ausgestaltet werden als in der durch Kontrahierungspflicht und sonstige Regelbindung gekennzeichneten, fragmentierten deutschen Versorgung.

Das wichtigste Ziel, das mit dem Managed-Care-Konzept erreicht werden sollte, ist die Erhöhung der Effizienz im Gesundheitswesen bei gleichzeitiger Qualitätsverbesserung der Leistungserbringung. Konkret sind Kosten einzusparen, indem überflüssige Leistungen vermieden, Versorgungsprozesse optimiert und (Versicherungs-) Preise durch mehr Wettbewerb gesenkt werden. Erfahrungen in den USA haben je nach Anbieter, konkretem Versicherungsplan und Region gezeigt, dass diese Ziele mitunter nur zulasten von Qualitätseinbußen erreicht werden konnten.

Das hatte indessen organisatorische Anpassungen, Veränderungen im Qualitätsmanagement und verschärfte Akkreditierungsverfahren sowie sonstige Learnings zur Folge. Auch, wenn die MCOs heutzutage nicht mehr kritiklos betrachtet werden, so haben sie doch Positives geschaffen, indem sie die Rolle von betriebswirtschaftlichen Management- und vor allem integrierten Leistungsprozessen bei der Leistungserbringung deutlich stärker in den Vordergrund rückten. So hat das Managed-Care-Konzept durchaus wichtige politische Impulse für das integrierte Versorgungsmanagement in Deutschland gesetzt. Mit diesem Aspekt wollen wir uns nun abschließend beschäftigen.

Managed Care	GKV
– freies Kontrahieren – Leistungen entsprechend des MCO-Versicherungsplan – Einschränkung der Wahlfreiheit auf das Versorgungsnetzwerk	– Kontrahierungspflicht und ergänzend selektive Vertragsmöglichkeiten – Regelversorgung – freie Wahl des Leistungserbringers
– Gatekeeping	– freie Hausarztwahl und direkter Zugang zu Fachärzten und Spezialisten
– standardisierter Einsatz von Behandlungspfaden in Verbindung mit medizinischen Leitlinien (Guidelines)	– weitgehende Therapiefreiheit und freiwilliger Einsatz von Leitlinien
– integrierte Behandlungsprozesse	– überwiegend fragmentierte Behandlungsabläufe
– Qualitätssicherung und -management	– Qualitätssicherung und -management
– standardisierte Utilization Review	– Kontrolle bei Verdachtsmomenten

Übersicht 10.1: Gegenüberstellung von Managed Care und deutschem Krankenversicherungssystem (Quelle: in Anlehnung an Amelung, V.E., 2022, S. 11).

10.4 Perspektiven des integrierten Versorgungsmanagements in Deutschland

Seit dem Ende des vorigen Jahrtausends hat Managed Care die hiesige Gesundheitspolitik vielfach inspiriert, indem es Ideen und Elemente für ein modernes Versorgungsmanagement bereitstellte. Die Reformdiskussionen dazu fielen zeitlich eng mit der wettbewerblichen Öffnung des gesetzlichen Krankenkassensystems zusammen (Kapitel 8). Das wesentliche Ziel bestand seinerzeit darin, in einem ersten Schritt die Krankenkassen einem solidarischen Wettbewerb zu unterwerfen, der zum Wohle der Versicherten und des Gesamtsystems darauf gerichtet war, Wirtschaftlichkeits-, Service- und Effizienzpotenziale zu erschließen. Für die Protagonisten dieses Reformansatzes war jedoch auch von vornherein klar, dass der Krankenkassenwettbewerb ins Leere laufen würde, wenn er nicht auf die Versorgungsebene durchschlagen würde. Damit er darüberhinausgehend seine wohlfahrtsfördernden Effekte im Sinne einer besseren und zugleich kostengünstigeren medizinischen Versorgung voll entfalten konnte, musste daher das Kollektivvertragssystem flexibilisiert werden. Denn schon damals bestand weitgehend Einigkeit darüber, dass die trennscharfe sektorale Versorgung in Prävention, ambulanter und stationärer Sektor sowie Rehabilitation und die daran geknüpften sektoralen Einzelbudgets, so wie es in Abbildung 10.4 veranschaulicht wird, in Bezug auf Wirtschaftlichkeit und Qualität eine der zentralen Schwachstellen des deutschen Gesundheitswesens sind.

Der zweite Zielschritt richtete sich daher konsequent darauf, diese rigide sektorale Zerklüftung des deutschen Gesundheitssystems zu überwinden, die bestehenden Strukturverhärtungen zu lösen und die Sektoren – einschließlich ihrer Vergütung – miteinander zu verzahnen. Integrierte Versorgung als eine spezifische Form des Versorgungsmanagements sollte also die Leistungserbringung entlang des jeweiligen Behandlungsprozesses befördern und möglichst zusammenführen. Das sollte jedoch nicht von heute auf morgen erfolgen, sondern graduell und pfadabhängig über einen längeren Zeitraum.

Am Ende dieses langjährigen Reformprozesses wären dann – wie in Abbildung 10.4 dargestellt – die einzelnen Leistungssektoren von der Prävention bis hin zur Rehabilitation optimalerweise so verknüpft, dass sie je nach Erforderlichkeit auf gemeinsamen Budgets und Vergütungselementen sowie einem integrierten Leistungsmanagement beruhen würden, einschließlich der dazugehörenden Elemente einer leitfadenorientierten Qualitätssicherung. Die Integration der Versorgung müsste sich derweil nicht zwingend gleichmäßig über alle Bereiche erstrecken, sondern könnte vielmehr wettbewerblich offen mit unterschiedlichen Leistungserbringenden ausgestaltet werden. In diesem Kontext lassen sich grundsätzlich folgende Vorgehensweisen unterscheiden: Erstens die klassische Verzahnung über mehrere Versorgungsstufen hinweg, auch als vertikale Integration bezeichnet, und zweitens die horizontale Integration, die innerhalb eines Leistungssektors fächerübergreifend und interdisziplinär organisiert werden kann. Adäquate Kooperations-, Koordinations- und Kommunikationsstrukturen sind jeweils förderlich, damit die beiden Integrationsformen funktionieren.

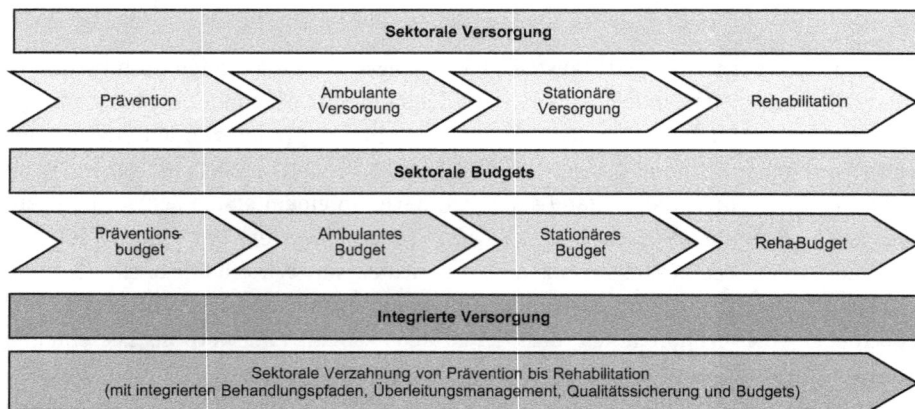

Abbildung 10.4: Fragmentierte versus integrierte Versorgung (Quelle: modifiziert nach Schreyögg, J./Milstein, R./Busse, R., 2022, S. 131).

Die Überschneidungen zum Managed-Care-Konzept sind hier ganz offensichtlich. Entsprechend entstanden in den vergangenen Jahren einige Formen im Versorgungsmanagement des deutschen Gesundheitswesens, die grundsätzlich dem Managed-Care-Konzept entlehnt sind. Diese mussten allerdings jeweils an den Kontext und die Besonderheiten des deutschen Gesundheitswesens angepasst werden.

10.4.1 Ausgewählte integrierte Versorgungsformen

Die integrierte Versorgung ist ein zentraler Reformbaustein für eine moderne und vernetzte Versorgungslandschaft in Deutschland. Insbesondere der Sachverständigenrat hat mehr als einmal deutlich zur Kenntnis gebracht, dass die Herausforderungen des deutschen Gesundheitssystems durch eine immer älter werdende Gesellschaft nur durch eine verbesserte Kooperation und Koordination innerhalb und zwischen den Sektoren zu meistern seien. Allerdings existiert interpretativer Spielraum in Bezug darauf, was unter integrierter Versorgung konkret zu verstehen ist. Denn genauso wie zum Managed Care existiert auch hierzu keine allgemeingültige Definition. So kann auf der einen Seite unter integrierter Versorgung eine lose Zusammenarbeit von Leistungserbringenden zu einer ausgewählten Indikation verstanden werden, während auf der anderen Seite komplexe populationsbezogene Versorgungsnetzwerke rangieren können, die sich über größere regionale Gebiete erstrecken. Wie wir gleich noch erfahren werden, kommt zusätzlich hinzu, dass die integrierte Versorgung in Deutschland sozialrechtlich gesehen inzwischen in eine spezielle Versorgungsform aufgegangen ist, nämlich die der sogenannten Besonderen Versorgung nach § 140a SGB V.

Ein Blick zurück zeigt, dass erste Ansätze zur Etablierung von Strukturen und Prozessen einer integrierten Gesundheitsversorgung vom Gesetzgeber im Jahr 1989 im Rahmen des Gesundheits-Reformgesetzes (GRG) initiiert wurden. Zentral war hier die Einführung der dreiseitigen Verträge zwischen Krankenkassen, Krankenhäusern und Vertragsärzten. Im weiteren Zeitablauf kamen eine Reihe von Vernetzungsreformen hinzu, wobei der Prozess jedoch nicht geradlinig verlief. Im Sinne eines Trial-Verfahrens wurden einige Gesetze zwischenzeitlich angepasst oder bezüglich spezifischer Anforderungen aufgelockert, andere wiederum abgeschafft. So betrachtet, ist der Entwicklungsprozess auf den Weg zur Etablierung einer integrierten Gesundheitsversorgung dynamisch. Übersicht 10.2 listet die aus heutiger Perspektive wichtigsten Reformmaßnahmen bzw. ausgewählte Vertragsoptionen für neue Versorgungsformen auf:

- Mit der Einführung der Modellvorhaben sind vor allem den gesetzlichen Krankenkassen Möglichkeiten eingeräumt worden, um die Qualität und Wirtschaftlichkeit der Versorgung oberhalb der Kollektivverträge im Rahmen bestimmter inhaltlicher und zeitlicher Vorgaben proaktiv auszubauen. Grundsätzlich gehören dazu Projekte, die die Weiterentwicklung der Verfahrens-, Organisations-, Finanzierungs- und Vergütungsformen der Leistungserbringung betreffen, die auf die Übertragung ärztlicher Tätigkeiten in Richtung ausgebildeter Pflegekräfte hinwirken sowie deren pflegerische Versorgungskompetenzen insgesamt stärken sollen, oder Projekte, die Leistungen zur Verhütung und Früherkennung umfassen, die keine

Neue Versorgungsformen nach SGB V	(Ziel-)Beschreibung
Modellvorhaben §§ 63 ff. SGB V	Ziel ist die modellerprobte und evaluierte Weiterentwicklung der Versorgungsstrukturen im Rahmen von Verfahrens-, Organisations-, Finanzierungs- und Vergütungsformen der Leistungserbringung oder in Bezug auf Leistungen zur Verhütung und Früherkennung von Krankheiten und zur Krankenbehandlung.
Strukturierte Behandlungsprogramme (DMP) §§ 137 f-g SGB V	Ziel ist die Entwicklung strukturierter, sektorübergreifender Behandlungsabläufe, um damit die medizinische Versorgung chronisch kranker Menschen zu verbessern.
Hausärztliche Versorgung § 73b I.V.m. § 65a SGB V	Ziel ist die Optimierung und Stärkung der hausärztlichen Versorgung, um Patienten eine koordinierte und umfassende medizinische Versorgung aus einer Hand zu gewährleisten.
Besondere Versorgung § 140a SGB V	Ziel ist es, eine verschiedene Leistungssektoren übergreifende oder eine interdisziplinär fachübergreifende Versorgung (integrierte Versorgung) sowie unter Beteiligung vertragsärztlicher Leistungserbringen oder deren Gemeinschaften besondere ambulante ärztliche Versorgungsaufträge zu ermöglichen.

Übersicht 10.2: Ausgewählte Vertrags- und Gestaltungsoptionen für neue Versorgungsformen (Quelle: eigene Darstellung unter Verwendung des SGB V).

Regelleistungen sind. Dabei können die Krankenkassen mit Gemeinschaften von oder mit einzelnen Leistungserbringenden oder mit den KVen entsprechende Verträge abschließen. Auch sind zahlreiche weitere Modellvorhaben gesetzlich spezifiziert, etwa solche der Arzneimittelversorgung, der Versorgung psychisch Kranker, der Förderung von besonderen Therapieeinrichtungen sowie digitaler und sonstiger (Versorgungs-)Innovationen. Bei den Modellvorhaben haben die Krankenkassen grundsätzlich Beitragsstabilität zu gewährleisten. Projektbedingte Mehraufwendungen können jedoch durch nachzuweisende Einsparungen kompensiert werden. Die Ergebnisse der Modellvorhaben sind verpflichtend wissenschaftlich zu evaluieren.

– Einen wichtigen Stellenwert haben darüber hinaus die „Strukturierten Behandlungsprogramme" bzw. die aus dem Managed Care schon bekannten Disease-Management-Programme (DMPs). Sie sind 2002 mit dem Gesetz zur Reform des Risikostrukturausgleichs entstanden und seitdem fester Bestandteil im Angebot einzelner Krankenkassen. Dabei legt der Gemeinsame Bundesausschuss die für DMPs geeigneten Krankheiten fest. Aktuell sind das Diabetes mellitus Typ1 und Typ 2, Brustkrebs, koronare Herzkrankheiten, Asthma Bronchiale und chronisch obstruktive Lungenerkrankungen. Die Kassen haben nach § 137 f-g SGB V nunmehr die Möglichkeit, die Zulassung eines dieser strukturierten Behandlungsprogramme beim Bundesamt für Soziale Sicherung (BAS) zu beantragen. Dazu gibt es auch finanzielle Anreize, denn die DMPs werden mit den Zuweisungen aus dem RSA verknüpft. Ideen und Ziele der deutschen Disease-Management-Programme entsprechen grundsätzlich denjenigen, die schon oben im Rahmen des Managed-Care-Konzepts dargestellt wurden. Einen ergänzenden Sonderfall dazu stellt das Case Management dar, welches nach SGB V für spezielle Patientinnen und Patienten vorgesehen ist, die in medizinischer oder sozialer Hinsicht größeren Unterstützungsbedarf haben.

- Schon 2004 wurde die deutsche Variante des Gatekeeping-Konzepts in Form der sogenannten „Hausarztzentrierten Versorgung (HZV)" gesetzlich festgelegt. Seit 2007 stellt diese Regelung zudem eine Verpflichtung dar. So ist in § 73b SGB V geregelt, dass Krankenkassen ihren Versicherten prinzipiell eine besondere hausärztliche Versorgung (hausarztzentrierte Versorgung) anbieten müssen. Dabei soll die Behandlung nach evidenzbasierten, praxiserprobten Leitlinien erfolgen, die speziell für die hausärztliche Versorgung entwickelt wurden. Für Versicherte ist die Teilnahme an der hausarztzentrierten Versorgung freiwillig, doch wenn sie diese Form der Versorgung wählen, verpflichten sie sich zugleich, ein Jahr lang nur die von ihnen gewählte Hausarztpraxis zu konsultieren und ambulante fachärztliche Behandlung nur in Anspruch zu nehmen, wenn sie von ihr überwiesen wurden. Die freie Arztwahl der in der hausarztzentrierten Versorgung eingeschriebenen Versicherten ist demzufolge für mindestens ein Jahr eingeschränkt.

- Die „Besondere Versorgung" nach § 140a SGB V hat mit dem 2015 in Kraft getretenen Gesetz zur Stärkung der Versorgung in der gesetzlichen Krankenversicherung (GKV-VSG) die bis dahin an unterschiedlichen Stellen des SGB V geregelten Vertragsformen „Integrierte Versorgung", „Strukturverträge" und „Besondere ambulante ärztliche Versorgung" abgelöst. Sie gilt seither als zentrale sozialrechtliche Norm für den Abschluss selektiver Verträge und räumt den Krankenkassen ausdrücklich die Option ein, Verträge abzuschließen, die verschiedene Leistungssektoren umfassen oder eine interdisziplinär fachübergreifende Versorgung ermöglichen. Als potenzielle Vertragspartner kommt ein breiter Kreis von Leistungsanbietenden in Frage. Dazu gehören neben den zur Versorgung berechtigten Leistungserbringenden und deren Gemeinschaften auch die Landes-KVen, Hersteller von pharmazeutischen und Medizinprodukten sowie sonstige Managementgesellschaften unterschiedlicher Rechts- und Gesellschaftsformen. Seit einigen Jahren zählen auch sozialversicherungsübergreifende Netzwerke dazu, wie etwa diejenigen zur Sozialen Pflegeversicherung. Dabei können die Verträge vom Zulassungsstatus der Leistungserbringenden abweichen, also Leistungen umfassen, welche die Anbietenden ansonsten außerhalb des Vertrags nicht zulasten der GKV anbieten dürften. Im Rahmen der Durchführung dieser Verträge ist zugleich der originär bestehende Sicherstellungsauftrag der KVen eingeschränkt. Soweit selektivvertragliche Leistungen kollektivvertragliche ersetzen, können sie aus der an die KVen zu zahlenden Gesamtvergütung herausgerechnet werden. Die Krankenkassen können jedoch unter bestimmten Umständen auf eine entsprechende Vergütungsbereinigung verzichten. Darüber hinaus verlangt § 140a SGB V, dass die hier abgeschlossenen Verträge die Qualität, die Wirksamkeit und die Wirtschaftlichkeit der Versorgung grundsätzlich verbessern.

– Auch auf Seiten der Leistungserbringenden wurden Bedingungen geschaffen, um die Vernetzung der Leistungserstellung zu fördern. Von jeher waren punktuelle Verzahnungen im Rahmen des Belegarztwesens, der durch die KVen ermächtigten Krankenhausärzte und des ambulanten Operierens im deutschen Gesundheitswesen möglich. Mit der integrierten Versorgung sind jedoch die Organisationsformen von vertikalen und horizontalen Netzwerken stetig erweitert worden. Dazu zählen beispielsweise ärztliche Praxisnetze, medizinische Versorgungszentren oder auch verbreiterte Kooperationsmöglichkeiten zwischen Akut- und Rehakliniken etc. Im Resultat werden damit zugleich die Schnittstellen zwischen ambulanter und stationärer Versorgung tendenziell aufgelockert.

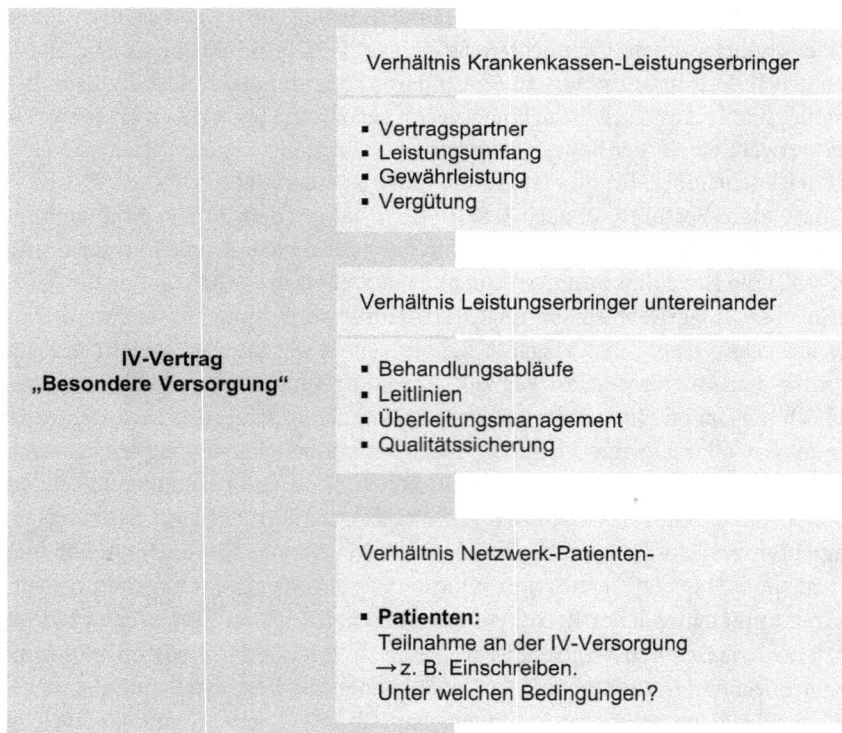

IV-Vertrag „Besondere Versorgung"	Verhältnis Krankenkassen-Leistungserbringer ▪ Vertragspartner ▪ Leistungsumfang ▪ Gewährleistung ▪ Vergütung
	Verhältnis Leistungserbringer untereinander ▪ Behandlungsabläufe ▪ Leitlinien ▪ Überleitungsmanagement ▪ Qualitätssicherung
	Verhältnis Netzwerk-Patienten- ▪ **Patienten:** Teilnahme an der IV-Versorgung → z. B. Einschreiben. Unter welchen Bedingungen?

Abbildung 10.5: Beziehungsebenen eines IV-Vertrags „Besondere Versorgung" (Quelle: modifiziert nach Schreyögg, J./Milstein, R./Busse, R., 2022, S. 147).

Dieser Überblick zeigt, dass die Optionen für eine vernetzte Versorgung in den vergangenen Jahrzehnten nach und nach vergrößert wurden. Die Organisationsform, die den größten Spielraum für die integrierte Versorgung zulässt, ist sicherlich die der Besonderen Versorgung nach § 140a SGB V. Die solide Erstellung und Abwicklung derartiger Verträge und insbesondere die damit verbundene notwendige Voraussetzung des „selektiven Kontrahierens" sind komplex und treffen im deutschen Gesundheitssystem auf vielfältige Herausforderungen. Abbildung 10.5 vermittelt einen Eindruck über die unterschiedlichen Beziehungsebenen, die bei einem IV-Vertrag der Besonderen Versorgung zu regeln sind. Hierbei handelt es sich um das Verhältnis zwischen Krankenkassen und Leistungserbringenden, das Verhältnis der Leistungserbringenden untereinander und das Verhältnis der aus Letzterem entstandenen Netzwerke zu den Patientinnen und Patienten. Im übertragenden Sinne von Managed Care werden auf diese Weise die einzelnen gesetzlichen Krankenkassen als Leistungsfinanzierer mit entsprechenden Vertragsoptionen stärker in das Versorgungsmanagement einbezogen.

10.4.2 Gesetzliche Förderungen: Der Innovationsfonds

Der Erfolg der „Integrierten Versorgung" in Deutschland ist ambivalent. Einen ersten Peak gab es im Zeitraum zwischen 2004 und 2008, als der Gesetzgeber Vorhaben zur integrierten Versorgung mit einer Anschubfinanzierung förderte. Damals standen ein Prozent der Gesamtvergütung der KVen und der Vergütung für die Krankenhausversorgung zur Förderung von integrierten Vertragsabschlüssen zur Verfügung (700 Mio. € pro Jahr). Diese Förderung hatte zu einem erheblichen Anwachsen von IV-Bemühungen zwischen den Vertragspartnern gesorgt. Schätzungsweise rund 6000 Verträge sollen nach Angaben der ehemaligen Bundesgeschäftsstelle Qualitätssicherung (heute: Bundesgeschäftsstelle für Qualität Patientensicherheit) zum Abschluss des Förderzeitraums vorgelegen haben.

In der Folgezeit stagnierte jedoch die IV-Entwicklung spürbar. Entsprechend wurde im Jahr 2015 im Rahmen des GKV-VSG mit dem Innovationsfonds ein weiteres Instrument zur Förderung der integrierten Versorgung eingerichtet, das bis heute gilt. Dieser Fonds soll GKV-weit Fördermittel für neue Versorgungsformen und Versorgungsforschung bereitstellen. In der ersten Förderphase zwischen 2016 und 2019 standen dafür jeweils jährlich 300 Mio. € (225 Mio. € für neue Versorgungsformen; 75 Mio. € für Projekte der Versorgungsforschung) zur Verfügung. Im Jahr 2020 hat der Gesetzgeber den Fonds verlängert. Bis zu seinem voraussichtlichen Förderende im Jahr 2024 können jährlich nochmals Fördermittel in Höhe von 200 Mio. € (160 Mio. € für neue Versorgungsformen; 40 Mio. € für die Versorgungsforschung) abgerufen werden.

Während bei der Anschubfinanzierung die Kassen selbst über die Verwendung der Mittel für integrierte Versorgungsprojekte entscheiden konnten, ist der Innovationsfonds stärker in das korporatistische System eingebunden. So entscheidet letztlich der beim G-BA angesiedelte Innovationsausschuss auf Antrag über die jeweils zu bewilligenden Mittel. Bis zum Jahr 2022 sind insgesamt über 500 Projekte gefördert worden.

Gemäß der Verfahrenstransparenzstelle des BAS soll sich die Zahl der selektiven Verträge nunmehr insgesamt auf ca. 12.000 Abschlüsse belaufen. Damit haben sich die integrierten Versorgungsabschlüsse im Vergleich zum Ende der Anschubfinanzierung des Jahres 2008 etwa verdoppelt. Dieser quantitativ hohen Zahl an selektiven Einzelverträgen steht allerdings ein nur geringer Anteil am Vergütungsvolumen gegenüber. Zwar sind dazu keine genauen Angaben bekannt, doch 2012 nannte der Sachverständigenrat gerade einmal ein Vergütungsvolumen von 1,35 Mrd. Euro. Gemessen am seinerzeitigen GKV-Gesamtvergütungsvolumen für die ambulant ärztliche und stationäre Versorgung macht das weniger als zwei Prozent aus. Damit sind die Kollektivverträge die relevante Vertragsform der medizinischen Versorgung – und das dürfte uneingeschränkt auch heute noch gelten.

10.4.3 Perspektivische Einordnung der Integrierten Versorgung

Die integrierte Versorgung in Deutschland hat sich in den vergangenen Jahren schrittweise weiterentwickelt. Von einem Erfolg kann aber keinesfalls gesprochen werden. Es fehlt an einem stringenten und zielgerichteten ordnungspolitischen Konzept. Noch immer ist die rigide Trennung der Sektoren ein wesentliches Merkmal der deutschen Versorgungslandschaft. Kollektivverträge sind darin das weiterhin dominierende Strukturmerkmal, womit die neuen Versorgungsformen im tradierten System der getrennten Bedarfsplanung einerseits sowie der getrennten Budgetierung und Vergütung andererseits steckenbleiben.

Gestaltungswille und Gestaltungsmöglichkeiten der Akteure werden auf diese Weise von vornherein deutlich eingedämmt. Das zeigt sich an vielen Stellen des bestehenden Gesundheitssystems, so beispielsweise bei den wenig nutzenstiftenden Verträgen zur hausarztzentrierten Versorgung, die unter dem gesetzlichen Vereinbarungszwang mehr pro forma abgeschlossen werden als mit innovativen Versorgungswillen, oder auch bei den Vertragspartnern generell: So besitzen die gesetzlichen Krankenkassen – wie wir im Kapitel 9 sehen konnten – zwar zahlreiche Möglichkeiten, Marktprodukte zu konfektionieren, jedoch fehlen ihnen weiterhin Handlungsspielräume zur aktiven Gestaltung und Steuerung der Versorgung. Ein echter Vertragswettbewerb findet daher nicht statt, und zwar umso weniger, als die Leistungserbringenden unter den bestehenden Rahmenbedingungen das Kollektivvertragssystem regelmäßig als eine Art strategische Rückfalloption nutzen. Neue selektivvertragliche Lösungen werden infolgedessen oftmals mit zusätzlichen Vergütungsforderungen verknüpft. Ansonsten verharrt man in den Systemstrukturen und optimiert sie ohne wesentlichen Nutzengewinn für Patientinnen und Patienten zum eigenen Vorteil.

Solange also das kollektiv- und selektivrechtliche System parallel gelten, werden sich permanent neue Zielkonflikte zwischen Sicherstellung und Bedarfsplanung einerseits und wettbewerblich orientierten Lösungen andererseits ergeben. Ein tragfähiger Ausweg dazu ist unter den aktuellen Bedingungen kaum zu erwarten, zumal sich die integrierte

Versorgung in Deutschland zunehmend von der ursprünglichen Idee entfernt hat, dass mittels Managed-Care-Elementen nach US-amerikanischem Vorbild nicht nur eine bessere Verzahnung der Versorgung herbeigeführt werden kann, sondern darüber hinaus zur Stabilisierung des Gesamtsystems vor allem auch Effizienz- und Wirtschaftlichkeitspotenziale zu erschließen wären, die dann als Ergebnis wettbewerblich orientierter Prozesse hervorgebracht werden. Im Gegenteil, in den vergangenen Jahren sind einige wettbewerbliche Elemente der GKV eher zurückgebaut worden, so wie es beispielsweise beim Gesundheitsfonds durch die Abschaffung des absoluten Zusatzbeitrages oder durch die ordnungspolitisch kritische Vermengung des Risikostrukturausgleichs mit Anreizen zur Prävention deutlich zu erkennen ist – hierzu ließen sich noch viele weitere Beispiele nennen. Zugleich stehen bei der Ausgestaltung des sektorenübergreifenden Versorgungsgeschehens mittlerweile zunehmend partizipative Kooperationsideen und Ansatzpunkte zur Versorgungsqualität im Vordergrund von Reformüberlegungen. Diese zweifelsfrei wichtigen Aspekte können aber nicht darüber hinwegtäuschen, dass die GKV-Ausgaben unter vermehrter Beachtung genau dieser Aspekte in den letzten zehn Jahren spürbar angestiegen sind. So sind die Ausgaben zwischen 2013 und 2022 um knapp 49 Prozent gestiegen, während die Steigerung des BIPs trotz überwiegend guter Konjunktur nur 38 Prozent betrug.

Es ist daher angezeigt, bestehende Regulierungen kritisch zu reflektieren und zielführende rechtliche und institutionelle Rahmenbedingungen zu schaffen. „Sektorenübergreifend" bedeutet dann in der Konsequenz eine sektorenübergreifende Versorgungsplanung, sektorenübergreifende korporatistische Institutionen der Leistungserbringenden und nicht zuletzt Krankenkassen, die nach innen sektorenübergreifend organisatorisch aufgestellt sind. Und in diesem Zusammenhang stellt sich dann erneut die Frage nach den erweiterten Handlungsspielräumen der Akteure, hier vor allem der Krankenkassen. Gestaltungsmöglichkeiten sind jedoch nicht alles. Vielmehr müssen im System auch der Wille und vor allem die Fähigkeit vorhanden sein, um die vorhandenen Wirtschaftlichkeits- und Verbesserungspotenziale abzuschöpfen. Hierzu sind u. a. zum einen die betriebswirtschaftlichen Learnings aus dem Managed Care wieder stärker zu berücksichtigen, und zum anderen sollten institutionell die strategischen Rückzugsoptionen in das Kollektivvertragssystem erschwert werden, die häufig zulasten der Gesellschaft gehen.

10.5 Literatur zum Kapitel 10

Als Quellen für dieses Kapitel wurde primär die folgend aufgeführte Literatur genutzt, welche auch als vertiefende Lektüre empfohlen wird.

Insbesondere für die Inhalte des Managed-Care-Konzepts:
- *Amelung, V.E.* (2022)
- *Kongstvedt, P.R.* (2021)
- *Folland, S./Goodman, A.C./Stano, M.* (2017)

Der Sachverständigenrat hat immer wieder die Diskussion um Aspekte des Managed-Care-Konzepts aufgegriffen, v. a. in den folgenden Gutachten: SVR (2002, 2003, 2009, 2018)

Zu weiteren speziellen Aspekten des Managed-Care-Konzepts:
- *Centers for Medicare and Medicaid* (2021)
- *Distler, F.* (2017)
- *Fleßa, S./Greiner, W.* (2020)
- *Miller, R. H./Luft, H. S.* (2002)
- *OECD* (2016)

Zur Versorgungsforschung und Versorgungssteuerung in Deutschaland siehe:
- *Messerle, R./Schreyögg, J.* (2021)
- *Schreyögg, J./Milstein, R./Busse, R.* (2022)
- *Busse, R./Schreyögg, J./Stargardt, T.* (Hrsg.) (2022)

11 Ökonomische Evaluation im Gesundheitswesen

In diesem Kapitel wird zunächst erläutert, weshalb und unter welchen Voraussetzungen es sinnvoll ist, eine ökonomische Evaluation durchzuführen. Dazu ist nochmals auf einige grundlegende Probleme hinzuweisen, welche bereits in vorhergehenden Kapiteln behandelt wurden. Erst auf dieser Grundlage können dann einzelne Evaluationsmethoden vorgestellt werden.

11.1 Warum ökonomische Evaluation im Gesundheitswesen und für wen?

In den ersten Kapiteln dieses Buches wurde erläutert, dass die vorhandenen Ressourcen in einer Gesellschaft beschränkt sind und dass diese beschränkten Ressourcen einer unendlichen Anzahl von Bedürfnissen gegenüberstehen. Es wurde betont, dass dieses Phänomen, das Knappheit genannt wird, uneingeschränkt auch für das Gesundheitswesen gilt: In seiner praktischen Bedeutung heißt dies nichts anderes, als dass nicht alle medizinischen Bedürfnisse, welche die Mitglieder einer Gesellschaft haben, uneingeschränkt befriedigt werden können. Weiterhin haben wir gesehen, dass diese beschränkten Ressourcen auch unterschiedlich verwendet werden können und dass es eine große Anzahl verschiedener Kombinationsmöglichkeiten gibt, um Ressourcen einzusetzen und damit Güter und Dienstleistungen in einer Gesellschaft zu produzieren und bereitzustellen.

Zudem wurde gezeigt, dass in der Regel die Institution Markt dafür sorgt, die Bedürfnisse der Menschen und die Verwendung der Ressourcen miteinander in Einklang zu bringen. Es sei aber daran erinnert, dass der Marktmechanismus im Gesundheitswesen aus verschiedenen Gründen gestört sein kann und es dann zu keiner Allokation kommt, welche die Bedürfnisse befriedigt. Vor allem gab es starke Indizien dafür, dass den Konsumierenden selbst die Kosten- und Nutzen-Abwägung im Gesundheitswesen nicht oder nicht hinreichend möglich ist.

Wenn nun die Ressourcenallokation im Gesundheitswesen nicht über den Markt erfolgt, dann muss es andere Institutionen geben, die eine sinnvolle Allokation ermöglichen. Es wurde gezeigt, dass an die Stelle des Marktes kollektive Akteure – oder vereinfacht staatliche und parafiskalische Akteure – der Ressourcenallokation treten. Wenn auf funktionierenden Märkten Entscheidungen getroffen werden, so stellen die Konsumierenden und die Produzierenden jeweils Kosten-Nutzen-Kalküle an, wenn auch nur implizit. Erst auf der Grundlage solcher Kalküle lassen sich die elementaren Nachfrage- und Angebotskurven herleiten, die sich z. B. in der Abbildung 3.3 fanden. Diese impliziten Kosten-Nutzen-Kalküle der Individuen verhindern, dass es auf funktionierenden Märkten zu Verschwendung kommt.

https://doi.org/10.1515/9783486989441-011

Werden Gesundheitsgüter vom Staat bereitgestellt, so treffen die nachfragenden und anbietenden Individuen solche Kosten-Nutzen-Entscheidungen nur sehr eingeschränkt, weil oft der direkte Zusammenhang zwischen Nutzen und Kosten auf individueller Ebene durchbrochen ist. Wenn z. B. eine Person die Kosten für eine Behandlung nicht selbst zu tragen hat, so wird sie versuchen, den maximalen Umfang und Nutzen daraus zu ziehen und nicht den optimalen Nutzen, bei dem der Grenznutzen der Behandlung, welcher die „Nachfrage" generiert, ihren Grenzkosten entspricht, welche das „Angebot" generieren. Dies wurde im Kapitel über die Nachfrage bereits ausführlich erläutert. Ähnliches gilt für Ärztinnen und Ärzte, die bestrebt sind, ihren Patientinnen und Patienten die bestmögliche Behandlung zukommen zu lassen, und zwar ganz unabhängig von den entstehenden Kosten.

Somit besteht bei kollektiver Ressourcenallokation, sei sie staatlich im engeren Sinne oder parafiskalisch, latent die Gefahr der ökonomischen Verschwendung. Um einer solchen Gefahr der Verschwendung im öffentlichen Bereich und hier speziell im Gesundheitswesen zu begegnen, wird nun versucht, mit ökonomischen Evaluationsverfahren die impliziten Kosten-Nutzen-Kalküle, welche auf funktionierenden Märkten von Individuen angestellt werden, für den staatlichen und parastaatlichen Bereich zu simulieren.

11.1.1 Politische Entscheidungsträger und Krankenversicherungen als Adressaten

Die nachfolgend näher vorgestellten unterschiedlichen ökonomischen Evaluationsmethoden liefern Kosten-Nutzen-Kalküle, welche den politischen Entscheidungsträgern in staatlichen und parastaatlichen Institutionen als Entscheidungshilfe dienen sollen, um zwischen verschiedenen gesundheitspolitischen Alternativen eine ökonomisch sinnvolle Wahl zu treffen. Sie helfen also bei der Suche nach bedarfsgerechten medizinischen Maßnahmen. Die Frage danach, welche medizinischen Maßnahmen bedarfsgereicht sind, ist gerade auch für Krankenversicherungen von Bedeutung, besonders wenn es darum geht, zu entscheiden, welche Maßnahmen in den Leistungskatalog der Versicherung aufzunehmend sind.

11.1.2 Mediziner als Adressaten

Zudem kann aber auch für behandelnde Ärztinnen und Ärzte eine Offenlegung der Kosten und Nutzen von medizinischen Maßnahmen hilfreich sein. Sie sehen sich zunehmend vor folgende Probleme gestellt: Eine Vielzahl unterschiedlicher Medikamente mit gleichen oder ähnlichen Wirkstoffen und gleichen oder ähnlichen therapeutischen Wirkungen macht es oft schwierig, das richtige Medikament zu finden. Ähnliches gilt generell für Behandlungsverfahren. Durch eine zunehmende Forschungstätigkeit im medizinischen Bereich werden immer weitere Diagnostiken und Therapien entwickelt, deren Wirkungen entweder unklar oder aber sehr spezifisch sind. Um aus der Fülle der Medikamente und Behandlungsverfahren die jeweils konkret geeigneten herauszufiltern, ist es offensichtlich sinnvoll, zu wissen, von welchem medizinischen Nutzen sie sind und in welchem Verhältnis dieser Nutzen zu den entstehenden Kosten steht. Insofern bieten Erkenntnisse, die auf der Grundlage von ökonomischen Evaluationsverfahren gewonnen wurden, Ärztinnen und Ärzte eine Hilfe bei der Gestaltung von effizienten Behandlungsabläufen.

11.1.3 Öffentlichkeit als Adressat

Eine Offenlegung der Kosten und Nutzen medizinischer Leistungen durch ökonomische Evaluationsverfahren ist jedoch nicht nur für staatliche Entscheidungsträger, behandelnde Ärztinnen und Ärzte sowie Krankenversicherungen von Bedeutung. Auch für Dritte, die nicht Nachfragende, Anbietende oder Regulierende der betrachteten Gesundheitsleistung sind – etwa für die Steuerzahlenden, interessierte Bürgerinnen und Bürger, die Fachpresse oder kurz: für die interessierte Öffentlichkeit – machen ökonomische Evaluationsverfahren gesundheitspolitische Entscheidungen transparenter, da sie offenlegen, welche konkreten Kosten und Nutzen in die Betrachtung einfließen. Erst diese Transparenz ermöglicht legitimes kollektives Handeln in einer demokratischen Gesellschaft.

Für alle genannten Gruppen – gesundheitspolitische Entscheidungsträger, Ärztinnen und Ärzte, Krankenversicherungen und Öffentlichkeit – wird eine ökonomische Evaluation schon in naher Zukunft noch wichtiger werden als heute. Der Bedarf an Gesundheitsleistungen wird sich angesichts der demographischen Entwicklung erhöhen. Diese Entwicklung wird begleitet durch medizintechnischen Fortschritt, der zwar nützliche, aber bisweilen kostenintensive Behandlungsverfahren und -techniken sowie Medikamente hervorbringt. Vor diesem Hintergrund wird sich geradezu ein Zwang ergeben, im medizinischen Bereich stärker als heute auf Effizienz zu achten, und Grundlage von mehr Effizienz ist nun einmal die Beachtung von Kosten und Nutzen. Damit lassen sich die Funktionen und die Relevanz der ökonomischen Evaluation im Gesundheitswesen im Wesentlichen in drei Punkten zusammenfassen. Sie dient:

- als Ersatz für die Kosten-Nutzenabwägung der Konsumierenden auf einem funktionierenden Markt und somit einer Erfassung der Präferenzen für Gesundheitsgüter (Präferenzaspekt),
- als Prüfinstrument für Wirtschaftlichkeit (Ökonomischer Aspekt, Wirtschaftlichkeit) und
- als Entscheidungshilfe für Diagnose- und Behandlungsmethoden (Medizinischer Aspekt, Wirksamkeit).

Da zugleich das Anspruchsniveau steigt und sich neue technische Möglichkeiten ergeben, müssen Methoden angewendet werden, die bei der Produktion und dem Konsum von Gesundheitsgütern Entscheidungshilfen und Transparenz liefern.

11.2 Theoretische Grundlagen der ökonomischen Evaluation

Die ökonomische Evaluation beruht auf der mikroökonomischen Wohlfahrtstheorie, wie sie in den ersten Kapiteln dieses Buches in den Grundzügen vorgestellt wurde. Insofern liegt ihr Ausgangspunkt in dem Phänomen der Knappheit von Ressourcen und ihrer Verwendung im Wirtschaftsprozess. Die ökonomische Evaluation fragt: Unter welchen Bedingungen kann ein gesellschaftliches Optimum der Ressourcenallokation erreicht werden? Wie und unter welchen Bedingungen wird die Wohlfahrt bei Allokationsänderungen verbessert? Wie kann man Wohlfahrtsänderungen messen?

Dabei bedient sich die gesundheitsökonomische Evaluation aber auch der verschiedensten Methoden der Betriebswirtschaftslehre, vor allem der betriebswirtschaftlichen Kostenrechnung sowie der quantitativen Methoden, die der Betriebs- und Volkswirtschaftslehre gemeinsam sind. Vor diesem Hintergrund lassen sich die Ziele ökonomischer Evaluationsverfahren im Gesundheitswesen in zweierlei Hinsicht konkretisieren.

Es geht um die Herstellung von:
- technischer Effizienz, d. h., die medizinische Leistung soll mit dem geringstmöglichen Mitteleinsatz erstellt werden, und
- Kosten-Effektivität, d. h., die Versorgungsleistung soll zu möglichst geringen Kosten erstellt oder mit einem gegebenen Budget soll ein Maximum an Versorgung erreicht werden.

So unmittelbar plausibel diese Ziele auf den ersten Blick auch sein mögen, weisen sie doch ein eklatantes Defizit auf. Der Umstand, dass eine medizinische Leistung technisch effizient und kosteneffektiv erstellt wird, garantiert noch nicht, dass es sich bei diesen Leistungen auch um eine solche handelt, die den Präferenzen der Nachfragenden, also der Patientinnen und Patienten, tatsächlich entspricht. Oder anders formuliert: Benötigen und wollen Patientinnen und Patienten diese Leistung überhaupt? Dieser Aspekt wird bei zwei weitergehenden Effizienzbegriffen berücksichtigt, welche in umfassenden gesundheitsökonomischen Evaluationen verwendet werden.

Hierbei besteht das Ziel darin, zwei Formen von Effizienz herzustellen:
- allokative Effizienz, d. h., Versorgungsleistungen sollen den Präferenzen der Patientinnen und Patienten entsprechen, und
- globale Effizienz, d. h., Versorgungsleistungen sollen technisch effizient produziert werden, und gleichzeitig würden Patientinnen und Patienten, die vollkommen informiert wären, diese Leistung nachfragen und wären auch bereit, dafür den Marktpreise oder Beiträge zur Krankenversicherung zu zahlen.

Vor dem Hintergrund dieser methodisch-theoretischen Grundlagen und der dazugehörenden Ziele wird nochmals deutlich, dass es bei der ökonomischen Evaluation im Gesundheitswesen rein um Effizienzaspekte geht und verteilungspolitische oder gar stabilitätspolitische Gesichtspunkte bei dieser Form der Bewertung außer Acht gelassen werden.

Bisweilen wird es kritisch betrachtet, dass die Frage nach der Verteilungsgerechtigkeit von Gesundheitsleistungen nicht gestellt wird. Doch dieser Vorwurf ist nicht unbedingt gerechtfertigt. Denn bevor man fragt, wem denn eine Leistung zugutekommen soll (Arm oder Reich, Jung oder Alt, Mann oder Frau etc.), ist es zunächst einmal zweckmäßig, grundlegender zu klären, ob die entsprechende Leistung überhaupt geeignet ist, bestimmte Ziele zu erfüllen. Auch hier macht es somit Sinn, auf eine vorschnelle Durchmischung von Effizienz- und Verteilungsgesichtspunkten zu verzichten und diese analytisch getrennt zu behandeln. In den vorhergehenden Kapiteln sollte deutlich geworden sein, dass es elementar ist, die Verteilungsfrage zu stellen. Dies geschieht aber mit anderen Mitteln als den in diesem Kapitel vorgestellten Verfahren.

11.3 Was ist ökonomische Evaluation? – Ein Überblick

Ökonomische Evaluationsanalysen von Aktivitäten und Maßnahmen haben ganz allgemein zwei zentrale Eigenschaften:
- Sie betrachten Inputs und Outputs, oder anders formuliert: Kosten und Konsequenzen, etwa in Form von Ergebnissen, Wirksamkeit, Effektivität, Outcome etc.
- Sie handeln immer auch von „Alternativen".

Damit ist ökonomische Evaluation im Allgemeinen die vergleichende Analyse von alternativen Vorgehensweisen in Bezug auf Kosten und – ganz allgemein – Konsequenzen. Bezogen auf den medizinischen Bereich, ist dann die gesundheitsökonomische Evaluation die vergleichende Analyse von alternativen Vorgehensweisen zur Prävention, Diagnostik und Behandlung von Krankheiten in Bezug auf Kosten und ganz allgemein Ergebnisse.

11.3.1 Ein Bündel von Fragen und Feldern

Steht man vor der Aufgabe, eine medizinische Maßnahme ökonomisch zu evaluieren, so stellen sich ad hoc eine Fülle von Fragen, die zunächst noch unsystematisch auftreten. So ist beispielsweise Folgendes zu problematisieren:
- Hat ein bestimmtes medizinisches Verfahren überhaupt einen Effekt?
- Welche unterschiedlichen Effekte gibt es?
- Welches medizinische Verfahren ist das kostengünstigste?
- Wie hoch ist die Kosten-Effektivität?

- Welchen Nutzen hat ein bestimmtes medizinisches Verfahren für die Patientinnen und Patienten?
- Welche medizinischen Verfahren sind die nützlichsten?
- Aber zugleich auch: Wie misst man eigentlich den Nutzen?
- Rechtfertigt der Nutzen eines Verfahrens die Kosten?
- Bleibt die Analyse auf medizinische Verfahren beschränkt oder kann man die Analyse ausweiten?

Zudem kann die Evaluation für die unterschiedlichsten Gesundheitsleistungen und -maßnahmen durchgeführt werden, so z. B. für:
- einzelne Behandlungsmethoden,
- Behandlungsabläufe,
- Investitionsentscheidungen,
- breit angelegte Präventionsmaßnahmen,
- Medikamente,
- Diagnostiken,
- Therapien,
- medizinische Programme und
- technische Geräte etc.

Um in das Dickicht dieser Fragen und potentiellen Anwendungsfelder ein wenig mehr Licht zu bringen, ist es offensichtlich notwendig, nach einer Systematik und einem Ordnungsschema für verschiedene Evaluationsverfahren zu suchen.

11.3.2 Eine erste Systematik

Zur Systematisierung können zwei Ordnungskriterien herangezogen werden. Das erste Ordnungskriterium für Evaluationsverfahren fragt danach, ob prinzipiell ein Vergleich zwischen Alternativen – also unterschiedlichen Medikamenten oder diagnostischen oder therapeutischen Verfahren – stattfindet und ob es sich somit um ein echtes Evaluationsverfahren im Sinne der obigen Definition handelt. Werden keine Alternativen in die Betrachtung mit einbezogen, so handelt es sich nicht um eine echte gesundheitsökonomische Analyse. Solche Partialanalysen finden sich in der Praxis häufig.

Das zweite Ordnungskriterium fragt danach, ob die Betrachtung sowohl Kosten als auch Ergebnisse einbezieht oder ob nur eine Seite betrachtet wird – also entweder nur die Kosten oder nur die Ergebnisse. D. h., auf dieser Ebene wird nur die Wirksamkeit betrachtet. Verschränkt man diese beiden Dimensionen miteinander, so ergibt sich eine erste Matrix, welche verschiedene Evaluierungsverfahren systematisiert.

Werden Kosten und Ergebnisse betrachtet?		
	Nein	**Ja**
Nein	**Eindimensionale Evaluation**	**Partielle Evaluation**
	(1) Outcome-Beschreibung	(4) Kosten-Outcome-Beschreibung
	(2) Kostenanalyse	
Werden	(3) Krankheitskostenanalyse	
Alternativen **Ja**	**Partielle Evaluation**	**Gesundheitsökonomische Evaluation**
betrachtet?	(5) Wirksamkeitsvergleich	(7) Kosten-Wirksamkeits-Analyse
	(6) Kosten-Kosten-Analyse (auch:	(KWA)
	Kosten-Minimierungs-Analyse)	(8) Kosten-Nutzwert-Analyse (KNWA)
		(9) Kosten-Nutzen-Analyse (KNA)

Übersicht 11.1: Systematik der Evaluationsverfahren (Quelle: in Anlehnung an Drummond, M.F./et al., 2015, S. 22).

In Übersicht 11.1 finden sich im Quadranten links oben (nein/nein) die Methoden:
– Outcome-Beschreibung (1),
– Kostenanalyse (2),
– Krankheitskostenanalyse (Cost-of-Illness-Study) (3).

Diese Methoden erfüllen keines der beiden zuvor genannten Ordnungskriterien – hier werden also weder zwei oder mehr Alternativen miteinander verglichen, noch werden Kosten und Konsequenzen gemeinsam betrachtet.

Im Quadranten rechts oben (nein/ja) findet sich die
– Kosten-Outcome-Beschreibung (4),

welche zwar als einzige Methode Kosten und Konsequenzen betrachtet, aber keinen Alternativenvergleich anstellt.

Im Quadranten links unten (ja/nein) finden sich die folgenden Methoden:
– Wirksamkeitsvergleich (5),
– Kosten-Kosten-Analyse (Cost-Minimization-Study) (6).

Diese Methoden nehmen zwar einen Vergleich von Alternativen vor, betrachten aber nicht Kosten und Konsequenzen gemeinsam.

Und im Quadranten rechts unten (ja/ja) finden sich die Methoden:
– Kosten-Wirksamkeits-Analyse (Cost-Effectiveness-Analysis) (7),
– Kosten-Nutzwert-Analyse (Cost-Utility-Analysis) (8),
– Kosten-Nutzen-Analyse (Cost-Benefit-Analysis) (9).

Hierbei handelt es sich um echte gesundheitsökonomische Methoden, da sie beide Ordnungskriterien erfüllen, also jeweils sowohl einen Alternativenvergleich durchführen als auch Kosten und Konsequenzen betrachten.

Im weiteren Verlauf dieses Kapitels werden die gesundheitsökonomisch relevanten Methoden nochmals eingehender erläutert; an dieser Stelle seien jedoch zunächst
alle in der Matrix erwähnten Einzelmethoden im Überblick vorgestellt.

– Methode (1), die Outcome-Beschreibung, ist eine reine Beschreibung der medizinischen Wirkungen einer Maßnahme. Sie hat somit primär medizinisch einen Wert,
   nicht aber ökonomisch. Die Outcome-Beschreibung ist auf dem medizinischen Gebiet
   natürlich wichtig, da sie die Wirkungen einer Maßnahme eingehend erfasst. Sie bildet
   oftmals eine erste Grundlage für echte ökonomische Evaluationen, ist aber offensichtlich selbst keine solche, da eine Evaluation immer auch einen Vergleich beinhaltet.

– Methode (2), die Kostenanalyse, versucht, allein die Kosten einer bestimmten Behandlung, Diagnose oder eines Organisationsprozesses zu berechnen. Damit sind
   die verschiedensten Probleme verbunden, wie in diesem Kapitel noch zu zeigen
   sein wird. Mangels Alternativenvergleich handelt es sich auch hierbei nicht um
   eine echte gesundheitsökonomische Evaluationsmethode.

– Methode (3), die Krankheitskosten-Analyse, ist ebenfalls kein echtes Evaluationsverfahren, da sie nicht vergleichend vorgeht. Die Krankheitskosten-Analyse er-
   hebt die gesamten volkswirtschaftlichen Kosten einer speziellen Krankheit, um
   anschließend deren volkswirtschaftliches Gewicht für die Gesellschaft zu bestimmen. Entsprechend kann sie der Gesundheitspolitik Hinweise zu den Ausgaben
   einer Krankheit bereitstellen. Diese Studie ist somit ein Sonderfall der Methode 2,
   welcher nicht eine bestimmte Behandlung, Diagnose oder Maßnahme zum Gegenstand hat, sondern die Cost-of-Illness eines gesamten Krankheitsbilds. Sinnvoller-
   weise sollten Prävention und Forschung dort ansetzen, wo die höchsten Kosten
   durch eine Krankheit entstehen.

– Methode (4), die Kosten-Outcome-Beschreibung, erfasst ohne weitere Vergleiche
   die Kosten und den medizinischen Outcome einer Maßnahme oder eines medizinischen Programms. Sie führt damit also die Methoden 1 und 2 zusammen, so
   dass zumindest die Outcome-Seite wieder rein medizinisch orientiert ist. Auch sie
   ist keine echte Evaluationsmethode, da sie keine medizinischen Maßnahmen
   oder Programme im Vergleich betrachtet. An dieser Stelle sei ausdrücklich darauf
   hingewiesen, dass solche Studien oftmals – aber fälschlich – unter dem Titel Kos-
   ten-Nutzen-Analysen geführt werden.

– Methode (5), der Wirksamkeitsvergleich, bezieht sich auf die medizinische Wirksamkeit alternativer Maßnahmen, die er einander gegenüberstellt. Hierunter ist
   die gesamte Literatur der vergleichenden „klinischen Studien" zu subsumieren.
   Auch hier geht es also um Studien, die eher medizinisch einen Wert haben, nicht
   aber ökonomisch. Der Wirksamkeitsvergleich ist ebenfalls keine echte Evaluationsmethode, da er die Kostenseite vernachlässigt.

– Methode (6), die Kosten-Kosten-Analyse, vergleicht die Kosten zweier Maßnahmen mit identischer Wirksamkeit, etwa die Kosten eines operativen Eingriffs und
   der Medikamentierung eines identischen Befundes. Eine solche Studie kann offensichtlich nur dann sinnvoll angewendet werden, wenn gesichert ist, dass die

medizinische Wirksamkeit der betrachteten Maßnahmen gleich ist. Alle Probleme der Kostenerfassung, die sich bei Anwendung der Methode (2) ergeben, gelten offensichtlich auch hier. Auch dies ist keine echte Evaluationsmethode, da die Wirksamkeitsseite vernachlässigt bzw. als konstant angenommen wird.

- Methode (7), die Kosten-Wirksamkeits-Analyse, ist hingegen eine echte gesundheitsökonomische Evaluationsmethode, welche die Methode (3) für verschiedene Maßnahmen vergleichend anlegt.
- Methode (8), die Kosten-Nutzwert-Analyse, ist ebenfalls eine echte Evaluationsmethode. Sie versucht, die Nutzen- und die Kostenseite für verschiedene Maßnahmen praktisch handhabbar zu machen.
- Auch Methode (9), die Kosten-Nutzen-Analyse, ist eine echte Evaluationsmethode, welche versucht, die Nutzenseite und die Kostenseite für verschiedene Maßnahmen vollständig zu erfassen. Allerdings erweist sie sich dabei oft als wenig praktikabel oder zumindest sehr aufwendig.

11.3.3 Methoden mit besonderer Relevanz

Die nachfolgend aufgelisteten Methoden sind auch aus ökonomischer Perspektive von besonderem Interesse und nicht nur aus medizinischer Sichtweise. Sie werden anschließend in diesem Kapitel näher erläutert. Zugleich handelt es sich auch um diejenigen Methoden, welche in praktischer Hinsicht in der Gesundheitsökonomik relevant sind.

- (a) Kostenanalyse (Methode 2),
- (b) Kosten-Kosten-Analyse (Cost-Minimization-Study) (Methode 6),
- (c) Kosten-Wirksamkeits-Analyse (Cost-Effectiveness-Analysis) (Methode 7),
- (d) Kosten-Nutzwert-Analyse (Cost-Utility-Analysis) (Methode 8), sowie
- (e) Kosten-Nutzen-Analyse (Cost-Benefit-Analysis) (Methode 9).

Wie wir schon gesehen haben, betrachten (a) und (b) nur die Kostenseite, während (c), (d) und (e) – ganz allgemein ausgedrückt – aufzeigen, wie viele zusätzliche Kosten man bei unterschiedlichen Maßnahmen aufwenden muss, um einen bestimmten Nutzenzuwachs (z. B. eine Verbesserung der Gesundheitssituation) zu erhalten. Im Idealfall lassen sich Kosten und Nutzen exakt berechnen und die verschiedenen Maßnahmen werden vergleichbar, so dass eine eindeutige Entscheidung für eine bestimmte Maßnahme möglich ist.

Beispielsweise könnte das Ergebnis einer solchen Berechnung lauten: Wenn man die Behandlungsmethode 1 über einen Zeitraum von einem Jahr bei 100 Personen anwendet, hat man einen Kostenzuwachs von 100.000 Euro und gleichzeitig einen Nutzenzuwachs von 5 verlängerten Lebensjahren pro Person. Offensichtlich ist es eine grundlegende Voraussetzung für die genannten Studien, genau bestimmen und eingrenzen zu können, welche Kosten hier gemeint sind. Bei den Methoden (c), (d) und (e) ist zudem noch die Nutzen- oder Wirksamkeitsseite näher zu definieren.

Bevor die genannten Verfahren näher erläutert werden, ist es daher notwendig, zu klären, was in den verschiedenen Methoden unter Kosten und Nutzen verstanden wird und mit welchen Problemen Kosten- und Nutzenerhebungen bei den Evaluationsverfahren behaftet sind.

11.4 Probleme der Kosten- und Nutzenerhebung

Anders als es im Alltagsgebrauch oder auch aus einer buchhalterischen Perspektive heraus gehandhabt wird, erfassen Ökonominnen und Ökonomen im Allgemeinen und auf abstrakter Ebene Kosten nach dem Opportunitätskostenkonzept. Wie bereits in den einführenden Kapiteln dargestellt, sind Kosten demnach die Menge an anderen Gütern, auf die verzichtet werden muss, wenn man sich für die Produktion oder den Konsum eines bestimmten Gutes entscheidet. Es ist also der entgangene Nutzen, den die anderen Güter potentiell gestiftet hätten.

Da Kosten in diesem Sinne häufig schwierig zu ermitteln sind, werden sie oft mit Marktpreisen angesetzt; dies wird gerade auch in der gesundheitsökonomischen Evaluation häufig so praktiziert. Vor diesem Hintergrund ist es nicht notwendig, an dieser Stelle das Opportunitätskostenkonzept inhaltlich zu vertiefen. Es macht jedoch durchaus Sinn, dieses Konzept zu erwähnen, da es einen wichtigen Umstand zeigt: Kosten und Nutzen sind zwei Seiten derselben Medaille. Kosten sind nämlich nichts anderes als entgangene Nutzen. Insofern ähneln die Probleme, welche mit der Erfassung von Kosten einerseits und Nutzen andererseits verbunden sind, einander in einem abstrakten Sinne, weshalb sie hier gemeinsam behandelt werden können.

Einige Differenzierungen des Kostenbegriffs – und bisweilen auch des Nutzenbegriffs – sind für den Gesundheitsbereich von besonderer Bedeutung. In diesem Zusammenhang sind zu unterscheiden:
–   direkte und indirekte Kosten und Nutzen, sowie
–   tangible und intangible Kosten und Nutzen.

Zudem ist eine Differenzierung möglich nach dem
–   Zeithorizont der Kosten bzw. Nutzen, sowie dem
–   Träger der Kosten bzw. Nutzen.

Beide Unterscheidungsmerkmale werden nachfolgend näher betrachtet.

11.5 Direkte Kosten und Nutzen

Direkte Kosten sind die Kosten, die durch den Ressourcenverbrauch bei der Produktion eines Gutes oder bei der Bereitstellung einer Dienstleistung entstehen. Im Gesundheitswesen fallen direkte Kosten vor allem durch den Ressourcenverbrauch an, der in eine medizinische Maßnahme eingeht. Direkte Kosten können Materialkosten und Personalkosten sein, im Gesundheitswesen insbesondere auch Medikamentenkosten, Labor-, Verwaltungs- und medizinische Gerätekosten etc. Die direkten Kosten im Gesundheitswesen werden auf die gleiche Art gemessen wie die direkten Kosten in der betrieblichen Kostenrechnung. Sie können nach folgenden Aspekten zugeordnet werden:

– auf welche Art sie entstanden sind (Kostenartenrechnung),
– wo sie angefallen sind (Kostenstellenrechnung) und
– für welche Leistungen sie angefallen sind (Kostenträgerrechnung).

Direkte Nutzen gewinnt man, wenn durch eine medizinische Maßnahme bestimmte Ressourcen eingespart werden können, z. B., wenn durch eine neue Diagnostik Laborleistungen wegfallen oder durch eine neue Behandlungsmethode die stationäre Behandlung verkürzt werden kann. Alle direkten Kosten, welche durch eine neue Methode eingespart werden können, sind also direkte Nutzen dieser Maßnahme.

Die direkten Kosten stellen noch die am einfachsten handhabbare Kostenkategorie dar; trotzdem ergeben sich auch bei ihrer Bewertung bereits erhebliche Probleme. Typisch für die Kostenerhebung in Krankenhäusern ist z. B. die Frage, welche Kosten welcher Abteilung zuzurechnen sind oder wie Abschreibungen ökonomisch sinnvoll zu berücksichtigen sind. Genereller Natur ist die Frage danach, welche Kosten in die Erhebung einfließen sollen: totale Kosten, fixe Kosten oder nur variable Kosten? Auf diese Fragen gibt es offensichtlich keine allgemeinen Antworten, sondern dies kann jeweils nur im Einzelfall entschieden werden.

Beispielsweise kann es Sinn machen, bei der Evaluation einer bestimmten Diagnostik im Bereich Radiologie die Fixkosten einer Röntgenapparatur außer Acht zu lassen – also nur die variablen Kosten anzusetzen –, wenn diese Apparatur sehr häufig und für verschiedenste Diagnosen eingesetzt wird, oder technisch formuliert: wenn eine starke Fixkostendegression vorliegt. Hingegen wäre es unzweckmäßig, nur die variablen Kosten für eine Diagnostik anzusetzen, wenn speziell hierfür eine bestimmte Apparatur angeschafft wurde, die zudem nur selten verwendet wird.

11.5.1 Direkte Folgekosten und -nutzen

Direkte Kosten können nicht nur durch eine medizinische Maßnahme oder Behandlung entstehen, sondern auch als Folge einer medizinischen Maßnahme, z. B., wenn durch eine verbesserte Diagnostik mehr Krankheitsfälle erkannt werden und dies zur Folge hat, dass auch mehr Fälle behandelt werden müssen. Auf den ersten Blick könnte man dies durchaus als Nutzen bezeichnen, aber offensichtlich werden dadurch auch zusätzliche direkte Kosten entstehen. Beispielsweise können durch Brustkrebsfrüherkennungs-Screenings mehr Brustkrebserkrankungen in einem früheren Stadium diagnostiziert werden, und diese müssten dann auch in einem früheren

Stadium behandelt werden. Das würde sicherlich vielen erkrankten Frauen nutzen, zugleich aber auch zusätzliche Kosten hervorrufen.

Auf der anderen Seite können natürlich auch in der Folge Kosten vermieden werden – also Nutzen anfallen. Um bei dem genannten Beispiel zu bleiben: Wenn bei einer Brustkrebserkrankung die Behandlung in einem Frühstadium preisgünstiger ist als in einem weit fortgeschrittenen Stadium, kann dies auch dann insgesamt zu Kostensenkungen führen, wenn die Behandlungszahlen gestiegen sind. Zudem können direkte Kosten anfallen, wenn durch die medizinische Maßnahme Nebenwirkungen entstehen, die behandelt werden müssen, bzw. Nutzen, wenn bestimmte Nebenwirkungen nicht mehr auftreten. Wiederum bezogen auf unser Beispiel, könnte ein solcher Nutzen darin bestehen, dass bei einer Früherkennung keine Chemotherapie notwendig ist.

Ein besonderes Problem der Folgekosten und -nutzen besteht darin, dass sie bisweilen erst sehr spät sichtbar werden. Damit ist das Problem des Zeithorizontes angesprochen: Für welchen Zeitraum sollen die Folgekosten und -nutzen berücksichtigt werden? Auch hier gibt es keine allgemeingültige Antwort; es ist aber zu beachten, dass mit größer werdender zeitlicher Distanz eine exakte Zurechnung von Kausalitäten zunehmend schwieriger wird.

11.5.2 Preise im Gesundheitswesen

Obschon die direkten Kosten im Gesundheitswesen, genauso wie es auch in anderen produzierenden Betrieben der Fall ist, den direkten Ressourcenverzehr bewerten, ist dieser Vorgang nicht unproblematisch. Dass es so schwierig ist, die direkten Kosten im Gesundheitswesen zu erheben, ist auf die Bewertung des Ressourcenverbrauchs zurückzuführen, da viele Behandlungsleistungen keinen Marktpreis haben. So werden die meisten medizinischen Maßnahmen im ambulanten Bereich über die Gebührenordnung der Ärzte bewertet, im stationären Bereich hingegen traditionell entsprechend der Tagessätze oder heutzutage über die DRGs. In jedem Fall handelt es sich nicht um Marktpreise, sondern um politisch administrierte Sätze.

Erschwerend kommt hinzu, dass die Evaluationsverfahren, die meist in den USA entwickelt wurden, im deutschen Gesundheitssystem nicht ohne Weiteres als Entscheidungsgrundlage hinzugezogen werden können. Auch im Ausland bestehen Bewertungsprobleme medizinischer Leistungen, die entsprechend des dort vorherrschenden Gesundheitssystems gelöst werden. Das über weite Strecken privat- und erwerbswirtschaftlich geprägte US-amerikanische Gesundheitssystem kennt jedoch in viel höherem Maße Marktpreise als Kostengrundlage. Somit ist die monetäre Bewertung von Leistungen im Ausland nicht einfach auf deutsche Verhältnisse übertragbar. Sollen als Grundlage für Bewertungen im Inland Evaluationsanalysen herangezogen werden, welche im Ausland durchgeführt wurden, dann müssen die entsprechenden Kosten an die heimischen Kostenstrukturen angepasst werden.

11.5.3 Kosten und Nutzen aus welcher Perspektive?

Ein weiteres Problem besteht darin, dass nicht immer klar ist, bei wem und aus welcher Perspektive Kosten bzw. Nutzen berücksichtigt werden sollen. Wenn eine gesetzliche oder private Krankenversicherung eine Studie aus ihrer Sicht durchführt, dann hat sie eine andere „Kostenperspektive" als ein Krankenhaus oder als Patientinnen und Patienten. Dies kann durch das Beispiel der Abrechnung von medizinischen Maßnahmen über DRGs im stationären Bereich anstatt nach Marktpreisen illustriert werden, das im vorhergehenden Absatz benannt wurde. Diese Form der Abrechnung macht Sinn, wenn eine Kosten-und-Nutzen-Bewertung eines medizinischen Eingriffs aus der Sicht der Krankenkassen erfolgt. Denn für die Krankenkasse stellen diese Sätze in der Tat die zu erstattenden Kosten dar.

Wird dieselbe medizinische Maßnahme hingegen aus der Sicht des Krankenhauses evaluiert, so sieht die Berechnung natürlich anders aus: Dann werden tatsächliche Sach-, Personal- und Verwaltungskosten sowie Medikamente, Laboruntersuchungen oder Röntgenaufnahmen bewertet. Auf der Nutzenseite, hier in Form von Kostenersparnissen aus Sicht des Krankenhauses, wären Einsparungen bei den Erstattungspauschalen der Krankenversicherer oder Einsparungen bei den Tagespflegesätzen zu verbuchen. Allerdings ist auch hier mit Bewertungsproblemen zu rechnen.

Der Ausweg aus diesem Perspektivenproblem besteht darin, in Studien immer explizit zu machen, welche Kosten berücksichtigt wurden, und vor allem klar zu definieren, welche Kosten bei welchem Träger angesetzt wurden. Damit ist die Lage zwar immer noch nicht eindeutig – nach wie vor besteht das Problem, dass die Kosten aus einer anderen Perspektive anders zuzuordnen wären –, aber zumindest liegt dann eine Transparenz der Kostenansätze vor.

11.6 Indirekte Kosten und Nutzen

Anders als in vielen anderen Bereichen, fallen im Gesundheitssektor die sogenannten indirekten Kosten und Nutzen an. „Indirekt" sind sie deshalb, weil sie nicht im medizinischen Sektor selbst anfallen, sondern vielmehr außerhalb des Gesundheitssektors. Indirekte Kosten werden vor allem durch Krankheiten verursacht und treten auf in Form von:

– vermehrten Krankheitstagen (als Kosten) bzw. weniger Krankheitstagen (als Nutzen),
– geringerer Lebenserwartung (als Kosten) bzw. höherer Lebenserwartung (als Nutzen) sowie
– geringerer Produktivität (als Kosten) bzw. höherer Produktivität (als Nutzen).

Die indirekten Kosten und Nutzen einer medizinischen Maßnahme werden vor allem durch zwei Verfahren ermittelt: zum einen durch den Humankapitalansatz und zum anderen durch den Friktionskostenansatz. Beide Ansätze seien nachfolgend kurz erläutert.

11.6.1 Humankapitalansatz

Der Humankapitalansatz besagt, dass die Einschränkung der Gesundheit aus volkswirtschaftlicher Sicht immer auch mit Arbeitskraft- und Produktivitätsverlusten einhergeht. Eine Ausgabe für Gesundheitsleistungen wird somit als eine Investition in das Humankapital gesehen, wobei das Humankapital als Bestand an Wissen und Fertigkeiten eines Individuums definiert ist, dessen Zunahme die Produktivität des Individuums erhöht. Die indirekten Kosten selbst werden berechnet, indem das statistisch erwartete Lebenseinkommen ermittelt wird, d. h., die indirekten Kosten sind gleich dem durch Krankheit entgangenen Arbeitseinkommen, bzw. die indirekten Nutzen entsprechen dem durch eine Maßnahme gewonnenen Arbeitseinkommen.

11.6.2 Friktionskostenansatz

Die andere geläufige Methode, die indirekten Kosten zu messen, bietet der Friktionskostenansatz. Er misst nicht den potentiellen Ausfall an Produktivität, sondern den tatsächlichen. Er erfasst also nur die Kosten, die in der Zeitspanne entstehen, die es dauert, den krankheits- oder todesbedingte Arbeitsausfall vollständig durch einen anderen Arbeitnehmer zu ersetzen. Diese Zeitspanne ist die sogenannte Friktionsperiode. Der Friktionskostenansatz bildet die indirekten Kosten genauer ab als der Humankapitalansatz, benötigt aber wesentlich mehr Informationen, weshalb Letzterer vorrangig angewendet wird.

Die Berechnung der individuellen Produktivität eines Menschen ist nicht unumstritten und mit verschiedensten Bewertungsproblemen behaftet. So ist gegen den Humankapital- und den Friktionskostenansatz kritisch einzuwenden, dass die Errechnung der Kosten und Nutzen nur bezogen auf Dritte erfolgt, also z. B. auf die Arbeitgebenden oder die Gesellschaft insgesamt; die individuellen Kosten und Nutzen der Patienten werden hier ausgeblendet. Vor allem Lebensqualitätsaspekte werden nicht berücksichtigt.

Noch schwerwiegender ist, dass bei strikter Anwendung dieser Ansätze nur die arbeitende Bevölkerung indirekte Kosten oder Nutzen durch eine medizinische Maßnahme verursachen oder erbringen kann. Kinder, Rentner und Rentnerinnen oder Arbeitslose gehen nicht in die Betrachtung mit ein. Unter ethischen Gesichtspunkten ist dieser Ansatz, der dem Menschen nur durch das Maß seines Arbeitsbeitrags zur Gesellschaft – also seines Arbeitseinsatzes und seiner Arbeitsmöglichkeiten – einen Wert zuordnet, sehr umstritten. Trotzdem kann dieser Ansatz Aufschluss darüber geben, welche Bedeutung Krankheit allgemein für den Arbeitsmarkt und folglich für die gesamte Volkswirtschaft hat.

11.7 Intangible Kosten und Nutzen

Bisher haben wir nur Kostenarten vorgestellt, die grundsätzlich monetär bewertet werden können, weil für sie ein Marktpreis besteht oder durch Berechnungsmethoden prinzipiell eine monetäre Bewertung vorgenommen werden kann, und zwar auch dann, wenn es problematisch ist, eine monetäre Bewertung vorzunehmen, wie etwa beim Humankapitalansatz. Intangible Kosten sind hingegen Auswirkungen, die grundsätzlich kaum in Geldwerten messbar sind.

Bei einer medizinischen Maßnahme können solche intangiblen Kosten Schmerzen, Unannehmlichkeiten, physische und psychische Belastungen sein, die in der Folge der Maßnahme auftreten. Umgekehrt kann man auf der Nutzenseite Schmerzlinderungen, verringerte Belastungen, höhere Mobilität etc., welche mit einer medizinischen Behandlung oder Maßnahme einhergehen, als intangible Nutzen ansehen. Generell reflektieren intangible Kosten und Nutzen also Veränderungen der Lebensqualität des behandelten Individuums.

Diese Kosten und Nutzen werden natürlich vor allem aus der Sicht der Patienten und Patientinnen relevant. Um solche Effekte zu messen, hat man verschiedene Konzepte der Lebensqualitätsmessung mit Hilfe von Interviews, Fragebögen oder Fremdeinschätzungen entwickelt, auf die hier nicht näher eingegangen wird. Es ist aber offensichtlich, dass der Begriff „Lebensqualität" sehr vieldeutig ist und dementsprechend auch die Methoden und Konzepte vom jeweiligen begrifflichen Verständnis geprägt sind.

In Übersicht 11.2 werden nun die in den beiden Gliederungspunkten 11.6 und 11.7 vorgestellten Dimensionen direkt versus indirekt sowie tangibel versus intangibel in Form einer Matrix zusammengefasst. Für jede der möglichen Kombinationen – also direkt/tangibel, direkt/intangibel, indirekt/tangibel und indirekt/intangibel – finden sich dort Beispiele, die dem Krankheitsbild Covid-19 entnommen sind. Die genannten Dimensionen werden hier unter dem Aspekt der Kosten diskutiert. Analog ließe sich dies ebenfalls für die Nutzen darstellen, was an dieser Stelle aber entbehrlich ist.

	Direkte Kosten	Indirekte Kosten
Tangible Kosten	monetäre Ausgaben für die medizinische Behandlung	Produktionsausfall beim Arbeitgeber
Intangible Kosten	Schmerzen und Müdigkeit der Patienten	Kontaktbeschränkungen von Angehörigen und Freunden

Übersicht 11.2: Systematisierung von Kosten am Beispiel einer Covid-19-Erkrankung (Quelle: eigene Darstellung unter Verwendung von Greiner, W./Damm, O., 2012, S. 25).

Fasst man die Diskussion der verschiedenen Kosten- und Nutzenbegriffe zusammen, so zeigt sich, dass sie durchaus heterogen und vielschichtig sind. Mit dieser Diskussion ist die Grundlage gelegt, um die verschiedenen gesundheitsökonomischen Evaluationsverfahren selbst vorzustellen.

11.8 Kosten-Analyse und Kosten-Kosten-Analyse

Die einfachste Methode, eine Maßnahme zu evaluieren, ist die reine Kosten-Analyse. Hierbei werden alle Kosten, die eine Behandlung oder medizinische Maßnahme verursacht, aufgelistet und addiert. Diese Analyse kann entweder nur die direkten Kosten enthalten oder die indirekten Kosten mit einbeziehen. Allerdings lässt das Ergebnis, dass eine neue Behandlungsmethode einen bestimmten Betrag kostet, noch keine „vergleichende" Entscheidung zu. Dazu würde eine alternative Behandlungsmethode benötigt, bei der entsprechend der ersten Behandlungsmethode vorgegangen wird, um zu sehen, welche Methode günstiger ist. Diese Vorgehensweise nennt man dann eine Kosten-Kosten-Analyse oder Kosten-Minimierungs-Analyse.

Im Idealfall würde man nur solche Behandlungen, medizinischen Eingriffe oder Medikamente mit dieser Methode auf ihre Kosten untersuchen, die den gleichen Effekt, die gleichen Nebenwirkungen und die gleiche Verträglichkeit haben, also insgesamt ein identisches Ergebnis aufweisen. Dies trifft aber nur in Ausnahmefällen zu. Wahrscheinlicher ist es, dass unterschiedliche medizinische Maßnahmen auch unterschiedliche Wirkungen haben. Das führt zu einer Verzerrung der Ergebnisse, da dann Dinge verglichen werden, die streng genommen nicht vergleichbar sind. Die Wirkungsseite wird bei dieser Analyse komplett ausgeblendet.

Trotzdem sind Kosten-Kosten-Analysen recht beliebt, da sie nur die Kosten ermitteln und die oftmals viel kompliziertere monetäre Bewertung aller Effekte auf der Outcome-Seite komplett vernachlässigen. Dadurch sind sie einfach zu handhaben und kostengünstig. Eine solche Vorgehensweise macht durchaus Sinn, wenn prinzipiell und ohne weitere Untersuchungen und Analysen offensichtlich ist, dass das Ergebnis der neuen Maßnahme qualitativ besser ist als die bisherigen Verfahren, und somit einiges für das neue Verfahren spricht. Wenn dann zudem noch die Kosten des neuen Verfahrens geringer sind als die des alten Verfahrens, reicht eine solche Kosten-Kosten-Analyse meist aus, um zu einer Entscheidung zwischen diesen Verfahren zu kommen. In der folgenden Abbildung 11.1 ist dies die Situation, welche im Quadranten links oben wiedergegeben wird.

Auf der Ordinate ist die Wirksamkeit der betrachteten Maßnahmen abgetragen, auf der Abszisse die Kosten. Verglichen seien hier zwei Maßnahmen, z. B. zwei Therapien, welche mit S_T (alte Standardtherapie) und N_T (neue Therapie) bezeichnet seien. Im gerade erwähnten Fall sind zum einen die Kosten der neuen Therapie geringer als die der alten Therapie, und zum anderen ist auch die Wirksamkeit höher. Hier fällt die Entscheidung offensichtlich für N_{T1} aus.

Komplizierter wird eine Entscheidung zwischen den Alternativen, wenn die Wirksamkeit einer davon zwar besser ist, aber auch die Kosten höher sind. In diesem Fall

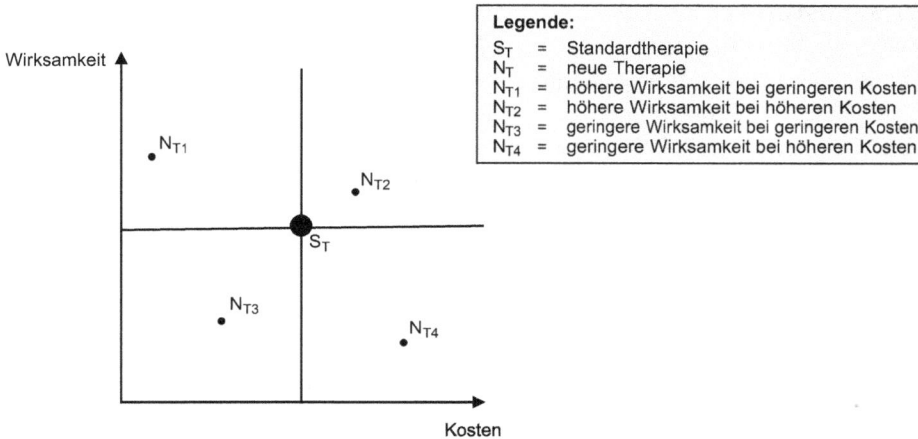

Abbildung 11.1: Kosten-Wirksamkeits-Vergleich unterschiedlicher Therapien (Quelle: Standarddarstellung, in Anlehnung z. B. an Drummond, M.F./et al., 2015, S. 55).

reicht die reine Kostenbetrachtung offensichtlich nicht mehr aus. In der Abbildung 11.1 ist dies die Situation, welche im Quadranten rechts oben wiedergegeben ist: der Vergleich von S_T mit N_{T2}.

Eine weitere Möglichkeit besteht darin, dass die neue Therapie in ihrer Wirksamkeit– vielleicht nur geringfügig – schlechter ist und dafür die Kosten geringer sind, aber vielleicht in wesentlichem Ausmaß. In der Abbildung 11.1 ist dies die Situation, welche im Quadranten links unten wiedergegeben wird: der Vergleich von S_T mit N_{T3}. Auch dann wäre eine Kosten-Kosten-Betrachtung noch nicht eindeutig und eine Kosten-Nutzen-Abwägung sinnvoller.

Offensichtlich eindeutig gegen die neue Therapie fällt die Entscheidung hingegen dann aus, wenn ihre Kosten höher liegen und zugleich ihre Wirksamkeit niedriger ist. In der Abbildung 11.1 ist dies die Situation, welche im Quadranten rechts unten wiedergegeben wird: der Vergleich von S_T mit N_{T4}. Die Situationen in den Quadranten links oben und rechts unten sind also Situationen, die zu einem eindeutigen Ergebnis führen, während es in den beiden anderen Fällen – also links unten und rechts oben – auf das Ausmaß von Kosten und Wirksamkeit ankommt.

Es zeigt sich also, dass es in der Regel einer Konkretisierung der Kosten und der Wirksamkeit bzw. der Nutzen bedarf, um zu klareren Ergebnissen zu kommen. Dies wird in den nachfolgend vorgestellten echten gesundheitsökonomischen Evaluierungsverfahren explizit gemacht.

11.9 Kosten-Wirksamkeits-Analyse

Bei der Kosten-Wirksamkeits-Analyse – welche mit einem verbreiteten Anglizismus häufig auch Cost-Effectiveness-Analysis genannt wird –, werden die Wirkungen eines medizinischen Eingriffs in sogenannten „nahe liegenden natürlichen Einheiten" gemessen. Sie werden von medizinischer Seite als eine sinnvolle Einheit zur Beurteilung des Erfolgs festgelegt. Zum Beispiel kann die Kosten-Wirksamkeit zweier Medikamente, die zur Blutdrucksenkung verordnet werden, verglichen werden, indem man für beide Medikamente auf der einen Seite die Kosten errechnet und sie auf der anderen Seite jeweils in Relation zur erzielten „Wirksamkeit" setzt, in diesem Falle zur Senkung des Blutdrucks, gemessen in mmHg.

Es geht hier also um die medizinische Wirksamkeit und nicht um eine ökonomische. Allerdings wird sie durchaus zu einer ökonomischen Größe in Bezug gesetzt, nämlich zu den Kosten in Euro. Eine Bedingung besteht in diesem Fall darin, dass beide Medikamente als Wirkung die Senkung des Blutdrucks haben und/oder keine nennenswerten Nebenwirkungen auftreten, bzw. dass beide Medikamente die gleichen Nebenwirkungen haben. Weitere Beispiele für Einheiten in Bezug auf die Wirksamkeit können sein: Reduzierung des Gewichts, Reduzierung der Tumorgröße oder Vermeidung eines Herzinfarkts usw. Abbildung 11.2 zeigt dies exemplarisch.

$$KWA = \frac{Kosten}{Wirkung}$$

$$Bsp.: KWA \text{ (Medikament)} = \frac{Kosten \text{ in } €}{Senkung \text{ des Blutdrucks in mm Hg}}$$

Abbildung 11.2: Kosten-Wirksamkeits-Analyse (Quelle: Standarddarstellung, unter Verwendung z. B. von Breyer, F./Zweifel, P./Kifmann, M., 2012, S. 21).

Als Indikator für die Wirksamkeit muss nicht notwendigerweise eine Größe verwendet werden, welche direkt an ein konkretes Krankheitsbild anknüpft, wie in den gerade genannten Beispielen. Stattdessen können auch allgemeinere Einheiten gewählt werden wie beispielsweise die Lebensverlängerung in Jahren. Dafür wären aber natürlich Studien über wesentlich längere Zeiträume nötig.

Würde man den globalen Parameter „Verlängerung der Lebensjahre" betrachten, so könnten auch medizinische Maßnahmen verglichen werden, die völlig verschiedene Krankheitsbilder behandeln. Gewinnt man z. B. bei gleichen Kosten mehr Lebensjahre, wenn man gezielte Brustkrebs-Screenings durchführt oder wenn man verstärkt Herz-Kreislauf-Präventionsprogramme einsetzt? Auch können verschiedene Stufen der Intensität betrachtet werden, also z. B.: Sollten Screenings regelmäßig für alle Frauen ab 50 durchgeführt werden, oder besser doch schon ab 40 oder sogar bereits ab 30? Somit erhöht sich die Anzahl der grundsätzlich vergleichbaren Maßnahmen erheblich.

Ein großes Defizit dieses Ansatzes liegt darin, dass er nicht für die Bewertung von Interventionen oder medizinischen Maßnahmen herangezogen werden kann, die viele verschiedene Wirkungen haben können oder erhebliche Nebenwirkungen mit sich bringen. Werden zwei Medikamente miteinander verglichen, die für die gleiche Therapie eingesetzt werden, und treten auch nur bei einem dieser Medikamente weitere, nicht unerhebliche Nebenwirkungen auf, so ist dieser Ansatz nur noch ungenügend einsetzbar, da er dann nur stark verzerrte Vergleiche liefert.

Das Nebeneinander von medizinischen Größen auf der Wirksamkeitsseite und von ökonomischen Größen auf der Kostenseite mag auf den ersten Blick inkonsistent erscheinen. Ein großer Vorteil dieser Methode liegt aber darin, dass Effekte einer medizinischen Maßnahme nicht monetär bewertet werden müssen. Dadurch werden sie, verglichen mit anderen Methoden, relativ praktikabel und weit einsetzbar. Deswegen ist die Kosten-Wirksamkeits-Analyse auch die heute am häufigsten eingesetzte Analyseform. Andererseits ist sie für bestimmte Fragestellungen nicht anwendbar. Kritisiert wird vor allem, dass Aspekte der Auswirkungen auf Patientinnen und Patienten weitgehend unberücksichtigt bleiben.

Aus Sicht der Patientinnen und Patienten geht es nicht primär darum, um wie viel der Blutdruck gesenkt werden konnte oder wie viel Gewicht sie verloren haben – ja sogar die Frage nach den gewonnenen Lebensjahren ist nur von Bedeutung, wenn sie auch eine bestimmte Lebensqualität haben. Für die Patientinnen und Patienten ist es wichtig, wie sie sich fühlen, ob sie schmerzfrei sind, ob sie sich mit weniger Gewicht oder gesenktem Blutdruck besser fühlen oder ob sie in den gewonnenen Lebensjahren bettlägerig sind und sich nicht selbst versorgen können. Will man solche Aspekte – wie z. B. Schmerzen, physische und psychische Zustände, Selbstständigkeit etc. – in eine Betrachtung mit einbeziehen, dann müssen weitere Faktoren mit in die Analyse einfließen. Diese Aspekte werden von der Kosten-Nutzwert-Analyse berücksichtigt.

11.10 Kosten-Nutzwert-Analyse

Bei der Kosten-Nutzwert-Analyse – welche, wiederum mit einem verbreiteten Anglizismus, häufig auch Cost-Utility-Analysis genannt wird –, werden die Kosten einer medizinischen Maßnahme in Relation zu ihrem Nutzwert gesetzt. Der Nutzwert ist das Ergebnis von unterschiedlichen möglichen Wirkungen der zu bewertenden Maßnahme auf den Gesundheitszustand. Hier wird also nicht nur betrachtet, um wie viele Jahre das Leben verlängert wird, sondern auch, ob sich der Gesundheitszustand entscheidend verändert. Dabei wird die Perspektive des Patienten wichtig, da sie mit in die Analyse einbezogen wird, d. h., die Wirksamkeit einer Maßnahme wird aus der subjektiven Patientensicht bewertet. Die folgende Abbildung 11.3 fasst dies wiederum exemplarisch zusammen.

$$KNWA = \frac{Kosten}{Nutzwert}$$

$$Bsp.: KNWA\ (Medikament) = \frac{Kosten\ in\ \euro}{QALYs}$$

Abbildung 11.3: Kosten-Nutzwert-Analyse (Quelle: Standarddarstellung, unter Verwendung z. B. von Breyer, F./Zweifel, P./Kifmann, M., 2012, S. 28).

Um allerdings den Nutzwert verschiedener Maßnahmen vergleichbar zu machen, muss es für die verschiedenen positiven und negativen Wirkungen einer medizinischen Maßnahme eine einheitliche und leicht zu handhabende Bemessungsgrundlage geben. Das gegenwärtig am häufigsten angewendete Konzept, um die Wirkungen einer medizinischen Maßnahme vergleichbar zu machen, ist das Konzept der QALYs, der Quality-Adjusted Life Years.

Das Konzept der QALYs hat zwei Dimensionen: Es betrachtet zum einen die Lebensjahre, die durch eine medizinische Maßnahme gewonnen werden, und zum anderen die Qualität dieser gewonnenen Jahre. Man kann sich leicht vorstellen, dass die Patientinnen und Patienten ein gewonnenes Lebensjahr, das sie schmerzfrei sowie sich selbst bestimmend und versorgend verbringen, subjektiv als wertvoller empfinden als ein gewonnenes Lebensjahr voller Schmerzen und pflegebedürftig.

Aber wie bewertet man ein halbes gewonnenes Lebensjahr, das absolut schmerzfrei verbracht wird, gegenüber einem ganzen gewonnenen Jahr mit spürbaren oder gar großen Schmerzen? Um solche Bewertungen vorzunehmen, betrachtet das QALY-Konzept auf der einen Seite die Restlebenserwartung, die vom Beobachtungszeitraum bis zum Tod reicht, und auf der anderen Seite die Lebensqualität, die durch die Werte 1 (= vollständige Gesundheit) bis 0 (= Tod) normiert ist. Dabei lässt sich dann die Restlebenserwartung noch recht gut messen. Zur Beurteilung der Lebensqualität müssen jedoch die Präferenzen der Individuen ermittelt werden, die mit sehr subjektiven Erfahrungen verbunden sind, welche wiederum bewertet werden müssen, damit sie letztendlich in einer Zahl ausgedrückt werden können.

Man kann sich beispielsweise vorstellen, dass durch ein bestimmtes therapeutisches Verfahren das Leben eines Menschen tatsächlich um drei Jahre verlängert werden kann. Aber wie verbringt er diese drei Jahre, d. h., welche Dimensionen der Lebensqualität sollen in die Beurteilung mit einfließen? Geht man vereinfachend davon aus, man könnte sich auf die folgenden fünf Dimensionen der Lebensqualität einigen:

– Schmerzen,
– Mobilität,
– psychisches Befinden,
– soziale Kontakte und
– allgemeine Gesundheit,

so stellen sich weitere Probleme:

- Wie soll man alle diese Dimensionen angemessen erfassen? Es ist bekannt, dass Schmerz bei Individuum A wahrscheinlich nicht mit Schmerz bei Individuum B gleichzusetzen ist. Arbeitet man mit einer Schmerzskala, dann ist zu entscheiden, welche Abstände diese Skala haben sollte. Für jede Dimension ist somit ein angemessenes Messverfahren zu finden.

- Hat man die Schmerzen der einzelnen Individuen angemessen erfasst und gemessen, so müssen sie zu einem Gesamtbild zusammengefasst werden – die Werte sind, wie man in der Ökonomie sagt, zu aggregieren. Auch hierbei ist angemessen vorzugehen.

- Hat man nun für jede Dimension einen Wert ermittelt, so kann es beispielsweise möglich sein, dass drei Werte auf eine verbesserte Lebensqualität hinweisen und zwei Werte auf eine verschlechterte Lebensqualität. Will man aber nur eine Kennziffer haben, so ist eine weitere Bewertung notwendig, nämlich, mit welchem Gewicht die einzelnen Dimensionen in eine einzige Größe überführt werden.

Die hier angedeuteten Probleme sind nicht vollzählig und noch deutlich vielschichtiger, als hier beschrieben. So ist die Erfassung von Lebensqualität eine durchaus herausfordernde Aufgabe. In der Regel werden dazu Patientinnen und Patienten befragt, wobei Praktiken wie Rating-Scale-Verfahren, Standard-Gamble-Verfahren, Time-Trade-off-Verfahren oder das Willingness-to-pay-Verfahren eingesetzt werden. Auf diese Weise wird versucht, die subjektive Wertschätzung der Patientinnen und Patienten zu ermitteln anstatt objektivierter Gesundheitszustände.

Unter der Voraussetzung, dass all diese unterschiedlichen Probleme als bewältigt gelten können, steht am Ende auf der Nutzwertseite die Anzahl der um die Lebensqualität bereinigten zusätzlichen Lebensjahre, die eine Maßnahme mit sich bringt. Dieser Nutzwert wird dann den Kosten für die weiteren Lebensjahre gegenübergestellt, um damit den für die ökonomische Betrachtungsweise typischen Vergleich von Nutzengrößen und Kostengrößen anstellen zu können.

Der Vorteil des Kosten-Nutzwert-Konzepts besteht darin, dass es indikationsübergreifende Vergleiche ermöglicht. Aber mit diesem Konzept lassen sich nicht nur Vergleiche unterschiedlicher medizinischer Maßnahmen durchführen, die auf unterschiedliche Krankheiten abzielen, sondern darüber hinaus kann auch verglichen werden, ob eine medizinische Maßnahme besser zur Gewinnung eines QALYs geeignet ist als andere, nicht-medizinische Maßnahmen wie z. B. Hygienemaßnahmen oder Umweltschutzverbesserungen.

Freilich sollten auch die Aussagen der Kosten-Nutzwert-Analyse nicht unkritisch betrachtet werden: Zum einen unterliegen sie ethischen Limitationen, zum anderen lässt sich mit ihnen nicht aufzeigen, welche Kosten und Nutzen medizinische Maßnahmen im „eigentlichen" ökonomischen Sinne – also monetär – haben. Auf die letztere Problematik stellt die Kosten-Nutzen-Analyse ab.

11.11 Kosten-Nutzen-Analyse

Die Besonderheit der Kosten-Nutzen-Analyse – wiederum mit einem Anglizismus oft Cost-Benefit Analysis genannt – besteht darin, dass sie sowohl Kosten als auch Nutzen in monetären Einheiten bewertet und diese zueinander in Beziehung setzt. Da die monetäre Bewertung dieser Größen in den meisten anderen Wirtschaftssektoren kein großes Problem darstellt, ist die Kosten-Nutzen-Analyse die ökonomische Evaluationsmethode, die in weiten Bereichen der Wirtschaft angewendet wird. Im Gesundheitsbereich stellt sich die Situation allerdings etwas anders dar.

Wie bereits gezeigt wurde, gibt es im Gesundheitsbereich oft intangible Kosten und Nutzen, die in Geldwert nur sehr bedingt zu bewerten sind, da kein Marktpreis und meist noch nicht einmal ein administrierter Preis vorliegt. Will man aber dieses Verfahren anwenden, so muss man Wege finden, auch solche Kosten und Nutzen monetär zu bewerten. Somit geht die Kosten-Nutzen-Analyse einen Schritt weiter als die Kosten-Nutzwert-Analysen, indem sie z. B. die Erhöhung der Lebenserwartung und sämtliche Veränderungen des Gesundheitszustandes monetär bewertet. Abbildung 11.4 fasst dies zusammen.

$$KNA = \frac{\text{Kosten (direkte, indirekte, tangible und intangible)}}{\text{Nutzen (direkter, indirekter, tangibler und intangibler)}}$$

$$\text{Bsp.: KNA (Medikament)} = \frac{\text{Kosten in €}}{\text{Nutzen in €}}$$

Abbildung 11.4: Kosten-Nutzen-Analyse (Quelle: Standarddarstellung, unter Verwendung z. B. von Breyer, F./Zweifel, P./Kifmann, M., 2012, S. 44).

Der Vorteil dieser Methode liegt darin, dass durch die Bewertung in Geldeinheiten verschiedene medizinische Maßnahmen sehr gut miteinander verglichen werden können. Darüber hinaus können auch Bewertungen vorgenommen werden, ohne dass weitere Vergleiche stattfinden, da Kosten und Nutzen in der gleichen Einheit dargestellt werden. Erinnert man sich an die ersten allgemeinen Kapitel dieses Buches, in denen es um das Denken in Grenzkosten und Grenznutzen ging, so kann durch die Kosten-Nutzen-Analyse exakt eine solche Betrachtung vorgenommen werden; es können also Aussagen bezüglich der Intensität einer medizinischen Maßnahme gemacht werden. So wird es möglich, Fragen wie die folgende zu beantworten: Wie intensiv sollte ein bestimmtes medizinisches Verfahren (z. B. eine Präventionsmaßnahme) eingesetzt werden, so dass der zusätzliche Kostenzuwachs kleiner ist als der zusätzliche Nutzenzuwachs?

Anzahl der Transplantationen	Gesamt- kosten	Gesamt- nutzen	Durchschnitts- kosten	Durchschnitts- nutzen	Grenz- kosten	Grenz- nutzen
1000	100	500	100	500	100	500
2000	150	900	5	450	50	400
3000	180	1200	60	400	30	300
4000	230	1400	58	350	50	200
5000	330	1500	66	300	100	100
6000	530	1550	88	258	200	50
7000	1030	1600	147	229	500	50

Übersicht 11.3: Ein fiktives numerisches Beispiel der Kosten-Nutzen-Abwägung (Quelle: in Anlehnung an Briggs, A./Claxton, K./Sculpher, M., 2006).

Dies kann anhand eines fiktiven Beispiels in Übersicht 11.3 illustriert werden. Hier wird angenommen, dass die Kosten und Nutzen einer bestimmten Behandlung, z. B. einer bestimmten Krebsvorsorgeuntersuchung, in monetären Größen ausgedrückt werden können. Diese Nutzen und Kosten sind hier aufgelistet, jeweils in Form der Gesamtgrößen, der Durchschnittsgrößen und der Grenzgrößen. Aus der Perspektive der Kosten-Nutzen-Analyse ist die richtige Anzahl von Untersuchungen offensichtlich 5.000, weil bis dahin die Grenzkosten der Vorsorgeuntersuchung geringer sind als ihre Grenznutzen und darüber hinaus ihre Grenzkosten höher sind als ihre Grenznutzen.

Anhand dieses Beispiels wird nochmals deutlich, dass die ökonomische Evaluation versucht, den für funktionierende Märkte typischen Mechanismus der Abwägung von Grenzkosten und Grenznutzen zu simulieren, wenn sie umfassende Kosten- und Nutzenbegriffe verwendet wie in der Kosten-Nutzen-Analyse.

So gut das Verfahren auch zur theoretischen Grenzbetrachtung geeignet ist, so ergeben sich bei der Einzelbewertung der intangiblen Kosten und Nutzen doch die bereits diskutierten Probleme. Akzeptiert man – trotz ethischer Bedenken – die Vorgehensweise, ein Leben mit einem Geldwert zu bewerten, so stellt sich die Frage nach der Höhe dieses Geldwerts. Weiterhin müssen auch Einschränkungen oder Verbesserungen der Lebensqualität monetär bewertet werden.

Um eine solche Bewertung vorzunehmen, kennt die Ökonomie den Ansatz der Zahlungsbereitschaft der Individuen: Man versucht, mittels verschiedener Befragungen die Zahlungsbereitschaft eines Individuums bezüglich bestimmter medizinischer Maßnahmen herauszufinden, um eine monetäre Bewertung der Kosten und Nutzeneffekte zu erreichen. Solche Verfahren arbeiten mit vielen Annahmen, Wahrscheinlichkeiten und sehr subjektiven Einschätzungen von Menschen, die vielleicht in der tatsächlichen Situation ganz anders ausfallen können. Trotzdem ist es ein brauchbarer Versuch, eine Bewertung von intangiblen Kosten und Nutzen vorzunehmen. Die Kosten-Nutzen-Analyse ist somit die theoretisch sicher eleganteste und überzeugendste Evaluationsmethode, welche aber in der praktischen Umsetzung mit den meisten Problemen behaftet ist.

11.12 Kritische Würdigung und politische Praxis der gesundheitsökonomischen Evaluation

Wie gezeigt wurde, stehen für unterschiedliche Fragestellungen im Gesundheitssektor unterschiedliche Evaluationsverfahren zur Verfügung. Dabei ist die Ermittlung der Kosten und Nutzen oftmals problematisch. Trotzdem ist es bei vielen Entscheidungen hilfreich, solche Bewertungen vorzunehmen. Allerdings sollten auch die Kosten der Evaluation selbst zum Erkenntnisgewinn ins Verhältnis gesetzt werden. Dabei kann es dann manchmal günstiger sein, eine ungenauere oder einfache, aber wesentlich günstigere Evaluationsanalyse vorzunehmen, als aufwendige und genauere Verfahren zu wählen. In diesem Kapitel wurde deutlich, dass der Gesundheitssektor eben nicht so einfach zu bewerten ist wie andere Industriezweige und eine Diskussion, in der es nur um vordergründige Kosten- und Nutzeneffekte geht, oftmals viel zu kurz greift.

In der folgenden Abbildung 11.5 sind nochmals die elementaren Bewertungsvorgänge zusammengefasst, welche in den einzelnen Methoden vorgenommen werden.

Methode	Bewertung von Kosten	Bewertung von Effekten	Kosten-Outcome Vergleich
Krankheitskosten-Analyse (Cost-of-Illness-Analysis)	ja, in Geldeinheiten, z. B. in €	nein	findet nicht statt
Kosten-Kosten-Analyse (Cost-Cost-Analysis)	ja, in Geldeinheiten, z. B. in €	nein	nur Kostenvergleiche
Kosten-Wirksamkeits-Analyse (Cost-Effectiveness Analysis)	ja, in Geldeinheiten, z. B. in €	natürliche Einheiten	Kosten je Outcome-Einheit
Kosten-Nutzwert-Analyse (Cost-Utility-Analysis)	ja, in Geldeinheiten, z. B. in €	Nutzwerte	Kosten je Outcome-Einheit (Konzept meist QALY)
Kosten-Nutzen-Analyse (Cost-Benefit-Analysis)	ja, in Geldeinheiten, z. B. in €	Nutzen in Geldeinheiten, z. B. in €	Nettokosten

Abbildung 11.5: Synopse der Evaluationsmethoden (Quelle: unter Verwendung von Schöffski, O., 2012, S. 68 ff.).

Unter Ökonomen und Ökonominnen ist es weitgehend unstrittig, dass es bei gesundheitspolitischen Entscheidungen, wie z. B. bei der Entscheidung über die Aufnahme und Erstattungshöhe eines Arzneimittels in den GKV-Leistungskatalog, sinnvoll erscheint, ökonomische Evaluationen durchzuführen. Allerdings ist auch immer zu hinterfragen, ob und inwieweit man den Ergebnissen einer Auswertung vertrauen kann und unter welchen Bedingungen sie entstanden ist. Studien- und Berichtsqualität sind daher stets kritisch und zugleich zwingend zu überprüfen.

11.13 Literatur zum Kapitel 11

Als Quellen für dieses Kapitel wurde primär die folgend aufgeführte Literatur genutzt, welche auch als vertiefende Lektüre empfohlen wird.

Das englischsprachige Standardbuch zur ökonomischen Evaluation im Gesundheitswesen ist:
- *Drummond, M.F./Sculpher, M.J./ Claxton, K./Stoddart, G. L./Torrance, G.W. (2015)*

Einen anwendungsorientierten Überblick bietet auch:
- *Briggs, A./Claxton, K./Sculpher, M. (2006)*

Im deutschsprachigen Raum ist das Standardlehrbuch zur ökonomischen Evaluation im Gesundheitswesen:
- *Schöffski, O./Graf v.d. Schulenberg, J.-M. (Hrsg.) (2012)*

Weitere empfehlenswerte Einblicke in das Feld bieten:
- *Breyer, F./Zweifel, P./Kifmann, M. (2012)*
- *Greiner, W./Damm, O., (2012)*
- *Greß, S. et al. (2004)*
- *Müller, D./Kunigkeit, Ch. (2021)*
- *Schulenburg, J.-M. Graf v. d./Greiner, W. (2013)*

Einen Überblick über die allgemeinen Methoden der ökonomischen Evaluation findet sich auch in:
- *Blankart, C.B./Schnellenbach, J. (2023)*

12 Zukünftige Herausforderungen an das Gesundheitswesen – Ein Ausblick

In den vorangehenden Kapiteln dieses Buches wurde deutlich, dass die Themenbereiche und Probleme der Gesundheitsökonomik vielschichtig sind. Weiterhin zeigte sich, dass es im Gesundheitssektor oft keine singulären und optimalen Lösungen für diese Probleme gibt, sondern stattdessen häufig unterschiedliche Lösungsalternativen infrage kommen, die dann jeweils verschiedene Vor- und Nachteile beinhalten. So wird an vielen Stellen des Gesundheitswesens Marktversagen durch staatliche Bereitstellung von Gesundheitsgütern und -dienstleistungen kompensiert. Oftmals versagt aber auch der Staat, weil es ihm an Informationen fehlt, Politiker andere Interessen verfolgen, als die jeweils effizienteste Lösung für das Gesundheitswesen zu schaffen, oder weil im Einzelfall so viele Interessen involviert sind, dass eine demokratisch legitimierte Entscheidung nur möglich ist, wenn sie auf dem kleinsten gemeinsamen Nenner basiert. Schließlich darf nicht vernachlässigt werden, dass es im Gesundheitswesen zahlreiche marktmächtige und politisch einflussreiche Akteure gibt, die im Rahmen lobbyistischer Aktivitäten vorwiegend ihre eigene Situation zu Lasten Dritter stärken. Die Herleitung und Durchsetzung von „optimalen Lösungen" ist unter diesen Bedingungen kaum möglich, unabhängig davon, ob ein Gesundheitssystem eher privat-, steuer- oder beitragsfinanziert ist. Konkret auf das deutsche Gesundheitssystem bezogen, werden nach wie vor kontroverse Diskussionen geführt, die sich u. a. auf die folgenden Problemkreise beziehen:

– die Finanzierbarkeit der gesetzlichen Krankenversicherung und damit verbunden die Bedeutung der Finanzierung der gesetzlichen Krankenkassen für den Arbeitsmarkt;
– die Suche nach den geeigneten Steuerungsmechanismen in den gesetzlichen und privaten Krankenversicherungen;
– die Über-, Unter- und Fehlversorgung im Gesundheitswesen;
– die Überwindung der sektoralen Versorgungsgrenzen und die damit verbundene Verbesserung der sektorübergreifenden medizinischen Zusammenarbeit;
– der Ausbau des selektiven Kontrahierens und der allgemeinen Vertragsfreiheiten für die Krankenkassen und Leistungserbringer;
– die Schaffung von mehr Effizienz im Gesundheitswesen bei gleichzeitiger Verteilungsgerechtigkeit und Vermeidung von Versorgungsdefiziten;
– die Verbesserung des Qualitätsmanagements und der Qualitätssicherung;
– die Implementierung anreizkompatibler Vergütungsformen für die Leistungserbringer;
– der Ausbau von Gesundheitsförderung und Prävention; sowie
– die Erhaltung der Solidarität bei Einführung von Wettbewerbselementen im Gesundheitsmarkt.

https://doi.org/10.1515/9783486989441-012

Ganz offensichtlich gibt es eine Vielzahl wichtiger Aufgaben im deutschen Gesundheitswesen, die häufig bereits seit vielen Jahren existieren. Zusätzlich zu diesen vorwiegend immanenten, endogenen Organisations- und Strukturfragen werden von außen neue Herausforderungen an das Gesundheitssystem herangetragen, beispielsweise durch die folgenden fünf Megatrends:

-   die demographische Entwicklung,
-   der medizinisch-technische Fortschritt,
-   die zunehmende Vernetzung und produktive Optimierung von Gesundheitsdienstleistungen im Rahmen der Digitalisierung,
-   die (Teil-)Europäisierung und Internationalisierung der Gesundheitsmärkte sowie
-   die Forcierung der Gesundheit als globales Kollektivgut.

Abschließend werden diese herausfordernden Zukunftsfelder kurz skizziert.

12.1 Demographische Entwicklung

Die demographische Entwicklung stellt eine der größten Herausforderungen für alle sozialen Sicherungssysteme dar, insbesondere auch für das Gesundheitssystem. „Die Bevölkerung altert." Vereinfacht ausgedrückt, bedeutet dies nicht nur, dass es insgesamt betrachtet, immer mehr alte Menschen gibt, sondern auch, dass ihre Zahl im Verhältnis zur gesamten Bevölkerung steigt. Diese Entwicklung wird in den Abbildungen 12.1 bis 12.3 anhand der sogenannten Alterspyramiden veranschaulicht. Sie legen dar, dass sich in Deutschland im Zeitraum von 1970 bis 2060 die Altersstruktur allmählich hin zu den alten Kohorten verschiebt und somit der Anteil der alten Menschen an der Gesamtbevölkerung immer größer wird.

Wie Abbildung 12.1 zeigt, war die Bevölkerungsstruktur vor circa 50 Jahren noch fast pyramidenförmig: Der Anteil der über 67-Jährigen betrug nur 12 Prozent, während über 56 Prozent der Bevölkerung im seinerzeit typischen Alter der Erwerbstätigkeit waren. Heute sind hingegen bereits 20 Prozent der Bevölkerung über 67 Jahre alt (Abbildung 12.2). Zwar hat sich der Anteil der im erwerbsfähigen Alter befindlichen Personen gleichzeitig leicht auf 61 Prozent erhöht, doch dies ist vor allem auf die zwischenzeitlich erfolgte Anhebung des gesetzlichen Renteneintrittsalters von 65 auf 67 Jahre zurückzuführen und weniger auf die demographische Entwicklung.

Diese Gesamtsituation wird sich nach Berechnungen des Statistischen Bundesamtes bis 2060, also in circa 40 Jahren, drastisch verändern (Abbildung 12.3). Dann werden bei sonst unveränderten Rahmenbedingungen nur noch 56 Prozent der Bevölkerung im Alter der Erwerbsfähigkeit, aber 25 Prozent über 67 Jahre alt sein. Zudem wird sich der Anteil der Hochbetagen, also derjenigen Personen, die 85 Jahre und älter sind, mit 7 Prozent im Vergleich zu heute nahezu verdoppeln.

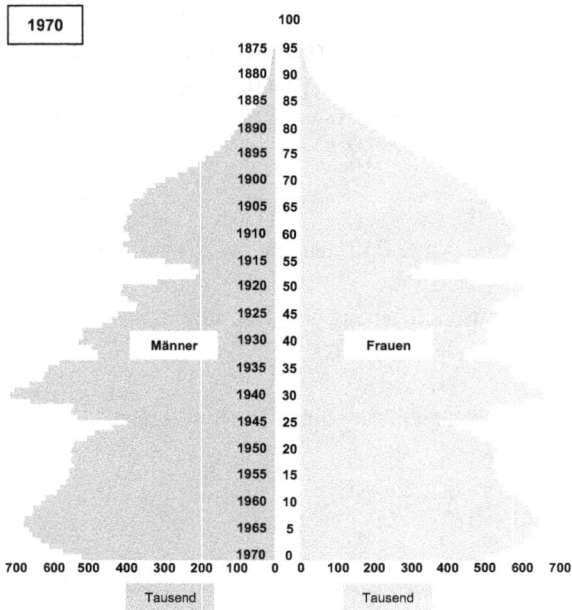

Abbildung 12.1: Altersstruktur in Deutschland 1970 (Quelle: modifiziert nach Destatis, 2023).

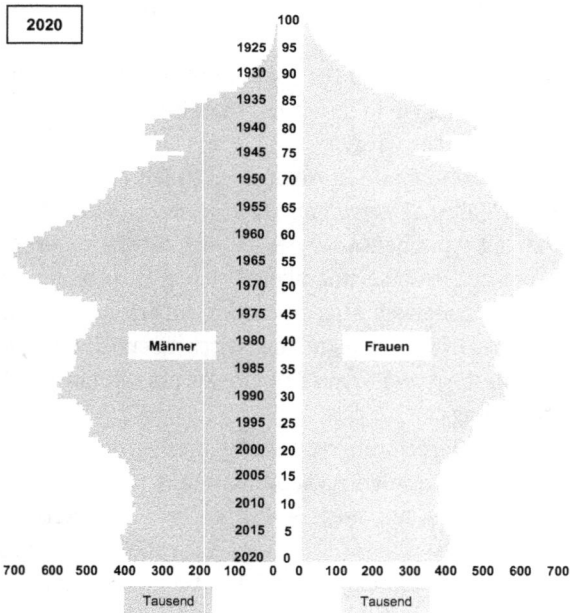

Abbildung 12.2: Altersstruktur in Deutschland 2020 (Quelle: modifiziert nach Destatis, 2023).

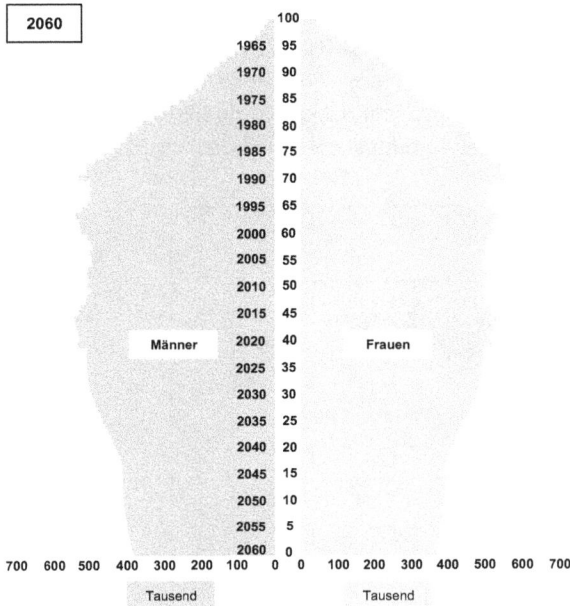

Abbildung 12.3: Altersstruktur in Deutschland 2060 (Quelle: modifiziert nach Destatis, 2023).

Dass es in westlichen Industriegesellschaften zunehmend mehr ältere Menschen gibt, ist nicht neu, sondern diese Entwicklung hat bereits vor -zig Jahrzehnten begonnen. Sie spiegelt sich im sogenannten Double-aging-Effekt wider. Demnach

– vergreist die Bevölkerung infolge der zunehmenden Lebenserwartung,
– während sie sich gleichzeitig aufgrund des Rückgangs der Geburtenhäufigkeit zu wenig verjüngt.

Das Gesundheitswesen ist von dieser demographischen Entwicklung gleich in zweierlei Hinsicht betroffen:

– In der Regel werden alte Menschen häufiger krank. Dies bedeutet für das bestehende Gesundheitssystem einen Anstieg der Krankheitshäufigkeit. Damit geht mit hoher Wahrscheinlichkeit ein Kostenanstieg im Gesundheitswesen einher.
– Der altersinduzierte Kostenanstieg muss zudem durch einen immer geringeren Teil der arbeitenden Bevölkerung finanziert werden, weil die Kohorten im arbeitsfähigen Alter nur noch gering besetzt sind. Dieser Effekt ist mehr oder weniger unabhängig vom Finanzierungssystem, weil die laufende Wertschöpfung in jedem Fall von der arbeitenden Bevölkerung erbracht werden muss. Abnehmende Geburtenzahlen haben also auch einen Einfluss auf das Gesundheitswesen.

Wie Abbildung 12.4 zeigt, betrugen 2020 die durchschnittlichen Krankheitskosten eines Individuums im Alter zwischen 15 und 64 circa 3.400 Euro pro Jahr, während sie bei der Gruppe im Alter zwischen 65 und 84 bei circa 10.200 Euro pro Jahr lagen und bei den über 85-Jährigen etwas über 25.000 Euro pro Jahr. Oben wurde bereits gezeigt, dass gerade die Gruppe der Hochbetagen in naher Zukunft stark zunehmen wird.

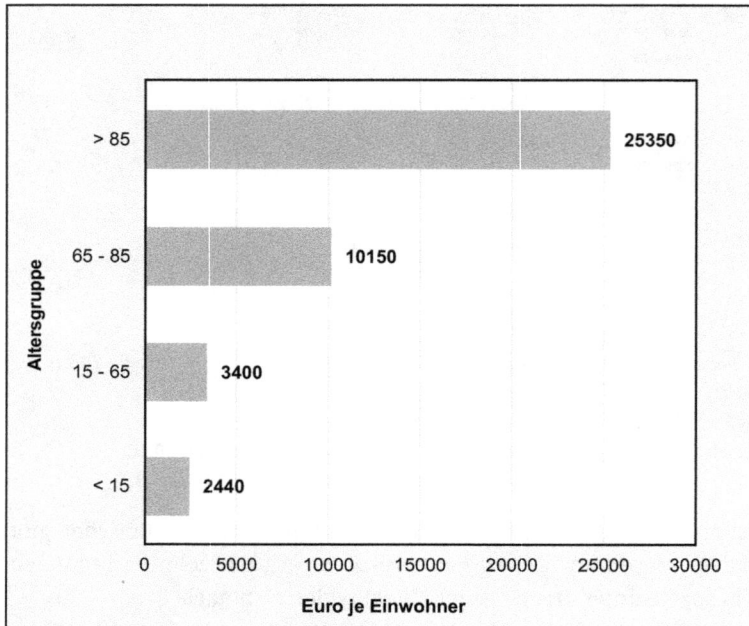

Abbildung 12.4: Krankheitskosten nach Alter pro Jahr, Stand: 2020 (Quelle: modifiziert nach Destatis, 2022).

Die hier vorgestellten Aussagen zum Zusammenhang zwischen Lebenserwartung und Krankheitskosten sind nicht unwidersprochen geblieben. Die in der Abbildung 12.4 referierten Daten sind unbestritten, werden jedoch mitunter etwas anders interpretiert. Erstens wird darauf hingewiesen, dass es eine generelle Tendenz zu mehr Jahren in Gesundheit gibt, d. h., der altersbedingte Kostenanstieg verlagert sich gemäß der sogenannten Kompressionsthese allmählich nach hinten. Zweitens wird argumentiert, nicht der Umstand an sich, dass Menschen älter werden, verursache hohe Kosten, sondern die Kostenspitzen entstünden in den letzten beiden Lebensjahren, v. a. in den wenigen Monaten dem Lebensende, und zwar weitgehend unabhängig davon, in welchem Alter der Tod eintritt. Wenn dies zuträfe, dann wäre die bloße Alterung der Bevölkerung unter dem hier angesprochenen Aspekt der Kostenerhöhung von eher untergeordneter Bedeutung, da diese Kosten somit in jedem Fall anfallen würden, also auch dann, wenn die Lebenserwartung nicht verlängert wäre. Die empirischen Studien zu dieser

Frage sind nicht eindeutig, doch einige für den deutschsprachigen Raum vorgenommene Untersuchungen sprechen für die beiden Thesen.

Unabhängig davon, welche Faktoren letztlich ausgabentreibend sind, werden sich zukünftig vor allem auf der Finanzierungsseite des Gesundheitssystems große Probleme einstellen, allein bereits deshalb, weil es immer weniger Personen im erwerbstätigen Alter gibt, die dann aus ihrer Wertschöpfung die Krankheitskosten der Kranken und Alten tragen müssen. Dabei wird es gerade im beitragsfinanzierten solidarischen deutschen Gesundheitswesen aufgrund der nicht risikoäquivalenten Alterskostenprofile zu spürbaren intergenerativen Umverteilungen kommen.

12.2 Medizinisch-technische Entwicklung

Wenn man sich vor Augen führt, dass eines der wichtigsten Medikamente – das Penicillin – erst 1928 entdeckt wurde und einfache chirurgische Eingriffe erst seit einigen Jahrzehnten problemlos durchgeführt werden können, ist es beachtlich, was in relativ kurzer Zeit im medizinischen Bereich mit Hilfe von Arzneimitteln oder medizinisch-technischem Gerät möglich geworden ist. Doch diese Entwicklung ist noch keineswegs zum Stillstand gekommen – im Gegenteil, sie geht rasant weiter. Vor allem in den von Informationstechnologie und Robotik geprägten Bereichen, wie etwa in der Computertomografie oder in der Mikro-Chirurgie, ist ein medizintechnischer Fortschritt im Gange, der Behandlungen möglich macht – und in naher Zukunft machen wird –, die noch vor wenigen Jahren undenkbar waren. Gestützt wird dieser Trend von den immensen Potenzialen der Digitalisierung.

12.2.1 Ökonomisch-ethische Fragen des medizinischen Fortschritts

So unbestritten positiv diese Entwicklungen aus medizinischer Sicht auch sind, so ist doch nicht zu übersehen, dass in der Regel mit jeder weiteren Diagnose- oder Therapiemöglichkeit die Kosten im Gesundheitswesen steigen. Denn es handelt sich im Gesundheitsbereich ganz überwiegend um Produkt- und Verfahrensinnovationen, die zumeist eine neue medizinische Anwendung oder eine therapeutisch qualitativ bessere Behandlung ermöglichen, was jedoch gewöhnlich wiederum kostentreibend wirkt. Seltener werden hingegen Diagnose- oder Therapiemöglichkeiten geschaffen, die die Kosten zur Behandlung eines bestimmten Krankheitsbildes senken. Diese Situation führt auf der einen Seite offensichtlich zu erheblichen Anstrengungen bezüglich der Finanzierung des Gesundheitswesens, denn für die teureren Behandlungsmethoden sind vermehrt Ressourcen aufzubringen.

Auf der anderen Seite wird jedoch künftig noch schwerer wiegen, dass der medizinische Fortschritt auch eine zunehmende Auseinandersetzung mit ethischen Fragen nach sich ziehen wird. Schon heute ist es nahezu ausgeschlossen, jede grundsätzlich mögliche Therapie für alle potentiellen Patienten gesellschaftlich zu finanzieren. Diese Situation dürfte sich vermutlich noch verschärfen, wenn die personalisierte Medizin, die es, vereinfacht ausgedrückt, ermöglicht, Therapien auf den Einzelnen zuzuschneiden, weiter an Aufwind gewinnt. Konkret als ökonomische Herausforderung folgt daraus: Würde zukünftig jeder potentielle Patient in den Genuss solcher Behandlungstechnologien kommen, so hieße dies, dass sehr hohe Anteile an der gesamtwirtschaftlichen Wertschöpfung für entsprechende Behandlungen verwendet werden müssten. Angesichts des ökonomischen Knappheitsproblems würde daraus dann der Verzicht auf gewohnte Güter und Leistungen resultieren, sofern dieses Problem nicht durch ein extrem hohes Wirtschaftswachstum entschärft werden könnte. Oder anders gewendet: Es stellt sich die Frage, ob eine Gesellschaft als Ganzes gewillt sein wird, u. U. auf z. B. Wohnraum, Mobilität, werthaltige Ernährung oder Bildungseinrichtungen – oder worauf auch immer – zu verzichten, damit jeder potentielle Patient mit teuren Zukunftstechnologien behandelt werden kann. Wenn die Gesellschaft dazu aber nicht bereit ist, stellt sich unmittelbar die Frage, wer in den Genuss solcher Behandlungen kommen soll, die nicht für alle finanzierbar sind. Sollen bei der Beantwortung dieser Frage tatsächlich Fragen der Knappheit von Ressourcen und Kosten-Nutzen-Berechnungen erwogen werden, was zugleich bedeuten würde, Verteilungs- und Chancengerechtigkeitsaspekte zu vernachlässigen, oder welche Kriterien sollen stattdessen angewendet werden? In Kombination mit der demographischen Entwicklung verschärft sich das Problem noch. Gerade angesichts der älter und damit in der Tendenz auch kränker werdenden Gesellschaft muss ein Umgang mit diesen Chancen und Problemen gefunden werden, die durch medizintechnischen Fortschritt entstehen. Für die von vielen Protagonisten der Gesundheitsförderung aufgeworfene These, diese Entwicklung könne mittels Gesundheitsförderung und Prävention spürbar aufgefangen werden, gibt es derzeit keine empirisch validen Belege. Auch wenn einzelne gesundheitsfördernde Maßnahmen durchaus sinnvoll sind und punktuelle Entlastungen ermöglichen, ist die Gesamtdimension des skizzierten Problems, ideologiefrei gesehen, so voraussichtlich nicht zu lösen.

12.2.2 Baumol'sche Kostenkrankheit im Gesundheitsbereich

Doch nicht nur für die Kostenentwicklung im Gesundheitswesen insgesamt ist der technische Fortschritt von Bedeutung, sondern auch für eine schwierige Entwicklung, die sich innerhalb des Gesundheitssektors abzeichnet. Unter herkömmlichen Gesichtspunkten betrachtet, wirkt innerhalb des Gesundheitssektors die sogenannte Baumol'sche Kostenkrankheit. Ausgangspunkt von Willam Baumols Überlegung ist, dass bestimmte Dienstleistungsbereiche arbeits- und daher auch lohnintensiv sind; er selbst nennt beispielhaft die Sektoren Schule oder auch Theater, aber offensichtlich gehören auch im Gesundheitsbereich viele Segmente dazu, gerade im Pflege- und Betreuungsbereich und in der „sprechenden" Medizin. In derart arbeitsintensiven Feldern kann von der Annahme ausgegangen werden, dass Rationalisierungspotenziale sich nur sehr eingeschränkt erschließen lassen. Es verwundert daher nicht, dass zumindest in der Vergangenheit in den pflegerischen Bereichen kaum Produktivitätsfortschritte durch medizinisch-technische (Prozess-)Innovationen erzielt werden konnten. Wie beschrieben, liegt dies liegt in der Natur der Leistungen selbst. Zum Beispiel lässt sich die Arbeit eines Pflegers bei der assistierten Körperpflege eines Behinderten bisher nicht durch Kapital oder technischen Fortschritt allein substituieren, denn die Leistung besteht hier in der Arbeit selbst. Diesen Segmenten des Gesundheitsbereichs, in denen sich kaum Produktivitätsfortschritt ergibt, stehen aber innerhalb des Gesundheitssektors Segmente mit extrem hohem Produktivitätsfortschritt gegenüber, wie z. B. Teile der Radiologie, der Chirurgie oder der Orthopädie.

Nach den Überlegungen Baumols wird nun weiter angenommen, dass die Lohnentwicklung insgesamt – hier innerhalb des gesamten Gesundheitswesens – nicht im Segment ohne, sondern im Segment mit dem hohen Produktivitätsfortschritt bestimmt wird. Diese Annahme ist durchaus realistisch. Weiterhin gilt: Die realisierten Produktivitätsfortschritte führen nunmehr zu höheren Löhnen, und zwar in beiden Segmenten, also in denen mit und ohne Produktivitätsfortschritt. Während die Lohnsteigerungen aber im produktiven Segment aufgefangen werden können, werden sie in den Segmenten ohne technischen Fortschritt und folglich ohne Verbesserung der Produktivität mittel- bis langfristig zu steigenden Lohnstückkosten führen.

Innerhalb des Gesundheitsbereichs verschieben sich somit die Kosten pro Einheit vom technisch orientierten zum nicht technisch orientierten Segment. Dies macht für Betreiber von Gesundheitseinrichtungen eine Investition oder eine Schwerpunktsetzung in die Bereiche, in die kein Produktivitätsfortschritt möglich ist, offensichtlich wenig attraktiv, auch wenn durchaus ein Bedarf an solchen medizinischen Leistungen vorhanden ist. Ohne weitere staatliche Intervention würden hier also Verwerfungen innerhalb des Gesundheitssektors entstehen, welche von Stückkosten getrieben sind und nicht notwendigerweise dem Bedarf an Leistungen folgen. Daraus ergäbe sich eine Verwerfung hin zu technisch orientierter Medizin und weg von einer Medizin, für die der Einsatz von menschlicher Arbeit konstitutiv ist. Gegen das Wirksamwerden der Baumol'schen Kostenkrankheit im Gesundheitswesen sind bislang in Theorie und Praxis noch keine schlüssigen Lösungen gefunden worden. Das Schlagwort vom „Pflegenotstand" – auch wenn dieser von weiteren Faktoren verstärkt wird, wobei auch hier zuvorderst die demographische Entwicklung zu nennen ist – mag ein erster Indikator hierfür sein.

12.3 Potenziale der Digitalisierung

Ein potentieller Ausweg aus den sich im Gesundheitswesen weiter zuspitzenden Problemen der GKV-Finanzierung im Allgemeinen und der Baumol'schen Kostenkrankheit im Speziellen könnte in der Digitalisierung liegen. E-Health, Telemedizin, Big Data oder Data Analytics sind nur einige wenige digitale Felder, die das Potenzial besitzen,

massive Veränderungen im Gesundheitswesen auszulösen – und zwar auf allen drei Teilmärkten des Gesundheitswesens:
- So wird beispielsweise auf dem Behandlungsmarkt eine neue Qualität in der Medizin ermöglicht, indem mittels Big Data große Datenmengen zusammengeführt und analysiert werden. Gleichzeitig bietet die Vernetzung der IT-Infrastruktur die Chance, dass Ärzte, Krankenhäuser, Apotheken sowie Pharma- und Medizintechnikunternehmen verstärkt sektorübergreifend zusammenarbeiten und in hoher Geschwindigkeit Patienten-, Versorgungs- und allgemeine medizinische Daten austauschen. Damit verbunden sind Chancen für neue und leistungsfähige Formen der Therapie und Diagnose, aber vor allem auch Möglichkeiten, Effizienzreserven zu heben und prozessseitig Produktivitätsfortschritte zu erzielen. Dies erfolgt beispielsweise durch die Vermeidung von Doppeluntersuchungen, die Automatisierung von Pflege- und Verwaltungsprozessen oder indem die Patientenversorgung durch eine ortsunabhängige Telemedizin optimiert wird. Zugleich lassen sich Patientendaten so auswerten, dass auf dieser Grundlage eine spezifizierte, stärker auf den Einzelfall ausgerichtete Gesundheitsversorgung bereitgestellt werden kann. Als Konsequenz dürfte die Digitalisierung nicht nur die Effizienz, sondern auch die Effektivität in der Gesundheitsversorgung erhöhen.
- Auch der Leistungsmarkt kann von den neuen Errungenschaften der Digitalisierung profitieren, insbesondere dann, wenn Krankenversicherer durch Big Data mehr Transparenz zum Versorgungsgeschehen erhalten und dieses neue Wissen dazu nutzen, die Verträge mit den Leistungserbringern zu optimieren oder einzelne Leistungsbereiche selektivvertraglich zu steuern. Entsprechend dürften damit die Möglichkeiten des Managed Care, so wie sie in den Vorkapiteln beschrieben wurden, künftig wieder neue Impulse erhalten, was wiederum den Versicherten in Form von Kosteneinsparungen und versorgungsseitigen Qualitätsverbesserungen zugutekäme.
- Schließlich bieten u. a. Smartphones und Wearables eine Brückentechnologie zum Patienten und zu den Versicherten. Darauf installierte Apps können Verwaltungsprozesse vereinfachen, medizinische Informationen bereitstellen oder auch Präventions- und allgemeine Gesundheitsanwendungen anstoßen. Zugleich verbessern Bewertungsportale die Transparenz hinsichtlich der Versicherungs- und medizinischen Leistungsangebote. Künftig werden sich daher der erste und der zweite Gesundheitsmarkt, also der GKV- und PKV-Markt einerseits sowie der Markt für privat finanzierte Gesundheitsprodukte und -dienstleistungen andererseits, stärker aufeinander zubewegen.

Die Potenziale der digitalen Gesundheit sind riesig; künftig werden Einsparungen von über 40 Milliarden Euro für möglich gehalten. Während jedoch der zweite Gesundheitsmarkt bereits eine Fülle von digitalen Anwendungen vorhält und höchst dynamisch wächst, sind die Ergebnisse, die bisher auf dem ersten Gesundheitsmarkt erzielt werden konnten, eher ernüchternd. Als Schlüsselfaktoren dienen hier die elektronische

Patientenkarte, das elektronische Rezept und die elektronische Patientenakte; alle drei Anwendungen erfordern eine leistungsfähige und vor allem interoperable IT-Infrastruktur, um die verschiedenen Leistungserbringer, und möglichst auch die Schnittstellen zu den Krankenkassen, zu vernetzen. Zwar werden diesbezüglich allmählich Fortschritte realisiert, doch sie bleiben noch weit hinter den Möglichkeiten zurück. Widerstände gibt es auf nahezu allen Ebenen. Vordergründig sind es die nicht ausreichende Datensicherheit oder die fehlenden pekuniären Mittel sowie Zeit- und Personalkapazitäten zur Finanzierung und Implementierung der IT-Infrastruktur, die einer zügigen digitalen Weiterentwicklung entgegenstehen. Im Kern handelt es sich dagegen vielfach vorrangig um Machtprobleme.

So wollen die Institutionen der Leistungserbringer, wie die Kassenärztlichen Vereinigungen, und auch viele Leistungserbringer selbst weiterhin Herr über die ihnen zur Verfügung stehenden Patientendaten bleiben. Sie wollen gar nicht mit anderen teilen, und erst recht nicht sektorübergreifend oder prinzipiell nicht mit den Krankenkassen. Die Krankenkassen dagegen müssten sich nach Öffnung der Kassenwahlfreiheit ein zweites Mal umstellen. Sie müssten wieder zum Weg des Wettbewerbs auf dem Leistungsmarkt und ihrer eigenen Entbürokratisierung zurückfinden – einem Weg, den viele von ihnen in den letzten Jahren ganz offensichtlich zunehmend verlassen haben. Die Mitarbeiter im Gesundheitswesen befürchten wiederum, dass sie Automatisierungs- und auch Robotikprozessen zum Opfer fallen würden oder zumindest erhebliche Einschränkungen in ihren beruflichen Handlungsfreiheiten hinnehmen müssten, während die Versicherten wiederum den „gläsernen Patienten" heraufbeschwören.

All diese Problemlagen schwirren oberhalb der Digitalisierung und behindern ihre zügige Umsetzung. Will der Gesetzgeber nicht die Chancen der Digitalisierung verspielen, muss er Rahmenbedingungen schaffen, um die teilweise harten Sektorgrenzen zu überwinden, und Impulse setzen, wie beispielsweise im Jahre 2021 mit dem über drei Milliarden Euro schweren Krankenhausdigitalisierungspaket. Letztlich aber müssen alle Akteure aus ihrem Sektor- und engen Nischendenken heraustreten und sich deutlich flexibler an die neuen Situationen anpassen, sonst werden sie irgendwann zu Getriebenen der Technologie.

12.4 Europäisierung, Global Health und Transformation

„Die Welt wird kleiner": Diese Metapher steht für die zunehmende Integration und Kommunikation, aber auch für die stärkere Vernetzung und Transformation von Strukturen, die traditionellerweise von nationalen oder regionalen Marktakteuren bearbeitet und kontrolliert wurden. Von diesen Entwicklungen ist auch das Gesundheitswesen mehr oder minder betroffen.

12.4.1 Nationale Gesundheitssysteme und Europäische Union

Für die Gesundheitssysteme innerhalb der Mitgliedsländer der Europäischen Union ist die europäische Integration bisher noch nicht von augenscheinlicher Bedeutung: Denn zum einen wird die Schaffung eines einheitlichen europäischen Gesundheitsmarkts durch die für die Gesundheitssysteme typischen, vielfältigen Marktunvollkommenheiten – so wie wir sie in den Vorkapiteln kennengelernt haben – erschwert. Zum anderen existiert zwischen den Mitgliedsländern ein immer noch spürbares Wohlstandsgefälle, woraus ein integrations- und gesundheitspolitisches Dilemma resultiert. So ist eine Harmonisierung der Gesundheitssysteme auf höherem Versorgungsniveau für die ärmeren Länder finanziell kaum zu stemmen, während sie auf niedrigerem Niveau für die reicheren Länder und ihre Bürger erhebliche – und demokratiepolitisch vermutlich kaum durchsetzbare – versorgungsseitige Einschnitte nach sich ziehen dürfte. Infolge dieser schwierigen politischen und ökonomischen Gemengelage verwundert es nicht, dass die EU-Gesundheitssysteme auch heute noch vorwiegend nationalstaatlich reguliert werden und jedes Mitgliedsland weiterhin sein eigenes nationales Gesundheitssystem hat.

Untermauert wird die Souveränität der nationalen Gesundheitspolitik durch das sogenannte Territorialitätsprinzip. Dieses Prinzip besagt, dass sich die Sozialsysteme der Mitgliedstaaten auf das jeweilige staatliche Territorium beziehen. Gesundheitsbezogene Leistungsansprüche beruhen daher auf nationalen Gesetzen und sind jeweils auf die Lebensverhältnisse in einem bestimmten Gebiet zugeschnitten. Insofern berücksichtigen sie in der Regel keine Tatbestände, die auf anderen Staatsgebieten eingetreten sind, und dies hat zur Folge, dass Sozialleistungen vom Grundsatz her auch nur dann in andere EU-Staaten exportiert werden können, wenn dies ausdrücklich geregelt ist. Eine unmittelbar wirkende europäische Gesundheitspolitik existiert daher allenfalls bei der Verfolgung eines hohen Gesundheits-, Sicherheits- und Verbraucherschutzniveaus sowie bei der Durchführung von Maßnahmen zur Prävention und Gesundheitsförderung oder bei Aktionsprogrammen wie beispielweise der Offenen Koordinierung.

Der größte Hebel für die Integration der EU-Gesundheitsmärkte besteht hingegen in der Realisierung der vier Grundfreiheiten, die eine Art mittelbarer europäischer Gesundheitspolitik ermöglichen. Dies deshalb, weil hier das Sozialrecht der Mitgliedsstaaten in einem Spannungsverhältnis zum europäischen Binnenmarkt- und Wettbewerbsrecht steht: Zwar können die Nationalstaaten – wie zuvor beschrieben – ihre Gesundheitssysteme eigenständig regulieren, sie müssen bei der Ausübung ihrer nationalen Kompetenzen jedoch Gemeinschaftsrecht beachten.

Demzufolge ist innerhalb der Europäischen Union der freie grenzüberschreitende Waren- und Dienstleistungsverkehr – also der freie Fluss von Outputs – und der grenzüberschreitende Austausch von Arbeit, Personen und Kapital – also der freie Fluss von Inputs – mittlerweile für die allermeisten Branchen realisiert. Dies hat partiell auch Auswirkungen auf den Gesundheitssektor. Insbesondere durch integrationsaffine EuGH-Urteile, die ganz überwiegend durch private Klagen angestoßen wurden, sind die nationalen gesundheitspolitischen Regelungen bezüglich ihrer EU-weiten Regelsetzung oftmals überprüft und durch europäische Rechtsprechung angepasst worden, wobei grundsätzlich alle Regelungen innerhalb des Gesundheitswesens, die den Prinzipien des einheitlichen europäischen Marktes widersprechen, zur Disposition stehen. Als Beispiel sei hier die Stärkung der Rechte der Patienten genannt, die nunmehr in einem bestimmten Rahmen innerhalb der EU grenzüberschreitend Gesundheitsleistungen in Anspruch nehmen können, wobei gleichzeitig die nationalen Krankenversicherer und Gesundheitsdienste zur Kostenerstattung verpflichtet worden sind. Andere Exempel betreffen die Zulassungsverfahren bei Arzneimitteln oder die erweiterte grenzüberschreitende Anerkennung der Berufsqualifikationen des pflegerischen, therapeutischen und medizinischen Fachpersonals.

All diese mittelbaren Faktoren fördern den Wettbewerbs- und Anpassungsdruck innerhalb und zwischen den nationalen Gesundheitssystemen der EU. Welche zukünftigen Chancen und Risiken daraus resultieren werden, ist aktuell noch nicht vollständig absehbar.

Wie so viele gesellschaftliche Bereiche, steht auch die EU zurzeit an einem Scheideweg. Aus integrationspolitischer Sicht ist jedoch nicht weniger EU erforderlich, sondern vielmehr ihre Vertiefung. Als visionärste Brücke gilt dabei die Sozialunion. Diese hätte auch weitreichende Implikationen für die Europäisierung der Gesundheitssysteme und den dort herrschenden Wettbewerb. Als finale Konsequenz dürften dann die nationalstaatlichen Krankenversicherer und Gesundheitsdienste stärker in Konkurrenz zueinander treten, während die Patienten ihre Leistungsanbieter europaweit völlig frei wählen könnten. Auch die nationalen Märkte für Krankenhäuser und andere Gesundheitseinrichtungen müssten sich dann weiter öffnen, womit sich gleichsam der Wettbewerbsdruck auf die bislang noch immer vorwiegend nationalen Betreiber dieser Einrichtungen erheblich erhöhen würde. Die Implikationen der europäischen Politik für die Integration der nationalen Gesundheitssysteme, den Wettbewerb der Systeme untereinander und innerhalb ihrer nationalen Landesgrenzen werden zu verfolgen sein. Ein zunehmend wichtiger, treibender Impuls der Europäisierung der Gesundheitssysteme strahlt von der globalen Ebene, u. a. von der sogenannten Strategie „Health in all Policies" (HiaP), aus.

12.4.2 Global Health und Transformation

Die skizzierte Europäisierung und ihre Entwicklungsoptionen sind nur eine Facette innerhalb globaler Entwicklungen, wobei die Vernetzung von Akteuren aus den Bereichen Ökonomie, Umwelt und Kommunikation eine besondere Rolle spielt. Angetrieben durch die Liberalisierung des Welthandels und deutlich forciert durch die neuen Kommunikationsformen einschließlich der Möglichkeiten der Digitalisierung, ist eine globale Integration und Vernetzung für viele Märkte schon heute Realität. Auch der Gesundheitsmarkt ist von dieser Realität zunehmend betroffen, selbst wenn hier die Entwicklungen erst am Anfang stehen und die Impulse des globalen

Fortkommens zunehmend aus einer anderen Perspektive getriggert werden, nämlich derjenigen der öffentlichen Gesundheit und der Nachhaltigkeit.

Mit Covid-19 ist die Bedeutung der sogenannten Global Health, also der Gesundheit der Bevölkerung im weltweiten Kontext, stark in das Bewusstsein der Öffentlichkeit gerückt. Befeuert wird das Thema aber bereits seit vielen Jahren durch die Weltgesundheitsorganisation (WHO), die sich zum Ziel gesetzt hat, die Verbesserung der Gesundheit und die gesundheitliche Chancengleichheit für alle Menschen weltweit voranzutreiben. Das schließt auch den Schutz vor globalen Bedrohungen ein, die vor nationalen Grenzen nicht halt machen. Eine gesundheitspolitisch exponierte Rolle spielt dabei die Gesundheitsförderung, die mit dem bereits weiter oben erwähnten Konzept Health in all Policies strategisch zu einer gesundheitsfördernden Gesamtpolitik weiterentwickelt werden soll. Hintergrund der Überlegungen ist, dass die Gesundheit von vielerlei Faktoren beeinflusst wird, die außerhalb der medizinischen Infrastruktur liegen, wie beispielsweise Bildung, Einkommen oder auch den sozialen Faktoren und Umweltbedingungen, unter denen Menschen aufwachsen, leben, arbeiten und altern. Aus dieser Perspektive wirken sich Entscheidungen aus anderen Politikbereichen wie Umwelt, Verkehr, Wohnen oder Landwirtschaft unmittelbar auf die menschliche Gesundheit aus.

Auch die EU und ihre Mitgliedsstaaten sind in dieses Konzept proaktiv eingebunden. Dabei wird zunehmend deutlich, dass zwischen Gesundheit und Umwelt vor allem im Sinne der Nachhaltigkeit große Schnittstellen bestehen. Der European Green Deal und der European White Deal sind die beiden Programme, die diese Bereiche zusammenführen und zugleich eine große Transformation einläuten sollen. Für beide gilt, dass die Public Policy, also die öffentliche Politik, vermehrt Verantwortung für globale, grenzüberschreitende (Kollektiv-)Güter und Prozesse übernehmen soll. Im Kontext von Gesundheit und Nachhaltigkeit wird vielfach eine überstaatliche und übersektorale Dominanz gegenüber allen übrigen wirtschaftlichen Fragestellungen eingefordert. Speziell für den Gesundheitsbereich, der von jeher umfänglich reguliert ist, würden sich daraus noch deutlich stärkere, direktive Steuerungserfordernisse für die Umsetzung der Vernetzung und Integration der medizinischen Versorgungssektoren und der Gesundheitssysteme insgesamt ergeben – oder anders ausgedrückt: Aus dieser Perspektive wird für die Zukunft nicht weniger, sondern mehr Staat eingefordert. Ob und inwieweit es sich um ein realistisches Szenario handelt, hängt letztlich auch von der Entwicklung der ökonomischen Rahmenbedingungen und den damit verbundenen größer oder kleiner werdenden finanziellen Handlungsspielräumen ab.

12.5 Gesundheitsökonomie – Ein Zukunftsthema

Die genannten Zukunftsherausforderungen, wie die demographische Entwicklung, die Europäisierung, der medizintechnische und digitale Fortschritt oder die Tendenz zu einer mehr interventionistischen, globalen Gesundheitspolitik, machen nochmals deutlich, dass sich die in diesem Buch aufgeworfenen Fragen einer ökonomischen

Betrachtung von Gesundheitsgütern und Gesundheitssystemen in Zukunft noch kontroverser und zugleich noch dringlicher stellen werden als heute. Aber auch die Probleme, die dem Gesundheitssystem immanent sind, wie Wettbewerb, Markt und Regulierung, sowie die gesundheitspolitischen Fragen nach mehr gesundheitlicher Chancen- und ökonomischer Verteilungsgerechtigkeit können bis heute nicht als gelöst gelten. Die Lösung des bestehenden Mixes an Herausforderungen bedarf daher – neben anderen – auch einer volkswirtschaftlichen Perspektive. Selbst wenn es verbreiteten Vorstellungen zutiefst zuwiderläuft: Gesundheit wird auch in Zukunft weiterhin ökonomisch zu betrachten sein, und dies – insbesondere infolge der auf die Gesellschaft zukommenden Finanzierungs- und Ressourcenengpässe – möglicherweise sogar wieder in stärkerem Maße als in der vergangenen Dekade.

12.6 Literatur zum Kapitel 12

Aus der Fülle der wissenschaftlichen, aber auch politischen und journalistischen Beiträge zu den angesprochenen Problemen seien hier nur die folgenden wissenschaftlichen genannt:

- *Boroch, W. (2019)*
- *Cassel, D./Postler, A. (2007)*
- *Felder, S./Meier, M./Schmitt, H. (2000)*
- *Ferber, C./Radebold v., H./Schulenburg Graf v.d., J.M. (1989)*
- *Geene, R./Kurth, B.-M./Matusall, S. (2020)*
- *Marmot, M. (2015)*
- *Matusiewicz, D./Pittelkau, Ch./Elmer, A. (Hrsg.) (2018)*
- *Ried, W. (2007)*

Literaturverzeichnis

Akerlof, G. (1970), The Market for Lemons: Quality Uncertainty and Market Mechanism, Quaterly Journal of Economics 84, S. 488–500

Alber, J. (1992), Das Gesundheitswesen der Bundesrepublik Deutschland: Entwicklung, Struktur und Funktionsweise, Frankfurt a. M., New York

Albrecht, M./Milas, C./Hildebrandt, S./Schliwen, A. (2010), Die Bedeutung von Wettbewerb im Bereich der privaten Krankenversicherungen vor dem Hintergrund der erwarteten demografischen Entwicklung, Forschungsprojekt des Bundeministers für Wirtschaft und Technologie, Berlin

Althammer, J./Lampert, H. (2021), Lehrbuch der Sozialpolitik, 10. Aufl., Berlin, Heidelberg

Amelung, V./Cornelius, F. (2007), Medizinische Versorgungszentren. Ambulatory Health Care Centres, Jahrbücher für Nationalökonomie und Statistik, Vol. 227 (5–6), S. 749–764

Amelung, V.E. (2022), Managed Care – Neue Wege im Gesundheitsmanagement, 6. Aufl., Wiesbaden

Andersen, H.H./Henke, K.-D./Schulenburg, J.-M. Graf v.d. (Hrsg.) (1992), Basiswissen Gesundheitsökonomie, Band 1: Einführende Texte, Berlin

AOK Hessen (2004), Risikostrukturausgleich: Mehr als nur ein Finanzinstrument, AOK Forum aktuell, Jg. 2, Heft 1, S. 3–5

Apolte, T./Bender, D./Berg, H. (Hrsg.) (2012), Vahlens Kompendium der Wirtschaftstheorie und Wirtschaftspolitik. Band 1 und 2, 9. Aufl., München

Armstrong, U. (2013), AGnES und VERAH machen Hausbesuche – Modelle zur Entlastung von Hausärzten, Medscape, 13. Februar 2013

Arnold, M./Lauterbach, K.W./Preuß, K.-J. (1997), Managed Care – Ursachen, Prinzipien, Formen und Effekte, Beiträge zur Gesundheitsökonomie, Bd. 31

AWMF – Arbeitsgemeinschaften der Wissenschaftlichen Medizinischen Fachgesellschaften e. V. (2023), AWMF-Regelwerk Leitlinien, online verfügbar unter: https://www.awmf.org›regelwerk, abgerufen am: 17.04.23

Bachner, F. B./et al. (2019), Das österreichische Gesundheitssystem – Akteure, Daten, Analysen, European Observatory on Health Systems and Policies (Hrsg.), Gesundheitssysteme im Wandel, Vol. 3, S. 1–288

Badura, B./Siegrist, J. (Hrsg.) (2002), Evaluation im Gesundheitswesen: Ansätze und Ergebnisse, 2. Aufl., Weinheim, München

BAG – Bundesamt für Gesundheit (o. J.), Krankenversicherung, online verfügbar unter: https://www.bag.admin.ch/bag/de/home/versicherungen/krankenversicherung.html, abgerufen am 16.07.22

BAS – Bundesamt für Soziale Sicherung (o. J.), Vertragstransparenzstelle, online verfügbar unter: https://www.bundesamtsozialesicherung.de/de/themen/vertragstransparenzstelle/, abgerufen am 24.04.23

Baßeler, U./Heinrich, J./Utecht, B. (2010), Grundlagen und Probleme der Volkswirtschaft, 19. Aufl., Stuttgart

Beek, K. van der (2002), Systemtransformation in den Ländern Mittel- und Osteuropas, Frankfurt u. a.

Beek, K. van der/Cassel, D. (1997), Funktionsbedingungen und Funktionsprobleme des Wettbewerbs im System der deutschen Krankenversicherung, in: Delhaes, K./Fehl, U. (Hrsg.), Dimensionen des Wettbewerbs. Seine Rolle in der Entstehung und Ausgestaltung von Wirtschaftsordnungen, Schriften zu Ordnungsfragen der Wirtschaft, Band 52, Stuttgart, S. 285–320

Beek, K. van der/Beek, G. van der (2014), Die Trade Offs bei Reformen von Gesundheitssystemen, in: Matusiewicz, D./Wasem, J. (Hrsg.), Gesundheitsökonomie, Berlin, S. 299–313

Blankart, C.B./Schnellenbach, J. (2023), Öffentliche Finanzen in der Demokratie, 10. Aufl., München

BMG – Bundesministerium für Gesundheit (2022), Daten des Gesundheitswesens 2021, online verfügbar unter: https://www.bundesgesundheitsministerium.de/service/publikationen/details/daten-des-gesundheitswesens-2021.html, abgerufen am: 31.01.23

BMG – Bundesministerium für Gesundheit (o. J.), Begriffe a-z, online verfügbar unter: https://www.bundesgesundheitsministerium.de/service/begriffe-von-a-z.html, abgerufen am: 12.02.23

https://doi.org/10.1515/9783486989441-013

BMWK – Bundesministerium für Wirtschaft und Klimaschutz (2022), Gesundheitswirtschaft Fakten und Zahlen 2021, online verfügbar unter: https://www.bmwk.de/Redaktion/DE/Publikationen/Wirtschaft/gesund heitswirtschaft-fakten-zahlen-2021.html, abgerufen am: 30.01.23

Bofinger, P. (2019), Grundzüge der Volkswirtschaftslehre, 5. Aufl., München

Boroch, W. (1994), Internationale Wettbewerbsfähigkeit der EU-Arzneimittelindustrie, Duisburger Volkswirtschaftliche Schriften, Bd. 20, Hamburg

Boroch, W. (2016), 20 Jahre GKV-Organisationsreform: Was sich bei den Krankenkassen geändert hat, G+G Wissenschaft, Jg. 16, Heft 1, S. 7–14

Boroch, W. (2019), Konkurrierende Konzeptionen der Gesundheitspolitik, Zeitschrift für Wirtschaftspolitik, Bd. 68, Heft 3, S. 222–250

Boroch, W. (2023), Investitionsfinanzierung der Krankenhäuser ist auch regionale Wirtschaftsförderung: das Beispiel NRW, in: Korn, T./Lempp, J./Beek, G. van der (Hrsg.), Wirtschaftsförderung in der Krise, Berlin, Heidelberg, forthcoming

Boroch, W./Matusiewicz, D. (2016), Vierfelder-Matrix der Marktpositionierung von gesetzlichen Krankenkassen, Zeitschrift für die Versicherungswirtschaft, Jg. 105, Heft 2, S. 131–147

Breyer, F./Zweifel, P./Kifmann, M. (2012), Gesundheitsökonomik, 6. Aufl., Berlin

Briggs, A./Claxton, K./Sculpher, M. (2006), Decision Modelling for Health Economic Evaluation (Handbooks for Health Economic Evaluation), Oxford

Brümmerhoff, D. (2018), Finanzwissenschaft, 12. Aufl., München, Wien

Buchner, F./Deppisch, R./Wasem, J. (2007), Umverteilungseffekte in der Finanzierung von Gesundheitsleistungen. Redistribution Effects of Health Care Financing, Jahrbücher für Nationalökonomie und Statistik, Vol. 227 (5–6), S. 699–724

BÄK – Bundesärztekammer (o. J.), Ärztestatistik der Bundesärztekammer zum 31.12.21, online verfügbar unter: https://www.bundesaerztekammer.de/baek/ueber-uns/aerztestatistik/aerztestatistik-2021, abgerufen am: 02.02.23

BMSGPK – Bundesministerium für Soziales, Gesundheit, Pflege und Konsumentenschutz (o. J.), Sozialversicherung, online verfügbar unter: https://www.sozialministerium.at/Themen/Soziales/Sozial versicherung.html, abgerufen am: 21.07.22

Busse, R. (2022), Leistungsmanagement im Gesundheitswesen – Einführung und methodische Grundlagen, in: Busse, R./Schreyögg J./Stargardt, T. (Hrsg.), Management im Gesundheitswesen, 5. Aufl., Berlin, Heidelberg, S. 13–25

Busse, R./Blümel, M./Spranger, A. (2017), Das deutsche Gesundheitssystem: Akteure, Daten, Analysen, 2. Aufl., Berlin

Busse, R./Schreyögg, J./Stargardt, T. (Hrsg.) (2022), Management im Gesundheitswesen, 5. Aufl., Berlin, Heidelberg

Cacace, M. (2021), Vergleich von Gesundheitssystemen – USA, in: Stock, St./Lauterbach, K.W./Sauerland, St. (Hrsg.), Gesundheitsökonomie: Lehrbuch für Mediziner und andere Gesundheitsberufe, 4. Aufl., Bern, S. 197–203

Case, K.E./Fair, R.C./Oster, S.E. (2020), Principles of Economics, 13th Ed., London (UK), New York (USA)

Cassel, D. (1993): Organisationsreform in der GKV zwischen Kassenwettbewerb und Einheitskasse, Wirtschaftsdienst, Jg.3, Heft 3, S. 131–137

Cassel, D./Sundmacher, T. (2006), Systemtransformation durch Systemwettbewerb im Gesundheitswesen, Wettbewerb und Gesundheitswesen: Konzeption und Felder ordnungsökonomischen Wirkens, in: Daumann, F./Okruch, S./Mantzavinos, C. (Hrsg.), Festschrift für Peter Oberender zu seinem 65. Geburtstag, Budapest

Cassel, D./Postler, A. (2007), Alternde Bevölkerung und Gesundheitsausgaben. Ageing Population and Health Care Expenditure, Jahrbücher für Nationalökonomie und Statistik, Vol. 227 (5–6), S. 578–602

Cassel, D./Wille, E./Ulrich, V. (2009), Weiterentwicklung des Gesundheitssystems und des Arzneimittelmarktes, Baden-Baden

Cassel, D./Wasem, J. (2014), Solidarität und Wettbewerb als Grundprinzipien eines sozialen Gesundheitswesens, in: Cassel, D./Jacobs, K./Vauth, C./Zerth, J. (Hrsg.), Solidarische Wettbewerbsordnung. Genese, Umsetzung und Perspektive einer Konzeption zur wettbewerblichen Gestaltung der gesetzlichen Krankenversicherung, Heidelberg, S. 3–43

Chang, J. /Peysakhovich, F./Wang, W./Zhu, J. (o. J.), The UK Health Care System, online verfügbar unter: http://assets.ce.columbia.edu/pdf/actu/actu-uk.pdf, abgerufen am: 16.07.22

Centers for Medicare and Medicaid (2021), Next generation ACO modell, https://innovation.cms.gov/innovation-models/next-generation-aco-model, abgerufen am: 25.04.2022

Destatis (2022), Gesundheitsausgaben in Deutschland, online verfügbar unter: https://www.destatis.de/DE/Themen/Gesellschaft-Umwelt/Gesundheit/Gesundheitsausgaben/_inhalt.html, abgerufen am: 31.01.23

Destatis (2023), Bevölkerungsvorausrechnung – Statistisches Bundesamt, online verfügbar unter: https://www.destatis.de/DE/Themen/Gesellschaft-Umwelt/Bevoelkerung/Bevoelkerungsvorausberechnung/_inhalt.html, abgerufen am: 12.02.23

Distler, F. (2017), Accountable Care Organizations, in: Schmid, A./Singh S., Crossing Borders – Innovation in the U.S. Health Care System, Schriften zur Gesundheitsökonomie, Bd. 84, Bayreuth

Donges, J./Eekhoff, J./Franz, W./Möschel, W./Neumann, M./Sievert, O. (2002), Mehr Eigenverantwortung und Wettbewerb im Gesundheitswesen. Stiftung Marktwirtschaft Frankfurter Institut, Schriftenreihe Bd. 39, Berlin

Drummond, M.F./Sculpher, M.J./ Claxton, K./Stoddart, G. L./Torrance, G.W. (2015), Methods for the Economic Evaluation of Health Care Programmes, 4th Ed., Oxford

DRG-Research-Group (2021), DRG-Systematik, online verfügbar unter: https://www.drg-research-group.de/, abgerufen am: 31.01.23

Esping-Andersen, G. (1990), The Three Worlds of Welfare Capitalism, Cambridge

Felder, S./Meier, M./Schmitt, H. (2000), Health care expenditure in the last months of life, Journal of Health Economics, 19, S. 679–95

Ferber, C./Radebold v., H./Schulenburg, J.-M. Graf v.d. (1989), Die demographische Herausforderung, Das Gesundheitssystem angesichts einer veränderten Bevölkerungsstruktur, Schriftenreihe der Robert Bosch Stiftung, Band 23, Gerlingen

Fleßa, St./Greiner, W. (2020), Grundlagen der Gesundheitsökonomie. Eine Einführung in das wirtschaftliche Denken im Gesundheitswesen, 4. Aufl., Berlin, Heidelberg

Folland, S./Goodman, A.C./Stano, M. (2017), The Economics of Health and Health Care, 8th Ed., New Jersey

Fritsch, M. (2018), Marktversagen und Wirtschaftspolitik, 10. Aufl., München

G-BA – Gemeinsamer Bundesausschuss (2022), Innovationsfonds: Stand der Dinge, Dezember 2022, online verfügbar unter: https://innovationsfonds.g-ba.de, abgerufen am: 24.04.23

G-BA – Gemeinsamer Bundesausschuss (o. J. a), Bedarfsplanung für die vertragsärztliche Versorgung, online verfügbar unter: https://www.gba.de/themen/bedarfsplanung/bedarfsplanungsrichtlinie, abgerufen am: 14.02.23

G-BA – Gemeinsamer Bundesausschuss (o. J. b), Disease-Management-Programme, online verfügbar unter: https://www.g-ba.de/themen/disease-management-programme/, 25.04.23

Geene, R./Kurth, B.-M./Matusall, S. (2020), Health in All Policies – Entwicklungen, Schwerpunkte und Umsetzungsstrategien für Deutschland, Das Gesundheitswesen, 82(07), S. e72–e76

Gerlinger, Th./Sauerland, D. (2020), Gesundheitspolitik, in: Mause, K./Müller, Ch./Schubert, K. (Hrsg.), Politik und Wirtschaft, S. 523–555

GKV-Spitzenverband (o. J.), Fokus: Vergütung ärztlicher Leistungen, online verfügbar unter: https://www.gkv-spitzenverband.de/presse/themen/verguetung_aerztlicher_leistungen/s_thema_aerztevverguetung.jsp, abgerufen am: 27.01.23

Göpffahrt, D. (2007), Theorie und Praxis des Risikostrukturausgleichs. Risk Adjustment in Theory and Practice, Jahrbücher für Nationalökonomie und Statistik, Vol. 227 (5–6), S. 485–501

Gottheil, F.M. (2013), Principles of Microeconomics, 7. Aufl., Kentucky (USA)

Greiner, W./Damm, O. (2012), Die Berechnung von Kosten und Nutzen, in: Schöffski, O./Schulenberg Graf v.d., J.-M. (Hrsg.), Gesundheitsökonomische Evaluationen, 4. Aufl., Berlin, Heidelberg, S. 23–42

Greiner, W./Witte, J./Gensorowsky, D./Diekmannshemke, J. (2023), AMNOG-Report 2023. Das GKV-Finanzstabilisierungsgesetz und seine Auswirkungen, Heidelberg

Greß, S. (2002), Freie Kassenwahl und Preiswettbewerb in der GKV – Effekte und Perspektiven, Vierteljahreshefte zur Wirtschaftsforschung, Jg. 71, Heft 4, S. 490–497

Greß, S./Buchner, F./Wasem, J./Hessel, F. (2004), Grundbegriffe, Fragestellungen und Vorgehensweisen in der gesundheitsökonomischen Analyse, in: Vogel, H./Wasem, J. (Hrsg.), Gesundheitsökonomie in Psychotherapie und Psychiatrie, Stuttgart, S. 7–20

Greß, St./Schnee, M./Jesberger, Ch. (2022), Gesundheitsökonomie, Baden-Baden

Grossmann, M. (2000), The Human Capital Model, in: Culyer, A.J./Newhouse, J.P. (Hrsg.), Handbook of Health Economics, Vol. 1, Amsterdam, S. 347–407

Großschäd, F., Freidl, W., Stolz, E., Rásky, É. (2014), Versorgungspfade: Fokus sektorenübergreifende Versorgungspfade, Medizinische Universität Graz im Auftrag des Hauptverbandes der österreichischen Sozialversicherungsträger, Graz

Grothaus, F.-J. (2009), Bericht zur Entwicklung der integrierten Versorgung 2004 –2008. BQS Bundesgeschäftsstelle Qualitätssicherung gGmbH, Düsseldorf

Hass, B. H./Jung, R. H./Simon, C. (Hrsg.) (2010), Management in regionalen Netzwerken, Aachen

Hajen, L./Paetow, H./Schumacher, H. (2016), Gesundheitsökonomie: Strukturen – Methoden – Praxisbeispiel (eBook, PDF), 8. Aufl., Stuttgart

Heinemann, S./ Matusiewicz, D. (Hrsg.) (2020), Digitalisierung und Ethik in Medizin und Gesundheitswesen, Berlin

Henke, K.-D. (1992), Financing a National Health Insurance, Health Policy, 20, S. 253–268

Henke, K.-D. (2007), Zur Dualität von GKV und PKV. The Future of Private and Public Health Insurance in Germany, Jahrbücher für Nationalökonomie und Statistik, Vol. 227 (5–6), S. 502–528

Henke, K.-D. (Hrsg.) (2007), Gesundheitsökonomie Health Economics, Stuttgart

Herder-Dorneich, Ph. (1994), Ökonomische Theorie des Gesundheitswesens: Problemgeschichte, Problembereiche, Theoretische Grundlagen, Baden-Baden

Hessel, F./Wasem, J. (2019), Arzneimittelversorgung, in: Wasem, J./Matusiewicz, D./Neumann, A./Noweski, M. (Hrsg.), Medizinmanagement: Grundlagen und Praxis des Managements in Gesundheitssystem und Versorgung, 2. Aufl., Berlin, S. 271–298

Jacobs, K./Schulze, S. (Hrsg.) (2012), Die Krankenversicherung der Zukunft, WIdO Wissenschaftliches Institut, Berlin

Jacobs, W., Schlaghecke, R. (2007), Integrierte Versorgung optimiert erfolgreich den Behandlungsweg, Herz – Kardiovaskuläre Erkrankungen, Vol. 32, Heft 8, S. 603–606

Jürges, H. (2014), Bildungspolitik versus Gesundheitspolitik – Evidenzbasierte Interventionen gegen soziale Ungleichheit in Gesundheit, Perspektiven in der Wirtschaftspolitik, Jg. 15, Heft 2, S. 246–255

KBV – Kassenärztliche Bundesvereinigung (2020), Die Bedarfsplanung. Grundlagen, Instrumente und Umsetzung, Berlin

Kerber, W. (2012), Wettbewerbspolitik, in: Apolte, T./Bender, D./Berg, H. (Hrsg.), Vahlens Kompendium der Wirtschaftstheorie und Wirtschaftspolitik, Band 2, 9. Aufl., München, S. 369–434

Klauber, J./Wasem, J./Beivers, A./Mostert, C. (Hrsg.) (2021), Krankenhaus-Report 2021: Versorgungsketten – Der Patient im Mittelpunkt, Berlin, Heidelberg

Klemperer, D. (2020), Sozialmedizin – Public Health – Gesundheitswissenschaften, 4. Aufl., Bern

Kongstvedt, P.R. (2021) Essentials of Managed Health Care, 6th Ed., Burlington

Krankenversicherung.com (o. J.), Krankenversicherung in Österreich – die große Übersicht, online verfügbar unter: https://www.gesundheitskasse.at/, abgerufen am: 21.07.22

Lauterbach, K. W./Lüngen, M./Schrappe, M. (2009), Gesundheitsökonomie, Management und Evidence-based Medicine: Handbuch für Praxis, Politik und Studium, 3. Aufl., Stuttgart, New York

Luce, B.R./Elixhauser, A. (1990), Standards for the Socioeconomic Evaluation of Health Care Services, Berlin

Mankiw, N.G./Taylor, M.P. (2021), Grundzüge der Volkswirtschaftslehre, 8. Aufl., Stuttgart

Marmot, M. (2015), The Health Gap: The Challenge of an Unequal World, The Lancet, Vol 386(10011), S. 2442–2444

Maslow, A.H. (1954), Motivation and Personality, New York

Matusiewicz, D./Wasem, J. (Hrsg.) (2014), Gesundheitsökonomie, Berlin

Matusiewicz, D./Pittelkau, Ch./Elmer, A. (Hrsg.) (2018), Die Digitale Transformation im Gesundheitswesen: Transformation, Innovation, Disruption, Berlin

Matusiewicz, D./Henningsen, M., Ehlers, J.P. (Hrsg.) (2020), Digitale Medizin, Berlin

Mehrez, A./Gafni, A. (1978), An empirical evaluation of two assessment methods of utility measurement for life years, Socio-Economic Planning Sciences 21/6, S. 371–375

Meierjürgen, R. (1997), Case Management und Reha-Beratung, Arbeit und Sozialpolitik, Heft 7–8, S. 17–24

Messerle, R./Schreyögg, J. (2021), Sektorübergreifende Versorgungssteuerung, in: Klauber, J./Wasem, J./Beivers, A./Mostert, C. (Hrsg.), Krankenhaus-Report 2021: Versorgungsketten – Der Patient im Mittelpunkt, Berlin, Heidelberg, S. 185–201

Miller, R.H./Luft, H.S. (1997), Does managed care lead to better or worse quality of care, Health Affairs, September/October 1997, Vol. 16, No. 5, S. 7–25

Miller, R.H./Luft, H.S. (2002), HMO Plan Performance Update: An Analysis of the literature, 1997–2001, Health Affairs, July/August 2002, Vol. 21, No. 4

Mossalios, E./LeGrand, J. (Hrsg.) (1999), Health Care and Cost Containment in the European Union, Aldershot

Mühlbacher, A. (2007), Die Ausgestaltung von Versorgungsverträgen: Eine vertragstheoretische Analyse. A Contract Theory Approach to Health Care Contracting, Jahrbücher für Nationalökonomie und Statistik, Vol. 227 (5–6), S. 765–786

Müller, D./Kunigkeit, Ch. (2021), Gesundheitsökonomische Analyseformen, in: Stock, St./Lauterbach, K.W./Sauerland, St. (Hrsg.), Gesundheitsökonomie: Lehrbuch für Mediziner und andere Gesundheitsberufe, 4. Aufl., Bern, S. 330–353

Musgrave, R.A./Musgrave, P.B./Kullmer, L. (1994), Die öffentlichen Finanzen in Theorie und Praxis 1, 6. Aufl., Tübingen

Noweski, M. (2008), Der Gesundheitsmarkt: Liberalisierung und Reregulierung als Resultat politischer Koalitionen, Berlin

Oberender, P./Fleischmann, J. (2002), Gesundheitspolitik in der sozialen Marktwirtschaft, Stuttgart

OECD – Organisation for Economic Co-operation and Development (2016), Better ways to pay for health care, OECD health policy studies, online verfügbar unter: https://read.oecd-ilibrary.org/social-issues-migration-health/better-ways-to-pay-for-health-care_9789264258211-en#page2, abgerufen am: 24.04.2023

OECD – Organisation for Economic Co-operation and Development (2022a), Health Statistics 2022, online verfügbar unter: https://www.oecd.org/els/health-systems/health-data.htm, abgerufenam: 02.02.23

OECD – Organisation for Economic Co-operation and Development (2022b), Health at a Glance – Europe, online verfügbar unter: https://www.oecd.org/health/health-at-a-glance-europe/, abgerufen am: 01.02.23

OECD – Organisation for Economic Co-operation and Development (o. J.), Health at a Glance, Online verfügbar unter: https://www.oecd.org/health/health-systems/healthataglance.htm, abgerufen am: 02.02.23

Oggier, W. (Hrsg.) (2015), Gesundheitswesen Schweiz 2015–2017, 5. Aufl., Bern

Ollenschläger, G./ Kirchner, H./ Sänger, S. et al. (2005) Qualität und Akzeptanz medizinischer Leitlinien in Deutschland – Bestandsaufnahme Mai 2004, in: Hart, D. (Hrsg.) Klinische Leitlinien und Recht, Baden-Baden

Pimpertz, J. (2003), Solidarische Finanzierung der gesetzlichen Krankenversicherung. Vom lohnbezogenen Beitrag zur risikounabhängigen Versicherungsprämie, IW-Positionen 2, Köln

Pindyck, R.S./Rubinfeld, D.L. (2018), Mikroökonomie, 9. Aufl., München

Phelps, C.E. (2018), Health Economics, 6th Ed., New York

Reimbursement-Institute (2022), DRG – Diagnosis Related Groups, online verfügbar unter: https://reimbursement.institute/glossar/drg/, abgerufen am: 12.12.2022

Reimbursement-Institute (2023), DRG F49/Erlös und Entgelt/Gebietsanalysen/CMI, online verfügbar unter: https://app.reimbursement.info/drgs/F49, abgerufen am: 10.02.23

Rice, Th. (2004), Stichwort: Gesundheitsökonomie. Eine kritische Auseinandersetzung, Bonn

Plamper, E./Salomon, S./Simic, D. (2021), Die stationäre Versorgung, in: Stock, St./Lauterbach, K.W./ Sauerland, St. (Hrsg.), Gesundheitsökonomie: Lehrbuch für Mediziner und andere Gesundheitsberufe, 4. Aufl., Bern, S. 119–139

Ried, W. (2007), Medizinisch-technischer Fortschritt und altersspezifische Gesundheitsausgaben. Medical Progress and Age-specific Expenditure on Health Care, Jahrbücher für Nationalökonomie und Statistik, Vol. 227 (5–6), S. 636–659

Rosenbrock, R./Gerlinger, Th. (2014), Gesundheitspolitik: Eine systematische Einführung, 3. Aufl., Bern

Rosner, P.G. (2005), The Economics of Social Policy, Cheltenham, Northampton

Rote Liste (Hrsg.) (2022), Arzneimittelverzeichnis für Deutschland (einschließlich EU-Zulassungen und bestimmter Medizinprodukte), 62. Ausgabe, Frankfurt a. M.

SVR – Sachverständigenrat für die Konzertierte Aktion im Gesundheitswesen (1994), Gesundheitsversorgung und Krankenversicherung 2000. Eigenverantwortung, Subsidiarität und Solidarität bei sich ändernden Rahmenbedingungen, Baden-Baden

SVR – Sachverständigenrat für die Konzertierte Aktion im Gesundheitswesen (2002), Bedarfsgerechtigkeit und Wirtschaftlichkeit, Band III, Über-, Unter- und Fehlversorgung, Baden-Baden

SVR – Sachverständigenrat für die Konzertierte Aktion im Gesundheitswesen (2003), Finanzierung und Nutzerorientierung (Band I) und Qualität und Versorgungsstrukturen (Band II), Baden-Baden

SVR – Sachverständigenrat zur Begutachtung der Entwicklung im Gesundheitswesen (2007), Kooperation und Verantwortung – Voraussetzungen einer zielorientierten Gesundheitsversorgung, Bonn

SVR – Sachverständigenrat zur Begutachtung der Entwicklung im Gesundheitswesen (2009), Koordination und Integration – Gesundheitsversorgung in einer Gesellschaft des längeren Lebens, Baden-Baden

SVR – Sachverständigenrat zur Begutachtung der Entwicklung im Gesundheitswesen (2018), Bedarfsgerechte Steuerung der Gesundheitsversorgung, Berlin

Santerre, R.E./Neun, S.P. (2012), Health Economics, 6th Ed., Mason

Schöffski, O./Schulenberg Graf v.d., J.-M. (Hrsg.) (2012), Gesundheitsökonomische Evaluationen, 4. Aufl., Berlin, Heidelberg

Schöffski, O. (2012), Grundformen gesundheitsökonomischer Evaluationen, in: Schöffski, O./Schulenberg Graf v.d., J.-M. (Hrsg.), Gesundheitsökonomische Evaluationen, 4. Aufl., Berlin, Heidelberg, S. 43–70

Schölkopf, M./Grimmeisen, S. (2020), Das Gesundheitswesen im internationalen Vergleich, 4. Aufl., Berlin

Schreck, R. J. (2020), Überblick über die Finanzierung der Gesundheitsversorgung – Grundlagen, online verfügbar unter: https://www.msdmanuals.com/de-de/heim/grundlagen/finanzielle-fragen-der-gesundheitsversorgung/, abgerufen am: 20.07.22

Schreyögg, J. (2014), Kassenwettbewerb durch Versorgungsmanagement, in: Cassel, D./Jacobs, K./Vauth, C./Zerth, J. (Hrsg.), Solidarische Wettbewerbsordnung. Genese, Umsetzung und Perspektive einer Konzeption zur wettbewerblichen Gestaltung der gesetzlichen Krankenversicherung, Heidelberg, S. 145–170

Schreyögg, J./Busse, R. (2022), Leistungsmanagement von Krankenversicherungen, in: Busse, R./Schreyögg, J./Stargardt, T. (Hrsg.), Management im Gesundheitswesen, 5. Aufl., Berlin, Heidelberg, S. 25–54

Schreyögg, J./Milstein, R./Busse, R. (2022), Leistungsmanagement in der Integrierten Versorgung, in: Busse, R./Schreyögg, J./Stargardt, T. (Hrsg.), Management im Gesundheitswesen, 5. Aufl., Berlin, Heidelberg, S. 130–155

Schulenburg, J.-M. Graf v.d. (2006), Herausforderungen der Gegenwart und Zukunft im Gesundheitswesen, Wettbewerb und Gesundheitswesen: Konzeption und Felder ordnungsökonomischen Wirkens, Festschrift für Peter Oberender zu seinem 65. Geburtstag, in: Daumann, F./Okruch, S./Mantzavinos, C. (Hrsg.), Budapest

Schulenburg, J.-M. Graf v. d./Vauth, C. (2007), Nach welchen ökonomischen Methoden sollten Gesundheitsleistungen in Deutschland evaluiert werden? According to Which Economic Methods Should Health Care Services Become Evaluated in Germany, Jahrbücher für Nationalökonomie und Statistik, Vol. 227 (5–6), S. 787–805

Schulenburg, J.-M. Graf v. d./Greiner, W. (2007, 2013), Gesundheitsökonomik, 2. und 3. Aufl., Heidelberg u. a.

Schumann, J./Meyer, U./Ströbele, W. (2011), Grundzüge der mikroökonomischen Theorie, 9. Aufl., Berlin, Heidelberg u. a.

SGB V – Sozialgesetzbuch V (2023), SGB V Sozialgesetzbuch – Gesetzliche Krankenversicherung, online verfügbar unter: https://www.sozialgesetzbuch-sgb.de/sgbv/1.html, abgerufen am: 24.04.23

Siebert, H. (Hrsg.) (1996), Sozialpolitik im Transformationsprozess Mittel- und Osteuropas, Tübingen

Signer, D. (2021), Warum ist das amerikanische Gesundheitssystem so teuer?, Neue Züricher Zeitung, online verfügbar unter: https://www.nzz.ch/international/usa-warum-das-gesundheitssystem-so-teuer-ist-ld.1628696, abgerufen am: 12.07.22

Simon, M. (2021), Das Gesundheitssystem in Deutschland. Eine Einführung in Struktur und Funktionsweise, 7. Aufl., Bern

Sirelo.de (o. J.),Gesundheitssystem Niederlande – Krankenversicherungsmöglichkeiten, online verfügbar unter: https://sirelo.de/umzug-in-die-niederlande/gesundheitsvorsorge-den-niederlanden/, abgerufen am: 14.07.22

Sozialpolitik-aktuell.de (2023a), Themenfeld Gesundheit: Grundinformationen, online verfügbar unter: https://www.sozialpolitik-aktuell.de/gesundheit-grundinfo.html, abgerufen am: 08.02.2023

Sozialpolitik-aktuell.de (2023b), Gesundheitswesen & Krankenversicherung, online verfügbar unter: https://www.sozialpolitik-aktuell.de/gesundheit-datensammlung.html, abgerufen am: 08.02.2023

Statista (2023), Gesamtzahl von Arzneimitteln in Deutschland, online verfügbar unter: https://de.statista.com/statistik/daten/studie/513971/umfrage/anzahl-zugelassener-arzneimittel-in-deutschland-nach-verschreibungs-abgabestatus/, abgerufen am: 05.02.23

Stiglitz, J.E. (1985), Information and Economic Analysis – A Perspective, Economic Journal Supplement, 95, S. 21–41

Stock, St./Lauterbach, K.W./Sauerland, St. (Hrsg.) (2021), Gesundheitsökonomie: Lehrbuch für Mediziner und andere Gesundheitsberufe, 4. Aufl., Bern

Straub, Th. (2020), Einführung in die Allgemeine Betriebswirtschaftslehre, 3. Aufl., München

Tamayo, M. (2021), Die ambulante Versorgung, in: Stock, St./Lauterbach, K.W./Sauerland, St. (Hrsg.), Gesundheitsökonomie: Lehrbuch für Mediziner und andere Gesundheitsberufe, 4. Aufl., Bern, S. 91–117

Tiepelmann, K./Beek, G. van der (1992), Theorie der Parafiski, Berlin

Tiepelmann, K./Beek, G. van der (1997), Politik der Parafiski – Intermediäre im Balanceakt zwischen Staats- und Bürgernähe, Hamburg

Varian, H.R. (2016), Grundzüge der Mikroökonomik, 9. Aufl., München, Wien

VirchowBund.de (o. J.), Abrechnung erklärt: So funktionieren EBM und GOÄ, online verfügbar unter: https://www.virchowbund.de/praxis-knowhow/abrechnung-finanzen/abrechnung-erklaert, abgerufen am: 13.12.22

Wasem, J./Hessel, F. (2000), Gesundheitsbezogene Lebensqualität und Gesundheitsökonomie, in: Ravens-Sieberer, U./Cieza, A. (Hrsg.), Lebensqualität und Gesundheitsökonomie in der Medizin. Konzepte, Methoden, Anwendung. Landsberg, S. 319–335

Wasem, J./Lux, G./Schillo, S./Staudt, S./Jahn, R. (2008), Morbiditätsorientierter Risikostrukturausgleich – Ausgestaltung und Perspektiven für die Versorgung, Gesundheits- und Sozialpolitik, Vol. 62, Heft 4, S. 15–22

Wasem, J./Matusiewicz, D./Lux, G./Noweski, M. (2019), Akteure des Gesundheitssystems in Deutschland, in: Wasem, J./Matusiewicz, D./Neumann, A./Noweski, M. (Hrsg.), Medizinmanagement: Grundlagen und Praxis des Managements in Gesundheitssystem und Versorgung, 2. Aufl., Berlin, S. 29–79

Wasem, J./Matusiewicz, D./Neumann, A./Noweski, M. (Hrsg.) (2019), Medizinmanagement: Grundlagen und Praxis des Managements in Gesundheitssystem und Versorgung, 2. Aufl., Berlin

Weinstein, M.C. (1990), Principles of cost-effective resource allocation in health care organizations, International Journal of technology Assessment in Health Care, Vol. 6(1), S. 93–103

Weiss, K.B./Sullivan, S.D. (1993), The Economic Costa of Asthma – A Review and Conceptual Model, Pharmaco Economics, 4/1, S. 14–30

Welfens, P.J.J. (2013), Grundlagen der Wirtschaftspolitik: Institutionen – Makroökonomik – Politikkonzepte, Berlin, Heidelberg u. a.

Wendt, C. (2003), Krankenversicherung oder Gesundheitsversorgung? Gesundheitssysteme im Vergleich, Wiesbaden

Wendt, W.R./Löcherbach, P. (Hrsg.) (2017), Case Management in der Entwicklung. Stand und Perspektiven in der Praxis, 3. Aufl., Berlin

Wernitz, M.H./Reinhold, Th./Sydow, H. (2022), Gesundheitsökonomie und das deutsche Gesundheitswesen, 3. Aufl., Stuttgart

Westertand, G./Wammers, J. (2013), The Dutch Health Care System, in: Commonwealth Fund (Hrsg.): International Profiles of Health Care Systems, Washington, S. 84–93

WHO – World Health Organisation (2013), Gesundheit 2020. Rahmenkonzept und Strategie der Europäischen Region für das 21. Jahrhundert, Dänemark

Wichmann, M. (2003), Managed Care: Grundlagen, internationale Erfahrungen und Umsetzung im deutschen Gesundheitssystem, Wiesbaden

Wille, E. (2002), Reformoptionen der Beitragsgestaltung in der gesetzlichen Krankenversicherung, G+G Wissenschaft, 2. Jg., S. 7–14

Wille, E. (Hrsg.) (1999), Zur Rolle des Wettbewerbs in der gesetzlichen Krankenversicherung, Baden-Baden

Wismar, M./Ernst, K. (2010), Health in All Policies in Europe, in: Kickbusch, I./Buckett, K. (Hrsg.), Implementing Health in All Policies, Adelaide

Zimmermann, H./Henke, K.-D./Broer, M. (2021), Finanzwissenschaft: Eine Einführung in die Staatsfinanzen, 13. Aufl., München

Zweifel, P. (2001), Alter, Gesundheit und Gesundheitsausgaben – eine neue Sicht, G+G Wissenschaft, Jg. 1, Heft 1, S. 6–12

Stichwortverzeichnis

https://doi.org/10.1515/9783486989441-014